再建型倒産手続実務ハンドブック

―民事再生・会社更生・私的整理―

松田耕治／澤野正明／佐々木伸悟 監修

【弁護士・公認会計士】古川和典 著

ぎょうせい

まえがき

　本書は、『破産手続実務ハンドブック』に続くものとして、主に若手弁護士を念頭に、再建型倒産手続、具体的には民事再生手続、会社更生手続及び、再建型私的整理手続について、手続の流れに沿って、注意すべき事項をまとめたものである。

　本書は、再建型倒産手続の現場において、迅速かつ的確に判断ができることに役立つ本というコンセプトで書いたものである。再建型倒産手続において、日々とりまく状況は変化し、それらの変化に対応して、迅速かつ適切に対応をしていかなければならないが、事案に対して瞬時に判断するのは困難が伴う。その都度、判例を詳しく調べたり、文献を調べることができればもちろんそれがよいが、迅速性を要する場合、判断を遅らせることは事業の劣化を招きかねない。そこで、現場に携帯でき、かつ、事案に対するとりあえずの判断を的確にできるようなマニュアルがあれば便利ではないかと考えて作成したのが本書である。

　そのような本書の趣旨を込めて「ハンドブック」という名前を付けさせていただいた。したがって、要点のみをピックアップしているという意味で、民事再生法や会社更生法の詳しい解説書ではないし、また、裁判例は可能な限り紹介をしたが、裁判例に対する批評は行っていない。これは、再建型倒産手続の現場において、とりあえずの判断に必要な最低限の情報を提供するという趣旨からである。また、できるだけ表を多用したが、これは、できるだけ早く、とりあえずの結論を得られるように分かりやすくしたいとの考えからである。

　筆者が最初に民事再生事件を経験した際、破産管財業務をある程度経験していたにもかかわらず大変な苦労をしたが、雇用が維持され、取引関係が維持され、その事業が築いてきた歴史が維持されるという事業再建の大きな社会的な意義に、その苦労が吹き飛んだことを記憶している。その後、筆者は会社更生事件に関与する機会に恵まれたが、それまでに民事再生事件を多数手掛けていたにもかかわらず、やはり大変な苦労をした。その会社更生事件の時に、このような本があれば便利ではないかと考えたことを形にしたのが本書である。出版する順番としては、本書は『破産手続実務ハンドブック』に続くものであるが、最初に思いついたという意味で、筆者にとって本書のほうが思い入れは強い。そのような思いからできた本書が、1社でも多くの企業の再建の一助になれば、筆者の望外の喜びである。

　なお、本書は、金融機関、税理士、公認会計士の方をはじめとする事業再生に関与している実務家の方にとっても有益なものとなるのではないかと期待している。

　今後機会があれば、本書と同様に事業の継続に寄与するという観点から、事業承継や相続などについても執筆をしたいと考えている。

　最後に、本書の執筆にあたっては、税務部分は公認会計士・税理士の佐々木伸悟先生から多大な協力を得た。また、株式会社ぎょうせいの担当者の方には、本書の企画のアイデア段階から相談に乗っていただいた。この場をお借りして、改めてお礼を申し上げたい。なお、本書中意見にわたる部分は、あくまでも筆者の個人的見解であることを念のために申し添える。

平成27年4月

弁護士・公認会計士　古川　和典

利用の前に―本書における記述の留意点―

1　本書の構成
本書は、大きく分けて次のように構成している。
・本　編（第1編～第3編）
　民事再生手続、会社更生手続、再建型私的整理手続の流れに沿って留意点をまとめたもの。なお、会社更生手続は民事再生手続と重なる部分も多いため、民事再生と異なる点を中心に記載をしている。
・付属編
　民事再生手続、会社更生手続や再建型私的整理手続を進めるうえで、役に立つと考えられる、雇用調整に関する基礎知識をまとめたもの。本編を利用するに当たり、必要に応じて参照していただきたい。なお、担保、事業譲渡、役員の責任については、『破産手続実務ハンドブック』をご参照いただきたい。

2　各編の参照条文
各編で、条文番号の前に法律名のないものは以下の法律を指す。
・第1編：民事再生法（なお、「規則」は民事再生規則）
・第2編：会社更生法（なお、「施行規則」は会社更生法施行規則、「規則」は会社更生規則）

3　記述の前提
① 　原則として、東京地裁の運営を記載する。
② 　裁判例は、原則として、紹介する箇所の論点のみを掲げる。また、事実認定で争われている事案については、原則として裁判所が認定した事実を紹介するにとどめる。
③ 　下級審裁判例については、上級審で異なった結論が出る可能性があり、一つの考え方（判断）として紹介するものである。また、破産に係る裁判例も紹介しているが、民事再生や会社更生については結論が異なる可能性もある。
④ 　会社については、取締役会設置会社を前提とする。
⑤ 　通常再生を対象とし、個人再生には触れていない。

4　裁判例紹介箇所での記述
① 　「　」は判決の引用部分であるが、当事者名（X、Y、甲など）については、事案説明に合わせる。また、控訴審判決などで原審を引用している場合は、原審も併せて引用をする場合もある。さらに、適宜筆者の判断で、途中を省略している。これらの表現の変更によって、判示の意味内容が修正された部分は無いと考えているが、正確な裁判例は、それぞれ出典判例集・雑誌等をご確認いただきたい。
② 　判示部分の条文等はそのまま引用する。一方、事案の説明では、現行法の説明に合わせる（例：破産法改正前の判例について、事案の説明では「破産手続開始決定」とするが、判例の引用の部分は「破産宣告」のままとする。条文なども同様）。
③ 　X：原告、Y：被告で記載。原告、被告が複数いた場合も、論点と関係ない当事者は省略した。

④　裁判例は、論点に必要な範囲でのみ紹介している。
⑤　「上告」とある場合、上告受理申立ても含まれることがある。
⑥　破産、民事再生、会社更生、特別清算、会社整理に関する裁判例は、どの手続に関する裁判例かわかるように日付の後に括弧書で明記した。
⑦　裁判例のうち、特に下級審の裁判例は、今後の事案では変更されることがある。また、下級審の裁判例は、その後、控訴ないし上告されているものも含まれている。

凡　例

1　法令名略語

本書中、特に法律名を示さずに条文番号のみを記した箇所は、第1編では民事再生法、第2編では会社更生法の条文を意味している。それ以外の法律については逐次法律名を明示したが、次に掲げるものについては略称を用いた。

GL	経営者保証に関するガイドライン
GLQA	経営者保証に関するガイドラインQ&A
会社法規則	会社法施行規則
金商法	金融商品取引法
高年齢者雇用安定法	高年齢者等の雇用の安定等に関する法律
産強法	産業競争力強化法
産強法規則	経済産業省関係産業競争力強化法施行規則
執行規則	民事執行規則
執行法	民事執行法
省令	事業再生に係る認証紛争解決事業者の認定等に関する省令
整備法	会社法の施行に伴う関係法律の整備等に関する法律
男女雇用機会均等法	雇用の分野における男女の均等な機会及び待遇の確保等に関する法律
担信法	担保付社債信託法
賃確法	賃金の支払の確保等に関する法律
動産・債権譲渡特例法	動産及び債権の譲渡の対抗要件に関する民法の特例等に関する法律
特調法	特定債務等の調整の促進のための特定調停に関する法律
独禁法	私的独占の禁止及び公正取引の確保に関する法律
廃棄物処理法	廃棄物の処理及び清掃に関する法律
非訟規則	会社非訟事件等手続規則
振替法	社債、株式等の振替に関する法律
法規	法人税法施行規則
法法	法人税法
法令	法人税法施行令
民訴	民事訴訟法
労基則	労働基準法施行規則
労基法	労働基準法
労契法	労働契約法
労組法	労働組合法
労働契約承継指針	分割会社及び承継会社等が講ずべき当該分割会社が締結している労働契約及び労働協約の承継に関する措置の適切な実施を図るための指針（平成12年労働省告示第127号）
労働契約承継法	会社分割に伴う労働契約の承継等に関する法律
労働契約承継法規則	会社分割に伴う労働契約の承継等に関する法律施行規則

2 裁判例

裁判例を示す場合、「判決」→「判」、「決定」→「決」とした。また、裁判所の表示、裁判例の出典については、次のア、イに掲げる略語を用いた。

ア 裁判所名略語

最	最高裁判所
○○高	○○高等裁判所
○○地	○○地方裁判所
○○支	○○支部

イ 判例集・雑誌等略語

裁判集民	最高裁判所裁判集民事
民集	最高裁判所民事判例集
高民	高等裁判所民事判例集
判時	判例時報
判タ	判例タイムズ
金法	旬刊金融法務事情
金判	金融・商事判例
労判	労働判例
労経速	労働経済判例速報

3 文 献

文献については、次に掲げる略語を用いた。それ以外のものについては、原則として正式名称で示した。

新しい役員責任の実務	澤口実編著『新しい役員責任の実務』[第2版](商事法務、平成24年)
伊藤更生法	伊藤眞著『会社更生法』(有斐閣、平成24年)
伊藤破産法	伊藤眞著『破産法・民事再生法』[第3版](有斐閣、平成26年)
ADR実務	住田昌弘編著『事業再生ADRの実務』(金融財政事情研究会、平成23年)
ABLの法律実務	山口明著『ABLの法律実務：実務対応のガイドブック』(日本評論社、平成23年)
江頭会社法	江頭憲治郎著『株式会社法』[第5版](有斐閣、平成26年)
大阪運用と書式	大阪地方裁判所・大阪弁護士会破産管財運用検討プロジェクトチーム編『破産管財手続の運用と書式』[新版](新日本法規出版、平成21年)
概説倒産と労働	「倒産と労働」実務研究会編『概説 倒産と労働』(商事法務、平成24年)
ガイドライン実務	田中亀雄・土屋章・多比羅誠・須藤英章・宮川勝之編『私的整理ガイドラインの実務』(金融財政事情研究会、平成19年)
金子租税法	金子宏著『租税法』[第15版](弘文堂、平成22年)
計画の実務と理論	松下淳一・事業再生研究機構編『新・更生計画の実務と理論』(商事法務、平成26年)
更生QA	全国倒産処理弁護士ネットワーク編『会社更生の実務Q&A120問』(金融財政事情研究会、平成25年)
更生実務上下	東京地裁会社更生実務研究会編著『会社更生の実務 上／下』[新版](金融財政事情研究会、平成26年)

ゴルフ再生	富永浩明・三森仁編『ゴルフ場の事業再生』（商事法務、平成24年）
最新更生	東京地裁会社更生実務研究会編『最新実務　会社更生』（金融財政事情研究会、平成23年）
再生QA500	須藤英章監修、企業再建弁護士グループ編集『民事再生QA500：プラス300』［第3版］（信山社、平成24年）
再生手引	鹿子木康編、東京地裁民事再生実務研究会著『民事再生の手引』（商事法務、平成24年）
再生申立ての実務	東京弁護士会倒産法部編『民事再生申立ての実務：モデル事例から学ぶ実践対応』（ぎょうせい、平成24年）
時価マニュアル	事業再生研究機構財産評定委員会編『新しい会社更生手続の「時価」マニュアル』（商事法務、平成15年）
実践マニュアル	木内道祥監修、軸丸欣哉・野村剛司・木村信也・山形康郎・中西敏彰編著『民事再生実践マニュアル』（青林書院、平成22年）
実務下	東京地裁破産再生実務研究会編著『破産・民事再生の実務　民事再生・個人再生編』［第3版］（金融財政事情研究会、平成26年）
私的再建の手引き	徳永信、安田憲生、宮原一東、岡本成道著『社長・税理士・弁護士のための私的再建のための手引き：民事再生をしなくても会社は残せる！』（税務経理協会、平成23年）
私的整理QA	全国倒産処理弁護士ネットワーク編『私的整理の実務Q＆A100問』［追補版］（金融財政事情研究会、平成26年）
私的整理計画策定の実務	西村あさひ法律事務所・フロンティア・マネジメント㈱編著『私的整理計画策定の実務』（商事法務、平成23年）
私的整理88講	濱田芳貴著『私的整理88講による道案内』（商事法務、平成25年）
条解	伊藤眞・岡正晶・田原睦夫・林道晴・松下淳一・森宏司著『条解破産法』［第2版］（弘文堂、平成26年）
条解民事再生法	園尾隆司・小林秀之編集『条解民事再生法』［第3版］（弘文堂、平成25年）
書式更生	東京地裁会社更生実務研究会編『書式　会社更生の実務：申立てから終結までの理論と書式』（民事法研究会、平成15年）
新担保・執行法講座	佐藤歳二・山野目章夫・山本和彦編『新担保・執行法講座　第4巻（動産担保・債権担保等、法定担保権）』（民事法研究会、平成21年）
菅野労働法	菅野和夫著『労働法』［第10版］（弘文堂、平成24年）
争点	倒産実務交流会編『争点倒産実務の諸問題』（青林書院、平成24年）
注釈民再法上下	才口千晴・伊藤眞監修、全国倒産処理弁護士ネットワーク編『新注釈民事再生法　上／下』［第2版］（金融財政事情研究会、平成22年）
倒産処理と倫理	日本弁護士連合会倒産法制等検討委員会編『倒産処理と弁護士倫理：破産・再生事件における倫理の遵守と弁護過誤の防止』（金融財政事情研究会、平成25年）
倒産と金融	「倒産と金融」実務研究会編『倒産と金融』（商事法務、平成25年）
倒産と訴訟	島岡大雄・住友隆行・岡伸浩・小畑英一編『倒産と訴訟』（商事法務、平成25年）
倒産と労働	「倒産と労働」実務研究会編『詳説　倒産と労働』（商事法務、平成25

	年)
任意売却の実務	上野隆司監修、高山満・田中博文・大坪忠雄・村山真一・藤原勉著『任意売却の法律と実務』［第3版］（金融財政事情研究会、平成25年）
破産QA	全国倒産処理弁護士ネットワーク編『破産実務Q＆A200問：金倒ネットメーリングリストの質疑から』（金融財政事情研究会、平成24年）
破産手引	鹿子木康・島岡大雄編、東京地裁破産実務研究会著『破産管財の手引』［増補版］（金融財政事情研究会、平成24年）
民再QA	全国倒産処理弁護士ネットワーク編『通常再生の実務Q＆A120問：金倒ネットメーリングリストの質疑から』（金融財政事情研究会、平成22年）
民事再生書式集	園尾隆司・須藤英章監修、第二東京弁護士会倒産法研究会編集『民事再生法書式集』［第4版］（信山社、平成25年）

目 次

第1編　民事再生手続

第1章　最初の相談において注意すべきこと·· 1
1　検討段階で、依頼者から開示を受けるべき資料·· *1*
2　事業再建が可能かどうかを判断するうえでのポイント·· *1*
3　再建型私的整理と民事再生の相違点·· *2*
4　再建型私的整理を選択する主なポイント·· *4*
5　民事再生に特有の問題点·· *5*
6　プレパッケージ型民事再生·· *5*
　(1)　プレパッケージの要件　*6*／(2)　プレパッケージ型のスポンサー契約　*6*／(3)　実際の対応　*7*／(4)　プレパッケージ型民事再生が問題となった裁判例　*7*
7　民事再生申立代理人の役割（重要性）及び義務··· *8*
8　経営者保証に関するガイドライン·· *9*
　(1)　概　要　*9*／(2)　保証債務の履行基準（残存資産の範囲）　*9*

第2章　申立てまで··· 11
1　依頼者との委任契約書の締結·· *11*
2　申立てに当たって注意すべき事項·· *11*
　(1)　経営者が連帯保証をしている場合　*11*／(2)　借入先の銀行にある預金　*11*／(3)　再生債務者が借入れのある銀行を販売会社として投資信託を保有している場合　*12*／(4)　借入れのある銀行に、受取手形を取立委任又は割引依頼で交付している場合　*12*／(5)　グループ企業の対応　*13*／(6)　申立日　*13*／(7)　申立裁判所　*13*／(8)　仕　入　*13*
3　事案に応じた問題点の把握·· *14*
　(1)　一般的に留意すべき事項　*14*／(2)　再生債務者が学校法人や財団法人の場合の留意点　*14*／(3)　再生債務者がゴルフ場の場合の留意点　*14*／(4)　簡易再生、同意再生の検討　*15*
4　依頼者への説明·· *15*
　(1)　予納金等費用の準備　*15*／(2)　再生債務者の立場等の説明　*16*／(3)　情報の管理　*17*
5　民事再生申立ての準備·· *17*
　(1)　準備のために依頼者に用意をしてもらうべき資料　*17*／(2)　資金繰り表作成の注意点　*18*／(3)　申立後の債権者への通知や債権者説明会等の準備　*19*／(4)　その他、申立前に検討しておくべきこと　*20*
6　民事再生手続開始申立書ほか、申立日までに準備すべき書類································ *20*
　(1)　全体像　*20*／(2)　民事再生手続開始申立書及び添付資料　*21*／(3)　保全処分申立書、強制執行の中止命令申立書等　*21*／(4)　従業員用の資料　*22*／(5)　プレスリリース用資料　*22*／(6)　債権者への通知書、債権者説明会の準備　*23*
7　申立前又は直後に連絡をすべき箇所··· *23*
　(1)　裁判所　*23*／(2)　監督委員候補者　*23*／(3)　金融商品取引所・監督官庁など　*23*／(4)　労働組合　*24*

第3章　申立てから開始決定まで……25
1　申立直後に発令される裁判所の決定等……25
(1)　弁済禁止の保全処分（30条1項）　25／(2)　中止命令・包括的禁止命令が発令された場合　26／(3)　監督命令（54条）　26
2　申立日以降開始決定までの間に行うべきこと……27
(1)　申立日当日の主な対応　27／(2)　保全期間中に行うべき主な事項　28
3　債権者説明会……28
(1)　受付等　28／(2)　会場の設営　28／(3)　配付資料の作成　29／(4)　進行等　29／(5)　スポンサー候補者の出席　29／(6)　議事録　29
4　申立日から開始決定までに発生した債権の共益債権化の手続（120条）……29
5　開始決定の判断基準……30
6　開始決定の主な効果……32
7　民事再生の申立てに対して、債権者が破産又は会社更生等を申し立ててきた場合……33
8　申立てが棄却された場合の対応……34
(1)　即時抗告（36条1項）　34／(2)　破産への移行　34

第4章　裁判所ないし監督委員との関係……35
1　裁判所との打合せ（裁判所から提示される標準スケジュール）……35
2　開始決定書に盛り込まれる内容……35
3　監督委員の主な役割……36
4　記録の閲覧・謄写……36
(1)　内　容　36／(2)　閲覧制限（17条1項、規則10条）　36
5　月次報告……37
6　財産評定（124条1項）……37
(1)　財産評定の作成及び提出、開示　37／(2)　財産評定の主なチェックポイント　38
7　125条報告……38
8　管理命令（64条）……39
(1)　管理命令の概要　39／(2)　DIP型と管理命令が発令された場合の主な相違点　39／(3)　管理命令の問題点　39
9　債権者委員会……40

第5章　会社の運営……41
1　経営者……41
2　債権者対応……41
3　運営について特に留意すべき点……41
4　DIPファイナンス……42
(1)　契約条件　42／(2)　担保設定方法　42／(3)　手　続　43

第6章　従業員関係……44
1　労働債権……44
2　労働組合がある場合の対応……45
(1)　組合との団体交渉　45／(2)　民事再生に労働組合が関与する機会（主なもの）　45
3　人件費削減策（概説）……45
(1)　全体像　45／(2)　就業規則の不利益変更に必要な手続　46／(3)　整理解雇の4要件　47

第7章　各種債権の取扱いの整理 … 48
1　債権の全体像 … 48
2　再生債権 … 48
　(1)　定　義　48／(2)　議決権額に留意すべき債権　49／(3)　弁　済　49
3　対応が問題となる債権 … 49
　(1)　労働者性の問題　49／(2)　ゴルフ会員のプレー権（優先的利用権）　51／(3)　家電量販店などのポイント　51／(4)　学校法人の授業を受ける権利や、スポーツクラブの前売りチケットなどに基づく施設利用権　51／(5)　有価証券報告書等の虚偽記載に基づく株主の損害賠償請求権　52／(6)　社債債権　53
4　再生債権の弁済の例外（85条2項～6項） … 54
　(1)　中小企業者への弁済（85条2項）　54／(2)　少額債権の弁済（85条5項）　54／(3)　その他　55
5　共益債権（119条以下） … 56
　(1)　種　類　56／(2)　弁　済　56／(3)　再生債権か共益債権かについて争いがある場合　56／(4)　共益債権に基づく強制執行等への対応　56
6　一般優先債権（122条） … 57
　(1)　種　類　57／(2)　弁済等　57／(3)　公租（租税債権）の留意点　57／(4)　公課（健康保険、年金保険、労災保険、雇用保険、介護保険など）の留意点　58
7　共益債権又は優先債権を代位弁済した債権の取扱い … 58
8　開始時現存額主義（86条2項、破産法104条、105条）の適用関係 … 59
　(1)　概要（整理）　59／(2)　債権が複数ある場合　59／(3)　補　足　59

第8章　債権届出、債権調査 … 61
1　概　要 … 61
2　債権届出書の再生債権者への送付 … 61
　(1)　裁判所の名義・封筒で債権届出書等一式を送付　61／(2)　子会社・関連会社又は代表者の再生債権　61
3　再生債権者による債権届出書の提出 … 61
　(1)　届出方法、届出期間など　61／(2)　債権届出書に記載すべき主な事項（94条、規則31条）　62／(3)　債権届出書添付資料（規則31条3項4項、32条、11条、民事訴訟規則15条、18条）　62
4　債権認否及び確定 … 63
　(1)　認否書作成の具体的手順　63／(2)　債権認否において注意すべき点　63／(3)　認否後の再生債務者の対応　64／(4)　債権認否に対する異議等の流れ　64／(5)　債権査定手続　65／(6)　確定の効力　66

第9章　担保関係 … 67
1　別除権として扱われる範囲 … 67
　(1)　担保対象物の範囲　67／(2)　担保の種類の範囲　67／(3)　再生債務者に帰属する財産か否かが問題となる事例（補足）　67
2　別除権者の権利行使方法及び議決権の取扱い … 68
　(1)　権利行使方法　68／(2)　別除権予定不足額の届出　69／(3)　別除権者の議決権確定まで　70／(4)　別除権不足部分の弁済及び弁済時期　70
3　別除権に対する再生債務者の対応策 … 70

(1)　別除権の存否等に関する確認　70／(2)　事業再建に必要な担保設定対象物の対応方法　71／(3)　別除権協定　71／(4)　担保権の実行手続の中止命令（31条）　73／(5)　担保権消滅許可の申立て（148条以下。担保権消滅請求ともいう）　76／(6)　抵当権が設定された不動産を任意売却する際の全体的な流れ　79

　4　法定担保物権 82
　　(1)　民事留置権　82／(2)　商事留置権　83／(3)　建築請負代金を被担保債権とした建築中の建物に対する留置権の土地に対する効力　83／(4)　動産売買先取特権　85

　5　約定担保物権 86
　　(1)　所有権留保売買　86／(2)　譲渡担保（総論）　88／(3)　集合動産譲渡担保の場合　89／(4)　将来債権を含む集合債権譲渡担保の場合　91／(5)　リース債権者対応　92

第10章　（双務）契約 94
　1　双務契約全般 94
　　(1)　双務契約の基本（49条）　94／(2)　双方未履行双務契約の相手方の解除権　95／(3)　継続的給付を目的とする双務契約　96／(4)　当事者間の抗弁　97

　2　売買契約 98
　　(1)　再生債務者が買主の場合　98／(2)　再生債務者が売主の場合　98／(3)　直前に物を仕入れていた場合　98

　3　賃貸借契約 98
　　(1)　再生債務者が賃借人の場合　98／(2)　再生債務者が賃貸人の場合　102

　4　請負契約 104
　　(1)　再生債務者が請負人の場合　104／(2)　再生債務者が注文者の場合　106

　5　その他、契約等について留意すべき点 107
　　(1)　取戻権（52条）　107／(2)　デリバティブ契約　108／(3)　ライセンス契約（再生債務者がラインセンサーの場合）　108

第11章　相　殺 109
　1　概　要 109
　2　相殺が可能な場合 109
　　(1)　原則（92条1項）　109／(2)　特殊な自働債権（＝再生債権）と受働債権（＝再生債務者の債権）の相殺の可否　110／(3)　敷金関係（92条2項ないし4項）　111／(4)　再生債務者からの相殺　111

　3　93条による相殺禁止 111
　　(1)　93条1項（原則）　111／(2)　93条2項（例外）　112

　4　93条の2による相殺禁止 113
　　(1)　93条の2第1項（原則）　113／(2)　93条の2第2項（例外）　114

　5　その他の留意点 115
　　(1)　相殺権濫用論　115／(2)　相殺禁止規定に抵触しない場合、否認の対象にはならないと解される　116

第12章　否認（127条以下） 117
　1　否認権を行使する主体及び手続 117
　　(1)　否認権の行使者　117／(2)　否認権の具体的行使方法　117／(3)　否認権に関する具体的な流れ　117

　2　否認行為の整理 119

(1) 条文の整理 119／(2) 要件の整理（なお、立証責任に注意） 119／(3) 代表的な例 120

 3 否認に関する裁判例 ··· 120
  (1) まとめ 120／(2) 詐害行為否認に関する裁判例 121／(3) 偏頗行為否認（127条の3第1項）に関する裁判例 124

 4 その他の否認 ··· 127
  (1) 対抗要件否認（129条） 127／(2) 執行行為の否認（130条） 128

第13章　役員に対する損害賠償請求権の査定制度（142条以下） ················· 130

 1 役員責任追及の検討順序 ·· 130
 2 査定の申立権者 ·· 130
 3 査定の具体的行使方法 ·· 131
 4 査定の判断 ··· 131

第14章　訴訟等の取扱い ··· 132

 1 概　要 ··· 132
 2 再生債権に係る訴訟の流れ ·· 132
 3 再生手続開始後の債権者代位訴訟、詐害行為取消訴訟の可否 ················ 133

第15章　スポンサーの選定手続及び支援方法 ··································· 135

 1 概　要 ··· 135
  (1) スポンサー選定の基本的な考え方 135／(2) スポンサーの支援方法 135／(3) 通常のM&Aと比較して、注意すべき事項 135

 2 スポンサー支援の具体的スキーム ·· 136
 3 具体的なスポンサー支援の手順 ··· 136
  (1) スポンサー選定手続の概要（入札の場合） 136／(2) 基本契約締結の有無 137／(3) 減増資スキームの具体的手順等 138／(4) 事業譲渡の具体的手順等 138／(5) 会社分割の具体的な手順等 139

 4 スポンサー契約（特に事業譲渡契約）の留意点 ······································· 140
  (1) スポンサー契約で留意すべき点 140／(2) 事業譲渡・株式譲渡後に譲渡人の責任が問題となった裁判例（参考） 140

第16章　民事再生計画案の作成・決議 ··· 142

 1 再生計画案に定めるべき事項 ··· 142
 2 権利変更及び弁済内容について注意すべきこと ······································· 142
  (1) 再生債権の権利変更の内容 142／(2) 弁済計画 143／(3) 事業計画 144／(4) 権利変更を受ける時期（＝免除を受ける時期） 145／(5) 清算価値保証原則 145／(6) 未確定の別除権不足額の取扱い 145／(7) 否認訴訟等が係属している場合 145

 3 特殊な条項 ··· 146
  (1) 再生計画案による減増資等 146／(2) 事業譲渡、会社分割 146／(3) DES型再生計画案 146／(4) 後からスポンサーが付いた場合の手当てを入れた再生計画案 147／(5) 清算型計画案 147

 4 再生計画の内容等が争われた事案 ·· 148
  (1) ゴルフ場の計画案で債権者平等原則違反が争われたもの 148／(2) 親会社や代表取締役等の債権を劣後化することの可否 148／(3) その他 149

 5 再生計画案の提出期限の伸長及び再生計画案の修正 ································ 149

(1) 提出期限の伸長　149／(2) 再生計画案の修正　150
第17章　再生計画案付議決定から決議まで ... 151
　1　再生計画案の付議決定 ... 151
　2　議決票等の送付 ... 151
　3　賛成を得るための方策 ... 151
　(1) 債権者説明会の開催　151／(2) 個別訪問による賛成依頼　152／(3) 電話等による賛成依頼　152
　4　計画案の変更 ... 152
　5　可決要件（173条の3第1項） ... 152
　(1) 議決権額のまとめ　152／(2) 可決のための要件　153
　6　認可決定の効果 ... 153
　7　認可決定後の対応 ... 153
　8　否決された場合の対応 ... 153
　(1) 一般的な流れ（破産手続への移行）　153／(2) 続行期日の申立て　154
第18章　再生計画認可後 ... 155
　1　再生計画の確定 ... 155
　2　再生計画認可確定の主な効果 ... 155
　3　再生計画の履行関係 ... 155
　4　新たな再生債権者が判明（又は発生）した場合の取扱い ... 155
　5　再生計画の変更（187条） ... 156
第19章　民事再生手続の終了 ... 157
　1　民事再生手続の終結 ... 157
　(1) 終結時期　157／(2) 終結の主な効果　157
　2　民事再生手続の廃止（191条～194条） ... 157
　(1) 廃止の種類　157／(2) 手続廃止の流れ　158／(3) 牽連破産した場合の再生債権、共益債権等の取扱い　158／(4) 牽連破産での問題と検討すべき主な事項　159
　3　再生債務者が再生手続終結後、再生計画履行中に破産した場合の権利関係（参考） ... 159
第20章　民事再生の税務 ... 161
　1　法人税 ... 161
　(1) 事業年度　161／(2) 債務免除益の計上額及び時期　161／(3) 財産評定損益及び期限切れ欠損金（特例欠損金）の適用　161／(4) 実在性のない資産の取り崩し　163／(5) 青色繰越欠損金の不適用（法法57条の2）　163／(6) 青色繰越欠損金の利用制限（法法57条1項ただし書）　163／(7) 欠損金の繰戻し還付　163／(8) 留保金課税の適用　164
　2　その他の税金 ... 164

第2編　会社更生手続

第1章　最初の相談において注意すべきこと ... 169
　1　民事再生と会社更生の主な相違点 ... 169
　2　民事再生か会社更生かの主な判断基準（私見） ... 170
　3　DIP型会社更生 ... 170
　(1) DIP型会社更生開始の要件　170／(2) 留意点　170／(3) 具体例　171

第2章　申立てまで······172
1. 依頼者との委任契約書の締結······172
2. 申立てに当たって、注意すべき事項······172
3. 事案に応じた問題点の把握······172
4. 依頼者への説明······172
   (1) 予納金等費用　172／(2) 更生会社の役員等の立場についての説明　172
5. 会社更生手続開始申立ての準備······173
6. 会社更生手続開始申立書ほか、申立日までに準備すべき書類······173
   (1) 概　要　173／(2) 強制執行の中止命令申立書等　173／(3) 従業員用の資料　174／(4) プレスリリース用資料、債権者への通知書　174
7. 申立前又は直後に連絡をすべき箇所······174
8. 保全管理人選任段階での準備······174

第3章　申立てから開始決定まで······175
1. 申立直後に発令される裁判所の決定等······175
   (1) 一般的に発令される内容　175／(2) 保全管理人の地位／役割　175／(3) 保全処分　176／(4) 監督命令（35条）　176／(5) 調査命令（39条、125条）　176
2. 申立日以降開始決定までの間に行うべきこと······176
   (1) 申立日当日の対応　176／(2) 開始決定までの間に行うべき主な事項　177
3. 関係人説明会······177
4. 申立日から開始決定までに発生した債権の共益債権化の手続（128条2項、3項）······178
5. 開始決定の判断基準······178
6. 開始決定書に盛り込まれる内容······178
7. 開始決定の主な効果······179
8. 申立てが棄却された場合の対応······180

第4章　更生管財人の地位／従来の取締役の地位······181
1. 管財人の主な権限及び職責······181
2. 管財人の主な義務······181
   (1) まとめ　181／(2) 破産管財人の善管注意義務違反を否定した裁判例　181／(3) 破産管財人の善管注意義務違反を肯定した裁判例　182
3. 管財人に対する権利主張······182
   (1) 対抗要件の要否　182／(2) 主な第三者対抗要件　182
4. 契約当事者間の抗弁······183
5. 従来の取締役等の地位······183
6. 管財人代理・法律顧問······184

第5章　裁判所との関係······185
1. 会社更生の標準スケジュール······185
2. 管財人の主な業務······185
   (1) 業務内容　185／(2) 許可申請の留意点　186
3. 記録の閲覧・謄写······186
   (1) 内　容　186／(2) 閲覧制限（12条、規則9条）　187
4. 月次報告······187
5. 財産評定（83条1項）······187

(1) 概　要　*187*／(2) 決算に与える影響　*188*／(3) 管財人が行う資産評価　*188*
　　6　84条報告 ··· *189*
　　7　更生債権者委員会等 ·· *189*
第6章　会社の運営 ··· *190*
　　1　会社の機関 ··· *190*
　　2　管財人における社内運営 ·· *190*
　　3　債権者対応 ··· *190*
　　4　資金繰り表の作成及びチェック ·· *190*
　　5　DIPファイナンス ··· *190*
　　6　運営について特に留意すべき点 ·· *191*
第7章　従業員関係 ··· *192*
　　1　労働債権 ·· *192*
　　2　労働組合がある場合の対応 ··· *193*
　　(1) 組合との団交　*193*／(2) 更生手続に労働組合が関与する機会（主なもの）　*194*
　　3　人件費削減策 ··· *194*
第8章　各種債権(1)：更生債権、共益債権等の区分 ··· *195*
　　1　債権の全体像 ··· *195*
　　2　更生債権等（更生債権及び更生担保権） ·· *195*
　　(1) 定　義　*195*／(2) 議決権に留意すべき債権　*195*／(3) 弁　済　*196*
　　3　債権の性質が問題となる事案 ··· *197*
　　4　更生債権の弁済の例外（47条2項〜6項） ··· *197*
　　5　共益債権（127条以下） ··· *197*
　　(1) 定義・種類　*197*／(2) 弁　済　*198*／(3) 更生債権か共益債権かについて争いがある場合　*198*／(4) 共益債権に基づく強制執行等への対応　*198*
　　6　優先的更生債権（168条1項2号） ·· *198*
　　7　開始後債権・約定劣後債権 ··· *199*
　　8　共益債権又は優先債権を代位弁済した債権の取扱い ·· *199*
　　9　開始時現存額主義（135条2項　破産法104条、105条）の適用関係 ······················ *199*
第9章　各種債権(2)：公租公課、罰金等の請求権 ·· *200*
　　1　租税等の請求権の範囲 ··· *200*
　　2　公租公課の共益債権・更生債権等の区分（129条） ·· *200*
　　3　公租公課のうち優先的更生債権部分の取扱いについて ··· *201*
　　4　罰金等 ··· *201*
第10章　各種債権(3)：更生担保権 ··· *203*
　　1　更生担保権者として扱われる範囲 ·· *203*
　　2　管財人の担保価値保存義務 ··· *203*
　　3　担保対象物を処分する場合や担保権を解除する場合の管財人の対応策 ···················· *204*
　　(1) 総　論　*204*／(2) 担保変換合意の具体的内容　*204*／(3) 担保権消滅請求（104条）　*205*
　　4　個別担保権の留意点 ·· *206*
　　(1) 留置権　*206*／(2) 動産売買先取特権　*206*／(3) 所有権留保、譲渡担保　*206*／(4) 質　権　*207*／(5) 根抵当権　*208*／(6) リース債権者対応　*208*／(7) 更生会社が自己

の資産について証券化していた場合　208

第11章　更生債権等の債権届出、債権調査 …………………………………… 209
1　概　要 ……………………………………………………………………………… 209
2　債権届出書の送付 ………………………………………………………………… 210
(1)　裁判所の名義・封筒で債権届出書等一式を送付　210／(2)　開始決定時に裁判所から更生債権者、更生担保権者、租税等債権者へ送付する書面　211／(3)　開始決定後に新たな債権者が判明した場合　211
3　更生債権者等による債権届出書の提出 ………………………………………… 211
(1)　届出方法、届出期間など　211／(2)　更生債権等について債権届出書に記載すべき主な事項　212／(3)　租税等の請求権について債権届出書に記載すべき主な事項（142条、規則41条）　213
4　債権認否及び確定 ………………………………………………………………… 213
(1)　認否の手順　213／(2)　認否書作成の具体的手順、債権認否において注意すべき点等　214／(3)　債権認否に対する異議等の流れ　214／(4)　債権査定手続（151条）　215／(5)　確定の効力　215
5　更生担保権の認否 ………………………………………………………………… 215
(1)　更生担保権に係る認否の留意点　215／(2)　価格決定手続　216

第12章　（双務）契約、相殺、否認、役員等責任査定 ……………………… 218
1　（双務）契約等に関する条文番号対比表 ……………………………………… 218
2　相殺に関する条文番号対比表 …………………………………………………… 218
3　否認に関する条文番号対比表 …………………………………………………… 218
4　役員等に対する損害賠償請求権の査定制度 …………………………………… 219

第13章　訴訟等の取扱い ……………………………………………………………… 220
1　概　要 ……………………………………………………………………………… 220
2　更生債権に係る訴訟の流れ ……………………………………………………… 220
3　更生手続開始後の債権者代位訴訟、詐害行為取消訴訟の可否 ……………… 220

第14章　スポンサーの選定手続及び支援方法 …………………………………… 221
1　概　要 ……………………………………………………………………………… 221
(1)　スポンサー選定の基本的な考え方　221／(2)　スポンサーの支援方法　221／(3)　通常のM&Aと比較して、注意すべき事項　222
2　具体的なスポンサー支援の手順 ………………………………………………… 222
(1)　スポンサー選定手続の概要（入札の場合）　222／(2)　基本契約締結の有無　222／(3)　減増資スキームの具体的手順等　222／(4)　計画外事業譲渡の具体的手順　222／(5)　更生計画内事業譲渡、会社分割の手続　223

第15章　更生計画案の作成 …………………………………………………………… 224
1　更生計画に定めるべき事項 ……………………………………………………… 224
(1)　更生計画本文に記載すべき事項　224／(2)　別　表　224
2　権利変更総論（原則）…………………………………………………………… 225
(1)　基本原則　225／(2)　権利変更を受ける時期（＝免除を受ける時期）について　226／(3)　弁済期間　226／(4)　清算型計画案提出の要件　226
3　権利変更各論 ……………………………………………………………………… 226
(1)　一般的な権利変更の内容及び弁済内容　226／(2)　更生債権の権利変更　227／(3)

租税等（公租公課）の請求権の権利変更　228／⑷　更生担保権の権利変更　229／⑸　事業計画　230／⑹　否認訴訟等が係属している場合　230
　　4　会社の基礎的事項の変更に関する条項 230
　　　⑴　役員及び定款の変更　231／⑵　更生計画案による減増資等　231／⑶　合併、会社分割、新会社設立、事業譲渡において更生計画に定めるべき事項　231／⑷　上記の各事項を更生計画に定めた場合の主な効果　232
　　5　その他の条項 233
　　　⑴　後からスポンサーが付いた場合の手当てを入れた更生計画案　233／⑵　信託の設定　233／⑶　清算型計画案（事業の全部の廃止を内容とする更生計画案）　233
　　6　更生計画の内容等が争われた事案 234
　　7　更生計画案の提出期限の伸長及び更生計画案の修正 234

第16章　更生計画案付議決定から決議まで 235
　　1　更生計画案の付議決定 235
　　　⑴　更生計画案の裁判所提出　235／⑵　更生計画案の付議決定　235
　　2　議決票の送付 235
　　　⑴　裁判所からの送付物　235／⑵　債権譲渡等に対する対応　235
　　3　賛成を得るための方策 236
　　4　計画案の変更 236
　　5　可決要件（196条） 236
　　　⑴　議決権額　236／⑵　決議の組分け　237／⑶　各組毎の可決要件（196条5項。更生担保権は更生計画の内容によって異なる）　237
　　6　認可決定 237
　　　⑴　可決した場合　237／⑵　認可決定の効果　238／⑶　認可決定時の貸借対照表　238
　　7　認可後の対応 238
　　8　否決された場合の対応 239
　　　⑴　管財人の対応　239／⑵　権利保護条項を定めることによる認可　239／⑶　続行期日の申立て　239／⑷　上記以外の場合（更生手続の廃止）　240

第17章　更生計画認可後 241
　　1　更生計画の確定 241
　　2　更生計画の履行関係 241
　　　⑴　管財人の履行義務　241／⑵　裁判所への報告等について　241／⑶　新たな債権者が判明した場合の取扱い　241
　　3　更生計画の変更（233条） 241
　　4　会社更生手続の廃止 242
　　5　会社更生手続の終結 242
　　　⑴　終結の手続及び要件　242／⑵　終結の主な効果　243

第18章　会社更生の会計・税務 244
　　1　法人税 244
　　　⑴　事業年度（232条2項、法法13条1項）　244／⑵　計画認可決定時の資産の評価替え（83条4項、5項、法法25条2項、33条3項）　244／⑶　債務免除益の計上時期及び免除益課税対策　244／⑷　その他　245

2　その他の税金 245

第3編　再建型私的整理手続

第1章　再建型私的整理の全体像及び債務者代理人の役割等 247
　1　再建型私的整理の全体像 247
　2　情報の開示及び管理の重要性 248
　　(1)　平等な情報開示の重要性　248／(2)　情報管理の重要性　248
　3　法的整理に移行する可能性を踏まえた留意点 248
　　(1)　預金の管理　248／(2)　否認リスク　249／(3)　事前に債権譲渡を行うことの可否　249
　4　経営者保証に関するガイドライン 249
　　(1)　概　要　250／(2)　保証債務の履行基準（残存資産の範囲）　250
　5　受任する際に注意すべき点 251

第2章　再建型私的整理手続が選択可能か否かの検討 252
　1　事業再建が可能かどうかを判断するうえでのポイント 252
　2　再建型私的整理と法的手続（民事再生・会社更生）の相違点 252
　3　再建型私的整理を選択する主なポイント 254
　4　再建型私的整理に当たり対象債権者（金融機関）の納得を得るためのポイント 254

第3章　再建型私的整理方法論 256
　1　対象債権者 256
　　(1)　基本的対応　256／(2)　社債権者について　256
　2　再建型私的整理の方法全体像（BSリストラ策） 257
　3　第二会社方式 257
　　(1)　内　容　257／(2)　第二会社方式を利用することが有用な場合（債務者会社を継続企業として活用することが難しい場合）　258／(3)　事業譲渡と会社分割の比較　258／(4)　注意点（濫用的会社分割について）　259
　4　再建型私的整理の具体的方法 260
　5　制度化された再建型私的整理（まとめ） 260
　6　私的整理ガイドライン 261
　　(1)　概　要　261／(2)　特　徴　262／(3)　手続の概要　262
　7　中小企業再生支援協議会 262
　　(1)　特　徴　262／(2)　メリット・デメリット　263／(3)　対　象　263／(4)　手続の概要　264
　8　事業再生ADR 264
　　(1)　特　徴　264／(2)　事業再生ADRのメリット・デメリット　265／(3)　適用を受けられる債務者　265／(4)　手　続　265／(5)　手続実施者の役割　266／(6)　費用　266
　9　特定調停 266

第4章　再建型私的整理の具体的進め方 269
　1　再建型私的整理の進め方 269
　2　当初の相談の時点で依頼者に準備してもらうべき資料 270
　3　債務者の立場の説明内容 270
　4　DD 271

(1) DD の主な目的　271／(2) 財産評定の主な基準　271／(3) DD の目的と担当割等　271
　5　担保付物件の処理方法の検討及び担保評価額の算定 ………………………………… 272
　6　スポンサーの募集手続 ………………………………………………………………… 272
　　(1) スポンサー選定の重要性　273／(2) スキームの確定　273／(3) 入札手続　273／(4) 基本合意書の締結　274／(5) 最終的なスポンサー契約の締結　275／(6) クロージング後の事業譲渡側の責任　275
　7　DIP ファイナスの検討 ………………………………………………………………… 275
　8　株主責任・経営者責任に関する検討 ………………………………………………… 275

第5章　事業再建計画書・返済計画書等の作成　277
　1　事業再建計画作成に当たって検討すべき主な事項 …………………………………… 277
　　(1) 全体像　277／(2) 事業再建計画書に盛り込むべき内容　277
　2　窮境原因及び環境分析 ………………………………………………………………… 278
　　(1) 収益性分析　279／(2) 生産性分析　279
　3　収益計画・事業リストラ策の作成 …………………………………………………… 280
　　(1) 収益計画作成上の留意点　280／(2) 事業リストラ策の視点　280
　4　返済計画書の作成（財務リストラ策の検討） ………………………………………… 281
　　(1) 対象債権者別返済計画書の全体像　281／(2) 保全額算定に当たっての注意事項　281／(3) 金融支援策全体像　283／(4) DES　284／(5) DDS　287

第6章　対象債権者（金融機関）との交渉　289
　1　メインバンク訪問及び相談 …………………………………………………………… 289
　2　経営者が連帯保証をしている場合 …………………………………………………… 289
　3　対象債権者に対する一時支払停止の通知 …………………………………………… 289
　　(1) 預金の避難　289／(2) 取立委任手形、投資信託　291
　4　第1回債権者説明会（一時支払停止直後に行う説明会）における、金融機関に対する説明及び要請 …………………………………………………………………………… 291
　5　対象債権者（金融機関）以外に対する案内状の出状や説明会開催の要否 ………… 292
　6　信用保証協会の取扱い ………………………………………………………………… 292
　7　対象債権者説明会（ないしは個別訪問による説明） ………………………………… 293
　　(1) 開催通知の発送　293／(2) 説明資料　293／(3) 一部の対象債権者が手続に参加しない場合　293
　8　対象債権者（金融機関）との交渉のポイント ………………………………………… 294
　9　債権者間協定の締結 …………………………………………………………………… 294
　　(1) 協定当事者　294／(2) 内　容　294

第7章　再建型私的整理に関するその他の事項　296
　1　雇用調整 ………………………………………………………………………………… 296
　2　種類株式の活用 ………………………………………………………………………… 296
　　(1) 種類株式の種類（108条）　296／(2) 種類株式の具体的な利用　296
　3　再建型私的整理と保証人の責任 ……………………………………………………… 297
　　(1) 考え方　297／(2) 任意整理で私財提供を行ってその余につき免除を受ける場合の手続　298
　4　金融機関の自己査定における債務者区分及び引当て ………………………………… 298

(1) 債務者区分　298／(2) ランクアップ条件　299
第8章　再建型私的整理が不成立の場合……301
　1　特定調停……301
　2　第二会社方式による特別清算の協定成立による方法……301
　3　会社更生手続・民事再生手続の申立て……301
第9章　再建型私的整理の債務者側の税務……305
　1　法人税……305
　　(1) 債務免除、DES等の債務消滅益の認識　305／(2) ポイント　305
　2　法人格を維持する場合……306
　　(1) 財産評定損益（法法25条3項、33条4項、法令24条の2、68条の2、法規8条の6）及び期限切れ欠損金の利用　306／(2) 実在性のない資産等が存する場合　306／(3) 繰越欠損金の不適用（法57条の2）　307／(4) 過去に粉飾があった場合　307／(5) その他の注意点　307
　3　事業譲渡、会社分割を行った場合……308
第10章　再建型私的整理の債権者側の税務（法人税）……309
　1　償却・貸倒引当てに関する全体像（法的整理を含む）……309
　2　法人税基本通達9-4-2の内容……310
　3　9-4-2の適用範囲……310
　　(1) 制度化された再建型私的整理　310／(2) 上記以外の再建型私的整理　310
　4　連帯保証（補足）……311

付属編　雇用調整

　1　はじめに……313
　　(1) 雇用関係をめぐる法律（まとめ）　313／(2) 不当労働行為（労組法7条）　313／(3) 会社継続のための人件費削減の概要（本編の構成）　314
　2　労働条件の不利益変更……314
　　(1) 労働条件の不利益変更　314／(2) 就業規則の不利益変更の基準　315／(3) 労働協約の変更　317
　3　賞与の削減・賃金調整・退職金の減額……319
　　(1) 賞与、賃金、退職金の減額に必要な手続　319／(2) 賃金調整の具体的な方法及び留意点　319／(3) 年俸制の変更　319／(4) 裁判例紹介　320
　4　パートタイマー・契約社員（＝期間のある雇用契約に基づく雇用）・派遣社員の削減について……322
　　(1) 雇止め（契約更新拒絶）　322／(2) 期間の定めのある雇用契約の注意点　324／(3) 期間途中での解雇　326／(4) 派遣社員　326
　5　出向（転籍）……327
　　(1) 出向命令の根拠　327／(2) 転　籍　328
　6　一時休業（一時帰休）……328
　　(1) 実施手順　328／(2) 雇用調整助成金制度　329
　7　希望退職……329
　　(1) 希望退職の実施手順　329／(2) 募集条件の確定　329／(3) 辞められると困る社員

への対応　330／(4)　退職勧奨の限界　331／(5)　退職希望者への対応　332
8　整理解雇 ………………………………………………………………………… 333
　(1)　整理解雇をする際の注意点　333／(2)　整理解雇が許されるための要件　333／(3)　整理解雇の手順（全体像）　338／(4)　整理解雇の事前準備　339／(5)　解雇回避努力の実施　339／(6)　整理解雇の実施　340
9　内定取消し ……………………………………………………………………… 341
　(1)　内定取消しの要件　341／(2)　内定取消しの主な留意点　342

事項別索引 …………………………………………………………………………… 343
判例年月日別索引 …………………………………………………………………… 347

第1編　民事再生手続

【記載の前提】
・債務会社自身が申し立てることを前提とする。
・本編で、条文番号の前に法律名のないものは民事再生法の条文を指す。また、「規則」は民事再生規則を指す。

第1章　最初の相談において注意すべきこと

1　検討段階で、依頼者から開示を受けるべき資料

　依頼者は、資金繰りが厳しい状態で相談に来ることが多く、判断に時間的猶予がないことが一般的である。相談を受けた弁護士としては、民事再生・会社更生・再建型私的整理による再建が可能かどうか、民事再生又は会社更生を申し立てるべきか、再建型私的整理で進めるべきかなどを極めて短期間に判断をしなければならない。
　そのためには、依頼者に資料を改めて準備をしてもらうというよりも、既にある以下の資料を持参してもらい（あるいは、あらかじめ郵送等をしてもらい）、資料を検討するのが有用である。

資料内容	主なチェック項目
過去3期分の確定申告書（添付資料も含めて全て）	申告書の添付資料の財務諸表から、損益状況と資産負債状況がわかるので、定量面での再建可能性を見極めることができる。特に3期を時系列に並べると、会社の財務上の変動がわかり、会社の問題点を把握するのに有益。 さらに、申告書には、売掛金一覧、受取手形一覧、買掛金一覧、支払手形一覧などが添付されており、仕入先（債権者）、得意先の概要がわかるので、申立ての影響を具体的に検討することができる。
会社案内その他商流のわかる資料	会社の内容や、商流、特殊な業界であれば業界の特質等を確認し、定性面での再建可能性を検討する。
その他に右記のことがわかる資料（資料がない場合は口頭で確認）	・銀行取引の状況 ・担保設定の状況 ・租税や給料等の支払状況（滞納の有無）

　なお、中小企業の場合は、往々にして粉飾決算が行われている。税務申告書添付の財務諸表等について粉飾を行っている場合には、実際の財務状況について確認をする必要がある。

2　事業再建が可能かどうかを判断するうえでのポイント

　主に以下の事情を検討し、再建型私的整理か民事再生・会社更生などの法的手続により、事業再建が可能か否かを検討することになると考える。なお、以下の要素も絶対ではなく、総合的な判断が必要。また、一部の事業だけ事業譲渡又は会社分割をして、残りは特別清算ないし破産をするという選択肢もあり得る（以下、「事業譲渡・会社分割＋特別清算・破産」の方法を「第二会社方式」という）。

第1章 最初の相談において注意すべきこと

判断要素	判断基準
営業利益が黒字か	営業赤字であれば、一般的に再建型私的整理も法的手続による再建も困難。雇用調整や不採算部門の閉鎖等により、黒字化する可能性があれば、検討の余地はあるが、リストラや、不採算部門の閉鎖にも費用がかかるため、それらの費用がきちんと捻出できることが前提となる。
租税公課の延滞の有無	租税公課の延滞があると、再建型私的整理も法的手続による再建も困難なことが多い。原則として、租税公課の滞納処分は民事再生手続に拘束されず（122条4項）、また、租税公課は、共益債権ないしは一般優先債権として減免の対象にはならないし、支払時期も変更されないため[1]。ただし、第二会社方式を取れる可能性はある。
給与の延滞の有無	給与の延滞があると、再建型私的整理も法的手続による再建も困難なことが多い。そもそも、給料すら延滞している状況では、資金繰りが維持できないことが多く、破産を選択せざるを得ないのが一般。なお、民事再生手続において、従業員の給料は、共益債権ないしは優先債権（119条2号、民法308条、122条1項）であり、未払いの給料は民事再生においても全額を支払う必要がある。
経営者の情熱[2]	再建をしようとする経営者の情熱がなければ、再建型私的整理や法的手続による再建は困難。ただし、適切なスポンサーないし、経営に適切な人材が確保できれば、再建は可能。
担保設定状況	事業継続に必須の資産（例えば、メーカーであれば工場）などに担保が設定されている場合、当該担保を実行されてしまうと再建は困難となる。このような場合、担保権の行使を制限されない（53条）民事再生手続ではなく、担保権者も手続に取り込む会社更生手続を検討することが必要な事案もあろう。 特に、集合動産（又は債権）譲渡担保に注意が必要。担保の実行が比較的容易であり、かつ、担保が実行されてしまうと、民事再生も再建型私的整理も困難になる可能性が高いためである（民事再生においても、担保権の行使を止めることは容易ではない）。
スポンサーの有無	有力なスポンサー候補者がいる場合は、上記の検討で再建が困難とされる場合であっても、一部ないし全部の事業が継続できる可能性がある。

3 再建型私的整理と民事再生の相違点

　上記検討により、事業再建が可能であると判断された場合、次に、民事再生又は会社更生によるべきか、再建型私的整理によるべきかを検討することとなる。もちろん、まず再建型私的整理で進めて、再建型私的整理で解決することが困難な場合に民事再生又は会社更生に移行するという方法もある。

　民事再生と再建型私的整理の主な相違点は以下の表のとおり（下線部は、選択の際のポイント）。なお、会社更生も、担保権を手続に取り込むかどうか、管理型（管財人により手続が遂行されること）を原則とするという点を除くと、基本的には民事再生と同様である。民事再生と会社更生の詳しい相違点は第2編参照。

	民事再生	再建型私的整理
手続に取り込む債権者の範囲（事業価値の毀損）	全ての債権者を対象とする。したがって、事業価値が毀損する可能性が高い。	原則として、金融機関債権者のみを対象とする。したがって、事業価値が毀損する可能性は低い。
メインバンクの意向	原則として事前に了解を得る必要はない。	再建型私的整理を行うことにつき事前に了解を得るのが一般的。

1　会社更生は租税公課も手続に取り込まれるが、減免をするために徴収権者の同意が必要(会社更生法169条)。
2　会社更生は、管財人が選任されることが一般的であり経営者の情熱は関係ないが、経営者に代わる事業運営のできる人材が社内にいないと経営再建は難しいことが多い。

成立の要件	多数決（債権額及び債権者数の過半数）	対象債権者全員の賛成が必要。
計画案可決までの手続期間	5か月程度	3か月～1年程度
主な費用	・予納金 ・代理人弁護士費用 ・財産評定作成費用	・代理人弁護士費用 ・DD及び説明資料作成に要する専門家費用
公　表	・官報公告される ・多数の債権者を対象とすることから、事実上公表される。	上場会社等で無い限り、公表は不要。 ただし、情報漏洩した場合には、プレスリリースが必要になるケースもある。
資金繰りのポイント	・開始前（実際には申立前）の債権は再生計画案に沿って弁済。一方開始後は、現金払い等になることが多い。 ・事業毀損により売上（入金）が減少する可能性が高い。	・取引債務は約定どおり弁済。 ・金融機関債務は債権者間協定に沿って弁済。
強制執行等	強制執行等は中止する（39条）。	強制執行を止めることは困難。
担保権の行使	手続に拘束されない。 ただし、中止命令や担保権消滅請求など、再生債務者が一定の方法で対抗することが可能となっている。	手続に拘束されない。 債務者側から対抗する有力な手段は少ない。
簿外債務	債権届出が無ければ原則として失権することから（178条）、簿外債務の心配をする必要は低い。	第二会社方式を利用する場合を除き、簿外債務を排除することは困難。
事業譲渡	裁判所の代替許可により、株主総会を省略した計画外事業譲渡が可能（43条1項）。なお、代替許可による場合、反対株主に株式買取請求権は認められない（43条8項）。	・株主総会の特別決議が必要（会社法467条、309条2項11号） ・反対株主に、株式買取請求が認められる（会社法469条）。ただし、株主総会において、事業譲渡決議と同時に解散決議を行った場合には、反対株主に買取請求権は与えられない（同条1項）。
会社分割	いずれも、会社法上の手続を必要とする。	
減増資	裁判所の許可を得て、再生計画案で減増資することが可能。	例えば、減資ないし全部取得条項付株式への転換については株主総会の特別決議が必要など、会社法に定める手続を経る必要がある。
社債権者の取り扱い	再生債権者として処遇	社債権者全員が金融機関の場合には対象債権者とすることが可能であるが、そうでない場合には、対象とすることは困難なことが多いようである。
許認可	民事再生申立てにより許認可が取り消される場合がある。	原則として影響ないが、事業譲渡や会社分割を利用する場合、許認可を事業の譲受会社で取得しなければならない可能性が高い。
債権者の税務	債務免除の損金算入が容易。	債務免除の損金算入が容易でない場合もある。
債務者の税務（債務免除益課税の対処）	資産評価損の計上が可能。	準則型再建型私的整理であれば、資産評価損の計上が可能であるが、それ以外の場合は、資産評価損の計上は困難。

第1章　最初の相談において注意すべきこと

株主責任	株主は出資額全額について責任を取るのが原則。
経営者責任	経営者責任を追及されることが多い（実際の対応はケースバイケース）。
経営者の連帯保証	経営者が会社の債務につき連帯保証をしている場合、会社の処理とは別に、経営者自身もなんらかの対応（多くは民事再生ないし破産）を行うことが多い[3]。 なお、民事再生は保証債務の附従性が否定されている（177条2項）が、再建型私的整理では原則どおり附従性が生きている。

4　再建型私的整理を選択する主なポイント

再建型私的整理手続が選択可能か否かは、3に記載した民事再生と再建型私的整理手続の相違点などを念頭に置いて、以下の諸点を総合勘案のうえ判断することになる。

項　目	具体的検討事項
メインバンクの意向	再建型私的整理は全金融機関（対象債権者）の同意が必要。そのためには、メインバンクの協力が不可欠であり、手続開始時点からメインバンクが再建型私的整理に協力的であることが必要。したがって、メインバンクの協力が得られない場合には、民事再生を選択せざるを得ない。
金融機関の構成	街金などからも資金調達をしている場合、それらの者との間で減免交渉を行うことは困難であることが多い。そのような場合には、民事再生によらざるを得ない。 また、金融機関全行の同意が必要であることから、訴訟等を行っている金融機関がある場合、再建型私的整理は困難なことが多い。
得意先との関係	得意先が民事再生開始後も取引を継続してくれるかを慎重に検討する必要性がある（代替性や、得意先の属性などで判断）。この点は、申し立ててみないとわからないということも多いが、民事再生手続開始により事業が著しく毀損してしまう可能性が高いと判断される場合には、法的再建手続は困難な場合もある[4]。
当面の資金繰り	対象債権者に対する支払を除いた通常の商取引の支払が継続できなければ（手形が不渡りになる場合も含む）、再建型私的整理は困難であり、民事再生を検討せざるを得ない[5]。なお、民事再生手続期間中に資金ショートする可能性もあると、民事再生すらも困難となる。
強制執行等の有無	強制執行を受けている場合、再建型私的整理では手続を止めることは困難であり、民事再生を申し立てる必要性が高い。
大株主の意向	事業譲渡を行う場合や、減資をしてスポンサーが第三者割当増資により出資するような場合（全部取得条項付種類株式により少数株主をスクイーズアウトする場合なども含む）に、いずれも株主総会の特別決議が必要となるため、特別決議を可決できる場合でないと、再建型私的整理は、困難なことが多い。
費用負担	再建型私的整理を行う場合、代理人弁護士費用のほかに各種DD及び金融機関宛説明資料を作成するための専門家費用がかかるため、これらの費用を負担できることが必要。ただし、民事再生であっても、監督委員の費用（予納金）や、申立代理人費用、財産評定を行う費用[6]はかかるので、この点は、それほど大きな違いはないことも多いと考えられる。

3　近時は経営者保証に関するガイドラインを利用する事案も増えてきている。経営者保証ガイドラインについては、本章8を参照。
4　もっとも、かかる見極めは困難である。筆者が経験した事案でも、私的整理後に資金繰りが破綻し破産手続開始決定を受けたが、破産手続開始決定後も受注が継続したため、破産管財人が民事再生手続開始を申し立てた例がある（246条参照）。当初より私的整理でなく民事再生を選択することで、よりスムーズな事業再生が可能であったと考えられる事例ではあるが、その判断は困難であったと考えられる。
5　なお、私的整理中にDIPファイナンスを受けた後で、民事再生に移行した場合、当該DIPファイナンスを共益債権として保護できるかについては、論点となっている。この点は、第3編第8章3参照。

その他	偶発債務の発生が強く懸念される案件、反社会的勢力が関与している案件や権利関係が複雑な案件は、再建型私的整理で処理を進めることが困難なことが多い。 また、役員の責任追及や否認権の行使が必要な案件なども、再建型私的整理で処理を進めることは困難なことが多い。

5　民事再生に特有の問題点

チェック項目	具体的検討事項
当面の資金繰りがもつか	民事再生を申し立てたとしても資金繰りが持たなければ、資金繰りは破綻する。再生計画認可決定前に資金繰りが破綻してしまう場合、DIPファイナンスによる資金調達の可能性が無ければ、民事再生を選択することは困難。
取引先との関係を維持できるか	当然のことながら、事業を継続できなければ、民事再生を申し立てる意味はない。この点、民事再生手続開始の申立てにより、仕入先から、債権が焦げついたことを理由に取引を打ち切られる場合があり、一方得意先は信用棄損を理由に取引の打ち切りを通告してくることがある。 仕入先については、どのような対応をしてくるかを検討し、代替先確保の可否などを検討する必要がある。 得意先については、当該得意先における再生債務者の重要性、当該得意先の属性、再生債務者が供給している物の性質（一般的には独自性が強いほど代替がききにくく取引を切られる可能性は低くなる）などから、売上が維持できるかを検討する必要がある。 仕入先又は得意先との取引が維持できず著しく事業が毀損する場合には、民事再生は難しい。 なお、再生債務者が一般消費者を相手にする業態（旅館、ホテル、食料品製造など）の場合、民事再生が売上に与える影響は小さいことが多いが、消費者との接点となる業者（旅行代理店、問屋など）の反応を検討する必要がある。

6　プレパッケージ型民事再生

　スポンサーは申立後に裁判所の監督のもと選定されるのが通常であるが、申立前にスポンサーを選定したうえで、民事再生の申立てを行うケースがある。これを一般的に「プレパッケージ型民事再生」と呼んでいる（ただし、「プレパッケージ」の意味は論者によって意味内容が多少異なる）。

　プレパッケージ型民事再生は、申立時点でスポンサーが付いていることで事業の毀損を最小限に留めることができるというメリットがある反面、スポンサー選定が公正なものと言えるかがしばしば問題となる。特に、申立後、有力なスポンサー候補者が現れた場合、その点が問題となることが多い[7]。

　そこで、どのような要件を満たせばプレパッケージ型民事再生が適正なものとされるかが議論されてきた。なお、実務上の工夫として、スポンサー契約をゆるやかな内容の基本契約に留めておくことや、正式な手続ではないが、裁判所の了解を得られれば、裁判所に監督委員候補者を内定してもらい、申立前に当該監督委員候補者にスポンサー契約の概要を説明して、承諾を得ておくことも考えられる。

6　公認会計士に作成を依頼することが多い。
7　逆に、スポンサー候補者が他に現れない場合には、問題となることはほとんどない。

(1) プレパッケージの要件

プレパッケージ型民事再生が適正とされるための要件として、著名な弁護士により以下の二つの提言がされている。ただし、これらの提言も絶対的なものでなく、これらの提言を参考に、裁判所及び債権者の納得を得られるように手続を進めるということになろう。

（ⅰ） お台場アプローチ[8]

事業再生研究機構で検討した結果が、お台場で行われたシンポジウムで報告されたもの。以下の点を要件として挙げる。

あらかじめスポンサー等を選定しなければ事業が劣化してしまう状況にあること。
実質的な競争が成立するように、スポンサー等の候補者を募っていること。
入札条件に、価格を下落させるような不当な条件が付されていないこと。
応札者の中からスポンサー等を選定する手続において、不当な処理がされていないこと。
スポンサー契約等の内容が、会社側に不当に不利な内容となっていないこと。
スポンサー等の選定手続について、公正である旨の第三者の意見が付されていること。
スポンサー等が、誠実に契約を履行し、期待どおりに役割を果たしていること。

（ⅱ） 松嶋・濱田提言[9]

松嶋英機弁護士及び濱田芳貴弁護士によって提案された要件。概要以下の要件を挙げる。なお、同弁護士らの提言は、入札に適しない事案を前提している。

メインバンク（又は主力取引債権者）がスポンサー交渉に関与し、少なくとも結果について承諾していること。
複数の候補者と交渉し、少なくとも打診をしたこと。
当時の事業価値の評価として一応妥当であること。
スポンサー契約が民事再生申立ての決断又は早期申立てに寄与したこと。
スポンサー契約に至る過程において、スポンサー候補者が資金繰りや営業継続上の協力をしたこと。

(2) プレパッケージ型のスポンサー契約

プレパッケージ型民事再生は、民事再生手続申立前にスポンサー契約を締結する。一方で、再生債権者に対して公平誠実義務を負っている再生債務者は（38条2項）、申立後に有力なスポンサー候補者が現れた場合、当該スポンサー候補者とも交渉し、スポンサーからの出資金等の金額を上げて、弁済率を上げるように努力する義務があると解される。そして、仮に、申立後に現れたスポンサー候補者がより有利な条件を提示してきた場合、再生債務者は、申立前に締結したスポンサー契約を双方未履行の双務契約にかかる解除権に基づき解除できる（49条1項）と考えられる。

そこで、スポンサー契約にあらかじめ以下のような条項[10]を入れておくことでバランスを取ることが考えられるが、慎重に検討する必要がある。

---

8 事業再生と債権管理105号112頁「民事再生とプレパッケージをめぐる諸問題」須藤英章
9 銀行法務21 631号6頁「日本におけるプレパッケージ型申立の問題点」松嶋英機、濱田芳貴
10 再生申立ての実務100頁に書式が紹介されている。

条項案	留意点
再生手続開始後に条件のよい提案をしてきたスポンサー候補者が現れたときに、独占交渉権の例外を認めて改めて入札を行うことができる権利を再生債務者に与える条項	再入札に時間がかかるというデメリットがある。
上記条項に加えて、従来のスポンサーに、入札者が提示した最高額と同額を支払うことで、スポンサーを継続することができるとする優先権を与える条項	あくまでも私見であるが、かかる条項を入れるためには、従来のスポンサーがDIPファイナンスを行うなど優先権を主張するに足りる一定のリスクを負担していることが必要だと解される。
再生債務者が違約金を支払うことで、スポンサー契約を解除することができる条項	当該違約金は損害賠償の予定として再生債権になってしまうと解されるので（49条5項、破産法54条）、拘束力は限定的と解される。

(3) 実際の対応

実際には、ケースバイケースの対応とならざるを得ない[11]。留意点を簡単にまとめると以下のとおり。

申立前の留意点	前記のお台場アプローチや、松嶋・濱田提言などを参考に、可能な限り後から問題となることがないように、選定手続等に透明性、公正性を得られるように心がける[12]。
申立後の留意点	債権者の反応、他のスポンサー候補者からのアプローチ状況、申立後の再生債務者の事業の状況などを総合的に勘案して、スポンサー契約を解除することを検討することも必要。

(4) プレパッケージ型民事再生が問題となった裁判例

プレパッケージ型民事再生が問題となった裁判例として以下のものがある。

東京地判 H15.3.28（再生） スポンサー選定手続が公平誠実義務に反するとして争われた事例（請求棄却）

裁判所ウェブサイト掲載判例

スポーツクラブを運営する会社が民事再生を申し立てた事案で、スポーツクラブ会員が、再生債務者の代表取締役及び代理人に対して、スポンサー選定手続が違法であり、公平誠実義務（38条2項）に反するとして損害賠償請求をしたのに対し、本判決は、公開入札方式を取らなかったことが違法とは言えないとして原告の主張を退けた。

東京地決 H20.5.15（再生） プレパッケージ型民事再生に対して会社更生が申立てられた事例

判時2007号96頁、判タ1272号301頁

ゴルフ場を経営していたYが、Aとの間でスポンサー契約を締結したうえで民事再生を申し立て、開始決定を受けたのに対し、預託金債権者Xらが会社更生手続開始の申立てを行った。その後、再生手続は、認可決定し確定した。かかる状況を踏まえ、本決定は、再生手続によることが債権者一般の利益に適合するとして、会社更生の申立てを棄却した。

---

11 プレパッケージ型民事再生の実務のポイントは、再生申立ての実務114頁以下が詳しい。
12 申立前のスポンサー選定手続において声を掛けた先は、申立後にプレパッケージ型スポンサー契約を問題とすることは少ない。よって、スポンサーとなり得べき候補者には、可能な限り事前に打診をしておくことが、プレパッケージ型民事再生で重要な点と言えよう。

東京地決 H19.1.24（再生）	プレパッケージ型で民事再生を申し立てたにもかかわらず、結局事業譲渡契約を履行できなかったため、スポンサー予定者が民事再生申立代理人に対して損害賠償を請求した事例

判タ1247号259頁

甲社は、Yを代理人として、Xとの間で事業譲渡契約を締結し3000万円を受領した後に、民事再生手続を申し立て、開始決定がなされたが、結局、当該事業譲渡は実現しなかった（その後甲社は破産手続に移行）。そこで、XがYに対して、損害賠償請求をした。

本判決は、「多数の不動産がかかわる倒産物件である本件施設を買収対象とする以上、種々の利害関係人の調整に困難が伴い、限られた期限内に決着がつかないことも当然あり得ることであって、その結果、民事再生手続が廃止され、その後の破産手続においてXが営業譲渡先として選定されず、Xが自己の出捐を回収することができない結果が生じたとしても、それは、予測されるリスクが顕在化したものというほかはなく、このような事情は、Yはもとより、Xにおいても承知の上であったと解され、Yが、Xに対し、Yの義務として完全な所有権を引き渡すことを約束するなどということは考えられないところである。」として、Xの請求を棄却した。

7　民事再生申立代理人の役割（重要性）及び義務

　民事再生手続・再建型私的整理手続は、法律問題が多く発生するだけでなく、会社経営を継続することから利害関係者との交渉も多く発生し、さらには、申立代理人は資金繰りや事業の適切な運営についてもある程度関与せざるを得ない。このように、民事再生手続における申立代理人、再建型私的整理における債務者代理人の役割は極めて重要である。

　特に、民事再生の申立代理人には、法律上以下の義務が課せられており、受任に当たっては、十分に留意する必要がある。

監督委員に対する説明義務（59条1項2号）	再生債務者が監督委員に説明義務を課せられているのとは別に（59条1項1号）、申立代理人プロパーの義務として説明義務が課せられており（59条1項2号）、罰則もある（258条）。依頼者である再生債務者に対する守秘義務との関係が問題となる局面もあり得るので、その点にも留意する必要がある[13]。
再生債務者の公平誠実義務を指導する義務	再生債務者は債権者に対して公平誠実義務（38条2項）を負っていることから、再生債務者の代理人は、再生債務者の代表者が公平誠実義務を遵守するように指導する義務があると解される。再生債務者代表者を監視する義務まではないであろうが、再生債務者代表者が公平誠実義務に抵触する可能性のある行為を行おうとしている場合には、適切に指導すべきものと解される[14]。

大阪地決 H13.6.20（再生）	民事再生申立代理人の役割の重要性を述べた裁判例

判時1777号92頁、金法1641号40頁

「再生債務者ひとりでは、自らに課された公平誠実義務を履行し、手続を円滑に進める（民事再生法38条、民事再生規則1条1項）ことは困難であるといわざるを得ず、その意味で代理人の役割が極めて重要であることはいうまでもない。」

---

[13]　この点、保全命令違反のような明白な違法行為でない限り、守秘義務を優先させて説明を拒絶しても違法ではないとする見解が有力であるが、このような見解によっても、虚偽を述べることは許されないとされる（倒産処理と倫理238頁）。

[14]　この点、倒産処理と倫理216頁は、「申立代理人自身にも、債権者に対して公平誠実義務を尽くすことが期待されており、それだけでなく、再生債務者において前記職務および義務を適切に履行できるよう、申立代理人が再生債務者に説得を含めた働きかけをすることが求められる」とする。

8　経営者保証に関するガイドライン

　経営者が会社の債務につき連帯保証をしている場合、経営者個人の処理についても検討が必要となる。この点、経営者保証に関するガイドラインによる処理によるべき事案も多いと考えられるため概要を述べる[15]。

(1)　概　要

　主債務者たる会社が民事再生手続を行うことを前提とした場合の経営者保証に関するガイドラインの要旨は以下のとおり。

適用対象 (GL7(1))	主債務者が中小企業であること。
	保証人が個人であり、主債務者である中小企業の経営者であること。実質的な経営者も含む。
	主債務者及び保証人の双方が弁済について誠実であり、財産状況等について適時適切に開示していること。
	主債務者及び保証人が反社会的勢力ではなく、そのおそれもないこと。
	主債務者に法的債務整理手続又は準則型再建型私的整理手続が行われていること。
	対象債権者にとっても経済的な合理性が期待できること。
	保証人に破産法上の免責不許可事由がないこと。
手　続	主債務者の民事再生手続開始と概ね同時に債権者に対して適用の申出を行う[16]。
	支援専門家を選任する[17]。
	主債務者、保証人、支援専門家の連名で一時停止等の要請を行う[18]。
	保証債務の履行基準（残存資産の範囲）及び、弁済計画を策定したうえで、債権者に提示する[19]。
	債権者との合意及び契約締結[20]。
効　果	残存資産につき、経済的合理性が認められる範囲で、破産法上の自由財産を超える資産を残すことが認められる場合がある（GL7(3)③）→(2)。
	保証人及び対象債権者ともに課税関係は生じない（GLQA　Q7-32）。

(2)　保証債務の履行基準（残存資産の範囲）

　一定の経済的合理性が認められる場合には、以下の残存資産を認めることが可能とされている（GL7(3)③）。

15　この点「早期の事業再生・事業清算等の着手の決断に対するインセンティブが認められている。これが本ガイドラインの重要な特徴である」と説明されている（NBL1019号72頁「経営者保証に関するガイドラインの概要（下）」小林信明）。
16　正確には計画案認可決定後であっても、申出をすることは可能であるが、メリットが著しく減少する（GLQA　Q7-20）。
17　保証人の代理人弁護士や顧問税理士であっても、支援専門家に含まれる（GLQA　Q5-8）。支援専門家は、保証人が行う表明保証の適正性の確認や、残存資産の範囲の決定支援などを行う（GLQA　Q7-6）。
18　連帯保証人は原則として適切な準則型私的整理手続の申立て等を行うが、主債務者が民事再生の場合には、支援専門家等の斡旋による当事者間の協議等に基づく処理も許されている（GL7(3)④）。なお、適切な準則型私的整理とは特定調停手続及び中小企業支援協議会で整理手続が準備されれば、それが該当する（事業再生と債権管理144号72頁「経営者保証ガイドラインの出口戦略」佐々木宏行）。
19　保証人は、開示した情報の内容の正確性について表明保証し、支援専門家は当該表明保証の適正性について確認を行い債権者に報告するとされている。保証人は自らの資力を証明するための資料を提出する（GL7(3)⑤）。
20　保証人が開示し、表明保証を行った資力の状況が事実と異なることが判明した場合、追加弁済を行うことなどについて対象債権者と契約を締結することが予定されている（GL7(3)⑤）。

第1章 最初の相談において注意すべきこと

項　目	概　要
破産手続における自由財産	GLQA　Q7-14
一定期間の生計費	「一定期間」については雇用保険の給付期間を、「生計費」については標準的な世帯の必要な生計費として民事執行法で定める金額（33万円）を参考にして定められる（GLQA7-14）。
華美でない自宅等	回収見込額の増加額を上限として認められる[21]。
主債務者の事業に必要な資産	当該資産は主債務者（会社）に譲渡し、保証債務の弁済原資から除外する。
その他の資産[22]	破産手続における自由財産の考え方などを参考にして回収見込額の増加額を上限として範囲を判断される。

---

[21] 主債務者が事業再生ADRを行って、主債務者の回収見込額が破産の場合に比べ3億2000万円程度増加した事案で、1200万円程度の自宅を残すことが認められた事例が報告されている（金法1993号6頁「事業再生ADRにおいて、経営者保証ガイドラインの利用により保証人である社長の自宅を残す債務整理案が成立した事案」須藤英章、富永浩明）。

[22] 金融庁が公表している「『経営者保証に関するガイドライン』の活用に係る参考事例集」によれば、第二会社で事業を継続するための資金（運転資金11百万円、預かり保証金返還請求権に備えた19百万円）を残した例もあるとされている。

第2章 申立てまで

1 依頼者との委任契約書の締結

　事件を受任するに当たって、依頼者と委任契約を締結する。弁護士費用については、着手＋報酬とする方法以外に、着手＋月次報酬とすることもある[23]。

　なお、事案によっては、受任する際に、代表者等から破産に移行する可能性のあることの了解や、管理型に移行することの了解を含む誓約書を取ることもある[24]。

2 申立てに当たって注意すべき事項

(1) 経営者が連帯保証をしている場合

　経営者が会社債務に対して連帯保証をしている場合、経営者自身の処理方針（破産か民事再生かなど）を、経営者と相談して決めておく。経営者保証に関するガイドラインの要件を満たすのであれば経営者保証に関するガイドラインによる処理を、そうでなければ破産ないし民事再生が主な処理方法であると考える。なお、再生計画による権利変更は連帯保証に影響しないので（177条2項）、会社（主債務者）の再生計画による権利変更によって保証人の責任が軽減されることはない。

　また、経営者が連帯保証をしている場合、経営者が当該連帯保証をしている銀行に有している個人口座についても連帯保証債務と相殺されてしまうことを伝えておく必要がある。

(2) 借入先の銀行にある預金

　借入れのある銀行の預金は、相殺を回避するために、申立前に借入れのない銀行に資金移動を行う。なお、申立代理人弁護士の預り金口座に移動することでも対応は可能と考えられる（参考裁判例：**最一小判 15.6.12**、**東京高決 H22.8.17**）。EB（エレクトリック・バンキング）を利用していれば、それで行うのが比較的スムーズにできる。

最一小判 H15.6.12 債務者の預り金を弁護士個人名義の口座に入れていた場合、債権者の当該口座に対する差押えは許されないとした判例
民集57巻6号563頁、判時1828号9頁、判タ1127号95頁、金判1176号44頁、金法1685号59頁
債務整理事務の委任を受けた弁護士が、依頼者から預かった資金を弁護士個人名義の口座で管理していた事案につき、当該口座に係る預金債権は弁護士に帰属するとして債権者からの差押えは許されないとした。

東京高決 H22.8.17（再生）「再生債務者代理人弁護士甲」名義に対する、再生債権者の差押えが許されないとした裁判例
判タ1343号240頁、金法1917号121頁
再生債権者Xが、執行力のある再生債務者Yの再生債権者表を債務名義として、「Y代理人弁護士甲」の預金口座に債権差押え等を申し立てたところ、第1審が申立てを却下したため、Xが抗告をした。本決定は、口座の管理者はYでなく弁護士甲であり、預金債権がYの責任財産に帰属するものとは認定できないとして、抗告を棄却した。

23　なお、着手金は申立前に受領しないと、再生債権と解される余地があるので注意が必要。また、時間がない場合、申立後に委任契約を締結することがあるが、その場合は共益債権化（120条）の手続を失念しないように注意する必要がある（倒産処理と倫理212頁）。

24　誓約書は、民事再生書式集26頁参照。

(3) 再生債務者が借入れのある銀行を販売会社として投資信託を保有している場合

　再生債務者が借入れのある銀行を販売会社として投資信託を保有している場合、銀行との約定内容によっては、開始決定後に当該銀行が投資信託を解約をして、解約金を借入金と相殺する可能性があるので（もっとも**最一小判 H26.6.5** により相殺は難しくなっている）、申立前に解約をして解約金を受け取るなどの手当てを検討する必要がある[25]。

最一小判 H26.6.5（再生） 投資信託の販売会社が投資信託解約の債権者代位をし相殺することが、相殺禁止として認められないとした判例[26]
民集 68 巻 5 号 462 頁、判時 2233 号 109 頁、判タ 1406 号 53 頁、金法 2005 号 144 頁、金判 1444 号 16 頁
Y銀行は、自己が投資信託販売会社をしていた再生債務者Xの投資信託（MMF）について、Xの支払不能後、解約実行請求権を代位行使し、解約金をXに対する債権と相殺をした。そこで、XがYにMMF解約金の支払を求めて提訴したが、本判決はMMF解約実行請求権の代位行使が適法であることを前提に（最一小判 H18.12.14)、YのXに対するMMF解約金返還債務による相殺は 93 条 2 項 2 号の「前に生じた原因」に基づいて発生した債務による相殺とは認められず、相殺は禁止されるとした。

(4) 借入れのある銀行に、受取手形を取立委任又は割引依頼で交付している場合

　この場合、取立金が弁済に充当されてしまうため（**最一小判 H23.12.15**)、できるだけ取立委任の解除、割引依頼の解除をして、手形を戻すようにすべきであろう。なお、信用金庫や信用組合については商事留置権が成立しないが、93 条 2 項 2 号の「前に生じた原因」として相殺をされる可能性があるので、やはり取立委任の解除等を検討すべきであろう[27]。

最一小判 H23.12.15（再生） 取立委任手形の取立金に対する商事留置権及び弁済充当を認めた判例
民集 65 巻 9 号 3511 頁、判時 2138 号 37 頁、判タ 1364 号 78 頁、金判 1382 号 12 頁、金法 1937 号 4 頁
「取立委任を受けた約束手形につき商事留置権を有する者は、当該約束手形の取立てに係る取立金を留置することができるものと解するのが相当である。……取立金を法定の手続によらず債務の弁済に充当できる旨定める銀行取引約定[28]は、別除権の行使に付随する合意として、民事再生法上も有効であると解するのが相当である。……したがって、会社から取立委任を受けた約束手形につき商事留置権を有する銀行は、同会社の再生手続開始後の取立てに係る取立金を、法定の手続によらず同会社の債務の弁済に充当し得る旨を定める銀行取引約定に基づき、同会社の債務の弁済に充当することができる。」とした。

25　証券投資信託の購入者（受益者）の、受益権の換金方法は、解約実行のほかに、他の口座振替機関への振替請求という方法もある。そこで、再生債務者の借入れのない他の口座振替機関へ振替請求することも検討に値する（金法 1936 号 52 頁以下　伊藤尚「破産後に販売会社に入金になった投資信託解約金と販売会社の有する債権との相殺の可否」参照）。

26　かかる判例を受けて、今後銀行は投資信託の約款等を変更する可能性があり、その場合には結論が変わる可能性もあるので留意が必要である。

27　ただし、手形取立てが開始決定後であれば、取立金返還義務は「前に生じた事由」に該当しないとは考えられる。

28　旧銀行取引約定書雛形（平成 12 年に廃止されているが、多くの銀行で現在でもほぼ同様の定めになっている）上の対象となる文言は以下のとおり。

4 条 3 項	担保は、かならずしも法定の手続によらず一般に適当と認められる方法、時期、価格等により貴行において取立または処分のうえ、その取得金から諸費用を差し引いた残額を法定の順序にかかわらず債務の弁済に充当できるものとし、なお残額がある場合には直ちに弁済します。
4 条 4 項	貴行に対する債務を履行しなかった場合には、貴行の占有している私の動産、手形その他の有価証券は、貴行において取立または処分することができるものとして、この場合もすべて前項に準じて取り扱うことに同意します。

(5) グループ企業の対応

グループ企業が存する場合、グループ企業の他の企業につき民事再生を申し立てるか否かを決定する必要がある。事案によって異なるが、一般論としては、①グループ企業として事業再生に不可欠な企業であるか否か、②グループ企業の円滑な事業再生のために申立てを要するか否か、③当該グループ会社の財務状況、④保証・担保設定状況、⑤グループ間の取引状況などを勘案して決めることなろう[29]。

(6) 申立日

申立後は現金仕入れとなることが多いため、運転資金を多く確保しておく必要がある。したがって、資金をできるだけ確保できる日という観点から申立日を選択することが多い。

なお、借入れのある銀行口座に売掛金が入金された後に申立てをすると、銀行に相殺をされてしまうので、注意が必要である（多くの場合、借入金が最も多いメインバンクの口座に売掛金を入金するようにしているため、この点の注意は特に重要）。

(7) 申立裁判所

管轄裁判所を確認（4条、5条）のうえ、申立てを行う裁判所を決める。
管轄の概要は次のとおり。

	条文上の定め	備考
原則	再生債務者の主たる営業所（5条1項）	「主たる営業所」となっているので、登記簿上の本店と主たる営業所が異なる場合、主たる営業所に管轄があるものと解される[30]。
主な例外	親子会社等（5条3項～5項） 法人と法人の代表者（5条6項） 大規模事件（5条8項、9項）	親子関係にない会社を同時に申し立てる場合で、かつ、管轄が異なる場合、管轄を統一することが「遅滞を避けるため必要があると認め」られるときは、裁判所に対して裁量移送（7条）の職権発動を促す上申を行う。

東京高決 H14.5.30（更生） 会社更生事件について地裁の開始決定を取り消して移送を命じた事案

判時1797号157頁

福岡に本社のあるXに対し親会社兼債権者のYが東京地裁に会社更生を申し立てたところ、更生手続開始決定が出たため、Xが抗告した。本決定は「専属管轄は、すべての債権者や被申立人の利害に関わる公益上の要請であって、関係人の同意等によって変更することの許されないものである。」などとして原決定を取り消し、福岡地裁へ移送した。

(8) 仕入

民事再生手続開始を申し立てることを決めてから、通常よりも多く仕入れたうえで申立てを行うことは、取込詐欺として非難されかねず、手続の遂行にも影響を及ぼすことがある。そこで、手続開始申立てを決めた後は、過剰な仕入をしないように注意が必要である。もっとも、従業員に事情を説明することは困難であるため、一般的には自然体で臨まざるを得ず、また、それで構わないと考えられる。

---

29 NBL991号84頁「グループ企業における会社更生手続に関する諸問題（上）」事業再生迅速化研究会第4PT参照。なお、同論文は会社更生における検討であるが、民事再生においても当てはまると解する。
30 条解民事再生法16頁

3 事案に応じた問題点の把握

再生債務者の属性によって、初動で対応すべき点は異なる。再生債務者の属性を早期に把握して、申立前に、申立後に対応すべき事項を整理しておく必要がある。この点はケースバイケースであり、類型化することは難しいが、筆者の経験なども踏まえて、あえて、類型化してみると以下のとおりである。

(1) 一般的に留意すべき事項

仕入先	仕入先が特定の先に集中している場合、代替がきかない可能性があるので、仕入先の理解を得ることが再生の必須条件になることが多い。また、留置権等を主張されることもあり得るので、留置権等を主張される可能性がある場合は、対応をあらかじめある程度決めておく必要がある。
売上先	売上先が一般消費者である場合、民事再生手続開始決定により売上が減少することは比較的少ないが、売上先が事業会社である場合は、民事再生手続開始決定により、売上が減少することが多い。また、供給している物に競争力がある場合や、他社との差別化が図れている場合、売上は落ちにくいが、そうでない場合は、売上が落ちることが多い。
キーパーソン	会社内のキーパーソンを把握し、初動で、当該キーパーソンとの間に信頼関係を構築することが重要。
金融債権者	金融債権者は経済合理性で判断することが一般的ではあるが、金融債権者が社長に不信感を持っているような場合には、社長交代をしないと金融債権者の納得を得られないケースもある。なお、都銀に比べると地域金融機関は、比較的、事業再生に協力的であることが多いように感じる。

(2) 再生債務者が学校法人や財団法人の場合の留意点

以下の点に注意が必要。

手続	事業譲渡を行う場合、株式会社の場合のような株主総会の代替許可の制度（43条）がないので、原則通り設立根拠法に定める手続を踏む必要がある。仮に、法定の手続を経ることが困難な場合には、破産を申し立て、破産管財人に事業譲渡をしてもらうことを検討する必要がある。
許認可	事業譲渡等を行う場合、監督行政庁の認可が必要なことが多いので、監督行政庁と事前に調整し、事業譲渡の了解及びスケジュールの設定を行う必要がある。

(3) 再生債務者がゴルフ場の場合の留意点

以下の点に注意が必要。

預託金債権者対応	多数の預託金債権者を抱えているのがゴルフ場の最大の特徴[31]。会員は、預託金債権者であるとともに、年会費を納入して、かつ、プレーフィーを払ってくれる貴重な収入源であることに配慮して手続を進める必要がある。 預託金債権者は数が多いこともあり、コールセンターを設置して、対応することも多い。また再生計画案でプレー権は従前どおり保証すると定めることが多いが、他の債権者との平等に配慮する必要がある。
借地権の存在	ゴルフ場敷地内には借地権が存在することが多く、例えば事業譲渡をする際に、賃貸人の承諾が必要になるなど、手続面で制約が出てくる[32]。

---

31 ゴルフ会員権の法的性質は、①ゴルフ場を利用する権利、②年会費納入義務、③預託金返還請求権が一つになった複合的な性質を持つと解されている（最三小判 H7.9.5 民集 49 巻 8 号 2733 頁）。
32 この点は、権利濫用によって解約申入れによる明渡請求に対抗することが可能なことも多いとされている（ゴルフ再生 227 頁）。

ゴルフクラブの会則	ゴルフクラブの会則の内容に注意する必要がある。ゴルフクラブの会則は、会員とゴルフ場運営会社との間の契約上の権利義務を構成するものと解されているようである[33]。

(4) 簡易再生、同意再生の検討

事案によっては、手続にかかる時間を短縮するために、簡易再生（211条）、同意再生（217条）を検討する。簡易再生、同意再生の内容、要件等は以下のとおり。

項　目	簡易再生	同意再生
条　文	211条〜216条	217条〜220条
内　容	再生債権の調査及び確定手続を省略する再生手続	再生債権の調査及び確定手続並びに再生計画案の決議を省略する再生手続
要　件	届出再生債権者の総債権額について裁判所の評価した額の5分の3以上に当たる債権を有する届出再生債権者が書面により再生計画案及び簡易再生手続を取ることに同意していること。	全ての届出再生債権者が書面により再生計画案及び同意再生手続を取ることに同意していること。

4　依頼者への説明

依頼者に対して、費用及び再生債務者の立場を説明しておく必要がある。なお、申立代理人の弁護士費用は委任契約締結時に説明をしているので、ここでは予納金について触れる。

(1) 予納金等費用の準備

東京地裁の場合は、以下の金額が標準とされている[34]（消費税の影響等により変更になる可能性もあるため、金額は事前に裁判所に確認をしていただきたい）。なお、東京地裁の場合、予納金の分割（申立時6割、開始決定後2か月以内4割）も認められている。

(i) 印紙代・予納郵便切手

申立手数料（添付印紙代）	10000円
予納郵便切手	1820円

(ii) 予納金：法人の場合

分　類	金　額
負債総額5000万円未満	200万円
負債総額5000万円〜　1億円未満	300万円
負債総額1億円　〜　5億円未満	400万円
負債総額5億円　〜　10億円未満	500万円
負債総額10億円　〜　50億円未満	600万円
負債総額50億円　〜　100億円未満	700万円
負債総額100億円　〜　250億円未満	900万円
負債総額250億円〜　500億円未満	1000万円
負債総額500億円〜1000億円未満	1200万円

---

[33] ゴルフ再生381頁
[34] 東京地方裁判所が公表している「民事再生事件の手続費用一覧」より。

| 負債総額1000億円以上 | 1300万円 |

→関連会社の予納金は1社50万円を基準とする。
→役員を同時に申し立てる場合は25万円。

(iii) 個人（「個人再生」[35]を除く）

分類			金額
会社役員	会社につき民事再生の申立てをしている場合		25万円[36]
	会社について法的整理・清算の申立てがされた後の申立て		50万円
	会社について法的整理・清算を行っていない場合	負債額5000万円未満	80万円
		負債額5000万円以上	100万円
		負債額50億円以上	200万円
事業者	従業員なし又は、親族1人を従業員としている場合		100万円
	親族以外の者又は、2人以上の親族を従業員としている場合（従業員4人以下に限る）	負債額1億円未満	200万円
		負債額1億円以上	法人基準－100万円
	5人以上の従業員の場合		法人基準
非事業者		負債額5000万円未満	50万円
		負債額5000万円以上	80万円

(2) 再生債務者の立場等の説明

手続を申し立てる前に、再生債務者（及びその役員）の立場等を説明する必要がある。説明すべき事項は概ね以下のとおり。トラブルにならないように、依頼者から誓約書を取得しておくこともある[37]。

(i) 再生債務者は、債権者に対して公平誠実義務を負っていること（38条2項）[38]。

したがって債権者を害する行為をすることが許されないのはもちろん、特定の債権者を優遇する処理をした場合、当該債権者はもちろんのこと、債務者（及び代表者）も責任を負う可能性がある（参考裁判例：**東京地判S56.4.27、大阪地決H13.6.20**）。

東京地判S56.4.27（私的整理） 私的整理の債権者委員長の公平誠実義務違反が認められた事例
判時1020号122頁、金判639号25頁
私的整理中の会社Xが、私的整理において債権者委員長を務めたYに対して、YがXの機械を転売して利得を上げたことにつき不法行為に基づく損害賠償を請求したところ、「債権者委員長たる……者として、X及び債権者に対して公平かつ誠実にその職務を行うべき義務を有する者として著しく信義にもとる行為であ」り、「Yは、不法行為による責任を負うべきで」あるとした。

---

35 小規模個人再生（221条以下）、給与所得者等再生（239条）を指す。
36 債権者集会の決議がなされた後は35万円～50万円
37 誓約書は、民事再生書式集26頁参照。
38 再生手引132頁は、公平誠実義務違反の例として①不相当に過大な役員報酬、FA報酬、専門家報酬の支払、②財産評定における資産又は費用の不相当な評価、③不相当に低い事業譲渡対価の設定などを挙げている。

大阪地決 H13.6.20	一部の債権者に偏頗弁済を行ったことにより、再生手続が廃止された事例

判時 1777 号 92 頁、金法 1641 号 40 頁

「再生債務者は、……一部債権者に繰り返し偏頗弁済をしていたものであり、こうした諸事情を併せて考えると、再生手続に対する社会的信用を損なうこと甚だしく、この点からも、再生債務者の本件借入れ及び本件弁済は、到底看過できるものではないというべきである。」

(ⅱ) 再生債務者、再生債務者の取締役等が、以下のとおり監督委員等に対して説明義務を負っていること。

59条1項	監督委員等に説明義務がある。
63条、78条、83条	管財人、保全管理人、調査委員への説明義務もある。
258条1項2項	上記につき虚偽報告をした場合に3年以下の懲役又は/及び300万円以下の罰金に処せられる可能性がある。

(ⅲ) 「再生債務者の財産の管理又は処分が失当であるとき」などには、裁判所の判断で、管財人が選任される可能性があること(64条)。

(ⅳ) その他、トラブルを防ぐという意味で、以下の点について説明をしておくべきであろう。

資金繰りが破綻した場合や、債権者の多数の賛成を得られない場合には破産に移行すること。
特に金融機関債権者から、再生計画に同意する条件として、経営責任の明確化(経営者の退陣や私財提供など)を求められる可能性があること。
経営者が会社債務につき連帯保証をしている場合、当該連帯保証は会社の手続とは別に処理をする必要があること。
申立前に偏頗弁済や詐害行為などがあった場合、監督委員に否認される可能性があること。

(3) 情報の管理

取り付け騒ぎが起きないように、弁護士に相談していることも含めて、民事再生を申し立てる準備をしていることは役員及び幹部社員限りとし、情報が漏洩しないように注意するように徹底する。

5 民事再生申立ての準備

(1) 準備のために依頼者に用意をしてもらうべき資料

民事再生申立てを受任した場合は、事業再建方法の検討及び民事再生手続開始申立書作成のために、依頼者に以下の資料を揃えてもらい、可及的速やかに申立書を作成するなど、申立ての準備をする。なお、申立てに当たっては、委任状や、取締役会議事録(民事再生申立てを決議したもの)なども必要となる。

依頼者から相談を受けてから民事再生申立てに至るまでの間、多くの場合、時間的余裕がないので、揃った資料から適宜郵送、メール等で受領して準備を進める。

会社全体	会社案内（会社概要）／組織図
	決算書3期分（勘定科目明細付）
	定　款
	会社の商業登記簿謄本（現在事項全部証明書）
	株主の状況がわかる資料（株主名簿など）
	営業所がわかる資料 →現場保全が必要な場所等を確認するため。なお、再生債務者がデベロッパーやゼネコン・工務店等の場合には、各工事現場も保全をする必要があるので、各現場の場所及び状況がわかる資料も依頼する。
	営業に必要な許認可一覧（もしあれば）及び許認可に関わる書面 →許認可は、事業譲渡では承継できないのが一般。そこで、あらかじめ事業譲渡の可否を検討するために確認をしておく。
債権者関係	債権者一覧 →申立時点の債権者一覧を作成する必要がある。 　なお、実際に一覧を作成をすることができるのは経理担当の事務員であるが、経理担当者に事情を話すのは申立直前となるため、債権者一覧の作成も、申立直前になることが多い。 　債権者一覧は債権届出書を送付するための資料ともなるため、対象に漏れがないように作成する必要がある。一方で、債権者一覧の債権額について多少間違っていても問題となることは少ないので（債権届出をしてもらうため）、債権の額や有無がはっきりしない場合にも、債権届出書の送付がされるように、債権者一覧には載せておくべきと考える。
	主要な資産及び担保設定状況一覧
従業員関係	従業員一覧（部署別の組織図。契約社員、派遣社員、パート、アルバイトなども含む）
	労働組合の有無の確認。 →組合がある場合、裁判所は原則として組合の意見を聞く必要がある（24条の2）。
	労働協約（もしあれば）
	社内規則
その他（必要に応じて）	租税の滞納状況など（もしあれば）
	過去1年間の資金繰り表
	民事再生を申し立てた場合の資金繰り表（将来6か月予測） →(2) 資金繰り表作成についての注意点参照のこと。
	経営者等の連帯保証の状況がわかる資料
	賃貸借契約など重要な契約書類
	スポンサー候補者がいる場合は、当該スポンサー候補者の概要がわかる資料等
	所有不動産の登記簿謄本

(2) 資金繰り表作成の注意点

　民事再生の申立てを前提とする資金繰り表はやや特殊である。次の点に留意して作成するように、会社側に伝える必要がある。特に、出金の見込みを間違うと、資金繰り破綻を招きかねないため、出金について注意して作成するように依頼する[39]。

39　資金繰り表のフォームは再生手引35頁以下参照。

期　間		3か月程度の作成を依頼する（原則として日繰資金繰り表とする）。
出金について注意すべき点	全　般	再生債権の支払はなくなる。一方で、仕入れについてはほぼ現金払いとなることを前提とする。
	従業員の給料や家賃など	期日通りに支払う。
	留置権の対象物	倉庫に保管されている商品や、運送途中の商品・原材料は、倉庫料や保管費の未払いがあれば商事留置権を主張される可能性があるので、別除権協定の内容を見込んで支払を予定する。
	リース料	事業継続に必要なものについてはリース料を従前通り支払う前提とするほうが安全[40]。
	手続費用	予納金、弁護士費用その他の費用を漏れなく入れる。
	少額債権	払うのであれば、支払を見込む。

(3) 申立後の債権者への通知や債権者説明会等の準備

申立後の対応をスムーズにするために、概要以下の事項について、再生債務者とも相談のうえ、対応を決めておく。

項　目		留意点
申立日の各種対応の準備	裁判所関係	民事再生手続開始申立書、保全処分申立書の提出準備。予納金の納付準備。（事前連絡メモの送付。事案によっては事前打合せ。） →詳細は6参照。
	従業員	従業員説明会の開催準備
	債権者	通知書の発送準備（金融機関はFAX、その他は郵送が一般）
	その他	プレスリリース資料の送付準備
債権者説明会準備	日　時	申立て1週間後ぐらいが一般（通知が到達する日などを考慮して決める）
	場所の予約	説明会の場所は、人数に余裕をもった会場を予約[41]。マイク等の準備も依頼する。なお、会社名で予約を行う場合、不要な憶測を呼ばないために「債権者説明会」で予約すべきでなく、例えば単なる「説明会」等で予約する。代理人名で予約を行い、企業名を伏せることも考えれられる。
	補助者	当日手伝ってもらう従業員の手配する（数名程度）。
ホームページ等の準備		申立後、再生債務者のホームページに申立の事実やＱ＆Ａを載せることで、問合せを減らすことができるので、準備をする。なお、例えばゴルフ場の再生事件など、多数の問合せが想定される場合には、電話対応のためのコールセンターを準備することもある。
現場保全		本社及び各現場（工場や倉庫、事案によっては各工事現場なども含む）に常駐する弁護士の担当決め及びスケジュール等の作成
大口債権者、得意先対応		申立後、弁護士及び会社幹部が訪問する債権者・得意先のリストアップ及びスケジュールの作成

40　リース契約の法的性格につき金融説に立ち、リース料は再生債権となる考え方が有力であるが、実務的には、リース対象物の使用を継続するために、従前のリース料を支払うことでリース対象物の使用を継続する旨の別除権協定を締結することが多い。そこで、保守的に、従前のリース料を継続して支払う前提で資金繰りは組むべきであろう。

41　例えば、債権者が40社ある場合は、1社2名程度が来ても満員にならない100名程度が入れる会場にするなど。

申立後の支払条件	民事再生を申し立てると、信用不安を理由として、仕入先から現金払いを要求されることが多い。しかしながら、現金払いは実務的に対応が困難であるため、短いサイトで支払うように交渉を行う必要がある。 そこで、会社の実務担当者と相談をして、仕入先に提案する支払サイトを決める[42]。支払条件は、債権者説明会で説明を行う。
留置権者対応の検討	倉庫業者や運送業者に倉庫料や運送費の未払いがある場合、商事留置権を主張され、事業の継続が困難となる場合があるので、別除権受戻しの条件等を概ね決めておくとともに、同意申請等の準備を進めておく。
財産評定の準備	財産評定は、開始決定日を基準として行うので(124条)、開始決定日の財産評定ができるように、あらかじめ準備をする[43]。

(4) その他、申立前に検討しておくべきこと

(i) スポンサーの選定(プレパッケージ型の場合)

スポンサー候補者とスポンサー契約の締結を検討する。プレパッケージ型は議論が多いところであるが、選考過程に問題がなく、かつ、事業の劣化を防ぐ必要性が高い場合には、事前にスポンサー契約を締結しておくメリットは小さくない。

プレパッケージ型民事再生については、第1章6を参照のこと。

(ii) 経営者が連帯保証をしている場合の対応

中小企業の場合、経営者が会社債務につき連帯保証をしていることが一般的であり、その場合、会社が民事再生を申し立てると、金融機関は、経営者に対して破産等の法的処理を取ることを求めてくる。したがって、経営者の連帯保証についても、あらかじめ対応を検討し、金融機関に説明ができるようにしておく必要がある。

(iii) 預金の移動

借入れのある金融機関にある預金は、相殺を防ぐため、可能な範囲で借入れのない金融機関に移動する。

6 民事再生手続開始申立書ほか、申立日までに準備すべき書類

(1) 全体像

申立てまでに準備すべき書類は以下のとおり。

民事再生手続開始申立書
保全処分申立書・中止命令申立書
従業員説明会資料、支払に係る稟議書
プレスリリース用資料(事案によっては記者会見の準備)
債権者宛通知資料(通知書、債権者通知のための封筒)、債権者説明会の準備(事案によってはコールセンターの設置)

以下、順番に概要を述べる。

---

42 月末締め翌月末払いや、月末締め15日払い及び15日締め月末払いなどを提案することが多い。
43 規模が大きい会社の場合、月末でないと正確な財産評定が困難なケースもあるため、開始決定日を月末にすることが可能な日に申立てを行い、裁判所に事情を話して、月末を開始決定日にしてもらうこともある。

(2) 民事再生手続開始申立書及び添付資料

申立書に記載すべき事項は、規則12条及び13条に列挙されている[44]。

申立書には、一般的に以下の資料を添付する（規則14条参照）。事案や、各地裁の運用によって若干異なることがあるので、裁判所や監督委員等から添付資料の追加を求められた場合には、必要に応じて適宜追完をする（規則14条の2参照）。なお、個人情報の取扱いには注意が必要[45]。

内容	備考
委任状	弁護士がフォームを準備することが多い。
会社の機関決定の書類[46] 取締役会設置会社：民事再生申立の取締役会議事録（又は取締役全員の同意書[47]） 取締役会非設置会社：取締役の資格証明書、取締役の決定書[48]	
債権者一覧表 以下の区分で、債権者名、住所、債権額、担保の内容を記載。 ①一般債権者、②金融機関債権者及び担保権者、③従業員、④リース債権者、⑤公租公課 なお、同一法人はまとめる（いわゆる名寄せ）を行っておく必要がある。	債権者一覧表は、開始決定書を送るリストになるので、漏れのないように作成する必要がある。
1．登記簿謄本（3か月以内のもの） 2．定款又は寄付行為 3．資金繰り表（申立前1年間の実績及び、申立後6か月の予定表） 4．清算貸借対照表 5．納税申告書のコピー（3期分。決算書を含むこと） 6．財産目録 7．労働協約、就業規則 8．会社概要（パンフレット） 9．株主名簿 10．会社組織図 11．不動産登記簿謄本（ただし、省略することも多い） 12．その他（事業計画など）	登記簿謄本は、弁護士事務所で取得することもある。

(3) 保全処分申立書、強制執行の中止命令申立書等

再生手続開始決定の申立てと同時に、弁済禁止の保全処分の申立てを行うのが一般的。申立てに当たっては、保全処分の例外として支払うことが可能な少額債権の金額を決める必要がある。さらに事業を毀損しないため保全処分の例外として支払う対象を一般的なものより広げる場合は、裁判所とも相談のうえ、その範囲を決める必要がある[49]。

また、弁済禁止の保全処分以外に再生債務者の財産の保全するための方法として、以下のものがあるので、再生債務者の状況に応じて、中止命令や包括的禁止命令などの申立ての要否及び内

---

[44] 具体的な書式としては、再生申立ての実務123頁や、民事再生書式集96頁以下などがある。
[45] 規則14条1項は訓示規定と解されるため、個人債権者については、債権者一覧に電話番号などは記載すべきでない（NBL989号64頁　多比羅誠「倒産手続に関する裁判所実務の課題と展望（下）」、再生手引32頁）。
[46] 後で問題にならないように、招集手続や開催方法に瑕疵がないようにすることも重要である。遠隔地に取締役がいる場合は、電話会議方式やテレビ会議方式で対応する。取締役及び監査役全員が同意すれば招集通知が不要になる（会社法368条2項）ので、全員の同意（出席）を得ることで、招集通知を省略することもある。
[47] 会社法370条。定款で書面決議が認められる旨を定めていることが必要。
[48] 取締役が複数の場合は取締役の過半数をもって決定した旨の文書（会社法348条2項）。
[49] 例えば、旅館業でLPガスの受給に係る債務などを保全処分の例外としたケースがある（再生手引50頁）。

容について検討を行う。例えば、強制執行が開始されている場合は中止命令（26条）を、競売手続が開始されている場合には担保権実行の中止命令（31条1項）の要否などを検討する。なお、中止命令、包括的禁止命令は、滞納処分には及ばない。

項目	内容・留意点	要件
中止命令（26条）	・破産手続、特別清算手続を中止する場合 ・強制執行、仮差押え等を中止する場合[50] →再生手続開始決定により、これらの手続は当然に中止ないし失効する（39条1項）。	・必要があると認められること。 ・強制執行等を中止する場合には、当該手続の申立人である再生債権者等に不当な損害を及ぼすおそれがないこと。
担保権実行手続の中止命令（31条）	担保権の実行手続を一時的に凍結するための手続 詳細は第9章3参照。	・再生債権者一般の利益に適合すること。 ・競売申立人に不当な損害を及ぼすおそれがないこと。 ・被担保債権が共益債権又は一般優先債権でないこと。
包括的禁止命令（27条）	・強制執行等が多数あり（将来多発することが予想される場合を含む）、全ての強制執行を中止する必要がある場合[51] →再生手続開始決定により、これらの手続は当然に中止ないし失効する（39条1項）。	・中止命令では再生手続の目的を十分に達成することができないおそれがあると認めるべき特別の事情があること。 ・保全処分、監督命令、保全管理命令のいずれかが発令されていること。
否認権の保全処分（134条の2）	否認該当行為がある場合、否認権を保全するために、利害関係人は[52]、仮差押え、仮処分その他の保全処分を申し立てることができる。	・開始決定前であること。 ・否認権を保全するために必要があると認められること。
役員査定申立てに係る保全処分（142条2項）	役員の責任追及をする可能性がある場合の、役員の個人財産に対する保全処分	緊急の必要があること[53]。

(4) 従業員用の資料

従業員関連では、以下のものを準備する。

従業員マニュアル[54]	申立直後、債権者からの問合せが一斉に入るため、債権者からの問合せに対して従業員がどのような対応を取るべきかをまとめたマニュアル
支払稟議書	従業員が再生債権を支払わないように、一定の金額以上の支払をする場合には弁護士の決裁を得るようにするための稟議書
従業員説明会資料	従業員の処遇（賃金や退職金の取扱いなど）に係る説明書。必ずしも書面で準備する必要はなく、口頭で説明できるように手持ち資料として準備することもある。

(5) プレスリリース用資料

民事再生を申し立てると、信用調査機関やマスコミから問合せが入るのが一般。正確な情報を迅速に伝える必要があるため、あらかじめプレスリリース用の書面を準備しておき、問合せがあった場合には、それをFAXする。

50　中止の対象に滞納処分や、民事留置権による競売手続を除く担保権の実行は含まれない。
51　中止の対象に民事留置権による競売手続を除く担保権の実行及び滞納処分は含まれない。
52　開始決定前は、再生債務者が存しないため、「利害関係人」に申立権が認められた。民事再生手続を申し立てた債務者も「利害関係人」に含まれると解されている（注釈民再法上781頁）。
53　再生手続開始決定があったことが原則的形態であるため。
54　再生申立ての実務144頁に、従業員配布資料のサンプルが掲載されている。

なお、再生債務者が上場会社や社会的影響が大きい会社などの場合、記者会見の準備（場所の確保、配布資料の作成、想定QAの作成、出席者のスケジュール確認など）をすることもある。

(6) 債権者への通知書、債権者説明会の準備

申立直後に、債権者説明会の案内等を各債権者に通知を行うため、通知書を作成するとともに、発送の準備をする。発送の前提として債権者説明会の会場の確保等、説明会の準備を行う。また、債権者が多数の場合には、債権者からの問合せ専用のコールセンターを設置する準備をすることもある。

また、債権者である金融機関は、申立てについて善意であれば、申立後に当該銀行の再生債務者名義の預金口座に売掛金等が入金された場合、再生債権と相殺が可能（93条1項4号）。そこで相殺を防ぐために、申立後可及的速やかにFAX等で通知をする必要がある（＝なるべく早く申立てについて悪意にする必要がある）。そこで、通知書を作成するとともに、FAX番号等の確認を取っておき、申立後速やかにFAXができるように準備をしておく。

7　申立前又は直後に連絡をすべき箇所

(1) 裁判所

東京地裁の場合は、裁判所へ事前連絡メモをFAXすることが求められている（この点、裁判所によって取扱いが異なるので、申立予定の裁判所に確認する必要がある）。連絡するタイミングは、東京地裁では申立ての3日程度前とされているが[55]、規模が大きい事件で、裁判所と事前に打合せをする必要がある場合は、早めに連絡をすることもある。なお、法人の場合、事前メモの段階で資格証明書（登記事項証明書）も必要とされている[56]。

事前に裁判所から、保全処分の謄本数の確認が求められることがある。取引金融機関分の枚数の謄本を準備することもあるが、最近では金融機関も謄本を求めてこないので1、2枚で対応可能なことが多い。

また、中止命令等を求める場合は、裁判所に当該中止命令等の要件を満たしていることを説明をすることが必要である。

(2) 監督委員候補者

監督委員候補者が選定されている場合には、事前に申立書を郵送するとともに、債権者説明会の日時・場所を知らせる必要がある。また、必要に応じて、債務者の状況や、スポンサー選定の状況などにつき説明を行う。特にプレパッケージ型で申立てをする場合には、説明をしておくべきであろう。

(3) 金融商品取引所・監督官庁など

再生債務者が上場会社の場合、適時開示のタイミング等を調整しておく必要がある。市場が開いている時間帯に申し立てると市場が混乱するので、申立て及び公表は市場が閉まる3時過ぎに行うことが多い。

また、監督官庁に申立後速やかに電話ないし訪問をして説明をすることが必要になるケースも

---

[55] 実務下10頁。なお、裁判所はこの連絡を受けて監督委員候補者を選任し（再生手引9頁）、また、保全処分等の準備を行う（再生手引22頁）。
[56] 実務下10頁

ある[57]。

(4) 労働組合

　労働協約の中に、企業が法的手続を取る場合には労働組合と事前協議をすべきとの条項が含まれていることがある。しかしながら、密行性が優先するため、事前協議は実際には困難なことが多い（参考裁判例：**東京高決 S57.11.30**）。事前協議を行わない場合、申立てをしたら、速やかに通知をすべき（24条の2参照）。

東京高決 S57.11.30（破産）　労働組合と事前協議をせずに破産を申し立てたことが争われた事例
判時1063号184頁
労働組合との間で、法的手続を行う場合には事前協議を行う旨の覚書があったにもかかわらず、協議を行わずに破産を申し立てたことにつき本決定は、「債務者と一部の債権者との間に、破産法に基づく破産申立てをする場合には事前協議をする旨の約定が成立している場合に、債務者が右事前協議を経ないで破産申立てをしたとしても、右一部特定の債権者に対する債務不履行となりうることがあるのは格別、その破産申立てを違法、無効なものということはできない」とした。

57　場合によっては、直前に連絡をする場合もあろう。

第3章 申立てから開始決定まで

1 申立直後に発令される裁判所の決定等[58]

(1) 弁済禁止の保全処分（30条1項）

(i) 内　容

一般的には、以下のものを除く弁済及び担保の提供が禁止される（ケースや管轄裁判所によって若干異なる）。

保全処分の例外の例	租税
	従業員の給料（雇用関係により生じた債務）[59]
	事務所の賃料、水道光熱費、通信に係る債務
	リース料（事務所の備品に限る場合もある）
	少額債権（金額はケースバイケース）[60]

なお、裁判所は保全処分の内容を変更することが可能（30条2項）。

(ii) 保全処分違反の効果

保全処分違反の弁済は、相手方が悪意の場合は無効（30条6項）となる。

また、保全処分違反は役員の賠償責任（143条）の対象となったり、手続廃止原因（193条1項1号）ともなる。

(iii) 保全処分を原因とする債務不履行解除

保全処分を理由とする債務不履行に対して、相手方は債務不履行解除はできないと解される（**最三小判 S57.3.30**、**東京地判 H10.4.14** など）。

> **最三小判 S57.3.30（更生）**
>
> 民集36巻3号484頁、判時1039号127頁、判タ469号181頁、金判645号12頁、金法1004号46頁
>
> 　甲社に代金分割払いで動産を所有権留保により売却したXが、会社更生を申し立てた買主甲社の管財人Yに対して、売買代金の履行遅滞を理由とする解除を主張した事案で、裁判所は、「更生手続開始の申立のあった株式会社に対し会社更生法39条の規定によりいわゆる旧債務弁済禁止の保全処分が命じられたときは、これにより会社はその債務を弁済してはならないとの拘束を受けるのであるから、その後に会社の負担する契約上の債務につき弁済期が到来しても、債権者は、会社の履行遅滞を理由として契約を解除することはできないものと解するのが相当である」として、売主からの売買契約の解除の効力は生じないとした。

58　事案によっては調査命令が発令されることもある。調査委員は裁判所の補助機関として棄却事由の有無等を調査する立場の者であり、また、選任された事案も少ないため、本書では取り上げない（再生手引103頁〜113頁に詳しい）。

59　この点、しばしば派遣契約に基づく派遣事業者に対する支払が「雇用関係により生じた債務」に該当するかが問題となるが、原則として該当しないと解すべきであろう（再生QA500　41頁）。

60　裁判所は再生債務者の資金繰りの状況を見て、少額債権を支払う余裕がある場合にのみ、少額債権の弁済を保全処分の例外とする（再生手引49頁）。また、保全処分ではこのような例外が設けられず、「保全処分の発令後に、一部の債権について弁済禁止が個別的に解除されたケース」が大阪地裁や東京地裁であったと報告されている（NBL1017号48頁「座談会『民事再生法の実証的研究』を踏まえて（下）」近藤隆治発言）。

東京地判 H10.4.14（更生）
判時 1662 号 115 頁、判タ 1001 号 267 頁、金判 1044 号 31 頁

　会社更生を申し立てた賃借人甲社が弁済禁止の保全処分命令に基づき賃料の支払を行わなかったことにつき、賃貸人Xが、甲社の保全管理人Yに解除の意思表示をした事案で、「会社更生法 39 条の規定により、いわゆる旧債務弁済禁止の保全処分が命じられたときは、これにより会社はその債務を弁済してはならないとの拘束を受けるのであるから、その後に右旧債務に属する未払賃料等の支払を求める催告があったとしても、会社はその債務を弁済してはならないのであり、したがって、会社が右催告に応じて賃料等の支払をしなかったとしても、右賃料等の不払については違法性がないものといわなければならない」として賃貸人の解除の効力は生じないとした。

(2) 中止命令・包括的禁止命令が発令された場合

　強制執行・担保権実行手続の中止命令、包括的禁止命令が発令された場合は、執行裁判所に対して、手続を停止するように上申する必要がある（執行裁判所は中止命令・包括的禁止命令の発令を当然には知り得ないため）。

(3) 監督命令（54 条）

　保全処分の発令と同時に監督委員（54 条）が選任される（通常は弁護士）。なお、監督命令の内容は、嘱託登記の対象となる（11 条 3 項 1 号、54 条 1 項・2 項）。監督委員は必要的機関ではないが、東京地裁では再生債務者申立事件では原則として全件について監督委員を選任している[61]。

　以下の事項が、裁判所の許可に代わる承認及び同意事項とされることが多い（裁判所や事案に応じて、多少異なるので監督命令を確認する必要がある）。また、裁判所によっては、一定の事項を報告するように求めることもある[62]。なお、監督委員の同意が必要なのは、再生計画認可決定までとなっていることが多い（これも監督命令を確認する必要がある）。

承認事項	共益債権化の裁判所の許可に代わる承認（120 条 2 項）
同意事項 （41 条参照）	常務に属する取引以外の、再生債務者の財産に関する権利譲渡、担保設定、賃貸その他一切の処分
	再生債務者が有する債権について、取立て以外の譲渡、担保設定その他一切の処分
	常務に属する取引以外の財産の譲受け
	貸付け
	金銭の借入れ及び保証
	債務免除、無償の債務負担行為及び権利放棄
	別除権の受戻し
	スポンサー契約の締結、FA 契約の締結
	双方未履行双務契約の解除
	訴えの提起
同意を得ない場合の効果	①無効。ただし、善意の第三者には対抗できない（54 条 4 項）。 ②再生手続廃止事由であり、手続が廃止される可能性がある（193 条 1 項 2 号）。

61　実務下 188 頁
62　月次報告はほぼ例外なく報告が求められているが、それ以外の報告は裁判所によって異なるようである。

報告事項	事業の状況に関する月次報告[63]
	役員報酬の改定、役員賞与等の一時金の支給
	役員の退任及び退任慰労金等の支給
	従業員の給与改定、賞与の支給
	従業員の解雇、解雇予告手当の支給等
	会社組織変更に関する行為

同意申請の具体的な運用は概ね以下のとおり。

同意申請の記載内容	同意申請書には、同意申請を求める必要性及び許容性を記載するのが一般的。許容性については資金繰り上問題がないこと及び、債権者の公平を害さないことなどを記載することが多い。
同意取得の具体的運用	メールないしFAXで監督委員に同意申請を送り、了解を得たうえで、同意申請を郵送ないし持参して押印を得ることが多い。なお、東京地裁では、同意申請書の写しを月次報告に添付する方法により裁判所に報告する運用とされることが多い。

2 申立日以降開始決定までの間に行うべきこと

(1) 申立日当日の主な対応

裁判所への申立て及び予納金の納付		申立日当日に、監督委員及び裁判所と打合せ（進行協議期日）をするのが一般的。
従業員説明会の開催		従業員マニュアル等を配布して、債権者対応、再生手続の概要、再生債権を支払ってはならないこと、支払稟議の運用方法及び、従業員給与や退職金の取扱いなどについて説明を行う。 混乱を防ぐために、なるべく従業員全員を1か所に集めて説明を行うほうがよい。複数の事業所がある場合には、弁護士が各事業所に行き、できるだけ同時刻に説明を行うようにする。労働組合があれば、組合への説明をしたうえで、従業員説明会を開催するほうが混乱が少ないと考えられる（なお、開始決定に当たり、裁判所は原則として労働組合等の意見を聴くこととなっている。24条の2）。
債権者への通知	金融機関	申立後に再生債務者名義の銀行口座に入金があった場合に相殺されないようにしておくため（金融機関を再生手続申立てについて「悪意」にしておく）と、手形小切手の支払や公共料金その他の自動引き落としを止めるため、申立後可及的速やかにFAXを行うことが必要。 なお、再生債務者の振り出した手形は0号不渡り（東京手形交換所規則施行細則77条）となる。 通知するのは、申立ての事実等を記載した書面に加え、債権者説明会の案内、監督命令、保全処分など。
	その他の債権者	債権者の数にもよるが、一般的には郵送により通知する。 通知するのは、申立ての事実等を記載した書面と、債権者説明会の案内。監督命令や保全処分は説明会で配布することが多い。
租税債権者等への連絡（滞納があれば）		租税債権者等は滞納処分が可能であり、滞納処分により事業継続が困難になることがあり得る（滞納処分は39条に定める強制執行等の中止の効力が及ばない）。そこで、滞納がある場合は、租税債権者に連絡をして、今後の支払予定などを説明し、滞納処分をしないように依頼をすることの検討が必要。

---

[63] 開始決定で月次報告が命じられることもある。翌月10日までに報告するように求められることが多いようである。

(2) 保全期間中に行うべき主な事項

申立後、開始決定までの間に行うべき主な事項をまとめると以下のとおり。

現場保全	本社のみならず、各支店、工場、倉庫などを保全する必要がある。規模が大きい会社の場合、毎朝従業員幹部との朝礼を行い、各現場で発生している問題点の確認及びそれに対する対応の指示をすることもある。 また、再生債務者がゼネコン・工務店等の場合には、各工事現場を保全する必要がある（下請業者が資材等を引き上げようとするため）。
大口債権者等の対応	金融機関、大口債権者、重要取引先の訪問（必要に応じて）。
商事留置権者対応	倉庫業者や運送業者に倉庫料や運送費の未払いがある場合、商事留置権を主張され、事業の継続が困難となる場合がある。そのようなことが想定される場合には、早急に別除権を受け戻す必要がある。
ホームページでの案内	会社がホームページを持っている場合、申立ての事実や、QAなどを適宜アップする。個人債権者が多い場合には効果的なことが多い。
プレスリリース等	信用調査機関等に対するプレスリリース用書面のファックス。 事案によっては、記者会見を行う。
債権者説明会[64]	概ね申立日から1週間後。下記3参照。
コールセンターの設置	特に一般消費者の債権者が多数である場合は、専用のコールセンターを設置して対応することもある。
債権届出書等の発送の準備	開始決定後、裁判所は再生債権者に開始決定書、債権届出書を発送するが（35条3項）、実務上は再生債務者人代理人事務所で対応することが多い（規則5条の2参照）。発送量が大量になることもあるため、開始決定前に準備を進める必要がある。
共益債権化の手続	申立日から開始決定日までの間の取引に関する共益債権化。下記4参照。

3　債権者説明会

(1) 受付等

・会社の人にも手伝ってもらい、受付を行う。
・受付は、原則として名刺をもらうようにして、名刺を忘れた人は名前を書いてもらう。
・債権者以外（マスコミなど）は、入場を断るのが一般的。

(2) 会場の設営

・監督委員は、再生債務者・申立代理人から少し離した場所に席を設定する[65]（監督委員の立場が中立的なものであることを、債権者に理解してもらうため）。
・質疑応答の際に、質問者にマイクを配る担当を決めておく。会場の広さにもよるが、2人ぐらいがマイクを準備のうえ後方で待っていることが多い。

---

[64] 金融債権者とそれ以外の債権者で分けて開催したり、債権者の所在地に応じて数か所で説明会をすることもある。一方で、債権者数が少ない場合には説明会を省略することもある（実務下10頁、11頁）。

[65] 監督委員が同席する主な理由は、裁判所に対して開始決定の可否について意見を述べるための情報収集をするため。

(3) 配付資料の作成[66]

事案によっても異なるが、一般的に以下の資料を配付し、その内容を説明する。

監督命令、保全処分の決定書（写し）
再生債務者の概要、申立てに至った経緯
清算ＢＳの概要
再生手続及び保全処分の概要
手続のスケジュール
今後の取引条件（支払条件）の提示

(4) 進行等

司　会	司会は、弁護士が行うことが多いと考えるが、例えば株主総会の司会経験のある従業員がいれば、その従業員が行うこともある。進行をスムーズに行い、また、質疑応答を適切に行うためには、ある程度債権者説明会等での司会の経験があったほうがよい。また、回答者に回答を考える時間的余裕を確保する観点から、説明者と司会は分けたほうがよい。
全体の流れ	出席者の紹介→代表者の謝罪→申立代理人による、配布資料に沿った経緯、今後のスケジュール等の説明→質疑応答
質疑応答	質問の際には挙手して、名前を名乗ってもらうようにする（議事録作成の都合上）。なお、会場が広い場合には、質問者にマイクを渡して質問をしてもらう（会場の他の出席者全員に質問内容が聞こえるようにするため）。 なお、質疑応答の際に、司会は、質問者の質問の内容を簡単に要約してから、回答者に回答を促すこともある（このことにより、回答者が回答を考える時間を稼ぐことが可能となる）。

(5) スポンサー候補者の出席

スポンサー候補者が出席すべきか否かは、ケースバイケース。スポンサー候補の存在を明示しないと事業の劣化が進むと考えられる場合には出席をしたほうがよいが、その場合は、スポンサー選定手順を説明するべきであろう。

(6) 議事録

議事は録音して、議事録（要旨）を作成し、速やかに裁判所に提出をする（規則61条2項）。

4　申立日から開始決定までに発生した債権の共益債権化の手続（120条）

申立後、開始決定までの間に新たに仕入れをした場合、現金払いをして債務が発生しない場合は別として、買掛金等が発生すると、開始決定後に再生債権となってしまう。

一方で、再生債務者が申立後も事業を継続するためには、「新規取引は、きちんと払うので、取引継続をしてください」と依頼する必要があり、申立後開始決定までに発生した債務を共益債権化する必要がある（なお、開始決定後に発生する債権は当然に共益債権。逆に、申立前に発生した債権は共益債権化の対象にはならない）。

そこで、申立後開始決定までの間に発生した債権の共益債権化について、裁判所の許可（120

---

[66] 再生申立ての実務145頁以下、154頁以下にサンプルが掲載されている。

条1項）ないしは監督委員の承認を得る必要がある（120条2項）。監督命令で、監督委員に承認権が与えられることが一般的。

具体的な承認の方法としては、以下のように、個別に承認を得る方法と、包括的に承認を得たうえで事後的に明細を報告する方法があるので[67]、裁判所ないし監督委員と相談をして、承認方法を決める。

個別承認	開始決定前に、対象債権を一覧にして、監督委員の承認を得る方法
包括承認	保全期間中に発生が予想される債務の種別・発生原因、債権者（相手方）及び金額、共益債権化された金額の支出が資金繰りに与える影響などを承認申請書に記載して、監督委員の包括的な承認を得たうえで、開始決定後、支出の明細を監督委員及び裁判所に報告する方法

5　開始決定の判断基準

（ⅰ）条文の定め

裁判所は、申立書の内容、債権者説明会における再生債権者の意見や監督委員が行う主要債権者に対する意見聴取の結果などにより、21条に規定する要件の有無及び、棄却事由（25条）の存否を判断する[68]。

手続開始原因（21条、破産法15条、16条）	破産手続開始の原因となる事実が生じるおそれがあること。	支払不能（破産法15条1項）。なお、支払停止は支払不能を推定する（同条2項）。
		債務超過（債務者が、その債務につき、その財産をもって完済することができない状態をいう）（破産法16条）
	その他	事業の継続に著しい支障を来すことなく弁済期にある債務を弁済することができないとき。
棄却事由（25条）	手続費用の予納がないとき。	
	破産手続又は特別清算手続が係属し、その手続によることが債権者の一般の利益に適合するとき。	
	再生計画案の作成、可決、認可の見込みがないことが明らかであるとき。	
	不当な目的で手続開始の申立てがされたとき、その他申立てが誠実にされたものでないとき。	

（ⅱ）開始原因（21条、破産法15条、16条）に関する裁判例

開始原因について、いずれも破産に関するものであるが、以下のような裁判例がある。

争　点	裁判例	内　容
破産法15条（支払不能）の有無	東京高決 S33.7.5（金法182号3頁）	支払不能であれば支払停止につき判断する必要はないとした裁判例
	東京高判 H元.10.19（金法1246号32頁）	1回目の手形不渡りで支払不能と判断されるとした裁判例（東京地判 H6.9.26も同旨）
破産法16条（債務超過）の有無	東京高決 S56.9.7（判時1021号110頁）	債務超過の判断について、代表者個人の保証等の事実を斟酌する必要はないとした裁判例

67　再生手引65頁、66頁参照。
68　スポンサーが現れない限り再生は困難であるが（つまり破産となる）、スポンサーが現れることを期待して民事再生を申し立てた場合、25条3号ないし4号に該当しないかが問題となり得る。思うに、速やかに破産を申し立てることが債権者の利益になる場合（例えば、赤字が継続しており債権者の配当原資が毀損する場合）でなければ、25条3号ないし4号には該当しないと解する（私見）。もっとも、その場合、速やかにスポンサー選定手続を行い、スポンサーが現れないことが明らかとなった時点で、早急に手続を廃止しなければ、再生債務者の公平誠実義務（38条2項）に反する可能性が高いので注意が必要である。

申立権・即時抗告権の有無	最二小決 H11.4.16（民集53巻4号740頁）	債権質の質権設定者に破産の申立権はないとした判例
	大阪高決 H6.12.26（判時1535号90頁）	株主には即時抗告権は認められないとした裁判例

(iii) 棄却事由（25条）に関する裁判例

棄却事由の有無につき争われた裁判例として、以下のようなものがある（いずれも再生に関する裁判例）。

分類及び裁判例		判示内容（抜粋）
主な争点	裁判例	
再生計画案不認可決定確定後の再度の再生申立ての可否等	東京高決 H17.1.13（判タ1200号291頁）	「申立権の濫用に当たるといえるような特別の事情があればともかくとして、第1次再生手続において再生計画の不認可の決定が確定したことに基づいて本件申立が一般的に不適法になるとはいえない」とし、また、再生手続と更生手続の調整は後者において図ることが予定されているとして、「更生手続開始の申立があったことを再生手続を開始するかどうかの判断に当たって考慮する必要はな」いとして、開始決定を認めた。
25条3号（再生計画可決又は認可の見込み）該当事由の有無	東京高決 H12.5.17（金判1094号42頁）	再生債務者の担保権者等との交渉状況から「再生計画案の作成、再生計画の認可の見込のないことが明らかな場合に当たる」として、開始決定を認めなかった。
	東京高決 H13.3.8（判タ1089号295頁）	過半数の議決権を有する債権者が反対していることを理由に「本件において将来提出される再生計画案が可決される見込みはないことが明らかであり」として、開始決定を認めなかった。
25条4号該当事由の有無	該当するとした裁判例	札幌高決 H15.8.12（判タ1146号300頁）	給与所得者等再生手続開始申立てにつき、総債権の60％が破産法の非免責債権であることが「申立てが誠実にされたものでないとき」に当たるとされた事例
		高松高決 H17.10.25（金判1249号37頁）	再生債務者が申立直前に融通手形の振出しを依頼したり、再生債務者代表者が申立後の債権者説明会に欠席するなどの事情が、民事再生法25条4号の「申立てが誠実にされたものでないとき」に当たるとされた事例
		東京高決 H24.9.7（金判1410号57頁）	連帯保証債務の取消しのみを目的とした申立てであり、民事再生法25条4号に該当するとされた事例[69]
		東京高決 H24.3.9（判時2151号9頁）	担保権消滅許可制度を利用して根抵当権を抹消することを企図して民事再生手続開始を申し立てたことにつき、「本件申立は、本来の目的から逸脱した濫用的な目的で行われた場合であって、不当な目的で再生手続開始の申立てがされたとき（同法25条4号）に該当するというほかない。」とされた事例
	該当しないとした裁判例	東京高決 H19.9.21（判タ1268号326頁）	申立て5か月前の融資申込みに当たり書類を偽造したことが、民事再生手続申立てが濫用的な目的で行われた場合に当たるということはできないとされた事例

---

[69] 当該決定の後に、当該民事再生の申立てをした役員らに対して株主が損害賠償請求をしたところ、当該決定の結論を覆している（東京高決 H26.4.24 判例集未登載。NBL1036号27頁「再生申立権の濫用について」（山本和彦）参照）。このように、裁判体によって結論が分かれており、かなり微妙な事案である。

第3章　申立てから開始決定まで

該当しないとした裁判例	東京高決 H19.7.9（判タ1263号347頁）	「申立てが誠実にされたものでないとき」とは、申立てが再生手続の本来の目的から逸脱した濫用的な目的で行われた場合をいうと解すべきであり、粉飾決算や再生債務者代表者の財産隠匿行為など、再生手続を行う過程で解決されるべき事項について債務者に至らぬ点があったとしても、不誠実ということはできないとされた事例

6　開始決定の主な効果

保全処分の失効	保全処分は、開始決定により効力を失う（30条1項）ので、従業員にその旨を説明しておく必要がある[70]。
個別的権利行使の制限	再生債権者は、個別的権利行使が原則として禁止される（85条1項）。
強制執行手続等の中止	強制執行手続等は中止される。また、破産手続は中止され、特別清算手続は失効する（39条）（参考裁判例：**大阪高判H20.2.28**、**大阪高判H22.4.23**）。強制執行が開始されている場合は、再生手続開始決定の正本を添えて、執行裁判所に上申書を提出する必要がある[71]。また、中止だけでは、手続の効力が残ってしまうため[72]、強制執行手続等の効力を取り消すためには別途取消命令を得ることが必要（39条2項）。
開始前の原因に基づく登記の対抗力	開始前の原因に基づく登記につき、開始後に登記・登録等をしても対抗力は認められない[73]（45条）。
係属中の訴訟	再生債権に関する訴訟等は中断する（40条1項）。
影響を受けないこと	・所有権等に基づく取戻権（52条） ・別除権の行使（53条） ・管理命令（64条）が発令された場合を除き、再生債務者の業務遂行権は失われない（38条1項）。

・裁判所は、開始決定に伴い、公告（35条1項、10条）、嘱託登記（11条1項）などを行う。
・再生手続開始決定は、決定の時からその効力を生じるので（33条2項）、即時抗告があっても執行停止はされない。

大阪高判 H20.2.28（再生）　再生手続開始決定の強制執行停止のための担保金に対する効力を判示した裁判例

判時2030号20頁、判タ1278号320頁

　Xが、Y（再生債務者）に対し150万円に満つるまで債権差押及び転付命令を得たのに対し、Yが担保金を立てて執行停止決定を得た状態で、Yの再生手続が開始した。XがYの再生手続開始の申立てによる強制執行の停止によって損害を被ったとして、担保金の還付を受けるために、Yに対して損害賠償債権を有することの確認を求めたところ、第1審がXの請求を認容したため、Yが控訴した。本判決は、以下のように判示し、Xの請求を概ね認めた。

　「Xは、本件執行停止決定がなければ、本件差押転付命令の効力が発生し、優先的に150万円の弁済を受けることができたことが認められる。ところで、Yの本件執行停止申立てによりXが受けた損害の範囲は、本件

---

[70] 例えば、開始決定により保全処分で認められていた少額債権の弁済ができなくなるにもかかわらず、従業員が開始決定後も保全処分が有効であると誤解をして、少額債権を裁判所の許可を取らずに支払ってしまう可能性がある。

[71] 東京地方裁判所民事執行センター実務研究会編著『民事執行の実務：債権執行編　上』[第2版] 259頁。執行裁判所は再生手続開始決定を知り得ないため。

[72] 強制執行の効力は、再生計画の効力が発生しなかった場合に当該債権者に不利益を与えないため、計画案の認可決定確定で失効する（184条）とされている。

[73] 登記権利者が再生手続開始につき善意の場合は除かれるが（45条1項ただし書）、再生手続開始の公告後は悪意が推定される（47条）。

債権差押転付命令により優先的に弁済を受けることができたはずの150万円から本件民事再生手続により受けた配当の差額であると解される。……Xが本件担保に対する上記優先弁済権を行使する場合には、Yが再生手続開始決定を受けたこと及び再生計画認可決定が確定したことは、何らの影響を及ぼすものではない」

大阪高判 H22.4.23（再生→破産）	債権差押命令に基づく取立権を有する者が、民事再生手続開始前に第三債務者から受領していた手形の手形金を再生手続開始後に受領することが不当利得に当たるとされた事例

判時2180号54頁

Yは甲社（再生後破産会社）に対する確定判決に基づく債権差押命令を得たうえで、第三債務者から受取手形等を受領し、甲社の民事再生手続開始決定後に、Yは当該手形金を受領した。甲社の再生手続廃止・破産手続開始決定後破産管財人に選任されたXが、Yに対し当該手形金を受領したこと等が不当利得に当たるとして提訴したところ、Xの請求が概ね認められた。

7 民事再生の申立てに対して、債権者が破産又は会社更生等を申し立ててきた場合

破産を申し立ててきた場合	原則として再生手続が優先する（26条1項、39条1項、184条）。
会社更生を申し立ててきた場合[74]	原則として会社更生手続が優先する（会社更生法24条1項1号、50条1項、208条）。ただし、再生手続によることが債権者一般の利益に適合する場合には、再生手続が継続する（会社更生法41条1項2号）。 一般的には、会社更生手続において調査委員が選任され（会社更生法39条）、再生手続をそのまま進行させ、調査委員の報告に応じて、更生裁判所が対応を決定している（以下の裁判例は、いずれも調査委員の（最終）報告までに選任から数か月後を要しており、結果として更生手続開始の申立てを棄却している）。

大阪高決 H18.4.26	民事再生手続開始決定に対する会社更生手続開始の申立てが棄却された事例

判時1930号100頁、金法1789号24頁、金判1244号18頁

ゴルフ場運営会社Yに民事再生手続開始決定がされたのに対し、債権者Xらが会社更生手続開始を申し立てた。Xらの会社更生手続開始申立てが棄却されたため、Xらが抗告した。なお、この間に、Yの再生計画は認可決定がされた。
本決定は、ゴルフ会員債権者が会社更生手続を求めていないこと、認可された再生計画がゴルフ場利用権等の確保措置を講じていることなどから「本件においては、更生手続より再生手続による方が債権者の一般の利益に適合するというべきである」として、Xの抗告を棄却した。

東京地決 H20.5.15	プレパッケージ型民事再生に対する会社更生手続開始申立てが棄却された事例

判時2007号96頁　判タ1272号301頁

ゴルフ場を経営していたYが、Aとの間でスポンサー契約を締結したうえで民事再生手続開始決定を受けたのに対し、預託金債権者Xらが会社更生手続開始の申立てを行った。
その後、再生計画案は、認可決定し確定した。かかる状況を踏まえ、本決定は、再生手続によることが債権者一般の利益に適合するとして、申立てを棄却した。

---

[74] 申立債権者は、対象株式会社の資本金の額の10分の1以上に当たる債権を有していることが必要（会社更生法17条2項1号）

第3章 申立てから開始決定まで

> **東京地決 H20.6.10** 民事再生手続開始決定に対する会社更生手続開始申立てが棄却された事例
> 判タ1272号305頁、判時2007号100頁
>
> ゴルフ場を経営するYが再生手続の開始決定を得たのに対し、会員債権者Xらが会社更生手続開始を申し立てた。本決定はその後再生計画が認可決定されたことを踏まえ、「本件再生裁判所に現に係属する本件再生手続によることが債権者の一般の利益に適合するものと認められ、会社更生法41条1項2号所定の事由が存在するというべきである」とした。

8 申立てが棄却された場合の対応

申立てが棄却された場合には、再生債務者は、即時抗告ができる。最終的に棄却が確定すると、一般的には職権で、破産手続に移行することになる(250条1項)[75]。

(1) 即時抗告（36条1項）

送達日から1週間（18条、民訴332条、民法140条）、公告から2週間（9条）以内に、即時抗告（36条1項）が可能。なお、棄却決定について公告と送達の両方が行われた場合の不服申立期間（即時抗告期間）は、公告から2週間と考えられる（**最二小決 H13.3.23**）。

> **最二小決 H13.3.23（破産）**
> 判時1748号117頁、判タ1060号170頁、金判1119号3頁、金法1615号64頁
>
> 債権者Yの申立てによるXに対する破産手続開始決定が平成12年5月15日になされ、同日Xに開始決定正本が送達されたのに対し、Xは同月25日に即時抗告を申し立てた。なお、同月29日に、破産手続開始決定について官報公告がされている。原審が即時抗告を却下したことから、Xが許可抗告をした。
> 本決定は、「破産宣告決定の送達を受けた破産者の同決定に対する即時抗告期間は、破産法112条後段の規定の趣旨、多数の利害関係人について集団的処理が要請される破産法上の手続においては不服申立期間も画一的に定まる方が望ましいこと等に照らすと、上記決定の公告のあった日から起算して2週間であると解するのが相当である」として、原決定を破棄・差し戻した。

(2) 破産への移行

棄却決定と同時に保全管理命令（251条、破産法91条2項）が発令され、監督委員が保全管理人になることが多い。

---

[75] 東京地裁20部では、再生債務者が法人の場合、全件につき牽連破産とする取扱いがされているようである（島岡大雄「東京地裁破産再生部（民事第20部）における牽連破産事件の処理と実情について」判タ1362号4頁）。

第4章 裁判所ないし監督委員との関係

1 裁判所との打合せ（裁判所から提示される標準スケジュール）

　開始決定と同時に、裁判所からスケジュールが示される。東京地裁の場合は、概ね以下のスケジュールが示される。民事再生はスピードが早いので、スケジュール管理が大切。

　なお、財産評定は開始決定日を基準日として行う（124条1項）。規模の大きい会社の場合、開始決定日が月中になると在庫の残高等を把握するのに苦労することがあるので、開始決定日を月末にするなどの工夫も必要（この点は裁判所と相談）。

事　項	申立日からの日数	再生債務者の代理人が行うべき事項
債権者説明会	3日～1週間	債権者説明会の開催
開始決定・第1回打合せ	1週間	債権届出書の送付[76]
債権届出期限	1週間＋1か月	
		・債権認否書作成 ・計画案ドラフト作成 ・財産評定作成 ・125条報告書作成
財産評定・125条報告書提出期限	2か月	
計画案ドラフト提出・第2回打合せ		
債権認否書提出期限	2か月＋1週間	
一般調査期間	10週～11週	
		再生計画案の作成
計画案提出期限・第3回打合せ	3か月	
計画案付議決定[77]・債権者集会招集決定	3か月＋1週間[78]	債権者説明会
書面投票期限	集会の8日前	賛成依頼
債権者集会・認可決定	5か月	

（裁判所からスケジュールが提示されるので、そちらで確認することが必要）

2 開始決定書に盛り込まれる内容

　開始決定には、概要、以下の事項が盛り込まれる。

分　類	具体的内容
同時処分事項（34条）	再生債権届出期間、調査期間
その他	債権認否書提出期限、財産評定提出期限、 125条報告書提出期限、計画案提出期限
裁判所の許可事項（41条）	裁判所の許可を要する事項[79]

---

[76] 裁判所から送付するものであるが、東京地裁などでは申立代理人が事務を代行することが多い。

[77] 手続を早く進めるために、再生債務者が早期に再生計画案を提出して、裁判所に対して付議決定の時期を早めるように要請したとしても、再生債権者にも再生計画案を提出権限があるため（163条2項）、再生債務者の意向にのみによって付議決定を早めることはできない（実務下10頁）。

[78] 東京地裁では、1週間程度で監督委員の意見書が提出されることが多いが、他の裁判所ではもう少しかかることもある。

[79] 41条のうち多くの事項は監督委員の同意事項となるため、許可事項の指定は多くない。最近では、会社分割することの許可などが定められることが多い（再生手引12頁）。

3 監督委員の主な役割

監督委員の主な役割は以下のとおり。

分類	内容
開始決定前までの役割	再生手続開始に関する意見書の提出
	共益債権化の承認（120条2項）
主に計画案認可決定前までの役割	監督命令により指定された事項に対する同意（54条2項）
	再生債務者の業務、会計帳簿等の調査（59条）[80]
	再生計画案の調査、評価
認可決定後の役割	再生計画の履行状況の監督（186条2項）
手続を通しての役割	再生債務者からの報告の受領（規則22条）
	再生債務者の不正行為、手続違反の有無の調査（25条、193条）
	否認権の行使（56条、135条1項）

4 記録の閲覧・謄写

(1) 内容

利害関係人は裁判所で記録の閲覧・謄写が可能（16条、規則9条）。利害関係人とは、再生債務者に法律上の利害関係を有している者であり、再生債務者所有不動産の買受希望者や、再生債務者代表者に対する債権者など、利害関係が事実上・経済上のものである場合は、利害関係人に該当しないとされている[81]（**東京地決 H24.11.28**）。

閲覧を希望する者は、利害関係人であることを証する書面を添付したうえで閲覧申請を行い、閲覧等をする（東京地裁の場合、記録閲覧室で閲覧等を行う）。

> **東京地決 H24.11.28（破産）** 利害関係人に該当しないとして閲覧謄写が認められなかった事例
>
> 判タ1392号359頁、金法1976号125頁
>
> 「『利害関係を疎明した第三者』とは、破産事件に即していえば、破産手続によって直接的に自己の私法上又は公法上の権利ないし法律的利益に影響を受ける者を意味すると解するのが相当である。……以上によれば、申立人が本件破産手続によって何らかの事実上の影響を受けることはあり得るとしても、直接的に自己の私法上又は公法上の権利ないし法律的利益に影響を受けるとは認められないから、申立人は、旧破産法108条、民事訴訟法91条2項、3項の『利害関係を疎明した第三者』に該当しないというべきである。」

(2) 閲覧制限（17条1項、規則10条）

再生債務者は、裁判所に申し立てることにより、一定の要件を満たす場合、記録の閲覧を制限することが可能。

対象	17条1項で限定列挙されているので、それ以外の文書については閲覧制限を付けることはできない。閲覧制限ができる主なものは以下のとおり。 ・41条1項の許可取得のために裁判所に提出した文書等 ・42条1項（事業譲渡許可）取得のために裁判所に提出した文書 ・125条2項に基づく裁判所への報告文書（月次報告等）

---

[80] 再生債務者が行う財産評定についても監督委員が確認する。監督委員は補助の会計士を選任して、実際には補助の会計士が確認を行うことが多い。

[81] 再生手引93頁

閲覧制限ができる要件	閲覧等により、再生債務者の事業の維持再生に著しい支障を生じるおそれがあること、又は再生債務者の財産に著しい損害を与えるおそれがあること。
方　法	文書提出の際に、支障部分を特定したうえで、閲覧制限の申立てを行う（規則10条1項）。また、申立てに当たっては、対象文書等から、支障部分を除いたものを作成して裁判所に提出する（規則10条3項）。なお、閲覧制限申立書そのものは閲覧対象なので、記載方法には注意する必要がある。
注意すべき場合	再生手続開始後に契約をする場合で、当該契約に守秘義務条項が入る場合がある（例えば、事業譲渡契約など）。その場合、閲覧制限をかけないと、契約不履行となる可能性があり、損害賠償請求を受けたり、解除事由になる可能性もあるので、閲覧制限をかけるのを忘れないようにする必要がある。もっとも、事業譲渡契約については、債権者の権利保護の観点から閲覧禁止が認められない場合もあり[82]、その場合は事業譲受人の了解を得て守秘義務条項を外す必要がある。

5　月次報告[83]

根　拠	125条2項に基づき、監督命令又は開始決定で、月次報告をするように指示されることが一般的なので、かかる指示に基づいて裁判所及び監督委員に月次報告書を提出する。
報告時期	東京地裁の場合、毎月末日締めで翌月10日に提出するように指示がされることが多い。前月の事業の状況を10日までに報告するというのはかなりタイトなので、事業規模が大きく対応が困難な場合には裁判所と調整を行う必要がある。
内　容	業務の状況や、再生手続の進行状況、さらには資金繰りの状況を報告する。東京地裁では、資金繰り表及び、前月分の監督委員の同意申請書の写しを添付して提出するのが一般的。

6　財産評定（124条1項）[84]

(1)　財産評定の作成及び提出、開示

基準時	再生手続開始を基準時とする（124条1項）。したがって、開始決定日を月末にしたほうが、財産評定を作成しやすいことが多い。
資産の評価基準	財産評定は、処分価値をもって行う（規則56条1項本文）。これは、財産評定の主な目的が、清算価値保証原則（174条2項4号参照）が満たされているかを確認することにあるため。そこで、破産配当率の計算書を、財産評定と一体のものとし作成をすることが一般的。 なお、例外的に、継続価値で評価をすることも可能（規則56条1項ただし書）であるが、継続価値で行った財産評定も提出している例は少ないものと推察される[85]。
具体的な作成方法	会社の規模にもよるが、公認会計士に依頼して、公認会計士と会社の経理担当者で協議のうえ作成することが多い。また、提出前に監督委員補助者の公認会計士に説明をして了解を得るのが一般的であり、監督委員補助会計士の指摘に応じて修正をすることもある。 一方で、あまり例はないと思われるが、裁判所が財産評定の評価人を選任をすることもできる（124条3項）。評価人は、評価の客観性が特に重視される場合に利用される[86]。

82　再生手引205頁参照
83　再生申立ての実務331頁にサンプルが掲載されている。
84　民事再生書式集221頁にサンプルが掲載されている。また、日本公認会計士協会近畿会HP 経営委員会資料から標準書式がダウンロードできる。
85　学者の先生方による東京地裁、大阪地裁等の実際の事件記録を調査した結果によれば、調査対象事件の27％程度で継続価値での貸借貸借表が提出されていたが、提出されていた事件について何らかの傾向は認められなかったようである（NBL998号56頁「民事再生法の実証的研究第7回」森まどか、藤本利一）。
86　第三セクターの民事再生で、事業譲渡価格の正当性を確保するため、評価人を選任した事例が報告されている（争点33頁）。なお、継続企業価値基準で行われたようである。

第4章　裁判所ないし監督委員との関係

提出時期	作成後、直ちに裁判所に財産目録及び貸借対照表を提出する（124条2項）[87]。通常は、裁判所から提出期限を指示されるので、当該期限までに提出する。東京地裁の標準スケジュールでは、申立ての2か月後が提出期限とされる。監督委員にも副本を提出をするのが一般的。
開　示	再生債務者の主たる営業所又は事務所に備え置いて債権者への閲覧謄写に供する（規則64条1項）。

(2) 財産評定の主なチェックポイント

項　目	チェックポイント
債権（売掛金）	金額的なインパクトが大きいことが多い。通常、回収可能性を考慮して一定の減額をするが、特に、減額幅が大きいもの（＝不良債権）は精査する必要がある。
棚卸資産	会社の人と相談をして処分価値の評価を検討する。処分価格が二束三文だと判断される場合には、かなりの減額を行うことになる。
不動産	不動産の重要性にもよるが、（簡易）鑑定評価を取ることが多い。不動産鑑定評価を取得した場合は、特定価格（＝早期売却価格）[88]を評定額とする。なお、鑑定評価は（社）日本不動産鑑定協会作成の「民事再生法に係る不動産の鑑定評価上の留意事項について」[89]に沿って行われる。
還付税金	比較的金額が大きくなることもあるので注意が必要。
破産配当率	前述のとおり財産評定は、清算価値保証原則が満たされているかを確認することに主眼があるので、破産配当率を計算したものを添付するのが一般的。 破産配当率の計算の際に、破産管財人費用以外に、解雇予告手当や、優先債権等（退職金など）の支払予定も落とさないようにしなければならない。

7　125条報告

内　容	125条1項記載の以下の事項を裁判所に報告するもの[90] ・再生手続開始に至った事情 ・再生債務者の業務及び財産に関する経過及び現状 ・役員の財産に対する保全処分又は役員賠償請求の査定の裁判を必要とする事情の有無 ・その他再生手続に関し必要な事項

---

[87]　前述のとおり、破産配当率の計算書も提出されるのが一般的。
[88]　不動産鑑定評価基準第5章では、不動産価格について以下のとおり定義されている（限定価格、特殊価格は省略。下線は筆者）。特定価格は正常価格の7割程度であることが多い。

正常価格	市場性を有する不動産について、現実の社会経済情勢の下で合理的と考えられる条件を満たす市場で形成されるであろう市場価値を表示する適正な価格
特定価格	市場性を有する不動産について、法令等による社会的要請を背景とする評価目的の下で、正常価格の前提となる諸条件を満たさない場合における不動産の経済価値を適正に表示する価格をいう。特定価格を求める場合を例示すれば、次のとおりである。 （1）資産の流動化に関する法律又は投資信託及び投資法人に関する法律に基づく評価目的の下で、投資家に示すための投資採算価値を表す価格を求める場合 （2）民事再生法に基づく評価目的の下で、早期売却を前提とした価格を求める場合 （3）会社更生法又は民事再生法に基づく評価目的の下で、事業の継続を前提とした価格を求める場合

[89]　概要、市場参加者が市場の事情に精通し、取得後、これを転売して利益を得ることを目的とする不動産業者（卸売業者）を主体とする早期売却市場を前提とする価格を前提としつつ、最低ラインを指向するものではなく、競売特有の減価要因は配慮せずに鑑定をするとされている（判タ1043号108頁「民事再生法に係る不動産の鑑定評価上の留意事項について（解説）」長場信夫）。
[90]　再生申立ての実務333頁にサンプルが掲載されている。

提出時期	遅滞なく提出する（125条1項）。通常は、裁判所から提出期限を指示されるので、当該期限までに提出する。東京地裁の標準スケジュールでは、申立ての2か月後が提出期限とされる（規則57条1項）。
開　示	再生債務者の主たる営業所又は事務所に備え置いて債権者への閲覧謄写に供する（規則64条1項）。

8　管理命令（64条）

(1) 管理命令の概要

定　義	管理命令とは、再生債務者の業務及び財産に関し、管財人による管理を命ずる処分のこと（64条1項）。管理命令が発令される時点で監督委員が選任されている場合には、監督委員が管財人として選任されることが多いようである。
発令される事例	DIP型を基本とする民事再生手続では、管理命令が発令されるのは例外である。以下のような事例で、管理命令が発令されているようである[91]。 ・再生債務者の役員が債権者平等を害する財産処分を行ったり、放漫経営を続けて再生債務者の財産を減少させているような場合 ・債権者申立事件
効　果	管理命令が発令されると、管財人が再生債務者の「業務の遂行並びに財産の管理及び処分をする」権限を専属的に有することになり、従来の経営者は権限を失う（66条）。

(2) DIP型と管理命令が発令された場合の主な相違点

DIP型と管理命令が発令された場合の主な相違点は以下のとおり。

項　目	DIP型	管理型
業務遂行、財産管理処分権	再生債務者（38条1項）	管財人（66条）
行為制限	重要な事項については監督委員の同意事項とされることが一般的（54条2項）。	重要な事項については裁判所の許可事項とされることが一般的（41条）。
財産関係の訴え	再生債務者が当事者	管財人が当事者（67条1項）
否認権の行使者	監督委員（135条1項）	管財人（135条1項）
再生計画案	右記のような制限はない。	増資（募集株式の募集等）を定める再生計画案の提出は不可（166条の2、154条4項）。
裁判所の監督期間	最長再生計画案認可決定確定から3年間（188条2項）。	制限なし（188条3項）。

(3) 管理命令の問題点[92]

管理命令は、以下の点が問題点として指摘されている。

管財人の組織法上の権限に係る問題点	管財人は、再生手続の進行に関する権限や、計画外事業譲渡を行う権限（42条）はあるが、法人組織の支配権はない。このように、管財人に、再生手続の遂行及び財産の管理処分権はあるが、法人組織の代表とはならないことによる組織運営上の限界があるとされる。

91　ジュリスト1349号42頁「企業倒産における裁判所による再建型倒産手続の実務の評価と展望」（林圭介）に詳しい。
92　実務QA172頁以下

第4章 裁判所ないし監督委員との関係

管財人の再生計画案作成権限に係る問題点	増資(募集株式の募集等)を定める再生計画案の提出は、管財人には認められていない(166条の2、154条4項)。したがって、減増資スキームを選択する場合、従来の経営陣の協力が必要となる[93]。
事業譲渡後の解散に係る問題点	事業譲渡を行い、再生債務者は解散して清算する場合、事業譲渡そのものは管財人が計画外(42条)ないし計画内で行うことが可能であるが、管財人は解散のための株主総会決議を得なければならない。

9 債権者委員会

設置された例はほとんど無いようであるが、法律上、債権者委員会(117条)が予定されている。

定 義	再生債権者から構成される、再生手続について意見陳述などを行う機関
成立要件 (117条1項)	委員の数が3人以上10人以下であること(規則52条)。
	委員会が再生手続に関与することに再生債権者の過半数が同意していると認められること。
	委員会が再生債権者全体の利益を適切に代表すると認められること。
	上記を前提として、裁判所の承認が得られていること。
主な職務・権限	裁判所、再生債務者、監督委員に対して意見を述べることができる(117条3項)。
	裁判所に対して、債権者集会の招集を申し立てることができる(114条)。
	一定の場合、活動費用を再生債務者の負担とできる(117条4項)。
	再生債務者に125条2項の規定による報告を命じるように裁判所に申し出ることができる(118条の3)。
	再生債務者から、124条2項、125条の報告書の提出を受ける(118条の2)。

---

93 対応策として、管財人が裁判所の許可を得て(78条、61条2項)、従来の株主のうち応じてもらえる者から持ち株の無償譲渡を受けて、その株式を除いた株式を自己株式として取得するという再生計画案により、増資手続を省略したケースがあるようである(QA172頁)。

第5章 会社の運営

1 経営者

原　則	経営者は変更しないのが原則（管財人は入らない）。 なお、経営者の報酬については、法律上は変更する必要はないが、減額することが多い。
経営責任	債権者から、経営者は何らかの責任を取るべきであるとの要請がされることが多い。事案によっては、私財提供を行ったり、一定の時期に代表取締役を辞任して、会社を離れるか、又は代表権のない取締役ないしは従業員となることもある。
会社債務に対する連帯保証	経営者が会社の債務につき連帯保証している場合、経営者が破産手続ないしは民事再生手続を取らざるを得ないことがある。経営者が破産すると、一旦、取締役の地位を退くことになる（民法653条2号）。ただし、現行会社法では、破産が取締役の不適格事由となっていないので（会社法331条1項）、当該経営者が株主総会で再選任されれば、再度役員になることは可能。

2 債権者対応

交渉記録	従業員に債権者との交渉記録用紙を配布し、従業員が債権者対応した場合には交渉記録用紙で弁護士に報告をするようにすることもある（特に申立て直後）。
支払稟議	再生債権を支払ってしまわないように、一定額以上（例えば10万円）の出費については、稟議を上げ、弁護士が決裁を行う体制を整えるなどの対応を取る。なお、従業員が誤って再生債権を払う可能性がなくなった後（開始決定から概ね1、2か月後）は、稟議を終了させることが多い。
仕入条件	仕入条件については、現金払いないしは、それに近い条件での支払が求められる。債権者説明会において、一定の仕入条件（15日及び月末締めの15日後払いなど）を提示して、それを浸透させるように粘り強く交渉をする。なお、再生債権を払うまで取引を中止すると言ってくる先もあり、そのような場合には、代替の仕入先を確保するか、現金払いを条件として仕入れを依頼することもある[94]。

3 運営について特に留意すべき点

再生債権の管理	再生債権を支払ってしまわないように、当初1〜2か月の間は、一定額以上の支払（例えば10万円）については、全て弁護士の決裁を得るようにすることが多い。弁護士が会社に常駐して決裁を受けることもあれば、FAXやメール（PDF）等で決裁のやりとりをすることもある。
監督委員の同意事項（裁判所の許可事項）の管理	監督委員の同意（又は裁判所の許可）が必要な事項を、同意等なく行ってしまわないように、社内に徹底をする。従業員（特に管理職）に同意等が必要な事項を説明し、事前に必ず弁護士に稟議を上げるように徹底する。また、同意等を取得するのには時間がかかることをあらかじめ説明をして、スケジュールに無理がないようにすることも大切。
資金繰り表の作成及びチェック	日繰資金繰り表（できれば将来3か月分）を毎週アップデートして確認する。資金繰りによる破綻は、債権者はもちろん、従業員に対する裏切りにもなるので、会計士や会社に任せきりにせず、弁護士が責任をもって確認をするべきである。

---

94 なお、担保を積むのであれば、監督委員の同意が必要となることが多いので留意が必要である。

4　DIPファイナンス

(1)　契約条件

　契約書は、通常金融機関側で準備するので、債務者は、提示された契約内容に対して必要に応じてコメントを行う方法で契約条件を詰めていく。DIPファイナンス市場の成熟化とともに、契約条件も定式化しているところであるが、債務者の誓約事項（コベナンツ）などは、個別の案件毎に、交渉によって変更すべき個所もあるので、留意が必要である。

　DIPファイナンスに記載される特徴的なコベナンツとしては以下のようなものがある。

債務者の報告義務	手続の状況及び、損益状況、日繰資金繰り表などを定期的に報告することが求められるのが一般的。また、スポンサーとの交渉状況について報告を求められる場合もある。 債務者側としては、事務負担も勘案して、応じられる範囲を決定する。
貸付人の事前承諾事項	キャッシュフローに重大な影響を与える事項（事業譲渡、スポンサー選定など）を行う場合に、貸付人の事前承諾が必要とされることが多い。一定の制約を受けることはやむを得ないところであるが、債務者がフリーハンドを持つことで、手続がスムーズに進む面もあるため、過度に厳しい内容は避けるべきであろう。
財務コベナンツ[95]	法的手続が順調に推移しているか否かを数字的な面から担保するため、売上高やEBITDAなどが一定額を上回る又は下回るように義務付けられることが多い。 債務者側としては、過度に厳しい内容としないことが必要。再建を放棄しない限り、必ず達成できるレベルにしておく。

(2)　担保設定方法

　事業再生ファイナンスの場合、不動産に新たな抵当権を設定する担保余力があることは稀であり、担保は売掛債権や手形が主なものとなる。その場合の担保設定方法は概要以下のとおり。

担保対象物	留意点
手形割引	通常の手形割引と同様に、手形を裏書譲渡する。
手形譲渡担保	手形残高の一定割合につき、継続的に融資を受ける場合に利用する。やはり裏書譲渡する。
手形信託[96]	手形を信託し、その信託受益権に債権者が質権を設定する。債権者側の事務負担を減らせるなどのメリットがある。
売掛債権譲渡担保	集合債権譲渡担保を設定して、動産・債権譲渡特例法により登記を行う。なお、対象となる売掛金に譲渡禁止特約が付されていないか確認をする必要がある。
売掛債権信託	手形と同様に信託を設定して、信託受益権に質権を設定する方法
在庫	集合動産譲渡担保を設定して、動産・債権譲渡特例法により登記を行う。

95　財務制限条項は、ある程度安定した企業を前提としたものであり、混乱している状況にあるアーリーDIPファイナンスにおいては、設定する意味がなく、設定するべきではないという見解もある（「再生型ファイナンスにおける財務制限条項の意義と活用」木下玲子　金法1704号25頁以下）。筆者の経験上も設定される事例は少ない。

96　「事業再生ファイナンスの判断と約定の実際〜株式会社第一紙行の事例から〜」（銀行法務21　627号20頁　小山潔人）に具体例が掲載されている。

(3) 手続

時系列	具体的内容
事前の検討	必要額や担保対象物の選定を検討するとともに、必要資料（申立関係資料、過去の税務申告書など）の準備などを債務者側で進める。
ファイナンサーの選定	債務者の人的つながりや、代理人側の人的つながりなどを利用して、ファイナンサーを探索・選定する。一部の市中銀行、ノンバンクなどが扱っている。 債務者の属性やDIPファイナンスの内容によって、ファイナンサーも異なる。例えば、小口のDIPファイナンスであったり、担保となる手形等の銘柄があまりよくないと、大手金融機関は取り扱ってくれないことが多い。事案によっては、スポンサー（候補者）から資金調達できることもある。
契約条件の交渉	金融機関と、契約条件の交渉、契約条項の詰めを行う。
裁判所の許可又は監督委員の同意など（必要に応じて）	許可申請等は、DIPファイナンスの必要性及び、条件の適切性がポイントとなる。 また、申立後開始決定前のDIPファイナンスについては、共益債権化（120条）の承認等も得る必要がある。
契約締結及びローンの実行	契約締結後、担保設定登記等を具備したうえで、ローンが実行される。

第6章 従業員関係

1 労働債権

「雇用関係に基づいて生じた債権」(民法308条、306条)は、一般優先債権となるが(122条)、その範囲は必ずしも明確ではない。例えば、再生手続開始前に従業員が立て替えていた交通費等が一般優先債権として随時弁済の対象となるか問題となることがある。概要以下のとおりと考える。なお、実務的には労働者に該当するか否か(特に、労働契約か請負契約かなど)が問題となることがある。この点は、第7章3(1)に記載。

分類	債権の性質
給料	開始前の労働債権は一般優先債権(民法308条、122条1項) 開始決定後の労働債権は共益債権(119条2号) いずれも、随時弁済
退職金	給料の後払いと考えられるので(最三小判 S44.9.2[97])、119条2項ないし122条1項によって、共益債権ないし一般優先債権として、随時弁済の対象と解する[98]。
再生手続開始前に従業員が立て替えていた交通費等	再生債権か一般優先債権か争いがある。 金額や発生の経緯等にもよるが、民法308条の「給料その他債務者と使用人との間の雇用関係に基づいて生じた債権」に含まれるとして、一般的には支払われていることが多いと考えられる[99]。
社内預金	社内預金は「雇用関係に基づき生じた債権」(民法308条)には該当しないと解され(**札幌高判 H10.12.17**)、再生債権として取り扱うことになると考えられる。ただし、分別管理をされている場合などであれば、信託的構成を取って、会社の財産に属さないとする処理も検討できるという考え方もある[100]。なお、会社更生法には、社内預金を共益債権として保護する規定がある(会社更生法130条5項[101])。
使用人の会社に対する貸付金	ほぼ争いなく再生債権 ただし、特殊な事案ではあるが、社内預金名目の使用人の会社に対する貸付金を破産法上の優先債権とした裁判例もある(**浦和地判 H5.8.16**)。
その他	安全配慮義務違反に基づく損害賠償請求権を再生債権とした裁判例がある(札幌高判 H20.8.29[102])が、当該裁判は、優先債権(122条)か再生債権かで争われていない。 安全配慮義務違反や職場環境配慮義務違反などによる損害賠償請求権にも先取特権を認めるべき、つまり一般優先債権となるという見解が有力のようである[103]。

---

97 民集23巻9号1641頁、判時572号22頁、判タ240号135頁、金判186号8頁
98 倒産と労働50頁、51頁
99 実践マニュアル P138、再生 QA500 42頁
100 実践マニュアル P139
101 会社更生法130条5項(抜粋)
　「更生手続開始前の原因に基づいて生じた当該株式会社の使用人の預り金の返還請求権は、更生手続開始前6月間の給料の総額に相当する額又はその預り金の額の3分の1に相当する額のいずれか多い額を共益債権とする。」
102 労判972号19頁
103 倒産と労働67頁参照

札幌高判 H10.12.17（破産）

判時 1682 号 130 頁、判タ 1032 号 242 頁

「社内預金返還請求権は、商法 295 条の『雇傭関係に基づき生じた債権』ではなく[104]、会社に対する他の一般債権と異なるところはないものと解するのが相当であり、本件預金債権は優先権を有する破産債権に該当するものとは認められない。」とした。

浦和地判 H5.8.16（破産）

判時 1482 号 159 頁、判タ 839 号 257 頁

甲社にパートタイマーとして勤務していたXは、病気で数か月休職したうえで復職した際に、復職の条件として社内預金名目で甲社に預け入れるように求められたことから、Xは甲社に金員を交付した。その後、甲社につき破産手続開始決定がなされたため、Xは当該債権につき、優先的破産債権として届け出たが、甲社の破産管財人Yは優先破産債権としては認めなかったため、Xが優先的破産債権であることの確認を求めて訴えを提起した。
本判決は、「当該債権の発生が雇傭関係に与えた影響の程度、それが真に使用人の自由な意思に基づく契約により発生したものかどうか等の観点から総合的に判断するのが相当である」として、Xの請求を認容した。

2　労働組合がある場合の対応

(1)　組合との団体交渉

団体交渉は誠実に行う必要がある。団体交渉の拒否は不当労働行為となる（労組法7条）。
なお、労働協約も双方未履行双務契約であるが、49条3項で、再生債務者の解除権は排除されている。したがって、労働協約は維持されることを前提に処理を進めることとなる。

(2)　民事再生に労働組合が関与する機会（主なもの）

再生手続開始・棄却についての意見聴取（24条の2）
債権者集会の期日の通知（115条3項）
財産状況報告集会における意見陳述（126条3項）
事業譲渡の許可の際の意見聴取（42条3項）
再生計画案に対する意見聴取（168条）
再生計画の認可・不認可についての意見陳述（174条3項）
再生計画の認可・不認可決定の通知（174条5項）

3　人件費削減策（概説）

(1)　全体像

事業再建のために、人件費削減が大きな経営課題となることが多い。人件費削減の方法は、概要以下のとおりである。詳細は、付属編を参照のこと。

---

[104] 当時の商法295条には「身元保証金ノ返還ヲ目的トスル債権其ノ他会社ト使用人トノ間ノ雇傭関係ニ基キ生ジタル債権ヲ有スル者ハ会社ノ総財産ノ上ニ先取特権ヲ有ス」と定められていた。

第6章　従業員関係

方　法		具体的内容や留意点
雇用調整前の方法	採用の抑制・停止	性別にかかわりなく均等な機会を与えなければならない（男女雇用機会均等法5条）。
	時間外労働の削減	1日あるいは1か月の上限を設ける、時間外労働を許可制とするなど。
	休日の増加	週休2日を週休3日にするなど。
	給与・賞与の削減	就業規則の不利益変更となる。
	退職金調整	
正社員の退職を伴わない雇用調整	パートタイマー・契約社員・派遣社員の削減	有期雇用契約者についても、一定の場合には、雇止めの要件が厳しくなるので留意が必要。
	在籍出向	
	一時休業（一時帰休）	
正社員の退職等を伴う雇用調整	希望退職（退職勧奨）	
	整理解雇	整理解雇の4要件を満たす必要がある。
	内定取消し	

(2) 就業規則の不利益変更に必要な手続

　人件費削減は、賃金の変更、退職金の減額や分割払いへの変更など就業規則や労働協約[105]の不利益変更となることが多い。就業規則ないしは労働協約の変更に必要な手続は概要以下のとおりである。

項目（時系列）		備　考
変更内容の確定		組合・従業員への説明資料の作成
労働協約の変更	労働組合との協議 ↓ 労働協約変更に係る労働組合との合意	労働協約は就業規則に優越する効力が認められる（労基法92条）ので、労働協約を変更する必要があれば、就業規則変更の前に労働組合との合意を先行させる必要がある。
就業規則の変更	労働組合ないし従業員代表者に説明[106]	労働者の過半数で組織する労働組合がないときは、労働者の過半数を代表する者の意見を聴取する義務がある（労基法90条）。
	従業員説明会の開催	
	可能な範囲での従業員から同意書の取得	例えば給与の減額などであれば、できるだけ多くの従業員から個別の同意を取得することが望ましい。
	就業規則の改訂	
	労基署への届出	労基法89条
	従業員への周知	変更後の就業規則を見やすい場所に掲示したり、全従業員へ配付するなどの対応が必要（労基法106条1項、労基則52条の2）。

105　労働協約も双方未履行双務契約であるが、49条3項で、再生債務者の解除権は排除されている。したがって、労働協約は維持をすることを前提に処理を進めることとなる。
106　近時の裁判例で、賃金が減少する労働者が特定の職種又は年齢層に集中し、かつ、大幅な労働条件の低下をもたらす場合、多数組合との合意があったとしても、かかる労働者について代償措置・激変緩和措置が無ければ就業規則変更の効力は及ばないとしたものがある（最一小判H12.9.7）ので、留意が必要である。

(3) 整理解雇の4要件

事業を再建するために、雇用調整が必要な場合がある。民事再生手続中であっても、通常の整理解雇の基準に基づいて行われるものと解する（**名古屋高判 H18.1.17**）[107]。

学説及び下級審裁判例（**東京高判 S54.10.29**）で確立されてきた、整理解雇が認められるための要件として、以下の4要件がある。明示的に4要件を認めた最高裁判例はないものの、下級審裁判例では、整理解雇の有効性を検討する際には、以下の要件を満たすか否かで判断すべきとされているものが多い。

4要件	ポイント
人員整理ないし整理解雇の必要性	民事再生手続をしていることが、整理解雇の必要性が高いことの根拠となるものと考えられる。したがって、民事再生手続が開始されている場合、この要件が問題となることは少ないと考えられる[108]
整理解雇に先立って解雇回避努力義務を尽くしたこと	配置転換や出向、賃金改定などの手立てが可能な場合には、それらの手立てを尽くしていることが必要。また、希望退職の募集はほぼ必須。
整理解雇の人選が妥当であること	客観的な基準で人選を行う。
手続の妥当性（従業員・組合に対する説明・協議を尽くしたこと）	説明会を複数回開催するべきと考える。 なお、労働協約は維持されるため（49条3項）、労働協約に定められた手続（例えば労働組合との事前協議義務）を踏む必要がある。

---

107 会社更生の事案であるが、**東京高判 H26.6.3**、**東京高判 H23.6.5** においても、同様の判断がなされている。
108 この点、人員削減の必要性については、「結論として大部分の事件ではその要件の具備を認めている。要するに裁判所は、人員削減の必要性に関する経営専門家の判断を実際上は尊重しているといえよう。」とされている（菅野労働法568頁）

第7章　各種債権の取扱いの整理
（労働債権は第6章参照）

1　債権の全体像

種　類	対　象	弁　済	備　考
共益債権	119条ほか	随時弁済（121条1項）	
優先債権	122条	随時弁済（122条2項）	公租公課、労働債権などが優先債権の典型
再生債権	84条	再生計画の定めるところによる（85条1項）。	・弁済につき85条2項以下の例外がある。 ・別除権は再生手続によらずに行使可能（53条2項）
開始後債権	123条	弁済期間満了まで権利行使は認められない（123条2項）。	実務的には、ほとんど発生しない。

（注）　再生手続開始前の罰金、科料、刑事訴訟費用、追徴金又は過料（共益債権又は一般優先債権であるものを除く）は、再生計画で定められた弁済期間満了までは弁済はできないが、その後、全額弁済をする必要がある（155条4項、178条ただし書、181条3項。なお、87条2項、97条、113条）。

2　再生債権

(1)　定　義

再生手続開始前の原因に基づいて生じた財産上の請求権（84条1項）。

最二小決 H25.11.13（更生）	更生債権に関する訴訟費用も、訴訟が受継されない場合は更生債権になるとした判例
民集67巻8号1483頁、判時2228号27頁、判タ1404号96頁、金法2004号103頁、金判1449号32頁	
「更生債権に関する訴訟が更生手続開始前に係属した場合において、当該訴訟が会社更生法156条又は158条の規定により受継されることなく終了したときは、当該訴訟に係る訴訟費用請求権は、更生債権に当たると解するのが相当である。」	

最二小決 H25.4.26（更生）	更生会社が仮執行宣言付判決に対して、金銭を供託する方法により強制執行の停止を得た状態で更生手続が開始された場合、被供託者は供託金還付請求権を行使できるとした判例
民集67巻4号1150頁、判時2186号36頁、判タ1389号102頁、金法1972号78頁、金判1420号8頁	
YはX（更生手続中は管財人、その余は更生会社を指す）を被告として、訴訟を提起し、仮執行宣言付判決を得たため、Xは控訴を提起するとともに、700万円の担保を立てて、強制執行停止の決定を得た。その後、Xにつき更生手続開始決定がなされ、Yは、本案訴訟の債権は更生債権として届出をしたが、担保の被担保債権である損害賠償請求権については、更生債権としても、更生担保権としても、届出をせず、更生計画認可の決定により賠償請求権は失権した。そこでXが裁判所に担保の取消しを求めたところ第1審、控訴審とも認めたためYが許可抗告した。本決定は以下のように述べて破棄自判した。 　「仮執行宣言付判決に対する上訴に伴う強制執行の停止に当たって金銭を供託する方法により担保が立てられた場合、被供託者は、債務者につき更生計画認可の決定がされても、会社更生法203条2項にいう『更生会社と共に債務を負担する者に対して有する権利』として、供託金の還付請求権を行使することができると解するのが相当である。……したがって、本件認可決定により本件賠償請求権が失権したとしても、そのことから直ちに本件担保につき担保の事由が消滅したということはできない。」[109]	

[109]　さらに、具体的な権利行使の方法として「債務者につき更生手続が開始された場合、被供託者は、更生手続外で債務者に対し被担保債権を行使することができなくなるが、管財人を被告として、被供託者が供託金

(2) 議決権額に留意すべき債権

債権の種類	議決権の取扱い
無利息債権（87条1項1号）	年単位で中間利息を控除した金額
定期金債権（87条1項2号）	各定期金につき、年単位で中間利息を控除した金額の合計
不確定期限付無利息債権（87条1項3号イ）	再生手続開始時における評価額[110]
金額又は存続期間が不確定期金債権（87条1項3号ロ）	
非金銭債権（87条1項3号ハ）	
額不確定又は外国通貨建債権（87条1項3号ニ）	
停止条件付債権（87条1項3号ホ）	
解除条件付債権（87条1項3号ホ）	
将来の請求権（87条1項3号ヘ）	
再生手続開始後の利息請求権	議決権を有しない（87条2項）。
開始後の不履行による損害賠償及び違約金請求権	
再生手続参加費用	
約定劣後債権（35条4項）	通常、議決権を有しない(87条3項、172条の3)。

(3) 弁　済

原則	一般の再生債権	再生計画の定めるところによる（85条1項）。
	再生手続開始後の利息請求権等	再生計画において不利益な条項を定めることが許されている（155条1項ただし書）。一般的には全額について免除を受ける。
	約定劣後債権（35条4項）	一般の再生債権との間で公正かつ衡平な差を設けなければならない（155条2項）。
例外	裁判所の許可による支払	85条2項〜6項⇒4参照
	別除権付再生債権の別除権部分	53条2項

3　対応が問題となる債権

(1) 労働者性の問題

　労働債権として認められるためには、「労働者」の債権であることが必要であるが、「労働者」の債権と言えるかが、実務上問題となることがある。手続開始前の債権が労働債権に該当すれば優先債権として随時弁済の対象となるが、そうでなければ再生債権として取り扱われることになる。
　労働者性についてまとめると概要以下のとおり。

の還付請求権を有することの確認を求める訴えを提起し、これを認容する確定判決の謄本を供託規則24条1項1号所定の書面として供託物払渡請求書に添付することによって、供託金の還付を受けることができると解される。このことは、被供託者が上記更生手続において被担保債権につき届出をせず、被担保債権が失権した場合であっても異なるものではない。」とした。

110　法文上、評価方法は明らかでない。合理的な計算方法を検討し、場合によっては裁判所や監督委員と相談のうえ決めることになろう。なお、外貨建債権については、開始決定時の為替レートで計算することが一般とされている（注釈民再法上466頁）。

第7章　各種債権の取扱いの整理

分類	検討
社員	正社員はもちろん、パート・タイマー、アルバイトなども「労働者」として認められる。
役員	役員は原則として「労働者」に当たらない。ただし、事実上使用人として認められれば、労働債権として支払うことも可能だと解する（参考裁判例：**東京地判 H3.12.17**）。使用人兼務役員も使用人部分に対する労働の対価は、労働債権になるものと解される。
一人親方／傭車契約の運転手など	原則として請負契約であり労働債権とは認められない（**名古屋高金沢支判 61.7.28**、**最一小判 H8.11.28**、**最一小判 H19.6.28**）。裁判例は、労働者性の判定に当たって、指揮監督下にあったかどうかを重視するようである[111]。したがって、再生債務者の拘束力が強い場合などでは、再生債務者の指揮監督下にあるとして労働債権と認められる可能性もある。

東京地判 H3.12.17　登記上の取締役につき、支給されていた全額を従業員賃金として退職金を計算すべきとした事例

労判602号22頁

「本件においては、原告は、取締役といっても名ばかりで、実質的には単なる従業員であったと解される。すなわち、なるほど、被告会社では定時株主総会議事録が作成され、原告は退職に際して取締役辞任届を提出している。しかし、前掲各証拠によると、株主総会議事録への記名押印は、被告代表者において管理している各取締役名義の印鑑をその出席の有無にかかわらず、一括して議事録に押捺して作成されたものであっていわば形式を整えただけのものであり、また、原告は、もともと、取締役という名称を付されているものの、被告会社の経営に関与して被告代表者の業務執行に意見を述べるような立場になく、被告代表者のいわゆるワンマン会社の単なる従業員としての活動しかしていなかったものであることが認められ、この認定に反するかのような被告代表者の供述の一部は前掲証拠に照らして採用し得ない。」

名古屋高金沢支判 S61.7.28（破産）　貨物運送業務を行っていたＸらの労働者性が否定された事例

判タ620号207頁

「Ｘらはいずれも軽貨物自動車を保有して貨物運送事業を営む事業者であり、破産会社からの依頼に対しても諾否の自由を有し、また労務の代替性が認められ、仕事開始の時間の指定はあるが、依頼された仕事が終れば何時でも帰宅できるのであつて、拘束時間の指定はなく、報酬も遠距離運送の場合は定額制で明らかに請負代金的な定め方をしていること、その他前認定にかかる実態に照らして判断すると、Ｘらの本件労務提供は、破産会社の指揮監督下での労働とみることはできず、むしろ指定された仕事の完成を目的とする請負契約であつたと認めるのが相当である」

最一小判 H8.11.28　トラックを持ち込んで運送業務を行っていたＸにつき、労働者性を否定した事例

労判714号14頁、判時1589号136頁、判タ927号85頁

「Ｘは、業務用機材であるトラックを所有し、自己の危険と計算の下に運送業務に従事していたものである上、甲社は、運送という業務の性質上当然に必要とされる運送物品、運送先及び納入時刻の指示をしていた以外には、Ｘの業務の遂行に関し、特段の指揮監督を行っていたとはいえず、時間的、場所的な拘束の程度も、一般の従業員と比較してはるかに緩やかであり、Ｘが甲社の指揮監督の下で労務を提供していたと評価するには足りないものといわざるを得ない。」として労働者性を否定した。

---

[111] より詳細には、仕事の依頼に対する諾否の自由、業務内容や遂行の仕方についての指揮命令権の有無、勤務時間・場所の拘束性、業務遂行についての他者への代替性、給与所得としての源泉徴収の有無、労災保険、雇用保険、健康保険、厚生年金保険の加入の有無などをの要素を総合判断して判断しているとされている（岡芹健夫著『雇用と解雇の法律実務』8頁）。また、労働基準法研究会報告（労働基準法の「労働者」の判断基準について）は、使用従属性の判断要素として、イ仕事の依頼、業務従事の指示等に対する諾否の自由の有無、ロ業務遂行上の指揮監督の有無、ハ拘束性の有無、ニ代替性の有無を挙げ、さらにそれでも判断が困難な場合には、機械、器具の負担関係、報酬の額などに基づく対象者の事業者性の有無や、専属性の程度などの要素を勘案して総合判断する必要があるとしている。

最一小判 H19.6.28　マンションの内装工事に従事していたXにつき、労働者性を否定した事例

労判 940 号 11 頁、判時 1979 号 158 頁、判タ 1250 号 73 頁

「甲の指揮監督の下に労務を提供していたものと評価することはできず、甲からXに支払われた報酬は、仕事の完成に対して支払われたものであって、労務の提供の対価として支払われたものとみることは困難であり、Xの自己使用の道具の持込み使用状況、甲に対する専属性の程度等に照らしても、Xは労働基準法上の労働者に該当せず」として労働者性を否定した。

(2) ゴルフ会員のプレー権（優先的利用権）

プレー権も再生債権と解されるが（**東京高決 H13.9.3**、**東京高決 H16.7.23**）[112]、プレー権独自の債権届出は求めない運用が一般的のようである[113]。

また、再生債務者としては、プレー権を維持することで、会員が支払うプレー代収益を継続して見込むことができるというメリットがあるため、プレー権を維持する内容の再生計画案とすることが多いが、以下に紹介する裁判例のように、会員以外の再生債権者との平等が問題となることもある。

東京高決 H13.9.3（再生）　一般債権者の弁済率が 0.1％であることが、預託金債権者にプレー権を確保したことに比べ不利であることが問題となった事案

金判 1131 号 24 頁

ゴルフ場を経営する再生債務者Yが、事業譲渡を前提に、預託金債権者は預託金債権を譲受会社に現物出資してプレー権を存続させるか（預託金債権の弁済はゼロ）、プレー権を失って 0.1％弁済を得る選択をする内容の再生計画案を提出し認可決定を得た。現物出資をしなかった会員債権者Xらが平等原則に反するとして争ったが、本判決は、債権者間で不平等になる可能性があるなどとしつつ、Xら4名のうち3名が抗告審で再生計画案の不利益条項を承認したことや、株主制ゴルフ会員権の将来の価値も流動的なものであるとして、結論としては抗告を棄却した。

東京高決 H16.7.23（再生）　一般債権者が 0.5％程度の弁済にすぎないことが、預託金債権者にプレー権を確保したことに比べ不利であることが問題となった事案

金判 1198 号 11 頁、金法 1727 号 84 頁

「再生計画における権利の変更内容は再生債権者間で平等でなければならないところ（法 155 条 1 項）、会員プレー権は再生債権を構成する財産上の請求権であるから、会員プレー権の継続は一部の請求権の 100 パーセント弁済である実質をもつ上、継続会員債権者が資格保証金返還請求をする場合には一般再生債権者と異なるところはないから、弁済面において実質的に平等であることを再生計画で明らかにする必要がある。しかるに、本件再生計画は、……会員プレー権の継続保証と資格保証金の弁済率の点では一般再生債権者よりも著しく有利に扱うものであり、それでもなお実質的な平等が確保されていることの主張も立証もない。」などとして、不認可決定をした。

(3) 家電量販店などのポイント

一定のルールで、債権届出を認めた例があるようである。ただし、事業継続のため利用者を維持するため、85 条 5 項による許可を得るなどして、そのまま役務提供を継続することもあるようである。

(4) 学校法人の授業を受ける権利や、スポーツクラブの前売りチケットなどに基づく施設利用権

再生債務者に対して役務提供を求めるという意味で再生債権に該当するものと考えられるの

---

[112] ゴルフ会員契約が、双方未履行双務契約であるか否かで場合を分けるという考え方もある（ゴルフ再生 362 頁）。
[113] ただし、プレー権になんらかの評価額を付して、届出を認めるケースもあるようである。

第7章　各種債権の取扱いの整理

で、原則としては、債権届出を求めるべきと解される。ただし、事業継続のため生徒ないし利用者を維持する必要があり、85条5項による許可を得るなどして、そのまま役務提供を継続することもあるようである。

(5) 有価証券報告書等の虚偽記載に基づく株主の損害賠償請求権

上場会社の民事再生で、有価証券報告書等に虚偽記載があった場合、株主は会社に対して、民法709条ないしは金融商品取引法21条の2条に基づく損害賠償請求権を有していると考えられる。

しかしながら一方で、株主は、債権者に対する弁済が全て終了した後の残余財産に対してのみ請求できることを考えると、株主の損害賠償請求権を他の再生債権者と同等に取り扱うべきかが、問題となる。

思うに、株主も再生債務者の不法行為によって損害を被っている以上、再生債権として取り扱うべきと考える[114]。その場合、再生債権の額が問題となるが、近時の、ライブドアや西武鉄道などにおける有価証券報告書の虚偽記載に基づく損害賠償請求事件などを通じて、損害額の考え方はある程度確立されてきているところである。以下、参考となる判例を紹介する[115]。

前提	判例	判示内容
虚偽記載等がなければ当該有価証券を取得しなかったと判断される場合	最三小判 H23.9.13 西武鉄道損害賠償請求事件 （金判1376号33頁）	「当該虚偽記載により上記投資者に生じた損害の額、すなわち当該虚偽記載と相当因果関係のある損害の額は、上記投資者が、当該虚偽記載の公表後、<u>上記株式を取引所市場において処分したときはその取得価額と処分価額との差額</u>を、また、<u>上記株式を保有し続けているときはその取得価額と事実審の口頭弁論終結時の上記株式の市場価額（上場が廃止された場合にはその非上場株式としての評価額。以下同じ。）との差額をそれぞれ基礎</u>とし、経済情勢、市場動向、当該会社の業績等当該虚偽記載に起因しない市場価額の下落分を上記差額から控除して、これを算定すべきものと解される。」[116]

114　反対の考え方として、山一證券の破産時に、従業員株主が損害賠償請求権を破産債権として有することの確認を求めた事案で、破産管財人が主張した「株主は、会社の経営が良好な場合は、定率の利息を得るにすぎない一般債権者より有利な配当を享受するが、会社経営が不良になれば、配当を受けられず、さらに、会社が倒産した場合には、一般債権者に劣後して残余財産の分配にあずかることができるにすぎない。したがって、株主が、情報の不開示等を理由に損害賠償請求し、一般債権者と同等の地位で配当を受けることは、株主の残余財産分配請求権が一般債権者に劣後するという会社法の原則の潜脱に当たり、許されない」とするものがある（東京地判H13.12.20判タ1133号161頁）。なお、当該判決は、虚偽記載と株主の損害との間の因果関係を否定しており、かかる論点については判断していない。

115　金融商品取引法21条の2で、有価証券報告書等の虚偽記載等の届出者に対する損害賠償額の推定規定が置かれているので、同条2項及び5項の解釈が争われる。以下、同条2項及び5項を抜粋する。
金融商品取引法第21条の2
　2　前項本文の場合において、当該書類の虚偽記載等の事実の公表がされたときは、当該虚偽記載等の事実の公表がされた日（以下この項において「公表日」という。）前1年以内に当該有価証券を取得し、当該公表日において引き続き当該有価証券を所有する者は、当該公表日前1月間の当該有価証券の市場価額（市場価額がないときは、処分推定価額。以下この項において同じ。）の平均額から当該公表日後1月間の当該有価証券の市場価額の平均額を控除した額を、当該書類の虚偽記載等により生じた損害の額とすることができる。
　5　前項の場合を除くほか、第2項の場合において、その請求権者が受けた損害の全部又は一部が、当該書類の虚偽記載等によつて生ずべき当該有価証券の値下り以外の事情により生じたことが認められ、かつ、当該事情により生じた損害の性質上その額を証明することが極めて困難であるときは、裁判所は、口頭弁論の全趣旨及び証拠調べの結果に基づき、賠償の責めに任じない損害の額として相当な額の認定をすることができる。

116　最二小判 H24.12.21 金判1413号33頁も同旨

上記に該当しない場合	最三小判 H 24.3.13 ライブドア事件 （民集66巻5号1957頁）	「金商法21条の2第5項にいう『虚偽記載等によって生ずべき当該有価証券の値下り』とは、取得時差額相当分の値下がりに限られず、有価証券報告書等の虚偽記載等と相当因果関係のある値下がりの全てをいうものと解するのが相当である」 「投資者が複数回にわたってそれぞれ異なる価額で有価証券を取得し、これを複数回にわたってそれぞれ異なる価額で処分した場合においても、……裁判所が、総額比較法により請求可能額を算定することができると解するのが相当である」
	最二小判 H 24.12.21 アーバンコーポレーション事件（再生） （判時2177号51頁）	再生申立てと虚偽記載の公表が同時（同日）に行われた場合、「本件再生申立による値下がりについては、本件虚偽記載等と相当因果関係のある値下がり以外の事情により生じたものとして、金商法21条の2第4項又は5項の規定によって減額すべきものである。」とした。また、金商法21条の2第2にいう「公表日前」及び「公表日後」に「『公表日』」を含まないことは、その文言上明らかである」とした。

(6) 社債債権

　社債権者も再生債権者となるが、取扱いについて特殊性がある。債権届出及び議決権の行使についてまとめると以下のとおり。なお、振替社債の場合、発行会社が社債権者を把握できないことから、実務上、発行会社のホームページ等で案内を行い、社債権者に振替法277条の規定による証明書の提出を求めたり[117]、口座振替機関に対して連絡するように依頼することがなされる[118]。

社債管理会社・受託会社[119]	債権届出	議決権行使	
設置の場合	社債管理会社等が債権届出を行うことができ（会社法705条1項）かつ義務を負うものと解する（会社法704条2項）。なお、この場合、個別の社債権者を明示する必要はない（会社法708条）。	社債管理会社等が社債権者集会の特別決議[120]で計画案に対する賛成又は反対につき決議を得て、かつ、かかる決議につき裁判所の認可を得られた場合	社債管理会社等が参加する（会社法706条1項、724条2項2号、734条、担信法35条）[121]。
		募集社債に関する事項で、社債管理会社等が社債権者集会の決議なしに議決権行使ができると定めている場合	

117　NBL932号66頁「ファイナンス取引と倒産第7回社債のデフォルト」海江田光、中田俊明
118　NBL1025号65頁「エルピーダの会社更生手続における新株予約権付社債と普通社債等に関する諸問題」小林信明ほか
119　社債管理会社は、発行会社が、社債権者のために、弁済の受領、債権の保全その他の社債の管理を委託する者であるが（会社法702条）、償還・利息等の弁済を受け、債権の実現をするための一切の裁判上・裁判外の行為をする権限を与えられる（会社法705条、708条、709条1項）。ただし、社債管理会社は破産手続、再生手続、更生手続、特別清算手続に属する行為については、募集社債に関する事項に別段の定めの無い限り、社債権者集会の決議により行う必要がある（706条1項2号）。なお、社債管理会社は、社債権者のために公平かつ誠実に社債管理を行う義務を負い、社債権者に対して善管注意義務を負う（会社法704条）。
　受託会社とは、社債の担保となる財産につき発行会社と信託契約を締結する会社（担信法2条）。受託会社は、担保付社債の管理に関して、同法に特別の定めがある場合を除いて社債管理会社と同一の権限を有し、義務を負い（担信法35条）、また、総社債権者のために信託契約による担保権を保存し、かつ、実行する義務を負っている（担信法36条）。
120　議決権総額の5分の1以上で、かつ、出席議決権者の3分の2以上の同意（会社法724条2項）
121　社債管理委託契約等において、社債管理会社等が社債権者集会の決議なしに議決権行使ができると定めている場合には、このような手続なく社債管理会社が議決権を行使できる（更生QA240頁）。また、社債管理会社が議決権を行使する場合、各社債権者は議決を行使できない（169条の2第3項）。

第7章　各種債権の取扱いの整理

		各社債権者も個別に債権届出をすることは可能。	社債管理会社の議決権を行使が認められない場合[122]	債権届出を個別に提出した場合又は、付議決定までに議決権行使の申出をした社債権者のみが議決権を行使できる（169条の2第1項、3項）。
非設置の場合		各債権者が届出及び議決権の行使を行う。		

4　再生債権の弁済の例外（85条2項～6項）

　再生債権は、再生計画の定めるところによらなければ弁済できないのが原則であるが（85条1項）、例外的に、①中小企業の倒産回避の場合（85条2項）及び②少額債権の弁済（85条5項）は、裁判所の許可を得ることを条件に、計画案によらず弁済ができる。

(1)　中小企業者への弁済（85条2項）

要　件	・再生債務者を主要な取引先とする中小企業者であること。 ・再生債権を支払わないと事業の継続に著しい支障を来すおそれがあること。
手　続	再生債務者が、各要件を具備することを説明する申立書に疎明資料を添付して裁判所に提出し、許可を受ける。許可が得られた事案は、それほど多くないと言われている[123]。
弁済額	再生計画案において対象者が弁済を受ける再生債権を早期に弁済するものであるから、対象者の弁済予想額の範囲内の金額[124]
報告書提出	再生計画案提出時に、弁済内容についての報告書を提出しなければならない（規則85条1項1号）。

(2)　少額債権の弁済（85条5項）

（i）　要件及び手続

要　件	前　段	再生手続を円滑に進行することができるとき。 ⇒広く認められている。
	後　段	早期に弁済しなければ再生債務者の事業の継続に著しい支障を来すとき。 ⇒当該債権者との取引継続の必要性の程度、代替的な取引先確保の可能性の有無、当該債権者が少額債権の弁済を求める合理性などの諸般の事情を総合考慮のうえ判断される[125]。なお、金額の基準はない。
手　続		裁判所の許可[126]を取ったうえで少額債権の弁済を行う。
報　告		再生計画案提出時に、弁済内容についての報告書を提出しなければならない（規則85条1項1号）。

（ii）　少額債権弁済についての具体的運用

　少額債権弁済の具体的運用について概説をすると以下のとおり。

122　社債権者集会の決議集会が可決されなかったか、裁判所から認可されなかった場合（会社法724条1項）などを指す。
123　そこで、対象企業と取引が継続しているのであれば、再生手続開始決定後の支払条件を工夫することをまず検討すべきとする意見もある（再生申立ての実務188頁）。
124　再生手引183頁
125　実務下204頁。また、具体的な許可要件として、再生手引187頁～193頁に、弁済対象となる債権が特定されること、弁済率が向上すること及び、対象先と従前と同様の条件での取引が継続できることが挙げられている。
126　実際には、監督委員の意見を得たうえで裁判所の許可を取るので監督委員の了解も必要。

金　額	通常10万円～30万円程度。ただし、再生債務者の規模や、資金繰りの状況などによっては、100万円以上とすることもある[127]。
対象金額を超える債権者の扱い	超過額を放棄することを条件に少額弁済に応じる扱いとすることもある（例えば、10万円以下について少額弁済する場合、12万円の債権者が2万円を放棄することを条件に10万円の少額弁済に応じるなど）。
弁済の効果	債権者でなくなるので、議決権もなくなる。 あまり弁済してしまうと、再生計画案決議時に、頭数要件（＝投票者数の過半数）を満たすのに苦労することにもなりかねないので注意が必要。

(iii) 再生手続における少額債権弁済の留意点

再生債権のうち少額債権を弁済するケースは以下のとおり。これらの支払については、債権者平等の観点から、金額につき平仄を合わせるように配慮が必要である。したがって、例えば、本条に基づく少額債権の弁済は、保全処分の例外で弁済した債権者との平等を考えて、保全処分の例外として支払を行った金額と同額か、それよりも多くすべきと考える。また、再生計画案において、少額債権弁済額を超える債権を有する債権者に、少額債権と同額の弁済をする旨などを定めるべきであろう。

時　期		支払う根拠条文等
申立て～開始決定	30条	保全処分の例外としての支払
開始決定～計画案認可決定確定	85条5項	85条5項に基づく支払
計画案認可決定確定後	154条1項1号	再生計画の定めに基づく支払

なお、再生債権の一部が譲渡や代位弁済されるなどして債権者数が増える場合がある。この場合に、両者に少額債権を弁済するか、元の債権額で按分弁済するかについて法は扱いを定めていない。そこで、どの時点の再生債権者を基準に少額弁済をするかも再生計画案に定めておくべきと解する[128]。

(3) その他

事業継続に必要不可欠な場合、監督委員の同意を得て、再生債権を和解契約に基づいて支払う方法もある（41条1項6号）。ただし、極めて例外的な取扱いである[129]。

---

127 近時、会社更生の事案において、商取引債権の包括的弁済許可がされたと報告されている（事業再生と債権管理143号113頁「債権管理・回収実務Q&A155問」　小林信明・大川剛平）。民事再生においても、債権者平等に著しく反しない範囲であれば、同様に少額弁済の金額を高くすることは可能であると解される。再生手引185頁に、1000万円以下とした事例（負債総額3兆4000万円）が報告されている。もっとも、かかる取扱いは、従来の取引条件（支払サイトなど）が維持されることを条件とすべきであろう。

128 「再生債権の弁済については、（基準日）における債権額による」とする条項を入れることが多いようである（注釈民再法上559頁）。

129 再生手引194頁も「和解による処理は適当でないと考えられる」としている。JALグループにおける会社更生手続において、開始決定前のDIPファイナンスにつき和解による弁済許可がなされたようであるが（NBL986号65頁「会社更生手続における手続の迅速化と債権者の関与（下）」事業再生迅速化研究会第1PT）、例外的な扱いと考えるべきであろう。

5　共益債権（119条以下）

(1)　種　類

条　文	内　容
119条	再生手続開始決定後の原因に基づいて生じた債権
120条	申立後開始決定前の借入れ等で、裁判所の許可又は監督委員の承認のあった債権
49条4項	双方未履行双務契約で再生債務者が履行を選択した場合の相手方の請求権
その他	39条3項、49条5項、50条2項など

(2)　弁　済

随時弁済される（121条1項）[130]。

(3)　再生債権か共益債権かについて争いがある場合

共益債権として認められなかったことを条件とする、予備的再生債権の届出も有効と解される（**東京地判 H21.10.30**）。ただし、債権届出の際に、再生債権として届け、予備的再生債権であることも明記しないまま再生計画案が付議決定された場合には、共益債権としての権利行使は否定される（**最一小判 H25.11.21**）。

東京地判 H21.10.30（再生）　債権者が予備的に再生債権として届け出た場合、債権届出後、共益債権の確認を求めて争うことが可能とされた裁判例
判時2075号48頁
Xは、Yの再生手続において、共益債権として認められなかった場合に備えて再生債権として届け出る旨を記載した債権届出書を提出した。その後、Xは、届出債権が共益債権であるとして、支払を求めて提訴したところ、Yが再生債権として確定している以上、訴えは不適法であるとして争った。本判決は、「民事再生法104条3項は、再生債権者表の記載の効力として、『確定判決と同一の効力を有する』と定めているにとどまり、以後これを当該民事再生手続外において一切争い得ないと明確に定めた規定は存しない。また、……予備的な届出を禁じる明確な規定は存しない上、原告による予備的な債権届出の趣旨は、前提事実記載のとおり、再生債権届出書にも記載されている」などとして、Yの主張を排斥した。

最一小判 H25.11.21（再生）
金判1431号32頁
予備的に再生債権として届け出る旨が記載されていなかった事案につき、本判決は、「民事再生法上の共益債権に当たる債権を有する者は、当該債権につき再生債権として届出がされただけで、**本来共益債権であるものを予備的に再生債権であるとして届出をする旨の付記もされず、この届出を前提として作成された再生計画案を決議に付する旨の決定がされた場合には、当該債権が共益債権であることを主張して再生手続によらずにこれを行使することは許されない**と解するのが相当である」とした。

(4)　共益債権に基づく強制執行等への対応

債権者が共益債権に基づき強制執行等を行ってきた場合には、中止命令又は取消命令の申立てが可能（121条3項）。

130　共益債権の承認が、裁判所の許可事項（41条1項8号）又は監督委員の同意事項（54条2項）となっている場合には、許可又は同意が必要となる。ただし、許可事項又は同意事項となっていることは少ないと思料される。

6　一般優先債権（122条）

(1)　種　類

以下のようなものがある。

分　類	具体的な対象
公　租	国税・地方税（共益債権以外の部分）
公　課	社会保険料等、下水道料金（共益債権以外の部分）（注1）
私債権	共益の費用（民法306号1号、307条）
	労働債権（民法306号2号、308条）（共益債権以外の部分）
	葬式の費用（民法306号3号、309条）
	日用品の供給（民法306号4号、310条）。（注2）
	企業担保権（企業担保法2条1項、7条1項）

（注1）　上水道、電気、ガス料金は公課に当たらない。
（注2）　民法310条の「債務者」に法人は含まれてないと解されている（**最一小判S46.10.21**）ので、法人の場合は関係ない。

> **最一小判S46.10.21（破産）**　民法310条の債務者に法人は含まれないとした判例
> 民集25巻7号969頁、判時649号26頁、判タ270号225頁、金判289号6頁
>
> 「民法306条4号、310条の法意は、同条の飲食品および薪炭油の供給者に対し一般先取特権を与えることによって、多くの債務を負っている者あるいは資力の乏しい者に日常生活上必要不可欠な飲食品および薪炭油の入手を可能ならしめ、もってその生活を保護しようとすることにあると解される。かかる法意ならびに同法310条の文言に照らせば、同条の債務者は、自然人に限られ、法人は右債務者に含まれないと解するのが相当である。」

(2)　弁済等

弁　済	随時弁済（122条2項）
優先債権に基づく強制執行等への対応	債権者が優先債権に基づき強制執行等を行ってきた場合には、中止命令又は取消命令の申立てが可能（122条4項）。

(3)　公租（租税債権）の留意点

保全期間中の取扱い	保全処分の例外として支払うことが許されることが多い。
滞納処分	再生手続による制約を受けずに滞納処分を行うことが可能。滞納処分をされると、簡単には取り下げてもらえないので、民事再生手続申立時に滞納がある場合には、早期に説明に行くことが必要。また、滞納処分を止める方法も用意されていない。したがって、租税の滞納がある場合、再生手続による再建は困難となることが多い。
延滞税	延滞税には孫利息は付かないので、本税と延滞税がともにある場合は、まず本税を納めるようにする。
外国の租税債権	「租税特別措置法等の一部を改正する法律案」が平成24年法律第16号として成立しており、外国の租税債権の取扱いが一部整理・変更されているが、実務的に問題となることが少ないため、当該法律に係る変更には、本書では触れない[131]。

---

[131]　「租税に関する相互行政支援に関する条約」に署名したことにより、租税条約等に規定する租税債権について、自国の租税債権と同様に徴収するが、優先権は付与されない扱いを受けることとなったため、民事再生法も改正がなされた。詳しくは、「外国租税債権の徴収共助制度の創設およびこれに伴う執行法制・倒産法制の整備（1）～（4）」（松村秀樹、今井康彰　金法1957号～1960号に連載）参照。

(4) 公課（健康保険、年金保険、労災保険、雇用保険、介護保険など）の留意点

保全期間中も、通常は保全処分の例外として公課を支払うことが許されることが多い。なお、社会保険料は、国税及び地方税に劣後する場合があり（健康保険法182条）、早期に差押え等を行ってくる可能性があるので、注意が必要。

企業年金（いわゆる3階部分）に係る通常掛金は、共益債権（従業員の退職金と同様の取扱）と考えられるため、年金を継続する場合、支払を継続することになるが、積立不足に関する部分（特別掛金）は、別途検討が必要である。過去の事例などによると、概要、以下の方法などを検討することとなろう[132]。

規約型（含む自社年金）	退職金の一部につき積立不足が発生していると考えられるので、退職金の取扱に準じて処理が検討されるべきものと考えられる（再生手続においては共益債権ないし一般優先債権と考えられる）。
基金型	基金に対する倒産債務（倒産手続開始決定前の原因に基づく発生した債権）と考えられる。したがって、再生手続であれば再生債権となると考えられる（ただし私見）。

7 共益債権又は優先債権を代位弁済した債権の取扱い

従前は、下級審裁判例につき、肯定説、否定説が分かれていたが、最高裁判例が平成23年に2件出たことから、共益債権又は優先債権を代位弁済した場合、代位弁済者は、租税債権を除き原債権どおり共益債権又は優先債権として権利行使が可能との実務上の取扱いが確定しているものと考えられる。

代位債権の種類	裁判例	結論
双方未履行双務契約解除に伴う前受金返還請求権への代位	最一小判 H23.11.24（再生）[133]	共益債権として認めた。
労働債権への代位	最三小判 H23.11.22（破産）[134]	財団債権として認めた。
租税債権への代位	東京地判 H17.4.15（再生）[135] 東京高判 H17.6.30（破産）[136] 東京高判 H19.3.15（再生）[137]	共益債権ないし財団債権として行使することを否定[138]。

---

132 表の内容は、事業再生と債権管理135号110頁「会社更生手続と確定給付企業年金」宮本聡を参考に記述。ただし同論文は会社更生についてのみを対象に検討がされている。
133 民集65巻8号3213頁、判時2134号67頁、判タ1361号136頁、金判1380号27頁、金法1935号50頁
134 民集65巻8号3165頁、判時2134号62頁、判タ1361号131頁、金判1380号12頁、金法1935号52頁
135 判時1912号70頁、金法1754号85頁
136 金判1220号2頁、金法1752号54頁
137 公刊物未掲載　倒産裁判例インデックス（山本和彦、瀬戸英雄編）108頁で下記のとおり紹介されている。
　Yの再生手続開始前に、Yから通関等に係る租税の立替払い等を内容とする事務処理を受任したXが、当該委任契約に基づき民事再生手続開始前に立替払いした金員を一般優先債権であるとしてYに請求した。第1審がXの請求を棄却したため、Xが控訴したが、「立替金返還請求権は、租税に対する立替払により生じたもので、租税債権とは異なるものである」として、控訴棄却した。
138 この点、最三小判H23.11.22の田原睦夫裁判官の補足意見は、「原債権が一般の先取特権等優先権のある債権や、他の債権に後れてのみ行使が認められる劣後債権であるときは、原債権が求償権者に移転しても、その債権の性質が変化することはなく、求償権者は原債権の性質に従って原債権を行使することになる（なお、租税債権のごとく、弁済による代位自体がその債権の性質上生じない場合は別である。）」として、租税債権については代位の対象にならないとしている。

8 開始時現存額主義（86条2項、破産法104条、105条）の適用関係

(1) 概要（整理）

再生債権について連帯保証人や連帯債務者がいた場合、再生債権者が、当該連帯保証人や連帯債務者から、再生手続開始後に弁済等の再生債権を消滅させる行為を受けたとしても、その債権全額が消滅した場合を除き民事再生手続開始の時に有する債権の全額についてその権利を行使できる（逆に、連帯保証人等は権利行使ができない）。このことを開始時現存額主義という。

具体的事案毎にまとめると以下のとおり。

再生債務者の立場	再生債権者の権利行使		他の履行義務者
連帯債務者	全額について権利行使可能（86条2項、破産法104条2項）	他の連帯債務者	債権全額が消滅した場合のみ権利行使可能（86条2項、破産法104条4項）
保証人	全額について権利行使可能（86条2項、破産法105条）	主債務者	
主債務	全額について権利行使可能（86条2項、破産法104条2項）	保証人	債権全額を弁済した場合のみ手続参加可（86条2項、破産法104条4項）
	全額について権利行使可能（86条2項、破産法104条5項）	物上保証人	債権全額を弁済した場合のみ手続参加可（86条2項、破産法104条5項）

（注）「全額」とは民事再生手続開始時点の債権全額という意味。

(2) 債権が複数ある場合

開始時現存額主義は、再生債権者が再生債務者に対して複数の債権を有している場合、債権全体として適用があるのではなく、債権毎に適用がある（**最三小判 H22.3.16**）。

> **最三小判 H22.3.16（破産）**
>
> 民集64巻2号523頁、判時2078号13頁、判タ1323号128頁、金判1339号26頁、金法1902号113頁
>
> 　金融機関Xは甲社に対して5口に分けて債権（以下全体を「本件債権」といい、各債権をA債権、B債権、C債権、D債権、E債権という。）を有しており、かつ、金銭消費貸借契約において、債務の全部を消滅させるに足りない弁済がされたときは、Xが弁済充当を指定する権限を有する旨の特約を付していた。また、甲社の債務を乙（個人）が連帯保証していたところ、甲社及び乙につき、破産手続開始決定がなされ、両者につきYが破産管財人に選任された（以下甲社の事件を「主債務破産事件」、乙の事件を「保証債務破産事件」という。）。
>
> 　その後、本件債権を被担保債権とした抵当権が設定されていた甲社所有の土地建物及び、物上保証人丙が提供していた土地が任意売却されたため、売却代金から本件債権の一部が弁済されたが、破産管財人は売却代金をA債権、B債権、C債権、D債権に充当する処理をした。
>
> 　その後、Xは、別除権の確定不足額として、主債務破産事件において、本件債権から、破産者甲社所有の不動産の任意売却により回収した金額を除く残額全額を、保証債務破産事件においては本件債権全額を届け出たが、管財人Yが異議を述べたため査定手続となった。
>
> 　本件の主な争点は、債権が複数ある場合の開始時現存額主義の適用範囲であるが、本判決は、複数の債権のうち一部債権について全額弁済された場合には、当該債権については全額が弁済されたものとして、債権者は当該弁済された債権については権利行使ができないとし、また、債権者が指定充当権を、弁済を受けてから1年以上経過してから行使することは法的安定性を害するものとして許されないとして、主債務破産事件も、保証債務破産事件も管財人Yの主張を認めた。

(3) 補　足

連帯保証人が主債務を全額代位弁済したうえで、求償権につき債権届出をする一方、原債権を

第7章　各種債権の取扱いの整理

被担保債権とする別除権を行使できるかについては、争いがあるものの、行使できると解される（千葉地決 23.12.14）。

千葉地決 H23.12.14（再生）　求償債権について再生計画に基づく弁済を受けている場合であっても原債権に基づく担保権の行使が妨げられないとした裁判例
判時 2136 号 91 頁
甲銀行のXに対する債権につき連帯保証をしていたYが、Xの民事再生手続開始決定後、甲銀行に代位弁済をし、求償債権につき債権届出を行い（別除権届出も行っていた）、再生計画に従って、権利変更後の全額の弁済を受けた。その後、Yが原債権の抵当権の実行を求めた競売開始決定に対し、Xが執行異議を申し立てた。 　本決定は、「本件原債権は、本件抵当権を行使する限度では、本件再生計画による変更の影響を受けずになお存在しているものと解するのが相当である」などとして、Xの申立てを却下した。

第8章 債権届出、債権調査

1 概　要

　再生手続に参加しようとする再生債権者は、債権届出期間内に、債権届出を行わなければならず（94条）、債権届出をしないと、原則として失権する（178条）。また、届けられた再生債権が、債権調査を経て確定すると（99条以下）、再生債権表の記載は、再生債権者全員に対して確定判決と同一の効力を有する（104条2項、3項）。

　再生債権の届出及び債権認否は、以下の流れとなる（上から時系列）。

再生債権者	裁判所	再生債務者	説明箇所
	←債権届出書の送付		2
債権届出書の提出	→	→	3
債権認否・調査	←債権認否		4
異議、査定			

2 債権届出書の再生債権者への送付

(1) 裁判所の名義・封筒で債権届出書等一式を送付

　ただし、実際の送付手続は、申立代理人弁護士事務所で対応することも多い（規則5条の2参照）。

(2) 子会社・関連会社又は代表者の再生債権

　子会社や関連会社又は代表者が多額の債権を有する場合で、これらの者の議決権の行使が決議の公正さを害すと債権者からクレームが来る可能性がある場合には、あえて議決権が無い自認債権として処理をすることもある（なお、債権届出をしたうえで、議決権を不行使とすると、議決権額では反対票と同じ扱いとなってしまうため、債権届出をするのであれば、議決権行使を前提とするべき）。

3 再生債権者による債権届出書の提出

(1) 届出方法、届出期間など

届出方法	債権届出書を提出する（94条、規則31条、32条）。
届出期間	提出期限は、開始決定から1か月後と定められることが多い。なお、東京地裁は、再生債務者に異議がなければ、一般調査期日開始前であれば届出期間経過後であっても、届出と認否の追加記載を認める運用としている[139]。
債権届出の追完	再生計画案付議決定前であれば、再生債権者の「責めに帰することができない事由によって債権届出期間内に届出をすることができなかった場合」又は「債権届出期間経過後に生じた再生債権」は、債権届出の追完が可能（95条1項、3項、4項）。否認権行使がされた結果当該行為によって消滅していた債権が復活して再生債権になった場合（133条）や、双方未履行の双務契約が解除された場合の損害賠償請求権（49条5項）などが

---

[139] 実務206頁

第8章 債権届出、債権調査

| | 該当する[140]。
この場合、特別調査期日が設定される（103条）。 |

(2) 債権届出書に記載すべき主な事項（94条、規則31条）

再生債権の内容及び原因
約定劣後的再生債権であるときは、その旨
議決権の額
再生債権者及び代理人の氏名又は名称及び住所等
連絡先・書面送付先（参考裁判例：**東京地判 H23.9.29**）
開始後利息等を含む場合は、その旨
執行力ある債務名義又は終局判決のある再生債権であるときは、その旨
再生債権に関し訴訟が係属する裁判所、当事者の氏名又は名称及び事件の表示
別除権者は、別除権の目的である財産及び別除権予定不足額

東京地判 H23.9.29（破産）	債権者に代理人が就任し、受任通知がされたとしても、債権届出書の通知を受ける場所に代理人が記載されていなければ、債権者本人に通知すべきであるとした裁判例　　X：破産債権者　　Y：破産管財人
金法1934号110頁	
	「異議通知書や簡易配当の通知先は破産債権者であり（破産規則43条4項、破産法204条2項）、破産債権者は債権届出書に通知等を受けるのに必要な事項を記載しなければならず、それを変更する場合はその旨の届出をする必要がある（破産規則32条、33条）ところ、本件では、債権届出書にはXの住所地が記載されており、X訴訟代理人の受任通知兼連絡書には通知先を代理人の事務所にする旨の記載はない……から、異議通知書や簡易配当の通知先はX住所地となる。したがって、破産管財人Yとしては、破産法上、X本人の住所地に通知する義務があったといえ、本件簡易配当通知をX本人に通知しX訴訟代理人にしなかったことを問題とする余地はない。」

(3) 債権届出書添付資料（規則31条3項4項、32条、11条、民事訴訟規則15条、18条）

再生債権が終局判決等のあるものであるときは、判決書の写し等
代理人をもって再生債権の届出をするときは、代理権を証する書面
債権届出書の写し
資格証明書（法人の場合）

（注）　再生債権の証拠書類（の写し）は添付資料には含まれていない。ただし、再生債務者等が認否書の作成のために必要な場合には、再生債権者に対して証拠書類を送付するように求めることができるとされている（規則37条）。

140　実務206頁

4　債権認否及び確定

(1)　認否書作成の具体的手順

時系列	留意点等
認否作業	届出債権額について、会社の経理担当者に、債務者側の認識と齟齬がないか認否作業を依頼する[141]。
債権者との調整（可能な範囲で）	届出債権と会社側の認識が異なる場合、債権者との間で確認を行い、可能な範囲で、数字を合わせるようにする[142]。経験的には、債権者側の単純なミスや、認識不足等による違いが多く、それらは、数字をすり合わせることで解決が可能。これをしておかないと、後々、異議や査定手続で、手間がかかることになる。齟齬が法律的な論点による場合には、代理人弁護士が当該債権者と折衝を行う。 なお、債権者との間で債権額の認識が一致した場合で債権者の届出を修正する必要がある場合には、債権届出書の差替え等を依頼する。
自認債権の確認	届出がない債権で債務者側が認識している債権がある場合、自認債権として認否書に記載する（101条3項）。なお、自認債権は議決権がない（104条1項）。

(2)　債権認否において注意すべき点[143]

代位弁済による債権者の変更があった場合の対応	債権届出期間内であれば、代位弁済を行った債権者に債権届出書を提出してもらうとともに、代位弁済を受けた債権者からは取下書の提出を受ける。 債権届出期間経過後は、債権者名義変更届出を受ける（96条）。名義変更できるのは、旧債権者に認められた議決権の範囲なので注意が必要（稀に、旧債権者の議決権額以上の変更届出が提出されることがある）。 なお、原債権が担保付債権であった場合、求償権者も当該担保を行使できると解されるところであり、担保付債権につき代位弁済があった場合（信用保証協会の代位弁済は多くがこのパターン）、代位債権者との間で適切な別除権協定を締結する必要がある。この点、連帯保証人が主債務を全額代位弁済して、求償権につき再生債権として計画案による権利変更後の弁済を受けた場合であっても、原債権を被担保債権とする別除権を行使できるとした裁判例がある（**千葉地判H23.12.14**）。
停止条件付債権の認否	手形割引の買戻請求権などの停止条件付債権は、一旦認めずに、手形不渡など停止条件が成就したら認めるなどの方法が考えられる。
敷金・保証金返還請求権	停止条件付債権であることを明示する。なお、議決権としては、開始時に仮に解約・明渡した場合の金額で認めることが考えられる（87条1項3号ホ）。
外国通貨建ての債権	外国通貨のまま認否する。議決権は開始決定時の為替レートで換算した金額が考えられる（87条1項3号ニ）。
戦略的異議	否認対象行為がある場合や、支配会社による債権、届出債権について変更が生ずる可能性がある場合（相殺など）は、債権の存在を認めつつ、戦略的に異議を述べることもある[144]（参考裁判例：**広島地判H10.3.6**）。
再生債権者に相続が発生している場合	再生債権者の出生から死亡するまでの除籍謄本等及び、相続人の戸籍謄本、さらには遺産分割協議書の有無などを確認して、再生債権を相続している者を確認する必要がある[145]。

141　民事再生書式集262頁に、会社担当者に渡すマニュアルのサンプルが掲載されている。
142　規則37条は、再生債務者等が届出再生債権に関する証拠書類の送付を求めることができるとしている。
143　実践マニュアル239頁、再生手引154頁以下に詳しく、それらを参考にさせていただいた。
144　戦略的意義は、破産手続で議論されることが多いが、民事再生手続にも妥当するものと思料される。もっとも、民事再生は計画案認可決定のために債権者数及び債権額の過半数の賛成を得る必要があり、破産の場合と比較して、戦略的異議には一定の限界がある。
145　相続関係の確認に時間がかかることが多いことから、東京地裁では、債権調査の時点では相続関係までの確認ができていなくても届出を認め、議決権行使時及び債権弁済時までに相続関係の確認ができればよいという取扱いをしている（再生手引152頁）。

第8章　債権届出、債権調査

広島地判 H10.3.6（破産）	支配会社の債権届出が信義則に反し許されないとされた事例

判時 1660 号 112 頁

　破産会社甲社の破産手続において甲社を事実上支配していたXの破産債権届出に対し、甲社の破産管財人Yが異議を述べたため、XがYに対して、破産債権確定訴訟を提起した。
　Yは倒産手続において支配株主等の権利を一般債権者より劣後的に扱うべきとする米国の理論（「ディープロックの理論」）が適用されるべきと主張して争った。裁判所は、かかる理論は採用しなかった[146]ものの、Xが届出債権を行使することは信義則に反して認められないとして、請求を棄却した。

(3) 認否後の再生債務者の対応

時系列	内容
認否書作成	再生債務者が認否書作成（101条1項）。
認否結果の閲覧／通知	再生債務者は債権認否書を裁判所に提出するとともに（101条5項）、認否書の写しを営業所に備え置き、再生債権者の閲覧に供する（規則43条）[147]。 認否の結果を個別に債権者に通知をする法的義務はないが、否認した債権者には通知をするのが一般的。
名義変更があった場合	届出期間経過後に債権（一部）譲渡や代位弁済などによって再生債権者に変更が生じた場合には、名義変更届出の提出を受けて[148]、認否書を適宜修正し、必要に応じて、裁判所、監督委員に報告する。

(4) 債権認否に対する異議等の流れ

(i) 債権届出があった場合

時系列 →				
債権者	再生債務者	他の債権者	場合分け	結論
届出	認める	異議無し		確定（104条3項）
	再生債務者が異議又は／及び他の債権者が異議（※1）		届出債権者が争う場合	査定申立て（105条）⇒査定異議の訴え（106条）
			開始決定時に訴訟が継続していた場合	受継（107条）で処理。
			届出債権者の債権が有名義債権であった場合	異議者等は、再生債務者がすることのできる訴訟手続によってのみ異議の主張が可能（109条1項）。訴訟が係属していた場合は、訴訟受継で処理（109条2項）。
			届出債権者が期間内に査定等をしなかった場合	異議が認められる[149]。

（※1）再生債務者の認否の変更（「認めない」を「認める」への変更）及び、再生債権者の異議の撤回については以下のとおり（規則41条1項、2項）。

146　破産法194条2項は、劣後的扱いを認めていないのに対し、会社更生法168条1項ただし書、民事再生法155条1項ただし書は、計画案において「衡平を害しない場合」に差を設けることを許容している。したがって、民事再生や会社更生の事案では、かかる理論が認められる可能性はある。
147　さらに、再生債権者は、自己の再生債権に関する部分の内容を記録した書面の交付を求めることができるとされている（規則43条3項）。
148　届出名義の変更は96条、規則35条参照。民事再生書式集292頁、294頁に、名義変更届出書のサンプルが掲載されている。
149　実務下215頁

認否変更・異議の撤回等の時的限界	債権調査期間の1か月の不変期間内に債権査定の申立てがない場合、債権査定裁判の確定後又は、債権確定訴訟提起後にはできなくなると解する[150]（**東京高決 H13.12.5**）。なお、議決権に対する異議の撤回は、債権者集会を招集する場合は債権者集会当日まで可能（170条）。
撤回の方法	撤回する場合は、その旨を記載した書面を裁判所へ提出するとともに当該再生債権者へ通知する（規則41条2項）。

東京高決 H13.12.5（再生）

金判1138号45頁

「上記異議の撤回は、再生債務者において、再生債権者の届出債権についての異議及び議決権についての異議を共に撤回することを内容とするものであるが、そのうち、<u>届出債権に対する異議は、異議ある債権に対する査定の裁判の申立期間、すなわち異議ある再生債権に係る調査期間の末日から1か月（同法第105条第2項）内であれば撤回することが可能であると解され、また、議決権に対する異議は、債権者集会の当日まで撤回することが許されるものと解される</u>（同法第117条第3項）。」

(ⅱ) 債権届出が無かった場合

再生債務者	他の再生債権者	当該再生債権者	結　論
自認債権	異議無し		確定（104条3項）
	異議	査定申立て	査定申立て（105条）⇒査定異議の訴え（106条）
		査定無し	届出がなされなかったのと同じ状態が確定する[151]。
自認せず	181条1項1号、2号債権		自認債権と同じ扱い（181条1項）
	181条1項3号債権		劣後的扱い（181条2項）
	上記以外の債権		失権（178条）

(5) 債権査定手続

申立期間	調査期間の末日から1か月以内に行う（105条2項）。
手　続	査定申立⇒異議者等を審尋[152]⇒査定決定⇒異議の訴え（106条1項。通常訴訟）
確　定	査定決定送達から1か月の不変期間内に異議の訴えを提起しない場合、査定決定は確定し（106条1項）、再生債権者全員に対して確定判決と同一の効力を有する（111条2項）。
開始決定時に訴訟が係属していた場合	再生債権者は査定申立でなく、訴訟の受継申立てをする（107条1項）。訴訟の受継は、調査期間の末日から1か月以内に行う必要があり（107条2項）、当該期間に受継せずに再生計画が認可決定確定すると、失権してしまうと解される（**大阪高判 H16.11.30**）。

大阪高判 H16.11.30（再生）

金法1743号44頁

「再生手続における再生債権の調査において再生債務者等に否認され、あるいは他の再生債権者から異議が述べられた再生債権について、再生手続開始当時既に訴訟が係属している場合には、当該訴訟は再生手続の開始により中断し、当該再生債権者は、再生債権の調査期間の末日から1か月の不変期間内に当該訴訟につき受継の申立てをしなければならない（民再法107条、105条2項）……<u>上記受継申立期間内に受継の申立てをしなかった再生債権は、仮に再生計画内に記載されていたとしても、再生債権の届出がなかった場合と同様、債権は未確定の状態で固定され、再生計画の認可決定の確定により失権するものと解される</u>」

150　実務下218頁
151　実務下215頁
152　105条5項。審尋は書面で行われ、再生債務者等も答弁書を提出するのが一般的（再生手引き166頁）。
　　なお、再生債権者は、再生債権者表に記載されている事項以外の主張をすることはできない（108条）。

第8章 債権届出、債権調査

なお、査定手続等において、債権者は再生債権者表に記載されている事項のみを主張できるとされている（108条）こととの関連で、どの範囲で債権者は主張の変更が許されるか（＝債権の実質的同一性が認められるか）が問題となることがある。この点について、以下のような裁判例がある。

	裁判例	債権者表記載債権	査定における請求債権
主張の変更に当たらないとした裁判例	大阪高判 S56.6.25（更生）判時 1031 号 165 頁	ゴルフ会員権債権	預託金返還請求権
	大阪高判 S56.12.25（更生）判時 1048 号 150 頁	貸金債権	不当利得に基づく債権
主張の変更に当たるとした裁判例	大阪高判 S55.2.21（更生）判タ 427 号 179 頁	ゴルフ会員権に基づく債権	不当利得に基づく債権
	仙台高判 H16.12.28（再生）判タ 1245 号 232 頁	不法行為による損害賠償金あるいは不当利得返還金	請負代金債権

(6) 確定の効力

確定した再生債権について、再生債権表の記載は、確定判決と同一の効力を有し（104条3項）、再生債権者は、これに基づいて強制執行をすることが可能となる（180条3項、185条2項等）。

第9章　担保関係

1　別除権として扱われる範囲

(1)　担保対象物の範囲

別除権とは、再生債務者に帰属する特定の財産の上に存する担保権をいう（53条1項）。
したがって、別除権者として扱われる範囲は次のとおり。

再生債務者が再生債権を被担保債権として担保を提供	別除権者として扱われる
再生債務者が第三者の債務を被担保債権として担保を提供（物上保証）	
第三者が再生債権を被担保債権として担保を提供（物上保証）	別除権者として扱われない

なお、再生債務者が、担保権が付いた状態で担保対象物を売却等した場合であっても、担保権が存続している限り、別除権者として扱われる（53条3項）。

また、民事再生手続開始前に会社分割で被担保債権と担保対象物が別の会社に帰属した場合、被担保債権は別除権付債権とは扱われないと解される（**東京地判 H18.1.30**）。

> **東京地判 H18.1.30（再生）**　会社分割で被担保債権と担保対象物が別の会社に帰属した場合、被担保債権は別除権付債権とは扱われないとされた事例
>
> 判タ1225号312頁、金法1783号49頁
>
> 　分割会社の民事再生手続開始申立前に会社分割により、被担保債権は分割会社、担保物件が新設会社に帰属した事例で、「再生債権者が再生手続開始前の時点で再生債務者の財産について担保権を有していたとしても、その後当該財産が再生債務者から他の者へ移転したことにより、再生手続開始時点において再生債務者の財産について担保権を有していない状況となった場合には、当該再生債権者の有する担保権は、当該再生債務者の再生手続においては別除権として扱われることはないと解される。」とした。

(2)　担保の種類の範囲

明文の定め	特別の先取特権、質権、抵当権、商法若しくは会社法の規定による留置権（53条1項）
民法上の留置権	別除権とならない（なお、破産法66条3項[153]と同様の規定はない）。
非典型担保	別除権としての権利が認められるとするのが通説的見解であり、実務的にも認められることを前提に処理が行われている。

(3)　再生債務者に帰属する財産か否かが問題となる事例（補足）

担保権と似たものとして、信託契約に基づく保護がある。破産のケースで、預金について破産財団に属さないとされた事例として以下のようなものがあり、民事再生の場合も同様に、当該金員が、再生債務者の財産から分離・独立しているとして扱われる可能性が高いので、注意が必要である。

---

[153]　破産法第66条
　　破産手続開始の時において破産財団に属する財産につき存する商法又は会社法の規定による留置権は、破産財団に対しては特別の先取特権とみなす。
　　2　前項の特別の先取特権は、民法その他の法律の規定による他の特別の先取特権に後れる。
　　3　第1項に規定するものを除き、破産手続開始の時において破産財団に属する財産につき存する留置権は、破産財団に対してはその効力を失う。

事案（問題点）	裁判例の結論
請負工事業者の破産における、保証を得たうえで受領した前払金	発注者を委託者兼受益者、破産者（工事請負業者）を受託者とした信託契約が成立しているとして、破産財団に属さない財産と認定された（**最一小判H14.1.17**、参考裁判例：**名古屋高金沢支判H21.7.22**）。
マンション管理業者の破産における管理費等	マンション管理業者が破産した場合、管理業者が各区分所有者から徴収した管理費等は各マンションの区分所有者全員に総有的ないし合有的に帰属する（＝破産財団を構成しない）とした（東京高判H11.8.31）[154]
保険代理店の破産における、保険料保管口座	保険会社に帰属する（＝破産財団を構成しない）とした（東京地判S63.3.29）[155]

最一小判H14.1.17（破産） 信託契約が成立しているとして、破産財団に属さないとされた事例

民集56巻1号20頁、判時1774号42頁、判タ1084号134頁、金法1645号51頁、金判1141号20頁

　甲県から工事を請け負った建設会社乙社が、保証事業法（公共工事の前払金保証事業に関する法律）に基づき登録を受けた保証事業会社（Y1）より前払金の保証を受けて、甲県からY2信用金庫の乙社名義の口座に前払いを受けた（前払金は分別管理されていた）が、乙社の営業停止により、Y1は甲県に対して保証に基づき前払金を支払った。その後、乙社に破産手続開始決定がなされ、破産管財人に選任されたXが、Y2に預金債権の払戻し等を、Y1に対して担保権が存在しないこと等の確認を求めて訴えを提起した。本判決は、県を委託者兼受益者、破産者を受託者とした信託契約が成立したとして、同前払金は破産財団を構成しないとした。

名古屋高金沢支判H21.7.22（破産） 信託契約が成立しているとして、破産財団に属した時期が破産手続開始後とされた事例

判時2058号65頁、判タ1312号315頁、金法1892号45頁

　A市から工事を請け負った建設会社甲社（破産者）が、保証事業法（公共工事の前払金保証事業に関する法律）に基づき登録を受けた保証事業会社B社より前払金の保証を受けて、A市からY（破産者甲社の取引金融機関、破産債権者）の甲社名義の口座に前払いを受けた（前払金は分別管理されていた）。甲社の破産手続開始決定後、A市は甲社との間の請負契約を解除し、出来高が前払金を超えていることが確認されたことから、保証会社B社からYに払出制限を解除する通知がされた。そこで、Yが破産管財人Xに対して、払出制限を解除された預金につき相殺の意思表示をしたため、XがYに対して当該預金の支払を求めて提訴した。本判決は、前払金がYの甲社名義の口座に振り込まれた時点で、A市と甲社との間で、A市を委託者兼受益者、甲社を受託者とした信託契約が成立し出来高確認まで預金払戻請求権が破産財団に移転することはないとして、Yによる相殺は、破産手続開始決定後に負担した債務との相殺になるから、破産法71条1項1号の相殺禁止条項に該当して許されないとして、Xの請求を認めた[156]。

2　別除権者の権利行使方法及び議決権の取扱い

(1) 権利行使方法

原　則	別除権は、再生手続に制約を受けずに権利行使をすることができる（53条2項）。
対抗要件	担保権を再生債務者に対抗するには、原則として再生手続開始時に対抗要件を備えていることが必要と解される（45条、**大阪高判H21.5.29**、**東京地判H22.9.8**、**最二小判H22.6.4**など）[157]。 なお、仮登記であった場合でも、対抗要件として認められるかが問題となるが、認められると解する。

154　同一の破産事件に係る東京高判H12.12.14判時1755号65頁も同旨
155　判時1306号121頁、判タ685号248頁、金法1220号30頁。もっとも、最二小判H15.2.21は、保険代理店の債権者（信用金庫）と保険会社が争った事案で、預金は保険代理店に帰属するとしており、この裁判例が現在でも維持される可能性は低い。
156　一方で、破産手続開始決定前に請負契約が解除され出来高査定がされている案件では、相殺が認められている（福岡高判H21.4.10判時2075号43頁）。
157　占有改定も含まれると解されるが、実務的には、占有改定が立証可能な程度のものかが問題となる。

【仮登記に関する考え方】

種　類	内　容	対抗力[158]
1号仮登記	登記申請に必要な条件が具備しないための仮登記	破産管財人に対抗できると解されている。したがって、再生債務者にも対抗できると解される。
2号仮登記	権利の設定、移転、変更又は消滅の請求権の保全のための仮登記	破産管財人に対抗できると解する（ただし、反対説あり）。したがって、再生債務者にも対抗できると解する。

大阪高判 H21.5.29（再生）　根抵当権に関する裁判例

公刊物未掲載、金判増刊1361号34頁より抜粋を記載。

　金融機関Xが、Y（再生債務者）との間で、根抵当権設定契約を締結していたにもかかわらず、設定登記を具備しない状態で、Yに民事再生手続開始決定がなされたため、XがYに対して、根抵当権設定登記手続をするように求めたが、第1審がXの請求を棄却したため、Xが控訴した。
　本判決は、民事再生法45条1項の規定によりかかる請求は認められないとして控訴を棄却した。

最二小判 H22.6.4（再生）　所有権留保に関する判例

民集64巻4号1107頁、判時2092号93頁、判タ1332号60頁、金判1353号31頁、金法1910号68頁

　所有権留保は別除権であることを前提として、自己名義の登録がないことを理由に再生債務者に対して車両に対する所有権留保を対抗することができないとした判例。

東京地判 H22.9.8（再生）　所有権留保に関する裁判例

判タ1350号246頁、金判1368号58頁

　所有権留保の法的性質を別除権であるとしたうえで、「再生手続が開始した場合において再生債務者の財産について特定の担保権を有する者が別除権を行使するためには、個別の権利行使が禁止される一般債権者と再生手続によらないで別除権を行使することができる債権者の衡平を図るなどの趣旨から、原則として再生手続開始の時点で当該特定の担保権につき登記、登録等の対抗要件を具備している必要があると解される（民事再生法45条参照）」とした。

(2)　別除権予定不足額の届出

　別除権者は、債権届出の際に、別除権の目的である財産及び別除権の行使によって弁済を受けることができないと見込まれる債権の額を届け出なければならない（94条2項）。

　なお、動産売買先取特権のケースで、別除権者が債権届出において94条2項の届出をしなかった場合でも、別除権を放棄したと認められる特段の事情のない限り、別除権を放棄したとは認められないとした裁判例がある（**東京高決 H14.3.15**）。事例裁判例と言えるが注意が必要である。

東京高決 H14.3.15（再生）　動産売買の先取特権について、94条2項の届出がないとしても権利行使が認められるとした裁判例

金法1679号34頁

　再生債務者Xの民事再生手続において、債権者Yは再生債権を届け出たが、その際に、94条2項の届出をしなかった。その後、Yは、動産売買先取特権に基づく物上代位により、XのAに対する転売代金債権に対する債権差押命令を取得した。これに対してXが、Yは94条2項の届出をしなかったことにより別除権を放棄したとして、執行抗告をして争った。本決定は、特段の事情のない限り、動産売買の先取特権について、94条2項の届出をしないことにより別除権としての権利行使が制限されるとまでは解することはできないと判示した。

---

[158]　破産法の解釈につき条解397頁以下

(3) 別除権者の議決権額確定まで

時系列	具体的内容	条文
債権者の届出	再生債権者は別除権予定不足額の届けをする。	94条2項
再生債務者の認否	再生債務者は予定不足額に対する認否を行い、かかる認否の結果に基づいて予定不足額が再生債権表に記載される。なお、再生債務者が、債権者が届けてきた予定不足額より多くの議決権額を認めることができるかについては争いがあるが、東京地裁は、届出額の範囲内でしか議決権を認めていないようである[159]。	101条、99条2項
議決権額の決定	予定不足額は議決権額に対する異議の対象となり、異議がなければ確定し、異議があれば裁判所が決定する。この決定は争うことはできない（議決権を定めるにすぎないため、予定不足額は査定の対象とならない）。 なお、東京地裁の運用では、債権者集会の期日までに別除権が行使されるなどして別除権不足額が確定したときは、議決権は確定不足額に変更される[160]。	170条1項、2項3号、171項1項

　なお、担保権の有無を査定等の手続で争うことはできない。再生債権者が担保権を主張したのに対し再生債務者が認めない場合は、再生手続外で争うことになる。

(4) 別除権不足部分の弁済及び弁済時期

　議決権額の確定（ないし決定）は、あくまでも債権者集会での議決権を確定するだけであり、別除権不足額が確定するわけではない。別除権不足額は、担保権の実行が完了するか、担保権が消滅した場合（放棄した場合を含む）か、別除権協定により不足額を合意した場合に確定する。なお、あまり例はないと思われるが、再生債務者が抵当権付で不動産を売却したような場合には、担保権の実行が完了したとは言えないので、不足額は確定しない（53条3項）。

　そして、別除権者は、不足額が確定した後、確定不足額について再生計画の定めに従った権利の変更を受け、弁済を受けることができる（182条。ただし、根抵当権には例外があり：182条ただし書）。

3　別除権に対する再生債務者の対応策

(1) 別除権の存否等に関する確認

　再生債務者代理人は、担保権について、以下の順序で確認・検討を行う。

検討順序	具体的検討事項等
担保設定契約の確認	抵当権・根抵当権については、登記を確認すれば足りることが多いが、例えば所有権留保などについては、契約書で対象等を確認する必要がある。
成立要件や対抗要件の具備の有無	別除権者が再生債務者に別除権を主張するためには、自己名義での対抗要件具備が必要と解される（45条。**最二小判H22.6.4、東京地判H22.9.8**など）。また、当然のことながら成立要件を満たしていなければ、別除権と認める必要はない。 そこでまず、成立要件・対抗要件を備えているかを確認する。
否認権行使の検討	担保設定時期ないし、その対抗要件設定時期によっては、否認の対象となり得るので、否認権行使の可否及び要否を検討する。

159　再生手引157頁、362頁
160　再生手引362頁

上記確認・検討の後、最終的な対応を決定する。	担保設定対象物が事業の再建に必要な場合	別除権協定、担保権実行手続の中止命令、担保消滅請求などを検討する。→ (2)〜(5) 参照
	担保設定対象物が事業の再建に必要でない場合	再生債務者主導で任意売却をするか、担保実行を待つといった対応が考えられる。なお、任意売却する場合には、一定の金額を財団に組み入れることを交渉すべきである。→ (6) 参照

　なお、破産管財人と異なり[161]、再生債務者が担保価値保存義務を負うことは、ほぼ争いがないものと考えられる[162]。

(2) 事業再建に必要な担保設定対象物の対応方法

　別除権者は、再生手続によらず別除権を行使できる（53条2項）。再生債務者としては、別除権の行使により再生が困難になることもあるので、事業再生に必要な物に担保が設定されている場合には、担保権者と交渉するなどして、担保権の行使を食い止める算段が必要。具体的には、交渉により、担保物件評価額を（分割）弁済することを条件に、担保を解除することを内容とする別除権協定を締結するのが基本的な対応となる。状況によっては、担保権実行手続の中止命令や、担保権消滅許可の申立てを行う場合もある。それぞれの具体的な内容は以下のとおり。

別除権協定⇒ (3)	別除権者に対する基本的な対応 別除権者と交渉のうえ、別除権の行使を回避する条件を合意するもの。協定書締結には、裁判所の許可又は監督委員の同意が必要。
担保権実行手続の中止命令⇒ (4)	別除権者と交渉するための時間的猶予を得るために、担保権実行としての競売手続を一時的に止める制度（したがって、根本的な解決とはならない）
担保権消滅許可の申立て⇒ (5)	担保目的財産の価額相当の金銭を納付することにより、担保権を消滅させることのできる制度

　なお、(1)記載のように、別除権設定の時期によっては、否認の対象になり得るので、否認請求が考えられる場合には、裁判所及び監督委員と相談が必要（否認権は監督委員が行使をする：135条）。

　また、根抵当権は、再生手続開始決定によっては確定しないので（民法398条の20参照）、仮に、被担保債権が担保対象物の評価額よりも小さい場合には、確定手続を取るべきである。ただし、設定契約に別段の定めがない限り、根抵当権設定から3年を経過していないと、抵当権設定者からの確定請求はできない（民法398条の19第1項）。

　以下、別除権協定、担保権実行手続の中止命令、担保権消滅許可の申立てそれぞれについて述べる。

(3) 別除権協定

(i) 別除権協定を締結する典型的なケース

場合分け	目的（内容）
担保対象物の使用を継続する場合	別除権の行使を回避する。
リース物件の使用を継続する場合	リース債務の弁済方法を合意する。
担保対象物を任意売却する場合⇒ (6) 参照	任意売却に当たり一定額を再生債務者に組み入れてもらうために協定を締結する。

161　破産管財人がどこまで担保価値保存義務を負うかは、必ずしも明確でない（参考裁判例：**最一小判 H18.12.21、東京地判 H11.2.26**）

162　もっとも、再生債務者は、再生債務者が従前締結していた契約の違約金条項やコベナンツにつき、民事再生手続開始後は拘束されないとする説もある（「民事再生手続における各種契約条項の拘束力の有無」森倫洋76頁以下（事業再生研究機構編『民事再生の実務と理論』）で、学説の紹介、分析がされている）。

(ⅱ) 別除権者との具体的交渉

ケースバイケースであるが、ポイントは担保物件の評価額と弁済方法（弁済の確実性も含めて）である。

担保物件の評価額は、鑑定評価や業者の見積り等を取得して交渉をすることが一般的。担保物件の評価額を不当に高くすると、当該担保権者を不当に優遇しているものとして監督委員の同意を得られないので、その意味でも、客観的な第三者の鑑定書などが必要なことが多い。ただし、第三者に売却することが前提の別除権協定は、当該売買価格が客観的な価値となり得るので、あえて鑑定等を行うまでもないことが多い。

弁済方法は、資金繰りとの兼ね合いによって決まるが、可能な弁済案を作成して粘り強く交渉を行うしかない。

(ⅲ) 一般的な別除権協定の具体的内容

事案にもよるが、別除権協定には、以下の内容の条項を入れることが多い[163]。

条　項	留意点
担保物件の評価額（別除権評価額＝受戻額の確認）及び不足額の確定	担保評価額を、財産評定額と同一にする必要性はないが、不当に高額に設定することは、当該担保権者を優遇することになり、再生債務者の公平誠実義務（38条2項）に反する可能性があるので注意が必要[164]。通常は、鑑定評価などを取得して、当該金額を前提に交渉する。
弁済方法及び、弁済終了後の別除権解除合意	
弁済を条件とした別除権不行使の合意	
再生債務者に債務不履行があった場合や、破産手続に移行した場合の協定の効力に関する定め	協定が解除又は失効した場合に、被担保債権が復活することを協定に入れておくことがある（参考判例：**最一小判 H26.6.5**）。
監督委員の同意を停止条件とすること[165]。	実際には、監督委員の同意を取ったうえで締結することが多い。

> **最一小判 H26.6.5（再生終結後、破産申立て）**　終結後再生計画履行中に破産手続開始に至った場合の、別除権協定の効力について判示した裁判例[166]
>
> 民集 68 巻 5 号 403 頁、金法 2007 号 60 頁、判時 2230 号 26 頁、判タ 1404 号 88 頁、金判 1445 号 14 頁
>
> 　甲社（再生→破産）は、民事再生手続中に、甲社所有の不動産に（根）抵当権を有していた金融機関Yらとの間で別除権協定を締結したが、再生手続終結後民事再生計画案の履行中に準自己破産が申し立てられ、Xが管財人に選任された。
> 　当該不動産につき担保権実行がされたところ、Yら（正確にはYの一部は当初債権者の承継人）が従来の被担保債権額に従って配当を受ける内容の配当表が作成された。そこで、Xが、担保権の額は別除権協定に基づく受戻価格相当額に減額されたとして配当異議訴訟を提起したところ、第1審はXの請求を棄却し、控訴審はXの請求を認めたためYが上告したところ、本判決は破棄自判し、Xの請求を棄却した。

163　別除権協定のひな形は、民事再生書式集 359 頁以下、再生申立ての実務 221 頁などがある。
164　さらに上記で述べたように、監督委員の同意を取得するのも難しくなる。
165　別除権協定の締結は、監督委員の同意事項であることが一般的。
166　別除権協定には「再生計画認可の決定の効力が生じないことが確定すること、再生計画不認可の決定が確定すること又は再生手続廃止の決定がされることを解除条件とする」という内容が含まれていた。別除権協定の内容によっても判断は変わる可能性があり、必ずしもかかる裁判例が一般化できるわけではないと考える。

(iv) 特殊な別除権協定

特殊な別除権協定	留意点
集合動産譲渡担保に係る別除権協定	担保目的物につき再生債務者の自由処分を認める代わりに、集合物に流入する資産についての担保の存続を認め、将来にわたり一定の価額の資産を担保として確保する旨の合意を行うことが多いようである。
無剰余の後順位担保権者との別除権協定	別除権者は不足額が確定しないと再生債権の弁済が受けられない（160条1項）。したがって、無剰余が確実な後順位担保権者であっても、任意売却ないし競売が完了しないと弁済を受けられないが、自ら競売を申し立てることもできず、単に待つだけの状態となる。 そこで、いわゆる任意売却の場合のハンコ代の金額を合意して、暫定的に別除権不足額を確定させる内容の別除権協定を締結し、弁済を進めることも可能だと考える（ハンコ代について上位抵当権者の了解を得ておくことが必要）。
売却を前提とした別除権協定	破産の場合の財団組み入れと同様に、一定の割合（3％～10％）を再生債務者に組み入れることを交渉すべきである。

(v) その他注意点

再生債務者が別除権協定に基づく弁済をしなかった場合の効果	再生債務者が別除権協定に基づく弁済を途中からしなかった場合、別除権をどの範囲で行使できるかについては争いがあるが、他の債権者との関係で公平性が保てないため、別除権協定で合意した評価額から、既に再生債務者が別除権協定に基づき弁済した差額に留まると解すべきであろう[167]。
別除権協定による抹消登記等	別除権協定の内容を反映した登記をする場合には、法務局から監督委員の同意があったことの証明書を提出することを求められることがあるので、その準備も必要。

(4) 担保権実行手続の中止命令（31条）

(i) 内容及び検討すべき場面

別除権者は、再生手続によらず別除権を行使できるのが原則である（53条2項）。しかしながら、別除権の行使により再生債務者の再生のために不可欠な財産等が失われてしまうこともある。そのような場合に、再生債務者が別除権者と交渉するための時間的猶予を得るために、中止命令という手続が準備されている[168]。再生債務者が、別除権協定締結ないしは担保権消滅許可の申立てをするために、担保権の手続を止める必要がある場合に利用される。

(ii) 中止命令の要件

再生債権者一般の利益に適合すること。
競売申立人に不当な損害を及ぼすおそれがないと認められること（この点は、再生債務者側の利益に比して競売申立人の損害が著しく大きい場合をいうとする考え方が有力[169]）。
その担保によって担保される債権が共益債権又は一般優先債権でないこと（被担保債権が共益債権又は一般優先債権であるときは、担保権の実行手続を中止することはできない）。

---

167 QA218頁。もっとも最一小判H26.6.5で、かかる解釈は困難とも考えられる。
168 条解民事再生法146頁
169 実務下77頁

(iii) 手続等

中止命令が可能な時期	申立後、再生手続が終了するまでの間（認可決定後も可能）
申立てから決定までの期間	東京地裁では、中止命令の申立てから1、2週間後に競売申立人の審尋を行ったうえで（31条2項）、決定を出しているとされている[170]。
中止命令の期間	東京地裁では原則として3か月[171]
執行裁判所への上申	執行裁判所は、中止命令の発令を当然には知り得ないので、手続停止の上申をする[172]。
伸　長	伸長が必要な場合には、伸長の申立てを行う。

(iv) 中止命令ができる範囲

　(ア) 対象物

　再生債務者が担保目的物を所有している必要がある（**福岡高決 H18.2.13**）。

福岡高決 H18.2.13（再生）
判時1940号128頁、判タ1220号262頁
再生債務者及びその代表者A名義の不動産の抵当権に基づく競売開始申立てに対する中止命令につき、本決定は、①中止命令が可能な範囲は登記名義で形式的に判断すべきであり[173]A名義部分については中止命令を発することができず、かつ、②代表者A名義部分について中止命令の効果が及ばないのであれば事業継続が困難であり、他の不動産だけでは事業継続に不可欠な不動産とは言えないとして、結局、中止命令は認められないとした。

　(イ) 物上代位の中止命令の可否

　物上代位に対する中止命令も可能と考えられるが、「競売申立人に不当な損害を及ぼすおそれがないものと認めるとき」という要件との関係で、類推適用は慎重にすべきとする見解が有力[174]。

京都地決 H13.5.28（再生）　動産売買先取特権に基づく物上代位に対する中止命令が認められなかった裁判例
判タ1067号274頁
X社につき民事再生手続開始決定がなされた後、Xに対して売掛債権を有するYが、動産売買の先取特権に基づく物上代位権行使のため、再生債務者Xの転売代金債権を差し押さえてきたため、Xが中止命令を申し立てた。本決定は、物上代位に対する中止命令が可能であることを前提に、再生債務者一般の利益に適合し、かつ、差押債権者である相手方に不当な損害を及ぼすおそれがないものとは認められないとして、Xの申立てを棄却した。

大阪高決 H16.12.10（再生）　根抵当権に基づく賃料への物上代位に対する中止命令が認められなかった事例
金判1220号35頁
再生債務者Xの所有する不動産に根抵当権の設定を受けていたYが、当該根抵当権の物上代位に基づき当該不動産の賃料を差し押さえる旨の債権差押命令を得たのに対し、Xが中止命令の申立てを行った。再生裁判所が中止命令を発令したため、Yが即時抗告をしたところ、抵当権に基づく賃料への物上代位が中止命令の対象になるとしつつ、例外的な場合を除き中止命令を発することはできないとして、原決定を取消し、Xの申立てを却下した。

170　実務下80頁。再生手引85頁。なお、審尋を行っている期間に、担保権を実行することは許される。そこで、担保権実行通知のみで実行が可能な譲渡担保などについては、審尋を不要とすべきとの見解もあるが、法文に反するものであり、かかる見解は取り得ないと解される（**東京高判 H18.8.30**）。
171　実務下80頁、再生手引85頁
172　再生手引86頁
173　この点、同一の債務者の同一の物件について、担保権消滅許可の申立てについては、登記名義でなく実質に沿って判断されており判断が分かれている（**福岡高決 H18.3.28**）。
174　実務下79頁。なお、東京地裁において、物上代位による差押えをしてきたケースで、中止命令により再生のための解決方法が見出す可能性がないとは言えないとして中止命令が認められた事例があるようである（NBL736号20頁以下「民事再生手続と再生計画の実情と課題」園尾隆司）。

(ウ) 非典型担保の中止命令の可否

　類推適用できるものと考えられるが（**福岡高那覇支決 H21.9.7**、**大阪高決 H21.6.3** など）、実務的には困難であるケースが多いと推察される。例えば、債権譲渡担保に対する中止命令は、中止命令に当たり裁判所から審尋（31条2項）を行った時点で、私的実行が行われてしまう可能性が高く実行可能性を欠くとの問題点が指摘されている[175]。

　また、担保権者の不当な損害防止の要件が特に問題となるところ、債権譲渡担保への中止命令を肯定したうえで、債権譲渡担保権者への意見聴取がされなかったことを理由の一つとして中止命令が無効とされた裁判例もある（**東京高判 H18.8.30**）[176] ことから、実務的には、裁判所が再生債務者に一定の措置を求める例もある[177]。

東京高判 H18.8.30（再生）　（**最一小決 H19.9.27 上告棄却、上告不受理**）再生債務者の申立てた債権譲渡担保に対する中止命令が認められたにもかかわらず、再生債権者の第三債務者に対する訴訟において、中止命令が無効であるとされた事例

金判1277号21頁

　甲社（再生債務者）は、Yに対する債権を、債権者（銀行）Xに対する債務の担保として、債権譲渡担保を設定していたため、中止命令を申し立て、当該中止命令は確定した。ところが、XがYに対して、担保権実行に基づく支払を求めて提訴したところ、本判決は、担保権中止命令が確定しても、右命令に抵触してなされた担保権実行の無効が争われた際には、なお当該中止命令の有効性を争えるとしたうえで、中止命令は法31条1項及び2項の要件を欠いており無効であるとしXの請求を認めた。

大阪高決 H21.6.3（再生）　債権譲渡担保に対する担保権実行中止命令が認められた事例

金判1321号30頁、金法1886号59頁

　本決定は、譲渡担保に対する中止命令の類推適用を認めるとともに、「集合債権担保では、新たに発生して譲渡担保権の対象に組み込まれる債権が存在するから、担保権者に損害が生じるかどうかは全体の状況を勘案して判断すべき」とし、担保権者に不当な損害が生じるということはできないとした。

福岡高那覇支決 H21.9.7（再生）　債権譲渡担保に対する担保権実行中止命令が認められた事例

判タ1321号278頁、金判1333号55頁

　X（再生債務者）は、銀行Yに対する債務の担保として、賃貸借契約に基づく賃料債権に譲渡担保を設定していたところ、Xは、民事再生手続開始決定を受けるとともに、当該譲渡担保につき実行手続の中止命令の申立てを行った。本決定は、譲渡担保につき中止命令が類推適用されることを前提として、再生債務者が破産に移行するのを回避する点で「再生債権者の一般の利益に適合」するとして、また、将来にわたって賃料が入ることから担保権者に「不当な損害を及ぼすおそれがない」として、中止命令を認めて抗告を棄却した。

175　NBL948号17頁「集合債権譲渡担保に対する担保権実行中止命令をめぐる問題点」倉部真由美。また、（集合）債権譲渡担保に対する中止命令は担保価値の毀損が著しく、（集合）債権譲渡担保に対する中止命令は常に違法、無効とする意見もある（銀行法務21　683号48頁　田島一良）。

176　そこで、東京地裁、大阪地裁では、まず1か月程度の短期間を定めて中止命令を発令し、その期間に担保権者の審尋期日を設定して担保権者の意向を聴取し、担保権者に不当な損害を与えるおそれがないと認められればさらに期間を延長した中止命令を発令するという方法を取っているとのことである（倒産と訴訟375頁）。

177　商事法務2018号26頁「大阪地裁における倒産事件の動向と運用状況」本多俊雄。同論文によれば、大阪地裁では集合債権譲渡担保の中止命令について、再生債務者は「申立人は、中止命令発令時に発生していた目的債権について取り立てた金員は、他の債権の回収金と分別管理する措置を執り、これを使用しない。申立人は、中止命令が取り消されるなどした場合、担保権者に不当な損害を与えないよう適宜の措置を執る。申立人は、申立期間中、上記目的債権の取立て、保管の状況等を監督委員に書面で報告する」との上申書を提出する運用としているとのことである。

(v) 効　果

担保権の実行手続を現状のまま一時的に凍結するのみであり、担保権の実行手続を取り消す効力はない。したがって、差押えの効力は維持される。

(5) 担保権消滅許可の申立て（148条以下。担保権消滅請求ともいう）

(i) 内容及び検討すべき場面

別除権者は、再生手続によらず別除権を行使できる（53条2項）。しかしながら、別除権の行使により再生債務者の再生のために不可欠な財産等が失われてしまうと、再生が不可能となる。そこで、担保目的財産の価額相当の金銭を納付することにより、担保権を消滅させることのできる制度として、担保権消滅許可の申立てが準備されている。

もっとも、一般的には、再生債務者が担保目的財産相当額の金銭を準備することは困難なことが多く、担保権消滅許可の申立てを利用する例はスポンサーが付いて一括して納付できる場合などに限られる。また、別除権者は大口債権者であることが多く、反対されると再生計画案が可決されない可能性が高くなることもあり、まずは別除権協定締結を目指すことが一般的。

(ii) 要件（148条1項）

再生債務者の財産に係る担保権であること。
当該財産が再生債務者の事業の継続に欠くことのできないものであること（事業不可欠性要件）。
条文上の要件ではないが、担保権者の利益との関係で、権利の濫用に当たらないことが必要と解される（**札幌高決H 16.9.28**）。

以下、要件毎に判例を紹介する。

(ア) 再生債務者の財産に係る担保権であること。

福岡高決 H18.3.28（再生） 再生債務者の財産であるか否かは登記名義でなく実質的に判断すべきとした裁判例
判タ1222号310頁
「担保権消滅許可を求める所有者である再生債務者と担保権者との関係はいわゆる対抗問題とはならないことになるから、この消滅許可を求められている担保権者には、所有者である再生債務者の登記欠缺を主張する利益はないことになる。すなわち、<u>再生債務者が担保権消滅の許可を申立てこれを受けるためには、その所有権について必ずしも対抗要件としての登記を備えていることを要しない</u>というべきである。」とした。

(イ) 当該財産が再生債務者の事業の継続に欠くことのできないものであること（事業不可欠性要件）。事業不可欠性要件は、再生債務者が行っている「事業」の継続に不可欠という要件なので、事業譲渡がなされる場合であっても事業が継続する限り請求が可能と考えられている[178]。

東京高決 H21.7.7（再生） （判時2054号3頁）	戸建分譲業者の販売用不動産について「事業不可欠性要件」を満たすとした裁判例
名古屋高決 H16.8.10（再生） （判時1884号49頁）	不動産の運営を主な事業としていた再生債務者の、賃貸業を継続しない不動産に対する売却を前提とした担保権消滅許可の申立てを認めた裁判例

(ウ) 条文上の要件ではないが、担保権者の利益との関係で、権利の濫用に当たる場合には担保権消滅許可の申立ては許されないと解される（**札幌高決H16.9.28**）。

---

[178] 実務下174頁など

> **札幌高決 H16.9.28（再生）** 権利の濫用として担保権消滅許可の申立てが認められなかった裁判例
>
> 金法1757号42頁
>
> 　Yが抵当権を設定していた複数の担保不動産のうち、一部についてのみ再生債務者Xが担保権消滅許可の申立てをしたのに対し、Yが残地部分だけだと接道等の関係で価値が大きく減少するとして争った。本決定は、「担保権消滅の制度は、……再生債務者の事業の継続に欠くことのできない財産の確保を図るものであり、その限度で担保権者に犠牲を強いるものであるが、それを超えて担保権者に著しい不利益を及ぼすことは、民事再生法が予定しないところであり、再生債務者と担保権者との衡平の観点からも権利の濫用として許されないと解するのが相当である。」とした。

(ⅲ) 対象となる担保権の範囲

　集合（債権）譲渡担保などの非典型担保についても、担保権消滅許可の申立ては可能と解されている[179]（参考裁判例：**大阪地決 H13.7.19**）。ただし、実務上相当限定されるとする見解が有力[180]。

> **大阪地決 H13.7.19（再生）**
>
> 判時1762号148頁、金法1636号58頁
>
> 　リース契約が解除される前であれば担保権消滅許可の申立てが可能であることを前提に、再生手続開始前にリース契約が解除されているとして、Xの申立てを棄却した。

(ⅳ) 手　続

　(ア) 手続の概要（時系列）

時系列	期間等[181]	留意点
申立て（148条1項）	申立てから2～3週間程度で許可決定	申立書には、目的物の価格を記載し（148条2項）、かつ、根拠を記載した書面を提出する（規則71条1項）。なお、価格は処分価格を指すものと解される（規則79条参照）。
担保権者の意見聴取		裁判所が担保権者から意見聴取を行う[182]。
許可決定	価格決定請求は、許可決定の送達受領日から1か月以内（149条1項）	決定書を担保権者に送達（148条3項）。 ⇒即時抗告可能（148条4項）。
価格決定請求		価格に異議がある場合、担保権者から、価格決定請求（149条1項）が可能。
	評価命令から価格決定まで2か月程度[183]	評価命令（150条1項）→評価人による評価→裁判所の決定（150条2項） なお、評価人は処分価格で評価する（規則79条1項）。 ⇒即時抗告可能（150条5項）。

179　東京地裁で、担保権成立について当事者間に争いがなく、かつ、競合する担保権が存しない動産譲渡担保について、担保権消滅許可決定をした事例があると報告されている（再生手引246頁）。逆に、担保権成立について争いがあったり、競合担保権が存する非典型担保については、認められる可能性は必ずしも高くないと考えられる。
180　実務下176頁
181　再生手引251頁～265頁を参考に記載。事案によって異なるので注意が必要。
182　法文上求められているものではないが、東京地裁では担保権者の意見聴取をする運用としている（再生手引253頁）。
183　実務下178頁は、「評価命令が発令されて評価人が選任されてからおおむね1か月半から2か月で評価が終了している」としている。

金銭納付（152条1項） ↓ 担保権消滅（152条2項）	金銭納付期限は、価格決定請求期間経過日、価格決定確定日等から1か月以内の日で、裁判所が定めた日（152条1項、規則81条1項）	・登記抹消（152条3項）。なお、登記抹消は書記官によって行われるため、金銭納付後となる。金銭納付と同時ではないので、対象物を担保に再生債務者が資金調達をする場合には貸付人に説明をしておく必要がある[184]。 ・配当実施（153条） ・金銭納付がされないと、許可は取り消される（152条4項）。

(イ) 手続にかかる期間

上記のとおり手続には最短で数週間、価格決定等の手続があれば数か月から半年程度、即時抗告等があるとさらに時間がかかる。一方で、その間にも再生手続は進行することから、再生手続との関係に注意をして担保権消滅許可の申立てを行う必要がある（民事再生事件終了により、価格決定請求中であっても、担保権消滅許可の申立ては却下される[185]）。

(ウ) 価格決定請求における担保権の評価（150条、規則79条）

評価額は「財産を処分するものとして」なされる（規則79条1項）。
不動産の場合は、「評価人は、財産が不動産である場合には、その評価をするに際し、当該不動産の所在する場所の環境、その種類、規模、構造等に応じ、取引事例比較法、収益還元法、原価法その他の評価の方法を適切に用いなければならない。」とされている（規則79条2項）。

実務的には、（社）日本不動産鑑定協会（現・（公社）日本不動産鑑定士協会連合会）作成の「民事再生法に係る不動産の鑑定評価上の留意事項について」[186] に沿って行われる。

大阪高決 H17.3.30（再生）
公刊物未掲載、ジュリスト1349号45頁要旨を抜粋
評価人が、破産清算市場における早期売却修正を施した処分価格を評価額とし、裁判所がかかる評価額に基づいて価額決定をした事案で、担保権者が当該不動産の近隣で営業を営む複数人から評価人の3倍近くの買付証明を提出して抗告したが、「十分な資力の裏づけのある第三者が本件財産につき真摯に買受申出をしているものとまでは認めるに足りない」として、抗告を棄却した。

大阪高決 H19.11.30（再生）
公刊物未掲載、ジュリスト1349号45頁要旨を抜粋
「担保権消滅手続において民事再生法が担保権者に保証している担保価値は、早期処分価格（特定価格）であると解するべきであるし、抗告人の主張する買受申出人の意思の信憑性、譲受の条件、支払能力を認める資料はない」として、担保価値は早期処分価額とした。

(エ) 費用負担（151条1項、4項）

場合分け	負担者
価格決定額≦申出額	価格決定請求者負担。 ただし、再生債務者が金銭納付しなかった場合には、再生債務者負担（注）。
価格決定額＞申出額	再生債務者負担（注）。ただし再生債務者の負担は申出額と価格決定額の差額を上限とする。

---

184 事前に後順位抵当権を設定することは許される。また、民事執行法82条2項を類推して、再生債務者、スポンサー及び金融機関による申出に基づき、新規融資の抵当権設定を行う司法書士に担保権抹消に係る登記嘱託情報を交付した例が存するようである（再生手引265頁参照）。
185 再生手引251頁
186 概要としては、市場参加者が市場の事情に精通し、取得後、これを転売して利益を得ることを目的とする不動産業者（卸売業者）を主体とする早期売却市場を前提とする価格を前提としつつ、最低ラインを指向するものではなく、競売特有の減価要因は配慮せずに鑑定をするとされている（判タ1043号108頁「民事再生法に係る不動産の鑑定評価上の留意事項について（解説）」長場信夫）。

(注) 担保権者は、価格決定請求を申し立てる時点で手続費用を予納している（149条4項）。そこで、手続費用が再生債務者負担となった場合には、当該担保権者には再生債務者に対する請求権が発生する。かかる請求権は再生債務者が裁判所に152条1項に基づき金銭納付した中から優先的に弁済を受けることができ（151条3項）、再生債務者が金銭納付をしなかった場合には共益債権として再生債務者に請求できる（151条4項）。もっとも、再生債務者が納付する金銭は決定額なので（152条1項）、納付金額から手数料を控除したものについて被担保債権の弁済に充てられるにすぎず、オーバーローンの場合には、手数料は事実上別除権者負担になると考えられる（参考裁判例：**東京地判 H16.2.27**）。

東京地判 H16.2.27（再生）

判時 1855 号 121 頁、判タ 1153 号 279 頁、金法 1714 号 112 頁

再生債務者Yが担保権消滅の許可を申し立てたのに対し、当該担保権消滅許可の申立ての対象となった担保権者Xが200万円予納して価格決定請求を申し立てた。裁判所の価格決定後、価格決定に基づきYから納付された金額から200万円がまずXに手続費用として配当され、差額がXに別除権の被担保債権として支払われた。
そこでXが、価格決定の予納金200万円が民事再生法119条2号、5号又は6号の共益債権であるとして、Yに対して支払を求めて提訴したが、本判決は、価格決定請求の申立てに当たって担保権者が予納していた手続費用は、共益債権でなく一般債権（別除権不足額）になるとし、Xの請求を棄却した。

(ⅴ) 効　果

㋐　再生債務者が金銭を納付することによって、担保権は消滅する（152条2項）。

㋑　担保権消滅の許可が確定した後、再生債務者の事業が見直され、当該財産が事業継続に不可欠と言えなくなっても、効果に影響は与えないとされている[187]。

㋒　価格決定の予納金は、共益債権でなく一般債権（別除権不足額）になると解される（**東京地判 H16.2.27**）。

(6) 抵当権が設定された不動産を任意売却する際の全体的な流れ

抵当権が設定されている不動産を任意売却する際の主な流れは以下のとおり。

(ⅰ) 全体の流れ

時系列	概　要
事前準備	・物件調査、書類等の調査 ・別除権者との売却条件の調整→売却条件・売却方法の決定 ・（必要に応じて）ERの作成[188]
売却先の募集・決定	・通常、仲介業者を通じて、購入者を募集する。 ・事業者や不動産業者が購入する可能性のある物件については、入札を実施することも多い。 ・収益物件を売却する場合には、各賃借人との間の契約書はもちろんのこと、入金状況なども全て開示することが必要。物件に瑕疵がなくても、賃料が収受できないことで買主とトラブルになる可能性があるため。
別除権者等との交渉⇒詳細は(ⅱ)	・配当表案の提示⇒全別除権者から了解を得る。 ・弁済についての充当合意

---

[187] 民再QA205頁
[188] エンジニアリング・レポート
不動産の状況調査書。物件を売却する際に、売主（再生債務者）が瑕疵担保を免責しない場合はもちろん、免責とする場合であっても（瑕疵担保免責であっても、売主が知りながら買主に開示していないことは「隠れた瑕疵」に当たらず、買主から損害賠償請求を受ける可能性がある）、売主として可能な限り調査を行うべきである。
そこで、問題が発生する可能性のある不動産を売却する場合には、土壌汚染も含めて、業者に検査を依頼しエンジニアリング・レポートを作成し、買主候補に開示することを検討する。なお、東日本大震災後、ERを要求されることが増えているようである。

第9章　担保関係

裁判所の許可又は監督委員の同意		・不動産売却の同意を得る。 ・別除権受戻しの同意を得る。 （根）抵当権以外に、マンションの滞納管理費・修繕積立金も別除権となる（区分所有法7条1項[189]）ので、該当があれば、受戻の同意が必要。
契約・決済[190]	買主との売買契約⇒詳細は(iii)	・売買契約は、瑕疵担保免責とするべきであろう。 ・契約決済で、代金は一括払いとすることが多いと考えられる。 ・代金決済を確認してから移転登記書類等の引渡しを行う[191]。
	別除権受戻し	・売買代金から、費用等を差し引いた差額を担保権者に返済し、担保を抹消する。 ・弁済金は充当し[192]、別除権不足額を確定する。

(ii) 別除権者等との交渉における留意点

(ア) 一般的留意点

任意売却をするには、別除権受戻しについて別除権者の了解が必要なので、別除権者と信頼関係を構築することが重要。具体的には、情報をなるべくマメに提供することで信頼関係が構築できることが多い。
別除権者が複数存する物件については、別除権者を集めて説明会を開催することもある（別除権者間で利害が対立するような場合に、スムーズに話を進めるため）[193]。
差押え・仮差押え等がされている場合、取消命令の申立てを行う（39条2項）[194]。

(イ) 配当案に係る留意点

　別除権者に、売却代金の配当案を提示して、社内決裁を得てもらう必要がある。配当案が、別除権者との交渉のポイントとなるので、配当案は、可能な限り早く開示して、担保権者の社内手続を進めてもらう必要がある。また、複数の別除権者がいる場合、調整に時間がかかることもあるので、その意味でも早めに提示するべきと考える。配当案で留意すべき点は、以下のとおり。

189　区分所有法第7条1項「区分所有者は、共用部分、建物の敷地若しくは共用部分以外の建物の附属施設につき他の区分所有者に対して有する債権又は規約若しくは集会の決議に基づき他の区分所有者に対して有する債権について、債務者の区分所有権（共用部分に関する権利及び敷地利用権を含む。）及び建物に備え付けた動産の上に先取特権を有する。管理者又は管理組合法人がその職務又は業務を行うにつき区分所有者に対して有する債権についても、同様とする。」

190　競売手続中の場合、売却期日後は原則として取下げができなくなるので、任意売却で処理する場合は、売却期日前に決済をする必要がある。

191　抹消登記には、監督委員の同意があったことの証明書及び印鑑証明書が求められることが多い。司法書士（及び法務局）に確認のうえ、準備を進める必要がある。なお、民事再生法上の保全処分の登記や、仮差押登記がされている場合には、再生債務者は、管轄裁判所に、保全処分が失効したことを明らかにして、抹消登記することを求める上申書を提出する方法により抹消をする（任意売却の実務200頁）。

192　抵当権者が銀行の場合、銀行取引約定書により、抵当権者が充当指定できるとされ、かかる約定は再生債務者に対しても効力を有すると解される。したがって、基本的には、抵当権者の充当指定を確認することになるのが一般的。

193　任意売却において配分方法を定める際に、最も問題となるのは抵当権者等の利害関係人相互の関係であるという指摘もあり、債権者間相互の顔を見える状態にしておくことが、調整をスムーズにし、結果として任意売却を可能にすると考えられる（任意売却の実務74頁参照）。

194　仮差押えについては、担保取消しに同意することを条件に取消しを促すことで相手が応じる場合はそれでもよい。

別除権者へ弁済すべき金額	売買代金から、以下の費用を差し引いた差額を担保権者に返済するように交渉を行う[195]。 ・担保権抹消登記費用 ・不動産仲介手数料 ・再生債務者への組入額（5％～10％が多いようである）[196] ・後順位担保権者の承諾料（いわゆるハンコ代） ・マンションの場合で滞納管理費がある場合は当該滞納額 ・その他実費など（印紙代、測量費、固定資産税売主負担分など）
共同担保物件の一部売却の場合	不動産が複数あり、共同抵当権者が複数いる場合や、物上保証人がいる場合には配当表に注意する必要がある。競売の場合には、民法392条で公平性が保たれることになるが、任意売却の場合はこのような代位の制度はないので、全物件を同時に売却した場合と同様の配当となるように、売却時点で調整ないし協定書を締結をする必要がある[197]。また、任意売却する不動産と、競売になる不動産が混在する可能性もあるため、任意売却時に、残存不動産について、任意売却により弁済を受けた根抵当権者は、弁済額について残存不動産の極度額を減額登記すべきであろう（民法398条の3、398条の16参照）。
土地と建物で抵当権者が異なる場合	土地と建物を一括して任意売却する場合で、土地の抵当権者と建物の抵当権者が異なる場合、競売実務に準じて、法定地上権が成立するものとして土地及び建物の評価をして、配分表を作成するのが公平にかなうと考える[198]。

(ウ) 滞納処分に基づく差押えがある場合

滞納処分に基づく差押えがある場合、税務当局と交渉が必要。なお、国税徴収法48条2項[199]は無益な差押えを禁止しており、かつ、同法79条1項2号[200]は無益な差押え（＝配当がないことが確実な差押え）を解除することを義務付けている。無益な差押えに該当する場合には、かかる条項を根拠に交渉を行う[201]。

---

195 そのほかに、事案によっては、地代を代払いした際の立替金、火災保険料の立替金、境界確定の費用、土壌汚染調査費用・除去費用、アスベスト撤去費用、動産除去費用なども控除の対象として交渉すべき場合がある（任意売却の実務91頁参照）。
196 再生債務者への組入れを求める理由は、以下のように考えられる（任意売却の実務　292頁～293頁参照）。
　①再生手続開始決定によって再生債務者の財産への差押えが禁止された一般債権者の代理人的な立場として、仮に差押登記をされた場合のハンコ代（的なもの）を請求するべきと考えられる。
　②任意売却先の探索、売買契約書の作成、（場合によっては）瑕疵担保責任の負担など、再生債務者の負担に対する見合いとして一定額の組入れを求めるべきと考えられる。
197 任意売却の実務　134頁～145頁及び248頁～267頁に詳しい。
198 任意売却の実務　148頁～152頁
199 国税徴収法第48条
　国税を徴収するために必要な財産以外の財産は、差し押えることができない。
　2　差し押えることができる財産の価額がその差押に係る滞納処分費及び徴収すべき国税に先だつ他の国税、地方税その他の債権の金額の合計額をこえる見込がないときは、その財産は、差し押えることができない。
200 国税徴収法第79条1項
　徴収職員は、次の各号の一に該当するときは、差押を解除しなければならない。
　一　納付、充当、更正の取消その他の理由により差押に係る国税の全額が消滅したとき。
　二　差押財産の価額がその差押に係る滞納処分費及び差押に係る国税に先だつ他の国税、地方税その他の債権の合計額をこえる見込がなくなつたとき。
201 具体的には、無益な差押えであることを証明する文書を添付したうえで、税務署長等に対して書面で差押え解除の要求を行う。なお、差押解除に応じない場合には、異議の申立て又は不服の申立を行い、さらには審査請求あるいは訴訟提起も可能である（国税通則法75条、87条、115条）。任意売却の実務115頁以下に詳しい。

第9章　担保関係

(iii) 売買契約における留意点

契約条件	瑕疵担保責任などによる予期せぬ負担が後から発生すると、再生計画の履行に支障を来す可能性があるので、可能な限り以下の条件とすべきと考える。 ・瑕疵担保免責 ・境界確定は行わない ・現状有姿での引渡しとする ・公募売買とする
	消費者契約法の関係が問題となり得るため、買主が事業者でない場合、物件の状況について知り得る限りの情報を提供するとともに、契約条件につき十分に説明を行う必要がある[202]。
固定資産税・消費税	売却年度の固定資産税は売主たる再生債務者が支払う義務を負うが、日割りで計算をして買主が負担すべき部分は売買代金に上乗せして支払を受けるべき。なお、建物に消費税がかかることがあるので、その点も注意が必要。

4　法定担保物権

(1)　民事留置権

　別除権とは認められない（53条1項。なお、破産法66条3項[203]と同様の規定はない）。したがって、民事留置権者は、被担保債権全額について再生債権者としてのみ権利行使が可能。

　ただし、裁判例は民事留置権に基づく留置の継続を認めている（**東京地判H17.6.10**）。一方で、別除権ではないため、再生債務者からの担保権消滅許可の申立てもできないので（148条1項）、再生債務者としては対応に困ることになる。

　そこで、その対象物が必要な場合には、再生債務者は、裁判所の許可により和解をして取り戻すしかないように考えられる。なお、**東京地判H17.6.10**は、被担保債権は再生計画案により縮減されるとした。したがって、計画案認可後に縮減された被担保債権を弁済すれば民事留置権を主張することはできなくはなる。したがって、再生計画認可決定確定まで待つことが可能であれば、待って弁済後に取り戻すことを検討すべきであろう。

東京地判H17.6.10（再生）　民事留置権に基づく留置が可能とした
判タ1212号127頁
「民事再生手続の開始あるいは再生計画によっても、民事留置権に基づく目的物の留置的効力は、当然には失われないものと解される。」とし、民事留置権によって担保された債権については、「本件建物に対する民事留置権によって担保された債権については、その行使にあたっても、甲の再生計画によって縮減されるものと解される。」とした。

---

[202]　この点、瑕疵担保責任免除の特約でなく、損害賠償額の上限（再生債務者に組み入れる額等）を定めるとか、瑕疵を発見する時期を短期に制限するなどの条項を入れるべきとの考え方もある（自由と正義2012年8月号48頁　長島良成「倒産事案における不動産処分の注意点」参照）。

[203]　破産法第66条
　　破産手続開始の時において破産財団に属する財産につき存する商法又は会社法の規定による留置権は、破産財団に対しては特別の先取特権とみなす。
　2　前項の特別の先取特権は、民法その他の法律の規定による他の特別の先取特権に後れる。
　3　第1項に規定するものを除き、破産手続開始の時において破産財団に属する財産につき存する留置権は、破産財団に対してはその効力を失う。

(2) 商事留置権

(i) まとめ

留置権者の権利	別除権として扱われる（53条1項）。 再生手続開始後であっても、競売の申立ては可能。ただし、通常時と異なり、競売の結果、目的物の換価代金を受け取っても、優先弁済権なく、相殺禁止に当たるとも考えられるため（93条1項1号）、結局再生債務者に戻す必要がある場合が多いと解する。もっとも、銀行取引約定書等で、弁済に充当にできる場合がある（**最一小判 H23.12.15**)[204]。
実務的対応	再生債務者が使用する必要がある場合、被担保債権の一部（担保物の評価額）を弁済する代わりに、留置物を返還する内容の別除権協定を締結して取り戻すことが多いと考えられる。

最一小判 H23.12.15（再生） 取立委任手形の取立金に対する商事留置権及び、弁済充当を認めた判例
民集65巻9号3511頁、判時2138号37頁、判タ1364号78頁、金判1382号12頁、金法1937号4頁
「取立委任を受けた約束手形につき商事留置権を有する者は、当該約束手形の取立てに係る取立金を留置することができるものと解するのが相当である。……上記取立金を法定の手続によらず債務の弁済に充当できる旨定める銀行取引約定[205]は、別除権の行使に付随する合意として、民事再生法上も有効であると解するのが相当である。……したがって、会社から取立委任を受けた約束手形につき商事留置権を有する銀行は、同会社の再生手続開始後の取立てに係る取立金を、法定の手続によらず同会社の債務の弁済に充当し得る旨を定める銀行取引約定に基づき、同会社の債務の弁済に充当することができる。」とした。

(ii) 信用金庫、信用協同組合、農業協同組合、漁業協同組合はいずれも商人性が否定されている（**最三小判 S63.10.18**、**最二小判 S48.10.5**、**最二小判 S37.7.6**、**最二小判 S42.3.10**）ので、これらについては商事留置権は成立しないと解される。もっとも、信用協同組合に関する判例は、商法の適用を認めているため、注意を要する。

最三小判 S63.10.18（民集42巻8号575頁）	信用金庫の商人性を否定した判例
最二小判 S48.10.5（判時726号92頁）	信用協同組合の商人性を否定した判例（ただし、商法の適用があるとしている）
最二小判 S37.7.6（民集16巻7号1469頁）	農業協同組合の商人性を否定した判例
最二小判 S42.3.10（民集21巻2号295頁）	漁業協同組合の商人性を否定した判例

(3) 建築請負代金を被担保債権とした建築中の建物に対する留置権の土地に対する効力

(i) 論点及び裁判例の整理

実務上、デベロッパーの民事再生で、建築請負業者の建築請負代金を被担保債権とした建築中

---

[204] 最一小判 H23.12.15 が、銀行取引約定書による弁済充当を認めたことから、相殺期間内に取立てができなかったとしても、銀行は弁済充当が可能と解される。
[205] 旧銀行取引約定書雛形（平成12年に廃止）上の対象となる文言は以下のとおり。

4条3項	担保は、かならずしも法定の手続によらず一般に適当と認められる方法、時期、価格等により貴行において取立または処分のうえ、その取得金から諸費用を差し引いた残額を法定の順序にかかわらず債務の弁済に充当できるものとし、なお残額がある場合には直ちに弁済します。
4条4項	貴行に対する債務を履行しなかった場合には、貴行の占有している私の動産、手形その他の有価証券は、貴行において取立または処分することができるものとして、この場合もすべて前項に準じて取り扱うことに同意します。

の建物に対する留置権の効力が土地に及ぶかが問題となることが多い。この点は、裁判例が分かれており注意が必要である[206]。

結論としては、土地に対する留置権成立否定説を前提に、請負業者、土地抵当権者等と調整のうえ、建物を完成したうえで、売却代金を請負業者、土地抵当権者、再生債務者に分配する旨の和解（別除権協定）を成立させて処理をするのが妥当なことが多い。

	論点	裁判例の概要
論点1	不動産に対する商事留置権は認められるか	否定裁判例もあるが（東京高判H8.5.28）、肯定裁判例が多い（東京高決H6.2.7、**福岡地判H9.6.11**）。
論点2	不動産に対する商事留置権が認められるとして、建築中の建物に対する留置権の効力が土地に及ぶか	肯定裁判例（東京高決H6.2.7、東京高決H10.11.27）もあるが、否定裁判例（東京高決H6.12.19、大阪高判H10.4.28、東京高決H10.6.12、東京高決H10.12.11）が多い。
論点3	留置権の効力が土地に及ぶとして底地の抵当権との対抗関係はどうなるか	請負業者の商事留置権の効力が土地に及ぶとしても、通常、底地には銀行の抵当権が設定されていることが多いため、当該抵当権と対抗関係に立つことなる。そして、建物建設は土地取得後になるので、通常、請負人は抵当権者に対抗できない（**福岡地判H9.6.11、大阪高決H23.6.7**）。

【論点1に係る裁判】

不動産に対する商事留置権を否定した裁判例	東京高判H8.5.28 判時1570号118頁
	東京高決H22.7.26 金法1906号75頁
不動産に対する商事留置権を肯定した裁判例。論点2,3記載の裁判例も肯定説を前提とする。	東京高決H6.2.7 判タ875号281頁
	福岡地判H9.6.11 判時1632号127頁

【論点2に係る裁判】

建築中の建物に対する留置権の効力が土地に及ぶことを肯定した裁判例	東京高決H6.2.7 判タ875号281頁
	東京高決H10.11.27（破産）判時1666号143頁
建築中の建物に対する留置権の効力が土地に及ぶことを否定した裁判例	東京高決H6.12.19（ただし、基礎工事の事例）判タ890号254頁
	大阪高判H10.4.28 金判1052号25頁
	東京高決H10.6.12 金法1540号61頁
	東京高決H10.12.11 判時1666号141頁

【論点3に係る裁判】

福岡地判H9.6.11（破産） 商事留置権を認め、対抗問題としたうえで、抵当権に劣後するとした裁判例（競売における配当異議事件）
判時1632号127頁、判タ947号297頁、金法1497号35頁
請負人Xが、抵当権者に優先配当をした配当表に対して配当異議を申し出て、底地の抵当権者Yに対し配当異議の訴えを提起した（債務者は破産）。

---

[206] この点、東京地裁民事執行センターの取扱いについて、「従前は買受人が不足の損害を被ることをがないようにという実践的見地から、肯定説（引用者注：留置権が成立する説）に立って事件を処理してき」たが、「少なくとも建物が完成していない事案については、商事留置権の成立を否定する確定裁判例があるものとして取り扱うべきであると解される状況とみてよいと思われます。……建物がいまだ完成していない事案については、従前の取扱いを変更し……不動産競売手続において売却条件を確定する際には、建物建築工事請負人の建物の敷地に対する商事留置権は成立しないものとして、当該土地を評価し、当該評価に基づいて売却基準価額及び買受可能価額を定め、売却を実施する扱いに変更することにしました」とされている（金法1912号81頁　村上泰彦）。

本判決は、Xの商事留置権は認めたものの「商事留置権の転化した特別の先取特権と根抵当権の優劣については、物権の優劣関係に関する一般原則たる対抗要件理論により判断すべきであり、右特別の先取特権に転化する前の商事留置権が対抗要件を備えた時点と根抵当権設定登記が経由された時点の先後によって、その優劣を決するのが相当である。」とし、Xの請求を棄却した。

| 大阪高決 H23.6.7 | 商事留置権を認めたうえで、抵当権者に対抗できないとした |

金判 1377 号 43 頁、金法 1931 号 93 頁

債務者Yの抵当権者Xが、Y所有の土地につき抵当権に基づく競売申立てをしたところ、当該土地上の建物の請負業者の建物に対する留置権を認め、土地については無剰余であるとして競売手続を取り消したため、Xが抗告をした。

本決定は、請負業者丙の土地に対する留置権は認められるとしたものの、「抵当権設定登記後に成立した不動産に対する商事留置権については、民事執行法 59 条 4 項の『使用及び収益をしない旨の定めのない質権』と同様に扱い、同条 2 項の『対抗することができない不動産に係る権利の取得』にあたるものとして、抵当権者に対抗できないと解するのが相当である」として、原決定を取り消した。

(ii) 実務的な対応

上記検討によれば、建物が建築中の場合、工事請負業者の土地に対する商事留置権は成立しないか、抵当権者に対抗できないとする考え方が有力であるため、かかる考え方を前提として交渉を進めるべきと考える。一方で、建築中の建物がある状態で抵当権を実行しても、競売による価格は低くなってしまうため、土地の抵当権者としても、積極的に競売を進めるインセンティブは働きにくい。さらに、再生債務者としては、事業を継続するために、工事を完成して販売することにより、一定の利益を確保したいところである。

そこで、請負業者、土地抵当権者等と調整のうえ、請負業者、土地抵当権者、再生債務者の三者で別除権協定を締結して建物を完成させたうえで、再生債務者が販売し、売却代金を、別除権協定の内容に従って請負業者、土地抵当権者、再生債務者に配分することが結論として妥当なことが多いと考える。

(4) 動産売買先取特権

先取特権のうち、実務上問題となるのは動産売買先取特権がほとんどなので、動産売買先取特権に絞って検討する。

(i) 論点及び裁判例の整理

論点	検討
再生手続開始後の行使の可否	判例は、動産売買先取特権の行使（物上代位を含む）は、買主に破産手続が開始された後でも行使可能であるとした（**最一小判 S59.2.2**）。同様に、再生債務者に対して物を売却した売主は、民事再生手続開始後も動産売買先取特権（物上代位を含む）を行使することが可能と解される。
行使の時間的限界	破産管財人が動産売買先取特権の対象物を売却し代金を回収した後は、売主は動産売買先取特権の行使はもちろん、不当利得返還請求もできないと解される（**東京地判 H11.2.26**）。同様に、再生債務者も差押えがなされない限り動産売買先取特権の対象物を売却をすることは可能であり、その場合、売主に対して不当利得返還請求等を負うことはないと考えられる。もっとも、当該取引先から継続的に仕入れる必要がある場合には、事業継続の観点から、一定の和解を検討すべき場合もあろう。
行使方法	通常の行使方法による。なお、動産売買先取特権については、特段の事情のない限り、別除権の届出をしないことにより別除権としての権利行使が制限されるとは解されない（**東京高決 H14.3.15**）。

第9章　担保関係

> **最一小判 S59.2.2（破産）**　買主に破産手続が開始された後に、売主が動産売買先取特権に基づく物上代位を行使することを認めた判例
>
> 民集 38 巻 3 号 431 頁、判時 1113 号 65 頁、判タ 525 号 99 頁、金判 695 号 3 頁、金法 1056 号 44 頁
>
> 「債務者が破産宣告決定を受けた場合においても、その効果の実質的内容は、破産者の所有財産に対する管理処分権能が剥奪されて破産管財人に帰属せしめられるとともに、破産債権者による個別的な権利行使を禁止されることになるというにとどまり、これにより破産者の財産の所有権が破産財団又は破産管財人に譲渡されたことになるものではなく、これを前記一般債権者による差押の場合と区別すべき積極的理由はない。したがつて、先取特権者は、債務者が破産宣告決定を受けた後においても、物上代位権を行使することができるものと解するのが相当である。」

> **東京地判 H11.2.26（破産）**　動産売買先取特権の担保権者の破産管財人に対する不当利得返還請求が否定された裁判例
>
> 金判 1076 号 33 頁
>
> 買主の破産管財人Yが転売代金を手形で回収した後に、売主XがYに対し、動産売買先取特権を根拠に、主位的には物上代位権による優先弁済権を有することの確認と当該手形金の支払を求め、予備的に、回収した手形金相当額について不当利得返還請求を求めて、訴えを提起した。
>
> 本判決は、管財人が対象物を売却し代金を回収した後は、売主は動産売買先取特権の行使はもちろん、不当利得返還請求もできないとした。

(ii)　実務的な対応

　債権者が動産売買先取特権を主張してきて、差押えがなされる可能性が高い場合には、別除権協定などを検討し、その可能性が低い場合には、早期売却・回収を検討する[207]。ただし、民事再生は破産と異なり取引継続の要請が高いことが多いため、取引関係を悪化させない範囲での和解的解決が要請される場面も多いと解される。

　なお、既に転売済みの場合であっても、売掛金に対する物上代位をされる可能性があるので、物上代位の可能性も含めて対応を検討する必要がある。

5　約定担保物権

　抵当権、質権などについては、実務的な対応が問題となることは少ないため、以下、所有権留保、譲渡担保、リースなどに限って取り上げる。

(1)　所有権留保売買

(i)　論点及び裁判例の整理

　所有権留保は、別除権として扱われるか所有権（取戻権）として扱われるか及び、別除権として扱われるとしてその権利行使の方法が問題となる。これまでの裁判例を整理とすると、概ね以下のように整理できる。

論　点	検　討
所有権か別除権か	所有権（取戻権）でなく、別除権として取り扱われると解する（**最二小判 H22.6.4**、**札幌高決 S61.3.26**）。したがって、49 条（双方未履行双務契約）の適用は否定される（最二小決 H22.6.4 からは明らかでないが **東京地判 H18.3.28** などは 49 条の適用を否定）。ただし、自動車の所有権留保付売買契約で、売主に所有権移転登録義務が残っている場合は、双方未履行双務契約として扱われるとした裁判例もある（**東京高判 S52.7.19**）。

---

[207]　この点、破産管財人の場合であるが、動産売買先取特権の存在の証明があれば、一定の優先権を認めた和解的処理をするのが穏当な処理という意見もある（NBL924 号 40 頁　荒井正児「動産売買先取特権」）。

取戻権行使の可否	所有権に基づく取戻権は否定されると解する（**札幌高決 S61.3.26**、**大阪地判 S54.10.30**）。ただし、手続開始決定前に担保実行手続が完了している場合には、所有権に基づく取戻権は可能と考えられる。
別除権行使に基づく対象物の引き上げの可否	所有権留保の別除権行使として対象物を引き揚げることは肯定せざるを得ないと考えられる（**東京地判 H18.3.28**）。なお、別除権を行使するためには、期限の利益を喪失している必要があるが、通常は民事再生の申立てが期限の利益喪失事由になっている。
対抗要件の要否	別除権者が別除権を主張するためには、自己の名義で対抗要件を具備することが必要（45条、**最二小判 H22.6.4**）。 動産を対象とする所有権留保は、占有改定に基づく対抗要件が問題となるが、占有改定の具備は慎重に検討する必要がある（参考裁判例：**東京地判 H22.9.8**）[208]。

最二小判 H22.6.4（再生） （民集 64 巻 4 号 1107 頁）	所有権留保は別除権であることを前提として、信販会社は信販会社名義の登録がないことを理由に、再生債務者に対して車両に対する所有権留保を対抗することができないとした。
札幌高決 S61.3.26（破産） （判タ 601 号 74 頁）	所有権留保に基づく取戻権を否定し、別除権行使をすべきとした。
東京地判 H18.3.28（再生） （判タ 1230 号 342 頁）	所有権留保は別除権であって双方未履行双務契約の規定は適用されないとしたが、一方で、別除権を行使することを認め、別除権に基づく自動車の引渡しを認めた。
東京高判 S52.7.19（更生） （判時 865 号 52 頁）	自動車の所有権留保付売買契約の、売主の所有権移転登録義務と買主の残代金債務は双方未履行の関係にあり、双方未履行双務契約の条文の適用があるとした。

大阪地判 S54.10.30（更生）

判時 957 号 103 頁、判タ 401 号 106 頁、金判 586 号 36 頁、金法 912 号 37 頁

機械を所有権留保付売買契約により売却したXが、買主Yに会社更生手続が開始された後に、所有権留保に基づき取戻を求めた事案について、「留保売主の有する権利は、……機能的には、担保権である。……留保売主の目的物の取戻権を否定し、譲渡担保権者と留保売主とを会社更生手続上同一に取り扱うのが、公正、衡平の理念（会社更生法 199 条、228 条、233 条、234 条）に合致する。」などの理由により、所有権留保機械売買契約の留保売主Xに取戻権は認められないとした。

東京地判 H22.9.8[209]（再生） 動産の所有権留保特約付売買における占有改定の事実を否定した裁判例

判タ 1350 号 246 頁、金判 1368 号 58 頁

XはYに家庭用雑貨を所有権留保特約付で売買したところ、Yに民事再生手続開始決定がなされたため、XがYに対して当該特約に基づく引渡請求を行った。本判決は、所有権留保が別除権であること、別除権の主張には対抗要件が必要である旨を判示したうえで、「本件基本契約においては、Yが、Xから納品を受けた本件商品を、代金支払の有無に関わらず……転売し引き渡すことが予定され、Xもこれを許容していたことや、……在庫商品について、Xから仕入れた本件商品が、他の仕入先から仕入れた商品と分別して保管されておらず、他の仕入先から仕入れた商品と判別することができない状況であったこと……などからすれば、本件商品の売却に際し、占有改定がされたと認めることはできない。」として請求を棄却した。

(ii) 実務的な対応

時系列	具体的な対応内容
設定状況の確認	契約書の内容及び、対抗要件の具備の状況などから、別除権者が再生債務者に対して別除権を主張できるか、否認の対象とならないかを確認する。

---

208 設定契約において、占有改定の意思が認められるかが問題となる（倒産と訴訟 321 頁）。なお、軽自動車も登録が対抗要件にならないので、占有（改定）が対抗要件となる。

209 高裁（東京高判 H23.6.7 金判 1398 号 14 頁に抜粋）も対象商品が流通（転売）することを前提としていることなどを理由に結論を維持し、最高裁は上告棄却した。

第9章 担保関係

別除権協定締結の交渉	別除権として認められる場合、再生債務者の事業に必要なものであれば、別除権協定を締結することを検討する。
別除権協定が締結できない場合	別除権協定の条件が折り合わない場合には、担保権実行中止命令（31条）で時間を稼いだり[210]（非典型担保に中止命令が適用されることについての参考裁判例：**大阪高決H21.6.3**、**福岡高那覇支決H21.9.7**）、担保権消滅許可の申立て（148条以下）を検討する。

なお、担保設定契約には、再生債務者の担保権保存義務が明記されていることが多く、そのような記載があるにもかかわらず担保対象物を処分した場合は、損害賠償請求権又は不当利得返還請求権を共益債権として主張される（119条5号6号）可能性があるので注意が必要[211]。

(2) 譲渡担保（総論）

(i) 論点及び裁判例の整理

基本的な考え方は所有権留保とほぼ同様と考える。

論点	検討	裁判例
別除権として認められるか	別除権として扱われる。	**最一小判S41.4.28**（更生） **最二小決H11.5.17**（破産）
対抗要件の要否	別除権者が別除権を主張するためには、自己の名義での対抗要件具備が必要と考えられる。	参考判例：**最二小判H22.6.4**（再生）
取戻権行使の可否等	所有権に基づく取戻権は否定されると解される。	**札幌高決S61.3.26**（破産）
	・49条（双方未履行双務契約）の適用は否定されると解される。 ・別除権に基づく引渡請求は肯定されると解される。	**東京地判H18.3.28**（再生）
物上代位の可否	破産の場合につき判例は肯定しており、再生においても、同様に可能と解する。	**最二小決H11.5.17**（破産）
再生債務者の担保物処分の可否	担保物を処分した場合、不当利得返還債務を負う可能性がある。	**東京地判H14.8.26**（再生）

最一小判S41.4.28（更生）

民集20巻4号900頁、判時453号31頁、金判529号199頁、金法443号6頁

「譲渡担保権者は、更生担保権者に準じてその権利の届出をなし、更生手続によつてのみ権利行使をなすべきものであり、目的物に対する所有権を主張して、その引渡を求めることはできないものというべく、すなわち取戻権を有しないと解するのが相当である。」

最二小決H11.5.17（破産）

民集53巻5号863号、判時1677号45頁、判タ1003号155頁、金法1555号48頁、金判1071号17頁

甲社が銀行Xに対する債務につき、動産譲渡担保を設定していたところ、甲社につき破産手続開始決定がなされYが破産管財人に選任された。

Xは、動産譲渡担保に基づく物上代位権の行使として、当該動産の甲社のAに対する売買代金債権の差押命令の発令を受けたのに対し、Yが執行抗告をしたが、本決定は、破産開始決定後でも動産譲渡担保に基づく物上代位は可能であるとした。

---

210 もっとも、所有権留保は、清算完了により担保権実行が完了すると考えられるが、清算金が発生しない場合（そのような事案がほとんど）、実行の意思表示のみで完了してしまうため、中止命令の活用の余地はあまり無い（NBL925号85頁　荒井正児「所有権留保」）。

211 再生債務者が従前締結していた契約の違約金条項やコベナンツにつき、民事再生手続開始後は拘束されるかについては、「民事再生手続における各種契約条項の拘束力の有無」森倫洋76頁以下（事業再生研究機構編『民事再生の実務と理論』）で、学説の紹介、分析がされている。

東京地判 H14.8.26（再生）	譲渡担保権に基づく不当利得返還請求権が共益債権であるとした裁判例

金法 1689 号 49 頁

　Yが銀行Xに対し、売掛債権について譲渡担保権を設定した状態で（対抗要件も具備）、Yに民事再生手続が開始した。Yが当該売掛債権を手形で回収したため、XがYに対し、手形金相当額の不当利得の返還等を求めて提訴したところ、本判決は「本件手形はYが訴外会社から本件売掛金債権の支払のために振出を受けたものであるから、Yが本件売掛金債権について期限の利益を失った後には、Yは本件売掛金債権の譲渡担保権者であるXとの関係において本件手形の実質的な取立権原を失い、本件手形金はXに帰属すべきものとなったというべきであるから、<u>Xとの関係で見れば、本件手形の取り立てによるYの利得は法律上の原因を欠いているといわざるを得ない。</u>」として、譲渡担保権に基づく不当利得返還請求権が共益債権であるとした（119条6号）。

(ii) 実務的な対応

時系列	具体的な検討内容
設定状況の確認	契約書の内容及び、対抗要件の具備の状況などから、別除権者が再生債務者に対して別除権を主張できるか、否認の対象とならないかを確認する。
別除権協定締結の交渉	別除権を再生債務者に主張できるものである場合、別除権対象物が事業に必要なものであれば、別除権協定を締結する。 一方で、事業に必要でない場合には、別除権の行使を促すか、任意売却をして別除権者に弁済をするなどの方策を取る。
別除権協定が締結できない場合	別除権協定の条件が折り合わない場合には、担保権実行手続の中止命令[212]（31条）により時間を稼いだり、担保権消滅許可（148条以下）も可能であると考えられる[213]。なお、物上代位が可能なので、それも念頭に置いて、処理を進める必要がある。

　なお、担保設定契約に再生債務者の担保権保存義務が明記されていることがほとんどなので、かかる義務に反する形で担保対象物を処分した場合は、担保権者から損害賠償請求権又は不当利得返還請求権を共益債権として行使される（119条5号6号）可能性がある。

(3) 集合動産譲渡担保の場合

(i) 集合動産譲渡担保の概要

定義（要件）	「その種類、所在場所及び量的範囲を指定するなどなんらかの方法で目的物の範囲が特定される場合には、一個の集合物として譲渡担保の目的となりうる」（最一小判 S54.2.15[214]）。
譲渡担保権設定者（債務者）の権利	担保実行に至るまで、通常の営業の範囲内で担保対象物である動産の処分をすることが可能であり、一方で、担保設定後に集合物の対象になった動産にも、譲渡担保の効力が及ぶと解される（参考判例：**最一小判 H18.7.20**）。

212　譲渡担保に対する中止命令を認めた例として、**大阪高決 H21.6.3**、**福岡高那覇支決 H21.9.7**
213　帰属清算方式による場合、清算金がある場合は清算金の提供とともに実行手続終了の通知を受ければ、清算金の無い場合は実行手続終了の通知を受けるだけで、譲渡担保手続は終了すると解されているが、終了すると中止命令や担保権消滅許可の申立ては適用されなくなる。しがたって、中止命令や担保権消滅許可の申立てをするのであれば早急に対応するべきである。さらに、中止命令は担保権者の意見を聴くので、その時点で通知をされてしまうと中止命令が発令できなくなるという問題があるので注意が必要である。
214　民集 33 巻 1 号 51 頁

第9章　担保関係

担保権実行方法（固定化について）	担保権を実行するためには、担保の対象物を確定する必要がある。これを固定化という[215]。固定化の時期については諸説あるが[216]、集合動産譲渡担保設定契約に固定化の時期が明示されていれば当該時期となり[217]、明示されていない場合は担保実行通知等が債務者に到達した時点と解する[218]（なお、固定化のためには、期限の利益を失っていることが前提になるが、一般的に民事再生手続申立て又は開始決定により期限の利益を失う約定がなされている）。

最一小判 H18.7.20（再生）　集合動産譲渡担保の後順位担保権者の担保権実行及び、担保権設定者の担保物の処分権限に関して判示した判例

民集60巻6号2499頁

「後順位譲渡担保権者による私的実行を認めることはできないというべきである」
「対抗要件を備えた集合動産譲渡担保の設定者がその目的物である動産につき通常の営業の範囲を超える売却処分をした場合、当該処分は上記権限に基づかないものである以上、譲渡担保契約に定められた保管場所から搬出されるなどして当該譲渡担保の目的である集合物から離脱したと認められる場合でない限り、当該処分の相手方は目的物の所有権を承継取得することはできない」

(ii)　実務的な対応

時系列	具体的な検討内容
設定状況の確認	契約書の内容及び、対抗要件の具備の状況などから、別除権者が再生債務者に対して別除権を主張できるか、否認の対象とならないか、担保権の及ぶ範囲はどこまでかを確認する。
別除権協定締結の交渉	対象物を売却できないと再生が困難なことが多い。そこで、担保権者との間で早急に別除権協定を締結する必要がある。なお、物上代位が可能なので、それも念頭に置いて、処理を進める必要がある。 具体的には、担保権者の通知がなされる前に（通知がされた後は撤回を促したうえで）、担保権者との間で、開始決定時の担保権評価額を確定させ、その金額で流入する対象物（対象債権）に対しても担保権の効力は及ぶが、再生債務者が対象動産の処分権限を失わない内容の別除権協定を締結するなどの方法が妥当と考える[219]。別除権協定において、別除権評価額がポイントとなるが、手続開始時の残高によって交渉をすべきであろう[220]。また、別除権協定では、毎月一定額を弁済することを定めることも多い。
別除権協定が締結できない場合の対応	担保権実行手続の中止命令 担保権の実行手続の中止命令（31条）は譲渡担保にも適用があると解されるので（**大阪高決 H21.6.3、福岡高那覇支決 H21.9.7**）、中止命令により交渉時間を捻出することも検討に値する。ただし、再生債務者には担保価値保存義務があると解されるので、担保を換価した資金を当然に使用できるわけではない点に留意をする必要がある[221]。また、31条1項本文の要件「競売申立人に不当な損害をおよぼすおそれがないものと認められるとき」との関係で、中止命令が発令されない可能性もある。
	担保権消滅許可の申立て 資金調達の目処が立てば、担保権消滅許可（148条以下）を検討する。

215　固定化までの間、担保権設定者は動産処分が可能であるが、固定化すると、担保権設定者は固定化した動産については処分権限を失う一方、固定化後に仕入れた商品には担保権の効力は及ばなくなるとする考え方が有力（新担保・執行法講座215頁　小林信明「非典型担保権の倒産手続における処遇」）

216　固定化については、再生手続開始決定によって固定化するという説や、固定化が不要とする説などもある（ABLの法律実務253頁）。

217　したがって、担保設定契約に再生手続開始決定により固定化するとの約定がある場合は、再生手続開始により固定化すると考えられるが、かかる約定は無効であるとする説も有力。

218　金法1927号86頁　「倒産手続におけるABL担保権実行の現状と課題」粟田口太郎

219　新担保・執行法講座219頁　小林信明「非典型担保権の倒産手続における処遇」参照。

220　NBL908号35頁　中村廉平「再建型法的処理手続におけるＡＢＬの取扱いに関する考察」

221　ABLの法律実務249頁

(4) 将来債権を含む集合債権譲渡担保の場合

(i) 将来債権譲渡担保の概要

要件	始期と終期を明確にするなどして譲渡の目的とされる債権が特定されることが必要。なお、債権発生の可能性が低いことは、契約の効力を当然に左右するものではないとされている（最三小判 H11.1.29[222]）
担保権設定者（債務者）の権利	担保実行に至るまで、担保対象債権を回収し回収金を使用することが可能である。なお、担保権設定者（債務者）に取立権限が残っていても、担保設定後に集合物の対象になった債権（＝将来債権）に、譲渡担保の効力が及ぶと解される（最一小判 13.11.22[223]）。
担保権者の権利	譲渡担保の目的とされた債権は譲渡担保契約によって譲渡担保設定者から譲渡担保権者に確定的に譲渡されるのであり、譲渡担保の目的とされた債権が将来発生したときには、譲渡担保権者は、譲渡担保設定者の特段の行為を要することなく当然に、当該債権を担保の目的で取得することができると解される（最一小判 19.2.15[224]）。
担保権の実行方法	第三債務者に通知したうえで[225]、当該第三債務者から担保権者が直接回収するか、債権譲渡をすることが考えられる。

(ii) 再生手続開始決定後に発生する将来債権部分に譲渡担保の効力が及ぶかについては争いがあるが、肯定する考えが有力であり[226]、実務的にも、肯定説を前提に交渉を行うべきと考える。ただし、担保権実行後に発生する債権には、効力が及ばないとする説が有力[227]。

なお、担保権設定契約の内容や締結時期によっては否認の対象になり得るので、注意が必要である。この点、従前は、債権譲渡登記がなく、第三者対抗要件（第三債務者に対する通知又は承諾）を具備するのが困難であったため、実務上、債務者の支払停止等を停止条件とする集合債権譲渡担保や、予約型の集合債権譲渡担保が行われていたが、**最二小判 H16.7.16** が、かかるタイプの譲渡担保が否認の対象となるとしたことから、現在では、ほとんど行われていない。

最二小判 H16.7.16（破産） 債務者の支払停止等を停止条件とする集合動産譲渡担保が否認の対象となるとした判例
民集58巻5号1744頁、判時1872号64頁、判タ1167号102頁、金法1721号41頁、金判1203号12頁
甲社は債権者Yとの間で、支払停止等を停止条件とする集合債権譲渡担保契約を締結していたところ、甲社の破産管財人XがYに対して否認権を行使した。本判決は、「その契約内容を実質的にみれば、上記契約に係る債権譲渡は、債務者に支払停止等の危機時期が到来した後に行われた債権譲渡と同視すべきものであり、上記規定に基づく否認権行使の対象となると解するのが相当である」とした。

東京地判 H22.11.12（破産） 債権譲渡予約に基づく集合債権譲渡担保が否認の対象となるとした裁判例
判時2109号70頁、判タ1346号241頁、金判1365号56頁
債務者甲社は、銀行Yに対する担保として、譲渡予約契約に基づく集合債権譲渡を行った。甲の破産管財人Xが当該債権譲渡に対し否認権を行使したところ、本判決は、「債務者の支払停止等を予約完結権の発生事由と

---

222 民集53巻1号151頁
223 民集55巻6号1056頁
224 民集61巻1号243頁
225 債権譲渡登記をしている場合には登記事項証明書を通知して債務者対抗要件を具備するとともに（動産・債権譲渡特例法4条2項）担保権者に支払うように支払先変更の案内を、民法の方法によって対抗要件を具備している場合には直接担保権者に支払うように支払先変更の案内を行う。
226 この点、肯定説に立ちつつも、一定の制限を加える折衷説も有力である（NBL872号60頁以下「倒産処理と担保権」伊藤眞など）。
227 金法1819号1頁 伊藤眞「集合債権（将来債権）譲渡担保と倒産処理手続」

する債権譲渡契約は、破産法162条1項1号の規定の趣旨に反し、その実効性を失わせるものであって、その契約内容を実質的にみれば、債務者に支払停止等の危機時期が到来した後に行われた債権譲渡と同視すべきものであり、同号に基づく否認権行使の対象となると解するのが相当である」とした。

(iii) 実務対応

時系列	具体的な検討内容
設定状況の確認	契約書の内容及び、対抗要件の具備の状況などから、別除権者が再生債務者に対して別除権を主張できるか、否認の対象とならないか、担保権の及ぶ範囲はどこまでかを確認する。
別除権協定締結の交渉	担保権を実行されてしまうと、資金繰りが破綻し再生が困難なことが多い。そこで、固定化の有無にかかわらず（実行通知の有無にかかわらず[228]）、担保権者との間で早急に別除権協定を締結する必要がある。 別除権協定の内容としては、担保権者との間で、担保権者の将来債権に対して譲渡担保の効力が及ぶことを認める一方で、将来債権譲渡担保の回収・使用権限を得る内容の別除権協定を締結して対応することが穏当であると考える（別除権協定において、別除権評価額がポイントとなるが、手続開始時の残高によって交渉をすべきであろう[229]）。
別除権協定が締結できない場合	担保権実行手続の中止命令（31条）は譲渡担保にも適用があると解されるので（**大阪高決H21.6.3**、**福岡高那覇支決H21.9.7**）、中止命令により交渉時間を作り出すということも検討に値する。もっとも、回収した資金を事業のために利用することが31条1項本文の「競売申立人に不当な損害をおよぼすおそれがないものと認められるとき」に当たるとして[230]、中止命令が発令されない可能性もある。

(5) リース債権者対応

（なおオペレーティングリースは賃貸借とほぼ同様に考えられるので、以下はファイナンスリースを前提とする[231]）

(i) リース債権の性質

リース契約は非典型契約であるため、その法的性質は解釈によるが、大きく賃貸説と金融説に分かれる。判例は金融説で固まっているため（**最二小判H7.4.14**、**最三小判H20.12.16**）、実務的には金融説による処理を進めるべきである。

最二小判H7.4.14（更生） ファイナンスリースの法的性格に対する最高裁判所の立場を明確にした判例
民集49巻4号1063頁、判時1533号116頁、判タ880号147頁、金判973号3頁、金法1425号6頁
リース会社Xは、事務機器につきフルペイアウト方式によるファイナンスリース契約を甲社と締結していたが、甲社が会社更生手続開始決定を受け、Yが管財人に選任された。 XがYに対してリース料の支払を催告した上で、リース契約を解除し、リース物件の引渡しとリース料の支払を求めて提訴したところ、本判決は、フルペイアウト方式のファイナンスリース契約は双方未履行双務契約に該当せず、未払いのリース料債権は全額が更生債権になるとした。

---

228 集合動産譲渡担保と同様に、実行通知によらず、再生手続開始決定によって固定化するという説や、固定化という概念が不要とする説もある（ABLの法律実務254頁）。

229 NBL908号35頁 中村廉平「再建型法的処理手続におけるABLの取扱いに関する考察」

230 NBL872号69頁「倒産処理と担保権」（伊藤眞）は、中止命令が発令されるとしても、かかる要件との関係で、取立金を事業のために用いることは、原則としてできないと解すべきとする。

231 ファイナンスリースとは、「リース契約に基づくリース期間の中途において当該契約を解除することができないリース取引またはこれに準ずるリース取引で、借手が、リース物件からもたらされる経済的利益を実質的に享受することができ、かつ、当該リース物件の使用に伴って生じるコストを実質的に負担するリース取引」をいい、オペレーティングリースとは、それ以外の取引をいう（「リース取引に関する会計基準」企業会計基準第13号 企業会計基準委員会）。実体的な感覚としては、ファイナンスリースは金融を受け、リース対象物を担保として、元本及び利息をリース料として弁済するもの、オペレーティング・リースは賃借料・メンテナンス料をリース料として支払うものをいう。

実際には、メンテナンス部分と金融部分が混合しているケースもあり、その場合の取扱いについては判然としない。

最三小判 H20.12.16（再生） リース契約に係る倒産解除条項の効力を否定した判例

民集 62 巻 10 号 2561 頁、判時 2040 号 16 頁、判タ 1295 号 183 頁、金判 1308 号 40 頁、金法 1869 号 42 頁

　リース会社 X は、事務機器につきフルペイアウト方式によるファイナンスリース契約を Y と締結していたが、Y が民事再生手続開始決定を受けたため、倒産解除条項に基づきリース契約を解除し、Y に対し、リース物件の引渡しとリース料相当額の支払を求めて提訴した。
　第 1 審は、倒産解除条項を有効としたが、控訴審は、倒産解除条項を無効としたため、X が上告した。
　本判決は、倒産解除条項は民事再生手続の趣旨、目的に反するものとして無効とした。

(ⅱ) 金融説の結論

リース業者の権利	別除権者となり、未払いのリース料債権は別除権付再生債権となる[232]。
別除権の行使方法	リース契約を解除する旨の意思表示で別除権の行使は完了するものと解されている[233]。
別除権行使の効果	リース対象物の返還請求権を有するものと解される（**東京地判 H15.12.22**）。
再生債務者の権利	再生債務者は、別除権を行使されるまでの間であれば、担保権消滅許可請求や中止命令申立てが可能と解される[234]。リース契約を解除されてしまうと（＝別除権を行使されてしまうと）、もはや担保権消滅許可の申立て等はできない。

東京地判 H15.12.22（再生）

判タ 1141 号 279 頁、金法 1705 号 50 頁

　再生債務者 Y の再生手続開始決定がリース契約の解除事由に当たるとして、リース会社 X が Y との間のリース契約を解除し、所有権に基づき返還を請求した。本判決は、リース会社は別除権を有するが、担保権を実行することによって完全な所有権を回復し、所有権に基づきリース物件の返還を求めることができるとし、かつ、リース会社 X に担保権実行行為があったとして、X の請求を認めた。

(ⅲ) 実務的な対応

区　分	具体的な対応
不要なリース品 ⇒返品	リース品を戻したうえで、残リース料とリース品の価値との差額を再生債権として取り扱う。
必要なリース品 ⇒別除権協定[235] の締結	別除権行使されないように、早めにリース会社に連絡をし、再生債務者に有利な内容で別除権協定の締結について申入れを行う。 リース対象物件の評価額が係争となることが多いが、リース料にメンテナンス料が含まれている場合には当該メンテナンス料は全額払うなどの工夫を行って別除権協定を締結するべく努力を行う[236]。
	別除権を行使されるおそれが高い場合には、別除権協定締結までの間、リース料を支払うことも視野に入るが、別除権協定締結前の支払は 41 条 1 項 9 号違反となる可能性があるので、慎重に対応することが必要。 また、別除権を行使される前であれば、中止命令（31 条）や担保権消滅許可（148 条以下）の申立てをする余地もあるのでかかる手続による解決も視野に入れる。

---

[232] もっとも、NBL1004 号 58 頁「民事再生法の実証的研究第 12 回」（杉本純子）では、大阪地裁・東京地裁等の実際の事件記録を分析したところ、調査対象 258 件のうち、リース債権を別除権として扱っているのは 104 件であり、共益債権として扱っているのが 37 件、その他が 42 件あると報告されており、実務上の運営が確定しているわけではない。
[233] 再生申立ての実務 209 頁
[234] ファイナンスリースが担保権消滅許可の申立ての対象となるかについては争いがある（QA500 188 頁）。
[235] 再生申立ての実務 213 頁にサンプルが掲載されている。
[236] リース取引を金融説で考えると、別除権協定で再生債務者が支払うべき弁済額は、リース対象物件の時価相当額となるが、一般的に、時価相当額は残リース料残額をかなり下回るため、そのような条件でリース債権者と合意することは困難であることが多い。そこで、実務的には、従前のリース料をそのまま支払う内容での別除権協定を締結することも多いが（監督委員も当該内容につき同意をしてもらえることが多い）、可能な限り減額するように交渉すべきであろう（再生申立ての実務 212 頁参照）。リース会社としても別除権を行使して市場で処分しても回収額が低額に留まることが多いため、交渉の余地はある。

第10章 （双務）契約

1 双務契約全般

　再生債務者が従前締結していた契約の効力をそのまま認めると、事業再生が困難となるケースがある。

　そこで、法49条は、双方未履行の双務契約について再生債務者に特別の解除権を認めている（→⑴）。

　一方で、双方未履行の双務契約について、相手方の解除権を認めると再生債務者の再生が困難となるケースがあり、そのような場合に相手方の解除権の主張を制限することが条文（50条）及び裁判例によって認められている（→⑵⑶）。

　以下、これらについて述べる。

⑴ 双務契約の基本（49条）

　双務契約であっても、再生債権者の履行が終了していれば、再生債務者の残債務は再生債権となるのみであり（動産売買先取特権等が適用になる可能性はある）、一方再生債務者の履行が完了していれば、再生債務者は相手方に残債務を請求するのみであり、問題となる点は少ない。問題は、双方未履行の双務契約である。

　双方未履行双務契約の規律は以下のとおり。

再生債務者の選択	相手方の請求権	留意点
履行	共益債権（49条4項）[237]	・黙示の履行選択が認められることがあるので注意が必要（**東京地判H18.6.26**）。
解除	・損害賠償請求権は再生債権（49条5項 破産法54条1項）。 ・現存反対給付は共益債権（49条5項 破産法54条2項）。	・解除は裁判所の許可（41条）又は監督委員の同意事項とされることがある。 ・権利の濫用に当たる場合、解除権が制限されると解される（**最三小判H12.2.29**）。

（注）相手方には催告権がある（49条2項）。

> **東京地判H18.6.26（再生）**　再生手続開始後、再生債務者が売買代金の一部を支払ったことが履行を選択した旨の黙示の意思表示になるとされた裁判例
>
> 判タ1243号320頁、判時1948号111頁
>
> 　YはXから物を購入し、売買代金を分割払いとした状態で民事再生手続が開始した。Yは、しばらくは監督委員から少額債権弁済許可を得て、その後は監督委員の許可を得ることなく、売買代金を分割払いで支払っていた。その後、Yが支払を止めたため、Xが残代金を支払を求めて提訴した。本判決は、①売主Xの負担するメンテナンス等の債務も買主の負担する売買代金支払債務と対価関係にあると解するのが相当であるとして、双方未履行双務契約の適用があることを前提として、②監督委員の弁済許可を受けずに分割弁済を行っていることにより黙示的に契約の存続を選択する旨意思表示したものとして、Xの請求を認めた。

---

[237]　開始決定前に対応する部分の債権についても共益債権になる（伊藤破産法278頁参照）。実務的には、特に請負契約において、一度解約したうえで再契約するという建付けとして、開始決定前の履行部分は再生債権として扱うことも多い。

> **最三小判 H12.2.29（破産）** 権利の濫用に該当するとして、破産管財人からの双方未履行双務契約解除が制限された事例
>
> 民集54巻2号553頁、判時1705号58頁、判タ1026号110頁、金判1090号4頁、金法1583号54頁
>
> Yが経営するゴルフ場のゴルフ会員権を保有する会員甲に破産手続開始決定がなされ、Xが管財人に選任された。XがYに対し、ゴルフ会員契約を破産法53条1項に基づき解除し、預託金全額の返還を請求したところ、第1審、控訴審ともXの請求を認めたため、Yが上告した。
> 本判決は、会員契約の解除によって一方当事者（Y）が著しい損失を蒙る場合には破産管財人Xによる解除権の行使が認められないと、破棄自判した。

(2) 双方未履行双務契約の相手方の解除権

(i) まとめ

民事再生申立てを理由とした解除等 → (ii)	取引先が、民事再生申立てによる契約解除を主張して、取引の打切りを主張してくることがある。誠意をもって説明し、取引を継続してもらうのが基本的な対応策である。 それでも、取引先が倒産解除条項による解除を主張してきた場合には、(ii) にあるように、解除が無効であることを説明する。
債務不履行解除[238]	再生債務者に共益債権について債務不履行がある場合、相手方は債務不履行解除が可能と解される[239]。この場合、相手方が解除した場合の損害賠償請求権や手付金等は再生債権だが、原状回復請求権は共益債権となると解される（**東京地判 H17.8.29**）。
別除権行使としての解除	再生手続において別除権の行使は妨げられないため、所有権留保売買などについて、別除権行使としての解除は可能と解される。

> **東京地判 H17.8.29（再生）**
>
> 判時1916号51頁、判タ1206号79頁、金判1224号8頁
>
> 「民事再生法は、共益債権となる請求権につき、『再生債務者財産に関し再生債務者等が再生手続開始後にした資金の借入れその他の行為によって生じた請求権』はこれを共益債権とする旨規定している（同法119条5号）。（これは）……再生手続開始後の業務遂行により、再生債務者等の相手方に生ずる請求権については、再生債権者全体の利益に資するものとしてこれを全体で負担する必要があるとの考慮に基づくものである。そして、上記の趣旨からすると、同号所定の『行為』を作為に限る理由はないから、再生債務者等の不作為によって相手方に発生した請求権についても、上記のような考慮を払うべきものについてはこれを共益債権として処遇すべきである。」

(ii) 民事再生申立てを理由とした取引先からの契約解除等の主張に対する対応策

相手の主張	対応
倒産解除条項を主張してきた場合	倒産解除条項（民事再生を申し立てたことを解除事由とする条項）の効力は、判例によって否定されているので（**最三小判 S57.3.30**、**最三小判 H20.12.16**）、契約の相手方が倒産解除条項に基づく解除を主張してきた場合には、かかる条項が無効であることを、当該判例を根拠に説明を行う。

---

[238] 契約に、一定の要件が発生した場合には解除できる旨（約定解除権）が定められている場合の、当該約定に基づく解除もほぼ同様に考えられる（ただし、民事再生の申立てを理由とする約定解除は(2)(i)上段記載のとおり議論がある）。

[239] 履行遅滞による債務不履行解除をするためには、債務者の帰責事由が必要と解されるところ、**最三小判 S57.3.30** は、弁済禁止の保全処分を命じられたときには、債務者に帰責事由がないとして解除できないとした。かかる判例を敷衍すると、再生手続開始後も再生債権の弁済が無いことを理由に解除することはできないが、共益債権の弁済が無いことを理由とした解除は可能と解される。

第10章 （双務）契約

| 譲渡禁止特約の効力を主張してきた場合（再生債務者が事業譲渡を行う場合） | 再生債務者が事業を継続する場合は問題とならないが、事業譲渡をする場合、再生債務者が締結している主要な契約に譲渡禁止特約があると、事業譲渡ができず、再生が困難となることがある。この点、譲渡禁止特約により事業譲渡が制約さるとすれば、民事再生法の趣旨に著しく反するとして、契約の相手方は事業譲渡禁止特約違反を理由に契約を解除できないとした裁判例がある（**東京地判 H15.12.5**）。この裁判例は、必ずしも一般化できるものではないと考えるが[240]、一つの参考になる。 |

最三小判 S57.3.30（更生） 会社更生で倒産解除条項の効力を否定した判例

民集 36 巻 3 号 484 頁、判時 1039 号 127 頁、判タ 469 号 181 頁、金判 645 号 12 頁、金法 1004 号 46 頁

　代金分割払いで動産を所有権留保により売却したXが、会社更生を申し立てた買主甲の管財人Yに対して、売買代金の履行遅滞を理由として解除を主張した。本判決は、「買主たる株式会社に更生手続開始の申立の原因となるべき事実が生じたことを売買契約解除の事由とする旨の特約は、債権者、株主その他の利害関係人の利害を調整しつつ窮境にある株式会社の事業の維持更生を図ろうとする会社更生手続の趣旨、目的（会社更生法一条参照）を害するものであるから、その効力を肯認しえないものといわなければならない」とした。

最三小判 H20.12.16（再生） 民事再生で倒産解除条項の効力を否定した判例

民集 62 巻 10 号 2561 頁、判時 2040 号 16 頁、判タ 1295 号 183 頁、金判 1308 号 40 頁、金法 1869 号 42 頁

　リース会社Xは、倒産解除条項に基づきリース契約を解除し、再生債務者Yに対し、リース物件の引渡しとリース料相当額の支払を求めて提訴した。本判決は、「民事再生手続開始の申立があったことを解除事由とする特約による解除を認めることは、このような担保としての意義を有するにとどまるリース物件を、一債権者と債務者との間の事前の合意により、民事再生手続開始前に債務者の責任財産から逸出させ、民事再生手続の中で債務者の事業等におけるリース物件の必要性に応じた対応をする機会を失わせることを認めることにほかならないから、民事再生手続の趣旨、目的に反することは明らか」とした。

東京地判 H15.12.5（再生）

金法 1711 号 43 頁

　Xを委託者、Yを受託者として譲渡禁止特約付商品製造委託契約を締結していたところ、Yに民事再生手続開始決定がなされ、Yは甲社に事業譲渡をしたため、Xが、解除に基づく保証金の返還等を求めて提訴した。本判決は、譲渡禁止特約により、事業譲渡が制約されということになれば、事業の再生を図るという目的が実現されず、民事再生法の趣旨に著しく反するなどとして、Xの契約解除を認めないとした。

(3) 継続的給付を目的とする双務契約

(i) 継続的給付を目的とする双務契約の規律（50条）

場合分け		相手方の請求権	備考
再生債務者からの選択	履行	申立後（一定期間毎に算定するものについては、申立日を含む期間分から）の債権は共益債権（50条2項）。	共益債権の範囲については争いがある（⇒(iii)）。
	解除	損害賠償請求権は再生債権（49条5項　破産法54条1項）。開始後の債権は共益債権（119条2号）。開始前の債権については、50条2項の適用の有無が問題となる（⇒(iii)）。	解除は裁判所の許可（41条）又は監督委員の同意事項とされることがある。

（注）相手方は、申立前の給付がないことを理由に解除ができない（50条1項）。

---

[240] 例えば、判示は「粗い」との批判がある（西本強　銀行法務21　635号47頁）。

(ii) 50条が適用される契約の範囲

電気、ガス、水道、（携帯）電話、新聞など	含まれることについてほぼ争いなし[241]。
賃貸借契約、リース契約	含まれないことについて争いなし。
倉庫保管契約、清掃契約、人材派遣契約など	含まれると解される[242]。

(iii) 50条2項により共益債権となる範囲

50条2項は、「双務契約の相手方が再生手続開始の申立て後再生手続開始前にした給付に係る請求権（一定期間ごとに債権額を算定すべき継続的給付については、申立ての日の属する期間内の給付に係る請求権を含む。）は、共益債権とする。」と定める。

そこで、以下の点が、論点として議論されている。

再生債務者が履行を選択した場合の申立前の未払債権	再生債務者が履行を選択した場合、申立前の給付の対価が共益債権となるか否かが問題となる[243]。思うに50条1項、2項により、申立後の部分に対応する部分（一定期間ごとに債権額を算定すべき継続的給付については、申立日を含む期間以降の部分）のみが共益債権になると解する[244]。 なお、実務的には、電気・ガス・水道等が保全処分の例外として支払が可能とされ、保全期間中に申立日前の未払い部分を支払うことも多く、かかる論点が問題となることは少ない。
再生債務者が解除した場合の共益債権の範囲	再生債務者が解除した場合にも50条2項が適用されるか否か（＝申立日を含む期間以降が共益債権となるか）が問題となり得るが、否定説が有力[245]。否定説によれば、再生債務者が解除した場合は、開始前の給付に対する対価は再生債権となる。
括弧書が適用される範囲	給付内容が可分か否かで判断され、例えば、派遣契約などは可分であり、申立前の部分は再生債権と考えられる（ただし、あくまでも私見）。

(4) 当事者間の抗弁

民事再生手続はDIP型であり、原則として、相手方は再生債務者について契約上・法律上の抗弁を主張できると考えられる。

しかしながら、管財人が選任された事案において、「管財人が再生債務者の有する権利を行使したとしても、再生債務者が行使する場合と必ずしも同視できるものではない。」として、再生債務者であればクリーンハンズの原則により請求が認められない可能性が高いと考えられる事案において、再生管財人による損害賠償請求を認めた裁判例もある（大阪地判H20.4.18）。

DIP型の民事再生手続において、当事者間の抗弁がいかなる範囲で主張できるのかは、今後の実務の推移を見守る必要がある。

---

241 ただし、プロパンガス契約のように、個々のガスボンベ毎の契約と考えられるものについては、含まれないと解される（ゴルフ再生210頁）。
242 民再QA118頁。なお、継続的給付を目的とする双務契約とは「当事者の一方が一定期間にわたって反復継続される可分的給付をなす債務を負い、他方が、各給付ごとにあるいは一定期間を区切ってその期間内になされた給付を一括して、これに対価を支払う義務を負担する契約に限られ」、「継続的契約関係があっても、再生債務者がそのつど、品質・数量等を指定し、あるいは施行工法を指示して注文しているような場合には、相手方に当然に継続給付が義務付けられているとはいえず、再生債務者による注文のつど、別個の契約が成立していると見るべきである」とされている（注釈民再法上275頁）。
243 条文としては、49条4項（履行を選択した場合、相手方の有する請求権は共益債権となるとする）と、50条2項（申立後の給付に対応する部分が共益債権になるとする）の関係が問題となる。
244 伊藤破産法875頁
245 実務下156頁。ただし、反対説（＝解除の場合にも50条2項が適用されるとする説）も有力（注釈民再法上278頁）。

2 売買契約

(1) 再生債務者が買主の場合

売主（相手方）のみが全部履行の場合	49条は適用されず、売主は再生債権者として権利行使し得るのみ。 なお、売主が動産売買先取特権を行使してきたり、あるいは売買契約に所有権留保特約があると主張してきた場合は、事実関係を契約書等で確認したうえで、対応を検討する必要がある（第9章参照）。
買主（再生債務者）のみが全部履行の場合	再生債務者は売主に引渡しを請求する。
双方未履行の場合	49条が適用される[246]。

(2) 再生債務者が売主の場合

売主（再生債務者）のみが全部履行の場合	再生債務者は買主に代金請求する。
買主（相手方）のみが全部履行の場合	買主は再生債権者。もっとも、買主の全部履行により所有権が移転しているとみなされる場合には、取戻権行使の可否が問題となる。
双方未履行の場合	49条の適用

(3) 直前に物を仕入れていた場合

事案に応じて対応が異なるが、申立てを決めた後に仕入れたような場合には、再生債務者の側から動産売買先取特権を認めて支払うことも一つの解決方法。

3 賃貸借契約

(1) 再生債務者が賃借人の場合

(i) 再生債務者の対応
⇒ 49条の適用。なお、共益債権となる賃料の範囲に注意（→(ii)）。

事業継続に必要な賃借物件	履行を選択する。この場合、賃貸人の請求権は共益債権となる（49条4項）。ただし、開始前の未払賃料は再生債権と解される（(ii)参照）[247]。なお、事業譲渡をする場合賃貸人の承諾が必要となる（敷金に質権が設定されている場合は、質権者との間で別除権協定を締結することも検討が必要）。 なお、賃貸人からの倒産開始原因を理由とする約定解除については、無効と解される（参考判例：**最三小判H20.12.16**）。ただし、共益債権について不払いがある場合、賃貸人からの債務不履行解除は可能と考えられる。
事業継続に不要な賃借物件	49条解除するのが一般的。再生債務者が解除を選択した場合、共益債権の範囲等も含めて、処理に注意をすべき事項が多い。具体的には以下のとおり。

---

246 なお、再生債務者が手付金を入れていた場合、再生債務者が49条で解除すると、契約書の約定に基づき手付金が没収されるのか（買主解除の場合の手付金没収条項が入るのが通常）、再生債務者に返還請求があるのかは裁判例も見当たらないため、現時点では、和解等で処理をするのが穏当であろう（実践マニュアル162頁参照）。

247 再生債権として未払賃料がある場合、再生債務者が共益債権としての賃料を支払っていても賃貸人が債務不履行解除できるかははっきりしない。

【再生債務者が解除を選択した場合の権利関係まとめ】

処理すべき事項		対応
賃料 →(ii)	開始決定前の未払賃料	再生債権
	開始決定後の賃料	共益債権
	解除特約[248]に基づく支払	→ (iii)
違約金条項		かかる条項が有効か否か、有効だとして共益債権か再生債権かで争いがあり、処理が難しいところであるが、現時点では再生債務者の負担を少なくする和解を目指して交渉をするのが穏当と考える。なお、和解せずに放置すれば未払賃料額が増加するので、明渡しを先行させるなどの工夫も必要。
原状回復費用		→ (iv)
敷金		敷金は、可能な限り、返還を求める。 なお、敷金が担保に入っている場合に、安易に未払賃料を増加させると担保保存義務に違反し（参考判例：**最一小判 H18.12.21**）、結果として再生債務者の負担が増える可能性があるので注意が必要。

(ii) 賃料のうち共益債権となる範囲

解除の有無にかかわらず、以下のとおりと解される。

再生手続開始決定以前の賃料	再生債権[249]
再生手続開始決定以降の賃料	共益債権（119条2号　参考判例：**最一小判 S43.6.13**）。 なお、賃貸借契約に賃料相当損害金を賃料の倍額等とする条項があっても、共益債権として認められる額はあくまでも賃料相当額であると解される（**東京高判 H21.6.25**）。

最一小判 S43.6.13（破産）　破産手続開始決定後の賃料相当損害金は財団債権であるとした判例

民集22巻6号1149頁、判時525号56頁、判タ224号139頁、金判115号9頁

「破産宣告後……土地上に物件を所有して占有することにともなう損害金債権は、破産法47条4号所定の財団債権に該当すると解すべきである。けだし、破産宣告によりその物件の所有者たる破産者甲においてその財産管理処分権を失ない、その権利が破産管財人に専属する以上、右物件を所有して占有するために生ずる損害金債権は、破産管財人の管理処分権にもとづいてする行為を原因として生ずるものと解するのが相当だからである。」

東京高判 H21.6.25（再生→破産）

判タ1391号358頁、金法1976号107頁

賃貸人Xが破産管財人Yに対して、賃貸借契約の解約金、店舗明渡しまでの賃料相当損害金等を求めて提訴したところ、第1審、控訴審ともに、甲の賃貸借契約の解除が民事再生法49条1項に基づく解除であることを前提に、中途解約違約金は民事再生法49条5項で準用される破産法54条1項の損害賠償として破産債権となるとしたが、賃貸借契約終了後明渡しまでは財団債権になるとした。また、財団債権の範囲は、賃料相当額で計算されるとした。

(iii) 再生債務者から49条解除した場合の違約金条項の有効性

賃借人から中途解約をした場合に賃借人は違約金を支払う旨の条項が賃貸借契約に入ることがある。賃借人たる再生債務者が49条解除した場合にも、当該違約金条項の適用があるかが問題

248　賃貸借契約書で、賃借人が解除する場合、数か月前に解除通知をするか数か月分の賃料を支払わなければならないと定められている条項を指す。
249　賃料が月払いである場合、開始決定日を含む月の賃料債権が共益債権となるという考え方もある（再生申立ての実務283頁）。もっとも、賃料は通常前払い（翌月分を前月末に支払う）であることが多いため、滞納賃料がない限り、問題となることは少ない。

となる。
　この点、破産管財人は賃貸借契約を解除するのが一般であるため（破産では事業継続しないため）、破産において争われることが多い。破産に関する裁判例の結論は分かれており、また契約条項の定め方による部分もあるため、事案に応じて、一定の和解をするのが妥当な処理だと考えられる。なお、解除特約[250]も同様に考えるべきであろう。
　論点を整理すると以下のとおり。

違約金条項の有効性	破産に関する裁判例は分かれているが、一定の範囲で違約金条項を有効として、敷金との相殺を認めたものが多いようである[251]。ただし、大阪地裁民事6部は、破産法53条解除については、違約金条項の適用はないとの見解に立っている[252]。
違約金条項が有効だとして、違約金請求権が共益債権となるか再生債権となるか	破産においては、破産債権説が通説的見解のようである。 したがって、あくまでも私見であるが、違約金条項が有効であるとしても、敷金との相殺を認めたうえで、残額があれば再生債権として権利行使ができるものとして交渉を行うべきと解する。

　以下、裁判例を紹介する。
　　(ア)　違約金条項の適用を否定した例

東京地判 H21.1.16（破産）

金法1892号55頁

　違約金条項は「賃料・共益費6か月分を支払うことにより本件契約を解除し得るとする趣旨であると解され、他の事由による本件契約の終了時にも賃借人が違約金を支払うべきことを規定したものであるとは解することができない。そうすると、前記1のとおり、本件契約は、……合意解除されたもの又は……破産法53条1項に基づき解除したものであるから、いずれにしても本件契約書20条3項が適用される場合に該当しないことは明らかであり」として違約金条項の適用を否定した。

東京地判 H23.7.27（破産）

判時2144号99頁

　保証金を放棄することにより即時契約を解除する旨の条項につき、「これは合意に基づく解約権（約定解約権）の行使の要件を定めたものと解され、破産管財人による破産法53条1項に基づく解除権の行使についての要件とは解されない上、同項は、契約の相手方に解除による不利益を受忍させても破産財団の維持増殖を図るために破産管財人に法定解除権を付与し、もって破産会社の従前の契約上の地位よりも有利な法的地位を与えたものと解されることをも併せ考えると、原告による……解除により、保証金残金の返還請求権が消滅するものとは解されない。」として効力を否定した。

東京高判 H24.12.13（再生→破産）　賃貸借契約を再生債務者が49条1項解除した場合に、解除特約の効力が認められないとした裁判例

判タ1392号353頁

　再生債務者が民事再生法49条1項に基づき解除した事案で、「解約の効力は解約を申し入れた日から6か月の経過をもって発生する」旨の特約の効力が問題となったところ、「期間の定めのある賃貸借契約について、賃

250　賃貸借契約書で、賃借人が解除する場合、数か月前に解除通知をするか数か月分の賃料を支払わなければならないと定められている条項を指す。
251　有力な学説は違約金条項の管財人に対する拘束力を肯定する。「解除に際して、賃貸借契約中の解約予告期間条項、敷金等放棄条項や違約金条項が破産管財人を拘束するかどうかについても議論があるが……、実体法上有効と認められる限り、……破産管財人もその負担を受忍せざるを得ず、これに拘束されると解すべきである」（伊藤破産法363頁）とする。
252　破産QA279頁　大阪運用と書式116頁。銀行法務21　703号22頁　井上計雄「賃借人破産における破産法53条1項による解除の規律」も、否定する。

借人による期間途中での解除を認める約定解除権を留保するとともに、その解除権を行使して賃借人から一方的に解除をするときの効力発生時期を定めた特約であると解することができるから、この約定解除によらず、法定解除による場合にも本件解約権特約が直ちに適用されるということはできない。」として効力を否定した。

なお、請負契約における違約金条項について、適用を否定した裁判例がある（名古屋高判H23.6.2、**札幌高判 H25.8.22**）。

(イ) 違約金条項を合理的な範囲に限定した例

名古屋高判 H12.4.27（破産）

判時1748号134頁、判タ1071号256頁

違約金特約は相殺契約であり、「破産手続における相殺は、他の破産債権者に優先して満足を与える結果となるものであるから、少なくとも相殺できることへの合理的な期待の範囲内で認められるべきものであり、右範囲を超える相殺は、破産債権者全体の公平を害することになって、破産法104条各号に具体的に該当しなくとも、権利の濫用として許されないものである。」

(ウ) 違約金条項の適用を肯定した例

大阪地判 H21.1.29（再生） 違約金条項の適用を肯定して再生債権として認めた裁判例

判時2037号74頁

「法は、その49条1項において、双方未履行の双務契約につき再生債務者等に、当該契約を履行するか解除するかを合理的に選択することができる権能を付与したにとどまり、その選択に伴う結果それ自体（解除を選択した場合に履行を受けられなくなること）を除けば、再生債務者等との契約の相手方が民法の規定や有効な契約の定めにより実体上有していた地位を当然に失わせて、その不利益を甘受させることまで許容しているとは解されない。」

東京高判 H21.6.25（再生→破産） 違約金条項の適用を肯定して損害賠償請求権（再生債権）として認めた

判タ1391号358頁、金法1976号107頁

「本件中途解約申入れは民事再生法49条1項の法定解除権の行使であると認められるから、本件中途解約申入れによって本件中途解約違約金条項に基づく中途解約違約金が発生するとしても、当該違約金の支払は、民事再生法49条5項で準用される破産法54条1項の『損害の賠償』に該当するというべきである。」

東京地判 H20.8.18（破産） 違約金条項に基づく違約金と敷金の相殺を認めた裁判例

判時2024号37頁、判タ1293号299頁、金法1855号48頁

「破産法53条1項に基づく解除は、破産という賃借人（破産会社）側の事情によるものであるから、本件違約金条項にいう『賃借人の自己都合及び原因』、『賃借人のやむを得ない事由』により賃貸借期間中に契約が終了した場合に当たる。したがって、本件違約金条項は、破産法53条1項に基づく解除に適用される。」

(ⅳ) 原状回復費用の性質（再生債権か共益債権か）

賃貸借契約が再生手続開始前に終了したか、再生手続開始後に終了したかで性質は異なる。

再生手続開始前に賃貸借契約が終了している場合	再生債権
再生手続開始後に賃貸借契約が終了した場合	共益債権説が有力であるが、再生債権説もある。和解で処理をするのが穏当と考える。

実務的には、敷金返還請求権と相殺できる範囲で処理をしてもらうことが多い。しかしながら、そもそも敷金がない契約であったり、敷金返還請求権を超えて、未払賃料や原状回復費用が発生する場合に問題となる[253]。

---

[253] 敷金が、未払賃料や原状回復費用に満たない場合、どのような順番で充当すべきについても諸説あるが、弁済期の順番（民法489条3号説）によれば、開始決定前の未払賃料、開始決定後の未払賃料、違約金、原状回復費用の順番になると解される（銀行法務21　704号24頁「敷金が未払賃料や原状回復費用等全部を賄うに足りない場合における処理について」堀政哉）。

(v) 借地権付建物の場合の注意点

借地権付建物の場合、土地賃貸借契約を解除すると建物収去・土地明渡義務が発生するので、地代を払ったうえで任意売却するか、地主に買い取ってもらうなどの努力が必要である。また、当該建物を賃貸している場合には賃借人保護の観点からも、借地契約が継続されるように留意すべきであろう。

なお、借地権付建物に抵当権が設定されている場合、安易に地代を支払わずに地主から土地賃貸借契約を債務不履行解除されると、担保権保存義務に違反したとして担保権者から損害賠償請求を受ける可能性もあるので、対応に注意が必要である。当該建物の借地権付建物の価格、抵当権の被担保債権の額、地代の額などを総合して検討することになるが、いずれにしても早期に抵当権者と処理を詰める必要がある。具体的な対応としては、地代を払って借地権を維持したうえで任意売却をする方法（この場合、共益債権となる地代については、抵当権者の負担とする＝売却代金から負担するように交渉すべき）か、担保権者による地代代払制度（民執56条1項）等を活用するように促したうえで、借地契約を解除をする[254]などの方法が考えられる。

(2) 再生債務者が賃貸人の場合

(i) 双方未履行双務契約の規律（49条）適用の有無

賃借人が対抗要件を備えている場合[255]（51条、破産法56条1項）	49条の適用なく、解除不可。 再生債務者は賃借人に賃料を請求していくことになるが、92条2項による相殺の主張がなされることも多い。
上記以外の場合	49条が適用されるので、再生債務者は解除可能。

(ii) 賃料の前払いや債権譲渡があった場合

再生手続開始前に賃料の前払いや賃料債権譲渡がされている場合、対抗要件等を備えている限り認めざるを得ない。ただし、賃料債権の譲渡時期や譲渡金額によっては否認の余地がある。

(iii) 敷金返還請求権の保護（92条2項、3項）

(ｱ) 賃借人の敷金返還請求権は停止条件付再生債権となると解される（**東京地判H14.12.5**）が、92条2項及び3項により賃料6か月分までの敷金返還請求権は保護される。敷金とは「不動産の賃借人が、賃料その他の債務を担保するために、賃貸人に交付する金銭」（『法律学小辞典』有斐閣）であり、いわゆる建設協力金など、賃貸人である再生債務者に対する貸付と判断される部分は敷金に該当せず通常の再生債権として処理すべきと解されるので留意が必要である。

なお、抵当権者が賃料に物上代位してきた場合や、賃料が再生手続前に債権譲渡されていた場合には、賃料は再生債務者に支払われないが、このような場合でも賃借人が抵当権者や債権譲受人に賃料を払うことで、92条2項、3項の保護を受けられるかについては議論がある[256]。

---

254 抵当権者は、賃料を第三者弁済（民法474条2項）又は代払い（民事執行法188条、56条）することにより、賃貸人の解除を回避することが可能となる。
255 借地借家法が適用される場合の対抗要件は以下のとおりとなっているので、材料置場を更地として賃借しているような場合を除き、賃借人が対抗要件を備えているケースがほとんど。

建物賃貸借	建物の引渡し（借地借家法31条1項）
建物所有目的の土地の賃貸借	建物登記（借地借家法10条1項）

256 否定説が有力であるが（実務下143頁。再生申立ての実務280頁）、肯定説もある。

第1編　民事再生手続

東京地判 H14.12.5（更生）

金判 1170 号 52 頁

賃借人Xが更生管財人Yに対し、敷金返還請求権が共益債権であることの確認を求める訴えを提起したが、「本件敷金返還請求権は、法が共益債権として定める各規定に該当しない以上は共益債権ではなく、一般原則どおり、更生手続開始前の原因に基づいた財産上の請求権として更生債権となるものと解さざるを得ない」とした。

(イ)　92 条 3 項の 6 か月分賃料の共益債権化の内容及び賃借人の退去の際の債務（未払賃料債務や原状回復費用債務）と、再生計画に基づく敷金の権利変更の関係は、条文上明らかでない。以下のようないくつかの説があるが、東京地裁は、いずれの説による計画案も許容する運用としているようである[257]。再生計画案に疑義のないように定めておくことが肝要である。

設例の前提	・敷金／1000 万円　　月額賃料／100 万円 ・再生計画の内容は再生債権 90％免除。 ・開始決定後 6 か月間賃借人は賃料を払った。 ・計画案認可決定確定後に退去。明渡時に 2 か月分賃料（200 万円）滞納、原状回復費用 120 万円未払い。
権利変更先行説	敷金 1000 万円－ 100 万円× 6 か月分＝ 400 万円が再生債権 賃借人は 400 万円× 10％＝ 40 万円の弁済を受けられるが、再生債務者に対して滞納賃料 200 万円＋原状回復費用 120 万円＝ 320 万円の債務があるため、結局 320 万円－ 40 万円＝ 280 万円を支払う必要がある。
当然充当先行説	敷金 1000 万円－ 100 万円× 6 か月分－滞納賃料 200 万円－原状回復 120 万円＝ 80 万円が再生債権 賃借人は 80 万円× 10％＝ 8 万円の弁済を受けられる。
充当制限説	敷金 1000 万円－ 100 万円× 6 か月分－原状回復 120 万円＝ 280 万円が再生債権 賃借人は 280 万円× 10％＝ 28 万円の弁済を受けられるが、再生債務者に対して滞納賃料 200 万円の債務があるため、結局 200 万円－ 28 万円＝ 172 万円を支払う必要がある。

(iv)　賃貸不動産の譲渡と敷金の処理

再生債務者が賃貸不動産を譲渡する際に、賃借人は買主に対して敷金返還請求権全額を請求できるか否か、つまり、敷金返還請求権債務全額が買主に承継されるかが問題となる[258]（なお、賃貸不動産の譲渡に伴って、未払賃料充当後の敷金返還債務も当然に承継されると解されている。最一小判 S44.7.17）。

再生計画認可決定確定前の譲渡	全額承継するという考えが有力。
再生計画認可決定確定後の譲渡	権利変更の効力は生じているものの、敷金返還請求権が顕在化していない（＝明渡未了）。買主は権利変更の効力を賃借人に主張できると解されるが、買主が、賃借人から全額請求されトラブルになる可能性を懸念する場合もある[259]。 買主との交渉においてかかる論点により交渉が長引くことを避けるため、購入者選定（特に入札の場合）の際に、敷金返還債務の免責的債務引受とは別に譲渡価格の提示を受けるのではなく、敷金返還債務の債務引受を含んでの譲渡価格（＝トラブルとなる可能性を含んでの譲渡価格）の提示を受けて、価格の一番高い者を買主とするなどの工夫をすべきと考える。

なお、賃借人が建設協力金を賃貸人に差し入れ、賃貸人との間で将来の賃料債務と建設協力金返還債務の相殺合意がなされていた事案で、賃貸人の特別清算手続開始決定後に、賃貸人の地位

---

[257]　実務下 145 頁
[258]　いわゆる建設協力金などは敷金とは異なり承継対象にならないと解されるので留意が必要である。
[259]　対応として、賃貸不動産が譲渡された場合の敷金返還請求権の取扱いについて再生計画案で明確にするという方法も紹介されている（QA500　125 頁）。

が第三者に承継された場合、賃借人は当該第三者に将来の賃料についても相殺の主張ができるとした裁判例がある（**仙台高判 H25.2.13**）ので、注意が必要。

仙台高判 H25.2.13（特別清算）	賃貸人の将来の賃料債権と賃借人の建設協力金返還請求権の相殺合意がなされていた場合、賃貸人の特別清算手続開始決定後、賃借人（X）は賃貸人（甲）の地位を承継した第三者（Y）に将来賃料の相殺の主張ができるとした裁判例
判タ1391号211頁、金判1428号48頁	

「特別清算手続によってXの甲に対する本件建築協力金等の返還請求権が制限を受けることと、本件建築協力金等の返還請求権を自働債権とする本件相殺契約の効力が任意売却によって特別清算手続から離脱した後の賃貸不動産に及ぶか否かは、問題の局面を異にする……本件相殺契約は、……本件賃貸借契約書に一条項として記載されて本件賃貸借と一体となってその内容になっているというべきである。したがって、賃貸人の地位を承継したYに対しても当然に効力を有し、……Xは、Yが賃貸人の地位を承継した後の本件賃料についても本件相殺契約に基づく相殺を主張することができると解するのが相当である。」

4　請負契約

(1)　再生債務者が請負人の場合

(ⅰ)　請負人又は注文者のいずれかが全部履行の場合

請負人（再生債務者）が全部履行している場合	再生債務者は注文者に代金請求。
注文者（相手方）が全部履行の場合	注文者は再生債権者となる。したがって、アフターサービス請求権[260]も含めて再生債権となると解される（**大阪地判 H13.6.29**）[261]。 もっとも、債権届出期限においては、アフターサービス請求権額の有無及び額が不明であることが多い[262]。再生債権は、届出がなければ失権する（178条）との取扱いが原則と考えられるが、再生計画に未確定の再生債権に関する定め（159条）として後から瑕疵が発見された場合の対応を記載するとの対応も考えられる。また、181条1項2号に該当するとの考え方もあり得よう。

大阪地判 H13.6.29（更生）	
判タ1095号284頁	

「本件保証契約は、更生手続開始決定前……に締結されたものである。また、……本件建物の建築工事及び引渡しは、やはり更生手続開始決定前の平成5年11月15日ころ行われたものである。したがって、本件における瑕疵修補に代わる損害賠償請求権は、その請求権の主要な原因が更生手続開始決定前に生じていたものであるから、更生債権と認めるのが相当である。」

---

[260]　アフターサービス請求権は、より具体的には、①約定に基づく定期点検や修補義務、②瑕疵修補請求権又はそれに代わる損害賠償義務（業法上の瑕疵担保責任を含む）、③営業サービスとして行われるアフターサービスがあるが、権利性が認められるのは①②と説明される（銀行法務21　762号37頁「アフターサービス請求権の処理」野城大介）。

[261]　もっとも、事業継続のために、アフターサービスを行わざるを得ない場合もある（大口の注文者から今後も発注をする条件として、過去の終了済みの工事のアフターサービスを行うことを求められた場合など）。このような場合の対応は悩ましいが、監督委員の同意を得て個別に一定の和解をするなどの方法が考えられよう。

[262]　発生するかどうかわからないアフターサービス請求権は、通知をすべき対象者の特定（35条3項）、自認債権の範囲、議決権を付与するか、再生計画案にどのように定めるかなどが問題となる（銀行法務21　762号36頁「アフターサービス請求権の処理」野城大介）。

(ii) 双方未履行の場合
(ア) 49条の適用

解除を選択した場合 (→(イ))	既成部分がある場合、解除できるのは未成工事部分に限られると解されている（**最三小判 S56.2.17**）[263]。 実務的な対応は、請負契約では、前受金を受けていることが多いので、工事出来高と前受金との金額の大小で、異なってくる。
履行を選択した場合	再生債務者は請負人の義務を履行して報酬請求をする。

最三小判 S56.2.17

裁判集民132号129頁、判タ438号91頁、金判617号16頁、判時996号61頁、金法967号36頁

注文者による債務不履行解除の事例で、「建物その他土地の工作物の工事請負契約につき、工事全体が未完成の間に注文者が請負人の債務不履行を理由に右契約を解除する場合において、工事内容が可分であり、しかも当事者が既施工部分の給付に関し利益を有するときは、特段の事情のない限り、既施工部分については契約を解除することができず、ただ未施工部分について契約の一部解除をすることができるにすぎないものと解するのが相当である」とした。

(イ) 解除を選択した場合の具体的対応

再生債務者が解除した場合の具体的な規律は以下のとおり。

なお、請負契約に違約金条項がある場合、再生債務者が49条1項で解除した場合にも違約金条項の適用があるかが問題となるが、破産管財人の解除について適用を否定した裁判例がある（名古屋高判H23.6.2、**札幌高裁 H25.8.22**）。

前受金＞工事出来高の多い場合	前受金（既払報酬）から工事出来高を控除した残額が49条5項、破産法54条2項の共益債権となると解される（**最一小判 S62.11.26**）。したがって、前受金を多額に受領していた場合には、注文主からの債務不履行解除を待つことも検討が必要（ただし、催告をされると解除せざるを得ない）。
前受金＜工事出来高の場合	再生債務者としては、未収分を請求すべき。ただし、工事の途中で解除することにより、注文者には追加の続行工事費用がかかることが通常であり、当該追加費用を考慮すると請求が認められる金額は限定されるものと解される（参考裁判例：**大阪地判 H17.1.26**。もっとも、破産の事例で注文者の損害賠償請求による相殺を否定した裁判例として**東京地判 H24.3.23**、**札幌高判 H25.8.22**がある。）。

最一小判 S62.11.26（破産） 既払報酬（前受金）から工事出来高を控除した残額が破産法54条2項の共益債権となるとした判例

民集41巻8号1585頁、判時1265号149頁、判タ661号113頁、金判789号3頁、金法1187号30頁

請負建築業者である甲社は、約8割の報酬を受け、6割しか工事が終了していない状態で、破産手続開始決定を受けた。そこで、注文者Xが管財人Yに対して、2割分について財団債権であるとして提訴した。本判決は、請負契約の目的が「破産者以外の者において完成することのできない性質のものであるため、破産管財人において破産者の債務の履行を選択する余地のないときでない限り」、請負契約の請負人破産に破産法59条（当時、現行破産法53条）が適用されることを前提に、既払報酬から工事出来高を控除した残額が財団債権になるとした。

---

[263] なお、既成工事部分の所有権につき、裁判例は、請負人が材料の全部又は主要部分を調達している場合は請負人の所有に帰属し、引渡しによって注文者になるとする（最二小判S46.3.5判時628号48頁）が、請負契約の特約により、注文者に取得させる旨の約定がある場合は注文者となる（最三小判H5.10.19民集47巻8号5061頁）とする。

第10章 （双務）契約

大阪地判 H17.1.26（再生） 民事再生手続が開始された請負人が解除したケースで、既成工事部分の請負代金請求が結論として認められなかった事例

判時1913号106頁

請負人甲の民事再生法49条1項解除に伴う注文者Yに対する既施行部分工事出来高に相当する未払請負代金を、甲から営業譲渡（債権譲渡を含む）を受けたXがYに対し請求したところ、本判決は「請負契約は、仕事が完成し引き渡されることで報酬が支払われる双務契約であるので（民法632条、633条）、請負人が請負工事を途中まで行い、その後請負人の責めに帰すべき事由によって工事を中止した場合、仕事を完成していない以上、原則として既施行部分の出来高報酬を注文者に請求することはできないものと認められる。しかしながら、注文者が既施行部分の引渡を受けて、それを利用し、別の第三者と続行工事の請負契約を締結し、既施行部分の利益を受けて残工事を完成させたような場合は、……請負人に既施行部分の出来高相当の報酬請求権を認めるのが相当である。 ただし、……注文者の続行工事費用が増大し、既施行部分を考慮しても、なお損害が生じているような場合は、上記出来高相当の報酬請求権を認めるべき前提をそもそも欠いているものと認められ、請負人に出来高の報酬請求権を認めるべきではない。 そして、以上のことは、民事再生法49条の解除権が行使された場合も同様と考えられる。」とした。

東京地判 H24.3.23（破産） 請負人破産において、注文者の損害賠償請求権による相殺を否定した裁判例

判タ1386号372頁、金法1969号122頁

請負人の管財人Xが、注文者Yに対して施工した部分の出来高相当額から既払額を引いた額を求めて提訴したのに対し、Yが損害賠償請求権で相殺するとして争った。
本判決は、「Yが主張する損害賠償請求権は、Xの法53条1項に基づく解除によって生じたものであり、破産手続開始前には発生すらしていなかったもので、破産手続開始前にYがこの請求権を取得していたものと同視することはできないし、Yが保護に値する相殺に対する期待を有していたとも認められない。したがって、法72条1項1号の類推適用により、Yが、前記損害賠償請求権を自働債権とし、破産財団に属するYに対する請負報酬請求権を受働債権とする相殺を行うことは許されない。」として、Xの請求を認容した。

札幌高判 H25.8.22（破産） 請負契約を破産管財人が53条1項解除した場合に、請負契約の違約金条項の適用がないとした裁判例

金法1981号82頁

請負業者甲社の破産管財人に選任されたX（正確には共同破産管財人）が、甲社とYとの請負契約を破産法53条1項により解除し、未払いの請負工事代金を求めて提訴したのに対し、Yが破産法54条1項に基づく損害賠償債権で相殺するなどとして争ったところ、「法定解除権に基づく解除の意思表示をしたときには、Yが更に本件契約を解除することはできないのであるから、Yの約定解除権を定める本件約款43条1項が、本件管財人解除のように法定解除権に基づく解除の意思表示をしたことをYの約定解除権の発生事由と定めたものと解することはできない。本件賠償金条項は、YがYの約定解除権を定める本件約款43条1項所定の解除事由に基づいて本件契約を解除した場合に適用されるものであり、本件契約がほかの事由に基づいて既に解除されたときには適用されるものではなく」としてXの請求を概ね認めた。

(2) 再生債務者が注文者の場合

(i) 注文者又は請負人いずれかが全部履行の場合

注文者（再生債務者）が全部履行の場合	再生債務者は請負人に仕事の完成を請求。
請負人（相手方）が全部履行の場合	請負人は再生債権者（引渡未了であれば、留置権を行使できる可能性がある）。

(ii) 双方未履行の場合（49条の適用）

工事を中止する場合	再生債務者は、49条により解除を行う。 この場合、相手方（請負人）の請負報酬・損害賠償は再生債権と解する[264]。 なお、請負人が商事留置権を有している場合は別除権者となる。この点、建物建設の請負契約の場合、未完成建物に対する留置権が土地に及ぶか否かが論点となることが多い（第9章4参照）。
工事を継続する場合	再生債務者は履行を選択し、仕事の可分性を主張して、既履行分の仕事は再生債権であることを説明するか、一度解除したうえで、残工事について再契約をする。 いずれにしても、工事を継続する場合出来高が問題となることが多いため、速やかに出来高査定（できれば、出来高については書面で確認書を作成する）をして、工事を進めるように交渉を行う。話合いが決裂しそうな場合には、解除をして他の業者に依頼することも検討すべきであるが、工事現場を承継する業者は多くない。

5　その他、契約等について留意すべき点

(1) 取戻権（52条）[265]

取戻権者の地位	再生手続開始は取戻権に影響を与えない。つまり、取戻権者は、再生手続に拘束されることなく、返還請求が可能（52条）。
取戻権の有無が不明確な場合	契約書や、取戻権を主張している者の主張内容を確認して、取戻権が認められるか否かを検討する。注意すべき類型としては、以下のようなものがある。 ①再生債務者が信託受託者とみなされる場合：委託者ないし受益者への返還が必要な場合がある（参考判例：**最一小判 H14.1.17**）。 ②再生債務者が問屋の場合：委託者に所有権が認められる場合がある（参考判例：**最一小判 S43.7.11**） ③再生債務者が委託販売を受託している場合：再生債務者が第三者に売却した時点で売買が成立する約定の場合、第三者との売買契約が成立していないと仕入先に所有権があり、取戻権として認めるべきことがある。
取戻権を認める場合の注意点	裁判所の許可（41条1項8号参照）又は監督委員の同意が必要となる場合があるので失念しないようにする。
再生債務者が取戻権の対象物を譲渡してしまった場合	所有者は、その反対給付として受けた財産の給付請求権を有するとともに（52条2項、破産法64条1項）、再生債務者が反対給付を受けた場合には、共益債権として当該給付を請求できる（52条2項、破産法64条2項）[266]。

なお、対象物が運送中で買主が受け取る前に買主に再生手続開始決定があった場合、売主は取戻権が行使できる（52条2項、破産法63条1項）。物品買入れの委託を請けた問屋が委託者に発送した後に、報酬及び費用を払っていない委託者に再生手続開始決定があった場合も同様（52条2項、破産法63条3項）。

---

[264] 請負人自らが材料を提供している場合には、反対給付ないしその価額を共益債権として行使できる余地があるとする見解もある（再生申立ての実務264頁）。

[265] 金銭（預り金）については、所有権は占有者に帰属すると考えられているので、取戻権の対象とはならない（QA500　144頁）。

[266] ただし、これは再生手続開始後に反対給付を受けた場合であり、再生手続開始前に再生債務者が反対給付を受けていた場合は、取戻権者は不当利得返還請求権を再生債権として行使できるにすぎないと解されている（実務下160頁）。

第 10 章 （双務）契約

> **最一小判 S43.7.11（破産）** 問屋の破産において、委託者は、取戻権を行使することができるとした判例
>
> 民集 22 巻 7 号 1462 頁、判時 529 号 70 頁、判タ 225 号 88 頁、金判 127 号 11 頁、金法 522 号 29 頁
>
> 「問屋が委託の実行として売買をした場合に、右売買によりその相手方に対して権利を取得するものは、問屋であつて委託者ではない。しかし、その権利は委託者の計算において取得されたもので、これにつき実質的利益を有する者は委託者であり、かつ、……問屋の債権者は問屋が委託の実行としてした売買により取得した権利についてまでも自己の債権の一般的担保として期待すべきではないといわなければならない。されば、問屋が前記権利を取得した後これを委託者に移転しない間に破産した場合においては、委託者は右権利につき取戻権を行使しうるものと解するのが相当である。」

(2) デリバティブ契約

デリバティブ取引における担保の趣旨で銀行が証券会社に国債を提供していたところ、担保を受け入れていた証券会社が民事再生手続開始決定を受けたことによりデリバティブ取引が終了したため、銀行が証券会社に担保余剰部分につき取戻権等を主張して支払を求めて提訴したケースで、当該担保差入れ契約が、質権設定形式でなく、消費貸借形式であったため、担保の取戻しでなく単なる再生債権とした裁判例がある（**東京高判 H22.10.27**）ので、注意が必要である。

> **東京高判 H22.10.27（再生）**
>
> 金判 1360 号 53 頁
>
> X（銀行）は、Y（証券会社）との間でデリバティブ取引を行うに当たり、国債を担保に差し入れていたところ、Yについて民事再生手続開始決定がされた。
> そこで、XがYに対し差し入れていた上記国債について取戻権が認められることを前提として、償還された上記国債の償還金等について取戻権を有するか、又は償還金等相当額の返還請求権が共益債権に該当すると主張して、償還金等相当額等の支払を求めて提訴したが、契約文言を解釈したうえで、取戻権を認めなかった。

(3) ライセンス契約（再生債務者がラインセンサーの場合）

ライセンス契約も、「使用及び収益を目的とする権利を設定する契約」に該当することから、ライセンシーが当該ライセンスにつき登記、登録その他第三者対抗要件を備えている場合には、49 条は適用されない（51 条、破産法 56 条）。

したがって、この場合、再生債務者は 49 条に基づく解除をすることはできないため、事案によってはランセンサーの立場を有償にて第三者に売却することを検討することになろう。

もっとも、知的財産が登記、登録されているケースはほとんどない[267][268]。

---

267 登記、登録が少ない理由は、①判例（最二小判 S48.4.20 民集 27 巻 3 号 550 頁）により特約がなければ登録請求ができないとされていること、②登録料が高いこと、③登録により開示されてしまうことを避けたいこと、④ライセンス対象の特定が難しいケースがあることなどとされている（金判 1236 号 200 頁「倒産時における知的財産権処理の推移と展望」片山英二）。

268 「特許法等の一部を改正する法律」が平成 24 年 4 月 1 日から施行されており、特許権の通常実施権については、当然対抗制度が導入され（特許法 99 条）、特段の公示方法等を具備することなく第三者対抗要件を満たし得ることとなった。実用新案権、意匠権の通常実施権についても同様に改正されている（実用新案法 19 条 3 項、意匠法 28 条 3 項）。もっとも、その「基礎となるライセンス契約の内容がそのまま管財人等との関係で維持されるという解釈論が、債権者平等を旨とする倒産法理として妥当か否かは、十分に検討されるべきところである」と指摘されている（銀行法務21　741 号 16 頁「特許権の通常実施権にかかる当然対抗制度導入に伴う倒産実務等への影響」諏訪野大、濱田芳貴）。

第11章 相 殺

1 概 要

再生債権者が再生手続開始当時再生債務者に対して債務を負担していた場合、再生債権者は相殺をすることができるのが原則（92条1項。債権届出期間満了前に相殺適状となり、かつ、相殺の意思表示をすることが必要）。

ただし、債権者間の平等を図る観点から、93条、93条の2において、相殺が禁止される場合が定められている。そこで、再生債務者代理人としては、再生債務者が相殺通知を受けた場合、あるいは、開始決定前に相殺通知を受けていた場合、かかる相殺が相殺禁止に該当しないかを確認しなければならない。仮に、相殺禁止に該当する事由が発見された場合は、相殺を主張されている再生債務者の債権を、任意交渉又は訴訟等により回収を図る必要がある。

対応をまとめると以下のとおり。

検討順序	具体的検討事項等
相殺禁止該当事由の調査	再生債権者等から相殺通知を受けた場合、再生債務者の代表者等から事情を確認するなどして、相殺禁止該当事由がないかを確認する（開始決定前に相殺されている場合も、必要に応じて調査を行う）。
任意交渉	相殺禁止にもかかわらず相殺を主張して支払をしない相手については、任意交渉を行う。事案によっては、和解による処理を検討することもあろう。
訴訟等	相殺禁止であるにもかかわらず、任意交渉で支払わない場合は、訴訟等の法的手段を取ることを検討する。なお、訴訟提起には裁判所の許可又は監督員の同意が必要な場合がある（41条1項5号）。

2 相殺が可能な場合

(1) 原則（92条1項）

再生債権者は以下の場合に相殺が可能[269]。

債権届出期間満了前に相殺適状になったこと。
債権届出期間内に相殺の意思表示をしたこと。
93条、93条の2の相殺禁止に該当しないこと。

---

[269] 相殺適状にあるかどうかについて明確でない場合に（例えば、再生債権者の債権の存否が不明確である場合など）、再生債権者は予備的相殺通知をしておかないと、債権届出期間経過後には、相殺が認められなくなる。この点、再生債務者としては相殺をされないほうが有利であるが、重要な取引先が相手方であるとトラブルとなり、再生そのものが困難になることもあるので、事案によっては再生債権者から予備的相殺通知を出すように促すことが必要なケースもある。

第 11 章　相　殺

(2) 特殊な自働債権（＝再生債権）と受働債権（＝再生債務者の債権）の相殺の可否

分　類（場合分け）		再生債権者の相殺の可否
自働債権	期限付債権	債権届出期間内に期限がくれば相殺が可能（92条1項）[270]。
	解除条件付債権	可能であるが、後に解除条件が成就すれば、精算が必要[271]。
	停止条件付債権	債権届出期間満了時までに条件が成就した場合のみ相殺は許されると解する[272]（参考判例：**東京高判 H26.1.29**）。
	非金銭債権等	不可と解される[273]。
受働債権	期限付債権等	再生債権者は期限の利益を放棄して相殺可能と解する（92条1項後段）。
	停止条件付債権	争いあり[274]（参考判例：**最一小判 S47.7.13**）。

大阪地判 H23.1.28（再生）　配当請求権を自動債権とする相殺の可否が問題となった事例

金法 1923 号 108 頁

　甲社（再生債務者）は、銀行Ｙの株式を所有していたところ、民事再生手続開始決定がされた。銀行Ｙが、株式の配当金支払債務を受働債権とする相殺の意思表示をしたことから、再生管財人ＸがＹに対して、当該配当金等の支払を求めて提訴した。本判決は、剰余金配当請求権は取締役会決議でなく株主総会決議により初めて発生するとして、かつ、将来請求権としての剰余金配当請求権に係る債務は 92 条 1 項の「債務」に含まれないとして、Ｙの主張を排斥し、Ｘの請求を認めた。

最一小判 S47.7.13（会社整理）　会社整理手続において、手続開始決定後に停止条件が成就した場合、相殺は禁止されるとした[275]

民集 26 巻 6 号 1151 頁、判時 677 号 58 頁、判タ 280 号 230 頁、金判 330 号 2 頁、金法 657 号 23 頁

　Ｘ（会社整理会社）の債権者Ｙは、Ｘにつき会社整理が開始された後に、不動産譲渡担保を実行したところ、被担保債権が対象不動産の金額より小さかったことからＹはＸに対する清算義務を負担することとなった。ＸがＹに対して、当該清算金の支払を求めて提訴したが、Ｙは被担保債権以外の債権による相殺を主張して争った。本判決は、「整理開始後に条件が成就したときは、そのときに債務を負担したものとして相殺は禁止されるものと解すべきである」とした。

270　民事再生法には破産法 103 条 3 項のように、再生債権の現在化の規定がないので、債権届出期間満了までに再生債権について弁済期が到来していないと相殺ができないので注意が必要。例えば、再生債権の根拠となる契約書に、再生手続開始等が期限の利益喪失事由であることが記載されていれば、弁済期が到来することになるので相殺は可能と解する（更生 QA62 頁参照）。

271　実務下 207 頁

272　ただし、期限の利益喪失条項がある場合は相殺が認められるとするのが多数説（伊藤破産法 908 頁参照）。なお、この点、手形交換所に対する異議申立提供金を拠出するために、金融機関が手形支払義務者（再生債務者）から預かっている異議申立預託金返還債務による相殺が許されるかという論点がある。異議申立提供金とは、手形交換所を経由して提示のあった手形につき、人的抗弁等により支払を拒絶する際に（2号不渡り）、交換所に提供する手形金相当額を指す。当該資金自体は、支払銀行の自己資金であるが、当該資金を手形支払義務者から支払銀行は預託を受け、不渡事故が解消した場合などに（東京手形交換所規則 67 条）支払銀行は手形交換所から提供金の返還を受けた場合に、手形支払義務者に返還をする。当該預託金と貸金債権は相殺が可能とされているが（最一小判 S45.6.18）、手形交換所から提供金の返還を受ける前に相殺が許されないという説もあり、民事再生法に定める相殺期間内に手形交換所から返還を受けることができない場合、支払銀行は相殺が許されるかが問題となる（以上につき、金法 1896 号 67 頁「民事再生手続を開始した手形支払義務者に対する貸金債権と異議申立預託金との相殺」両部義勝）。

273　破産法は 67 条 2 項に可能とする規定があるが、民事再生法にかかる規定はないため。

274　破産法は 67 条 2 項に可能とする規定があるが、民事再生法にかかる規定はないため問題となる。条解民事再生法 479 頁は否定説に、注釈民再法上 504 頁は肯定説に立つ。

275　会社整理は、破産法 67 条 2 項を準用していなかったが、民事再生法も破産法 67 条 2 項に該当する条文がないことから、この裁判例は民事再生法について参考になると考えられる。

> **東京高判 H26.1.29（再生）** 関係会社から同意を得ることを停止条件として相殺を行う約定に基づく再生手続開始決定後の相殺は、禁止されないとした裁判例
>
> 金判1437号42頁
>
> 再生債務者XはY及びYの兄弟会社甲社とデリバティブ取引をしている状態で再生手続開始決定を受け、甲には清算金支払債務を、Yには清算金支払債権を有した。XがYに清算金支払債権の支払を求めて提訴したところ、Yが甲のXに対する清算金支払債権で相殺したと争った。本判決は、「本件相殺条項は、非期限の利益喪失当事者に対し、期限前終了事由が発生することと、非期限の利益喪失当事者が、関係会社の同意を停止条件として、関係会社を含めて債権債務の相殺を行う権限を認めた規約として合意されたものと解するのが相当であり……本件においては、再生手続開始時点において再生債権者が再生債務者に対して債務を負担している場合と同様の相殺の合理的期待が存在すると認めるのが相当である」などとしてXの請求を棄却した。

(3) 敷金関係（92条2項ないし4項）

賃貸借契約（第10章3）参照。

(4) 再生債務者からの相殺

原則としてできない（85条の2。再生債務者から相殺を行うには裁判所の許可が必要とされている）。また、再生債務者が相殺禁止に反した合意をしても無効と解される（参考判例：**最三小判 S52.12.6**）。

> **最三小判 S52.12.6（破産）** 破産管財人の行った相殺禁止に反する合意を無効とした判例
>
> 民集31巻7号961頁、判時876号85頁、判タ359号204頁、金法848号34頁、金判540号3頁
>
> 「相殺禁止の定めは債権者間の実質的平等を図ることを目的とする強行規定と解すべきであるから、その効力を排除するような当事者の合意は、たとえそれが破産管財人と破産債権者との間でされたとしても、特段の事情のない限り無効であると解するのが、相当である。」

3 93条による相殺禁止

再生債権者が、後から再生債務者に対する債務を負担した場合の相殺が禁止される場合（及びその例外）を定めた規定。

(1) 93条1項（原則）

再生債権者が危機時期以降に債務を負担した場合の相殺禁止を規定。以下のとおり、支払不能、支払停止や申立てについての悪意が、相殺禁止のポイントとなる。したがって、借入れのある金融機関の口座に売掛金などが入金された場合に、金融機関が相殺を主張してくるのを防ぐため、金融機関には支払停止や申立ての事実をなるべく早く通知することが重要となる。

条文	債務負担の時期	態様	債権者の主観	裁判例
2号	支払不能後	再生債務者の財産処分	専ら相殺に供する目的 支払不能について悪意	支払不能の意義 **大阪地判 H22.3.15**
		他の債務の引受け	支払不能について悪意	
3号	支払停止後		支払停止について悪意（支払不能でない場合を除く）	
4号	申立後		申立てについて悪意	
1号	開始決定後			**最一小判 S47.7.13**

第 11 章 相 殺

(2) 93条2項（例外）

93条1項2号から4号の例外として以下の場合を規定。

	内　　容	備　考・裁判例
1号	「法定の原因」に基づく債務の負担	相続[276]、事務管理、合併[277] など
2号	支払不能等を再生債権者が知った時より「前に生じた原因」に基づく債務の負担	・金融機関が取立委任に基づき預かっていた手形を、手続開始後に取り立てて弁済へ充当することは、原則として商事留置権の問題となる（**最一小判 H23.12.15**）[278]。 ・普通預金契約の締結は「前に生じた原因に基づく場合」には当たらない（**最三小判 S60.2.26**）。 ・投資信託販売会社による相殺は「前に生じた原因」に基づく債務に該当せず、許されないと解される（**最一小判 H26.6.5**）。 ・銀行、破産者及び第三者との間の振込指定合意は、「前に生じた原因」にあたる（**名古屋高判 S58.3.31**）。 ・再生債務者が、銀行に第三者からの弁済について代理受領権を与える合意は「前に生じた原因」に当たると解される[279]。
3号	再生手続開始申立て等があった時より「1年以上前に生じた原因」に基づく債務の負担	

最三小判 S60.2.26（破産）

金法1094号38頁

　破産管財人Xが破産債権者信用金庫Yに破産者甲の支払停止後に普通預金に入金になった損害保険契約解約返戻金の支払を求めて提訴したところ、Yが甲に対する貸付金債権等との相殺を主張して争った。
　第1審、控訴審ともXの請求を認容したことからYが上告したところ、本判決は、普通預金契約は、「前に生じた原因」（旧破産法104条2号、現破産法71条2項2号）に当たらないと上告棄却した。

最一小判 H26.6.5（再生）　投資信託の販売会社が投資信託解約の債権者代位をし相殺することが、相殺禁止として認められないとした判例[280]

民集68巻5号462頁、判時2233号109頁、判タ1406号53頁、金法2005号144頁、金判1444号16頁

　Y銀行は、自己が投資信託販売会社をしていた再生債務者Xの投資信託（MMF）について、Xの支払不能後、解約実行請求権を代位行使し、解約金をXに対する債権と相殺をした。そこで、XがYにMMF解約金の支払を求めて提訴したが、本判決はMMF解約実行請求権の代位行使が適法であることを前提に（最一小判H18.12.14）、YのXに対するMMF解約金返還債務による相殺は93条2項2号の「前に生じた原因」に基づいて発生した債務による相殺とは認められず、相殺は禁止されるとした。

---

[276] 相続も、遺産分割協議などが行われた場合などでは、意思が介在するとして「法定の原因」に該当しないと解される可能性がある（倒産と訴訟97頁）。
[277] 合併については、「法定の原因」に含むか否か争いがある（伊藤破産法481頁）。
[278] したがって、相殺禁止の問題とはならない。ただし、商事留置権が成立しない場合（債権者が商人に該当しない場合など）には、相殺の可否の問題となる。
[279] 伊藤破産法483頁参照。
[280] かかる判例を受けて、今後銀行は投資信託の約款等を変更する可能性があり、その場合には結論が変わる可能性もあるので留意が必要である。

> **名古屋高判 S58.3.31（破産）**
>
> 判タ497号125頁、金判675号43頁、判時1077号79頁、金法1029号38頁
>
> 銀行Yが甲（破産者）に住宅資金の貸付けをする際、Y・甲・使用者乙間で将来発生する甲の退職金についてYにある甲の預金口座に振込みする旨の合意をした。甲の破産手続開始決定後、甲は乙を退職し、Yにある甲名義の預金口座に振り込まれた退職金相当額について、Yは甲に対する債権と相殺をしたため、甲の破産管財人Xが相殺は無効であるとして払戻しを求めて提訴した。第1審、控訴審とも振込合意が「前に生じた原因」に基づく場合に当たり、相殺が許されると解するのが相当であるとしてXの請求を棄却した。

4　93条の2による相殺禁止

再生債務者の債務者であった者が、再生債務者に対する債権を取得した場合の相殺の可否についての規定。

(1) 93条の2第1項（原則）

債権を取得したのが危機時期以降であった場合の相殺禁止を規定。

条　文	債権取得時期	債権者の主観	裁判例・備考
2号	支払不能後	支払不能について悪意	
3号	支払停止後	支払停止について悪意（支払不能でない場合を除く）	
4号	申立後	申立てについて悪意	
1号	開始決定後		事務管理に基づく立替払いは、原則として相殺が許されない（**名古屋高判 S57.12.22**）。 開始決定前というためには、対抗要件も開始決定前に具備する必要がある（**東京地判 S37.6.18**）。 委託を受けない保証人が開始決定後に弁済した場合の求償権を自働債権とする相殺は許されない（**最二小判 H24.5.28**）。

> **名古屋高判 S57.12.22（破産）**　開始決定後の事務管理に基づく求償債権を自働債権とする相殺は認められないとした裁判例
>
> 判時1073号91頁
>
> 破産者（工事請負業者）甲の破産管財人Xが注文者Yに対して工事代金を請求して提訴したところ、Yは、甲の下請業者Bに対する工事代金の支払に基づいて生じた甲に対する求償権を自働債権とする相殺による債務の消滅を主張して争った。
>
> 本判決は「破産宣告後の事務管理に基づく求償権債権を自働債権とする相殺を有効と認めるならば、訴外Bの有する破産債権は破産手続によらずして弁済されたのと同じ結果を容認することになる上、これはあたかも破産宣告後に他人の破産債権を取得し、これを自働債権として相殺をなす場合と異ならないのであって」、Yの相殺は破産法104条3号（現破産法72条1項1号）により許されないとした。

> **東京地判 S37.6.18（特別清算）**　開始決定前というためには、債権譲渡が開始決定前であるだけでなく対抗要件も具備する必要があるとした裁判例
>
> 判時303号33頁
>
> 特別清算会社XがYに、売掛金の支払を求めて提訴したところ、Yが甲社から譲り受けた甲社のXに対する債権での相殺を主張し、Xは当該債権譲渡の通知は特別清算開始決定後になされたものであるから相殺することは許されないなどとして争った。
>
> 本判決は、「取得原因は破産宣告前であっても宣告後初めて対抗要件を具備した場合には本規定が適用されると解するのが相当である。」としてXの請求を認容した。

第11章 相殺

最二小判 H24.5.28（破産） 委託を受けない保証人が開始決定後に弁済した場合の求償権を自働債権とする相殺は許されないとした判例

民集66巻7号3123頁、金判1393号14頁、金法1947号54頁、判時2156号46頁、判タ1375号97頁

「無委託保証人が上記の求償権を自働債権としてする相殺は、破産手続開始後に、破産者の意思に基づくことなく破産手続上破産債権を行使する者が入れ替わった結果相殺適状が生ずる点において、破産者に対して債務を負担する者が、破産手続開始後に他人の債権を譲り受けて相殺適状を作出した上同債権を自働債権としてする相殺に類似し、破産債権についての債権者の公平・平等な扱いを基本原則とする破産手続上許容し難い点において、破産法72条1項1号が禁ずる相殺と異なるところはない。そうすると、無委託保証人が主たる債務者の破産手続開始前に締結した保証契約に基づき同手続開始後に弁済をした場合において、保証人が取得する求償権を自働債権とし、主たる債務者である破産者が保証人に対して有する債権を受働債権とする相殺は、破産法72条1項1号の類推適用により許されないと解するのが相当である。」

(2) 93条の2第2項（例外）

93条の2第1項2号から4号の例外として以下の場合を規定。

	内　容	備　考・裁判例
1号	「法定の原因」に基づく再生債権の取得	・委託を受けないで破産者の債務を支払ったことによる事務管理による費用償還請求権の取得は「法定の原因」とは言えない（**大阪高判 S60.3.15**）。
2号	支払停止等を知った時より「前に生じた原因」に基づく再生債権の取得	以下の裁判例は、いずれも「前の原因に基づく」債権の取得であるとして相殺を認めた。 ・約款に基づく元請業者の孫請業者に対する手続開始前の立替払いによる相殺（**東京高判 H17.10.5**）。 ・銀行の手形割引依頼人に対する買戻請求権の行使による買戻代金請求権による相殺（**最三小判 S40.11.2**）。
3号	再生手続開始申立等より「1年以上前に生じた原因」に基づく再生債権の取得	
4号	再生債務者との契約による再生債権の取得	

大阪高判 S60.3.15（破産）

判タ560号144頁、判時1165号117頁、金法1116号38頁

破産者甲の破産管財人Xが、破産債権者Yの相殺が無効であるとして争った事案において「YのAに対する甲の債務の支払は、……甲の依頼がなく、かつ甲の意思に反し、又は甲の不利なることが明らかでない場合であるから、事務管理による支払となり、Yは事務管理による求償権を取得した（民法702条1項）と解される。しかしながら、Yの求償権の取得は事務管理に基づくとはいっても、Yの作為によるものであつて、……到底破産法104条4号ただし書の法定の原因による債権取得とはいえない。これを実質的にみても、……破産債権者間の公平及び破産財団の保持をはかるために設けられた破産法104条の相殺禁止の趣旨にもとることになるものである。」とした。

東京高判 H17.10.5（再生） 元請業者の孫請業者に対する約款による立替払いの場合は、原則として相殺が許されるとした裁判例

判タ1226号342頁

　X（下請業者）の民事再生手続申立後開始決定前に、工事元請業者Yが請負契約の約款に基づいてXのA（孫請業者）に対する未払工事代金を立替払いをしたうえで、Xに対して負っている請負代金債務と当該立替払いに基づく立替払金求償債権の相殺を行ったのに対し、XがYに対して、相殺が認められないとして、未払いの請

負工事代金を請求した。

本判決は、「本件相殺約款によって生じていた元請業者の上記相殺への期待はこれを合理的なものとして保護するのが相当である。したがって、本件相殺は、立替払金返還請求債権の債権者であるYが債務者であるXによる民事再生の申立てを知ったときより前にXとの間で合意していた本件各約款に基づいてされたものである」るとして、Yの相殺を認め、控訴を棄却した[281]。

最三小判 S40.11.2（破産） 銀行の手形割引依頼人に対する買戻請求権の行使による買戻代金請求権による相殺が許されるとした判例

民集19巻8号1927頁、判時433号30頁、判タ185号81頁、金法429号46頁

甲社の破産管財人Xが銀行Yの定期預金の払戻しを求めて提訴したところ、銀行Yが手形割引に係る買戻代金請求権による相殺を主張して争った。

本判決は、「銀行Yの破産管財人Xに対する手形金支払請求権は、銀行Yの買戻請求権の行使によって初めて発生する債権ではあるが、その買戻請求権は、破産者甲が支払停止をする前である……本件手形割引契約を原因として発生したものであることはいうまでもないから、該買戻請求権行使の結果発生した手形金支払請求権」は、旧破産法104条4号ただし書の「支払ノ停止若ハ破産ノ申立アリタルコトヲ知リタル時ヨリ前ニ生シタル原因ニ基」づき取得したものに該当するとした。

5　その他の留意点

(1)　相殺権濫用論

93条、93条の2による相殺禁止に触れない場合であっても、相殺権の濫用に当たると認められる場合には、相殺が認められない場合があるとする考え方（**大阪地判H元.9.14**、**大阪地判H6.10.25**）。

大阪地判H元.9.14（破産） 権利の濫用に当たるとして、債権者の相殺が認められなかった事例

判時1348号100頁、判タ718号139頁

詐欺的商法を行っていた破産者甲（豊田商事）の管財人Xが、高額の歩合報酬が公序良俗に反して無効であるとして甲の元従業員であるYらに歩合報酬相当額を不当利得に基づき返還を求めたのに対し、Yらが、甲に対する未払報酬債権等を自働債権とする相殺を主張して争った。

本判決は「確かに、Yらの相殺権の行使は、破産法104条に直接抵触しない。しかしながら、同法98条による相殺を認めることが著しく信義則に反し、債権者相互間の不公平な結果を招来する等の特段の事情がある場合には右相殺権の行使は権利の濫用に該当し、許されないと解するのが相当である。」として、Xの請求を認めた。

大阪地判H6.10.25（破産） 債権者の相殺等の主張が権利の濫用にあたるとして認められなかった事例

判時1529号95頁、判タ897号121頁

甲（破産者）の債権者Yは、甲の担保に余力があったため、Yの親会社である乙銀行の甲に対する債権を譲り受け、譲受債権を含めて担保権を実行し、譲受債権の多くを回収した。その後甲に破産手続開始決定がなされ、甲の破産管財人に選任されたXがYに対し、譲受債権に係る部分について返還を求めた。

本判決は「このような取引社会においてもおのずから限度があり、権利の濫用にわたるような場合には、その権利行使が許されないことは当然であるところ、これについて本件をみると、……Yとしては、自らの債権の回収という通常の事務処理の形態をとって、処理の適正を装ってはいるものの、その実態は、破産者の一般債権者の犠牲において、専ら乙銀行の利益のために債権の回収を図るべく積極的に加担したものであって、その背信性には極めて重大で著しいものがあるといわざるを得ないから、右相殺及び担保権の行使はいずれも権利の濫用に当たり、効力を生じないというべきである。」としてXの請求を概ね認めた。

281　この裁判例は、再生手続開始前に立替払いをした事例なので、開始決定後に元請業者が立替払いをした場合には、民事再生法93条の2第1項1号の類推適用を主張して、相殺禁止を主張することもあり得る（名古屋高判S57.12.22、民再QA139頁）。

第11章 相殺

> **最三小判 S53.5.2（破産）** 同行相殺[282]について、管財人が破産債権と不当利得請求権との相殺を主張したが、認められなかった事例[283]
>
> 判時892号58頁、金法861号31頁、金判549号24頁
>
> 　　Xは、所持していた甲社振出の手形の一部を銀行Aにて割り引き、残りを所持している状態で、甲につき破産手続開始決定がなされたところ、銀行Aは、Xからの依頼に基づき割り引いた手形につき、Xに対して買戻請求をせずに、甲の銀行Aの預金残高と相殺を行った。
> 　　Xは、甲社の破産手続において、A銀行で割り引かずに手元に所持していた甲社振出の手形につき債権届出をしたところ、甲社の管財人Yは、銀行Aが甲名義の預金と相殺を行ったことによりXに不当利得があるとして、当該不当利得を自働債権、Xの届出債権を受働債権として相殺を主張した。
> 　　本判決は「Xが買戻請求権ないし遡求権の行使を免れ、結果において利得するところがあったとしても、Xの利得と破産会社がその預金返還請求権の一部を相殺によって失った損失との間に民法703条の予定する法律上の因果関係があるということはできない。……管財人YがXに対し不当利得返還請求権を有することを前提とする相殺の抗弁は、主張自体、失当である。」として、上告を棄却した。

(2) 相殺禁止規定に抵触しない場合、否認の対象にはならないと解される（最一小判 S40.4.22）

> **最一小判 S40.4.22** 相殺禁止規定に抵触しない場合、否認の対象にはならないとした判例
>
> 判タ176号107頁、判時410号23頁
>
> 「破産法が否認権と別個に相殺権を規定し、破産手続によらないでこれを行使することを許容したのは、破産開始前、既に相殺が許されている場合は、破産宣告があつても、破産債権者は何等これによつて妨げられることなく、当然の権利として相殺をなし得るものと認めたによる。……従つて、破産債権者の相殺権の行使は、右法条の制限に服するのみであつて、同法72条各号の否認権の対象となることはないものと解すべきである。」として、相殺禁止規定に抵触しない相殺については、否認の対象とはならないとした。

282　銀行が手形割引を行った後、手形振出人につき破産開始決定等がされた場合、銀行が、手形割引依頼人の預金と相殺をするのではなく、手形振出人の預金と相殺することをいう。
283　当該裁判例は、実質的に相殺権濫用論を否定していると評価されている（伊藤破産法495頁）。

第12章　否認（127条以下）

1　否認権を行使する主体及び手続

⑴　否認権の行使者

否認権は、監督委員（又は管財人）が行使する（56条1項、135条）[284]。

⑵　否認権の具体的行使方法

否認権の行使は、否認の訴え又は否認の請求によってなされる（135条1項）。なお、行使する場合、再生債務者は監督委員に対する費用の予納が必要となる。

否認請求は、以下の流れとなる。なお、否認請求をせずに、最初から否認の訴え（135条）をすることも可能。

時系列					
再生債務者	裁判所	監督委員	裁判所		その後の対応
調査等⇒否認権限付与申立て	否認権限付与決定（56条1項）	否認請求（136条）	裁判所による審尋（136条3項）	認容決定⇒送達（136条4項）	相手方から異議の訴えが可能（137条）
				棄却決定	監督委員から否認の訴えが可能（135条）

なお、否認の請求及びその認容決定に対する異議の訴えは、係争中であっても、再生手続の終結によって終了してしまう（136条5項、137条6項）ので、再生手続終結までに手続を終わらせる必要がある。

⑶　否認権に関する具体的な流れ

検討順序		具体的対応
主に申立代理人が対応	調査	再生債務者の代表者から事情を確認するなどして、否認該当事由がないかを調査する。
	保全措置	開始前保全処分（134条の2）の要否を検討する。なお、開始決定後、監督委員は当該手続を続行できる（134条の3）。
	任意交渉	相手方と任意交渉を行い、和解等で処理が可能かを検討する。 実務的には、否認該当行為があっても、相手方との関係が悪化することにより再生そのものが困難になるケースも多く、また、費用がかかることもあり、和解で終了させることが妥当な事案も多い。早期に和解をまとめられれば、計画案に反映させることが可能となる。なお、和解の方法は、監督委員に権限付与をしたうえで、裁判所の許可に基づき監督委員が和解するケースと、再生債務者が監督委員の同意に基づき和解するケースがある[285]。
	否認権付与申立て	否認権を行使する必要があると判断した場合には、否認権付与の申立てをする（56条1項）。なお、付与申立てをする際には、あらかじめ監督委員及び裁判所と相談をすべき。また、予納金の追納が必要。

---

[284]　一方で、否認以外の紛争当事者は再生債務者となる。したがって、監督委員が行う否認訴訟において、否認以外の攻撃防御を行う場合には再生債務者が参加する必要がある（138条2項）。例えば、監督委員が不動産売買につき否認訴訟を提起している訴訟に、再生債務者が錯誤無効を主張して訴訟参加する場合がある（以上につき、再生QA500　317頁）。

[285]　実践マニュアル198頁

第12章 否認（127条以下）

裁判所	付与決定	東京地裁では、①否認権行使の必要性があり、②認可確定後3年以内に否認の判断が確定する見込みがあり、③監督委員に報酬を支給できる場合にのみ、監督委員に否認権限を付与するとの運営を行っているようである[286]。
監督委員	否認請求	・手数料（印紙）は不要。 ・具体的な手続の流れは(2)参照。
	否認訴訟	
	否認の効果	・原則として原状復帰（132条1項）。対象物がない場合は、目的物に代わる価格に法定利息を付した金額と解する（**最一小判 S41.4.14**）。 ・詐害行為否認は現物返還に代わる価格賠償請求も可能（132条の2第4項）。なお、価格賠償における価格算定基準時は否認権行使時と解される（**最一小判 S42.6.22**） ・否認登記等を申請する（13条1項） ・詐害行為否認の相手方の反対給付は原則として共益債権（132条の2第1項〜3項） ・偏頗弁済否認の相手方の債権は復活する（133条）⇒債権調査日後であれば特別調査期間（103条）の設定が必要となる。この手間を省くために、差額支払等による和解で処理することより、処理を終了させることも考えられる。

（注1）否認請求をせず、否認訴訟をすることも可能（135条）。証人尋問の必要性が高い場合や、相手方が争っていて査定で認容決定が出ても異議の訴えとなる可能性が高い場合には、最初から訴訟を提起することを検討すべきと考えられる。

（注2）否認権は開始決定から2年以内に行使する必要がある（139条）。

（注3）否認権行使は、取引が有効であることを前提とするが、そもそも取引が無効であるケースもあり、そのような場合には、否認権の行使ではなく、取引が無効であることを前提に、不当利得返還請求等を行う必要があると考える。例えば、再生債務者が、譲渡禁止特約付債権を譲渡していた場合、譲受人が譲渡禁止特約について故意・過失があれば無効（民法466条、最一小判S48.7.19）となるので、否認の問題ではなく無効を主張して取り戻すべきことになると考えられる（さらに、事案によっては、有効な取引を前提とした否認権の行使と、無効な取引を前提とした不当利得返還請求を選択的に主張すべき場合もあろう）。このように、事案毎に、法律関係を整理したうえで、対応に当たる必要がある[287]。

（注4）再生手続開始決定時に詐害行為取消訴訟が係属している場合、監督委員は中断（40条の2第1項）した訴訟を受継する方法により否認権を行使することも可能（140条1項）。

最一小判 S41.4.14（破産）　否認権行使の効果についての判例

民集20巻4号611頁、判時448号33頁、判タ191号77頁、金法446号6頁

「破産法上の否認権行使に因る原状回復義務は、破産財団をして否認された行為がなかった原状に回復せしめ、よって破産財団が右行為によって受けた損害を填補することを目的とするものであるから、否認された行為が商人間の取引によりなされた代物弁済であり、かつ右否認により破産財団に返還さるべき物品がすでに原状回復義務者の手中に存しない場合には、返還義務者は右代物弁済の目的物に代わる価格と、破産者又は破産財団が代物弁済によりこれが利用の機会を失い或いは返還義務者をしてこれを無償で使用せしめざるを得なかつたため当然被つたと認めらるべき法定利息とを返還すべきものと解すべく、特に反証のない限り、右代物弁済の目的物に代わる価格は商行為に利用されるべかりしものと認められるから、その利率は年6分とするを相当とする。」

最一小判 S42.6.22（破産）　価格賠償の時価基準時は否認権行使時と判示した判例

判時495号51頁

「否認権行使の結果、原物を破産財団に返還することを求めることができず、その価額の償還を求めうるにすぎない場合においては、本来、否認の効果として原物が破産財団に復帰すれば換価しうべかりし価額を算定すべきものと解するのを相当とするから、否認権行使時の時価をもつて算定すべきである」

---

[286] 実務下243頁
[287] もっとも、破産者が債権者との間で締結した代物弁済契約が通謀虚偽表示で無効であるとしても無償行為否認（160条3項）が可能とする裁判例もあり（金判1425号17頁に要旨のみ紹介）、実務上は柔軟に対応されている。

> **最三小判 H17.11.8（更生）** 否認の目的物が可分であったとしても、否認の効果は全体に及ぶとした判例
>
> 民集59巻9号2333頁、判時1916号30頁、判タ1198号104頁、金判1229号6頁、金法1764号40頁
>
> ゴルフ場を経営する甲につき会社更生手続開始決定がなされ、管財人に選任されたXが、甲社の土地建物に設定された、親会社乙のYに対する債務の根抵当権設定に対する詐害行為取消訴訟を受継する方法により、否認権を行使し[288]、Yに対し、当該土地建物に設定されていた根抵当権登記の否認登記手続を請求した。
>
> 否認の効果が根抵当権設定により甲の債務等の総額が積極財産を上回った部分に限られるのか、目的物全体に及ぶのかが争点となったが、本判決は「目的物が複数で可分であったとしても、目的物すべてに否認の効果が及ぶと解するのが相当である」とした。

> **東京地判 H23.9.12（破産）** 価格賠償請求と被担保債権の担保権実行の関係について判示した裁判例
>
> 金法1942号136頁
>
> 破産管財人Xが破産者甲のYに対する債権譲渡を否認して価格賠償を求める否認訴訟が控訴審に係属している状況において（第1審はX勝訴）、当該債権を被担保債権とする担保権の実行としての不動産競売手続でYが申し立てた執行異議の申立てに起因する執行停止決定により配当金の交付が受けられなかった期間について得られたはずの利益相当額（法定利息等）の損害賠償等を求めて、XがYに訴えを提起した。
>
> 本判決は「Xは、否認の請求において、破産法168条4項に基づき、破産法167条1項の規定により破産財団に復すべき財産の返還に代えて、当該財産の価額の償還を請求している。しかし、否認権の行使を受けた悪意の転得者であるYが、破産管財人の償還請求に応じないまま、破産管財人が価額償還請求をしたことのみを理由として、否認権の行使により破産財団に復した権利が自己の権利になったとしてその権利を行うことは、破産法168条4項が全く予定しないところであると解するのが相当である。」として、Xの請求を認めた。

2　否認行為の整理

(1)　条文の整理

内　容	区　分	行為の時期	
		支払停止後	申立後
財産の処分等（詐害行為）	相当の対価	127条の2	
	詐害行為／過大弁済[289]	127条1項1号／127条2項	127条1項2号・131条・127条2項
	無償行為	127条3項	
偏頗弁済・担保設定	弁済等一般	127条の3第1項1号イ	127条の3第1項1号ロ
	うち本旨弁済でない	127条の3第1項2号	

(2)　要件の整理（なお、立証責任に注意）

内　容	区　分	行為の時期	
		支払停止後	申立後
財産の処分等（詐害行為）	相当の対価	・再生債権者を害する処分をするおそれを現に生じさせるものであること。 ・再生債務者が隠匿等の意思を有していること。 ・相手方が再生債務者の隠匿の意思につき悪意であること。	

288　ここでの否認権は、故意否認（旧会社更生法78条1項1号）であるが、判示内容は、現行破産法においても妥当すると考えられる（判タ1245号237頁　内藤和道）。

289　過大弁済は、「消滅した債務の額に相当する部分以外の部分に限り」否認できる。

第12章　否認（127条以下）

	詐害行為／過大弁済	・再生債務者の詐害意思 ・（受益者の悪意）	・（受益者の支払停止等及び害することについての悪意） ・申立前1年を超えない時期の行為
	無償行為[290]	・支払停止等前6か月以内の行為	
偏頗弁済・担保設定	弁済等一般	・支払不能であること。 ・支払不能又は支払停止につき受益者の悪意	申立てにつき受益者の悪意
	うち本旨弁済でない	・支払義務のなかったこと。 ・支払不能になる前30日以内の行為 ・（債権者の害意）	

（　）は、受益者・債権者の側で、そうでなかったことの立証責任を負う。

(3) 代表的な例

内容	区分	行為の時期	
		支払停止後	申立後
財産の処分等 （詐害行為）	相当の対価	再生債務者が不動産を相当の対価で売却したうえで、現金を隠匿し、買主が隠匿の意思を知っていた場合	
	詐害行為／過大弁済	再生債務者が詐害意思をもってした財産の低額処分	財産の低額譲渡
	無償行為	支払停止直前に行った贈与	
偏頗弁済・担保設定	弁済等一般	支払不能後に債務を弁済し、支払不能につき受益者の悪意の場合	債務を弁済した時点で、申立てにつき受益者が悪意の場合
	うち本旨弁済でない	支払不能になる直前に義務なくして既存債務に担保権を設定すること。	

3　否認に関する裁判例

(1) まとめ

内容	区分	行為の時期	
		支払停止後	申立後
財産の処分等 （詐害行為）	相当の対価		
	詐害行為／過大弁済	事業譲渡の否認 **東京地決 H22.11.30** 会社分割の否認 **福岡地判 H21.11.27** ほか	支払停止の意義 **最一小判 S60.2.14**、**高松高判 H22.9.28** **大阪地判 H21.4.16**、**最二小判 H24.10.19** **東京地決 H23.11.24**
	無償行為	義務なく、対価なくした連帯保証ないし担保供与 **最二小判 S62.7.3**、**大阪高判 H22.2.18**、**最二小判 H8.3.22**、参考裁判例：**東京高判 H25.7.18**	
		無償行為否認の対象　**東京高判 H12.12.26**、**東京高判 H25.7.18**	

290　不当性のない行為は否認できないと解されている。例えば、結婚祝いや香典などは社会的な儀礼として相当な範囲であれば不当性がないと考えられる（倒産と訴訟24頁）。

偏頗弁済・担保設定	弁済等一般	支払不能の意義　**東京地判 H19.3.29**、**東京地判 H22.7.8**、**大阪地判 H22.3.15**
		支払停止を停止条件等とする担保設定契約　**最二小判 H16.7.16**、**東京地判 H22.11.12**
		特定の債務の返済に充当する借入れ　**最二小判 H5.1.25**
	うち本旨弁済でない	動産売買先取特権の目的物の代物弁済　**最一小判 S41.4.14**、**最一小判 H9.12.18**

　なお、否認の対象が再生債務者の行為に限定されるかが論点となり得るが、破産者の弁済を代行した場合には否認の対象となるとした判例がある（**最一小判 H2.7.19**）。

最一小判 H2.7.19（破産）　破産者の弁済を代行した場合には否認の対象となるとした判例

民集 44 巻 5 号 837 頁、判時 1356 号 88 頁、判タ 737 号 81 頁、金判 862 号 3 頁、金法 1268 号 26 頁

　A県に勤務する公務員乙は、破産申立て後、退職手当支払請求権を取得したが、A県は、乙に対して貸金債権を有していた共済組合Yに、当該退職手当の一部を、乙に代わって弁済した。そこで、乙の破産管財人XがYに対して、A県がYになした当該弁済のうち、退職手当の4分の1相当額（差押許容範囲）について否認権を行使し、支払を求めて提訴した。本判決は「右払込が他の債権に対して優先する旨の規定を欠くことと、『組合員に代わって』組合に払い込まなければならないとしている地共法 115 条 2 項の文言に照らしてみれば、この払込は、組合に対する組合員の債務の弁済を代行するものにほかならず、組合において、破産手続上、他の一般破産債権に優先して組合員に対する貸付金債権の弁済を受け得ることを同項が規定したものと解することはできない」としてXの請求を認めた。

(2) 詐害行為否認に関する裁判例

(i) 支払停止の概念

　支払停止とは、資力欠乏のため債務の支払をすることができないと考えてその旨を明示的又は黙示的に外部に表示する行為をいう（**最一小判 S60.2.14**）。

最一小判 S60.2.14（破産）　弁護士と相談をして破産申立ての方針を決めただけでは、支払停止とは言えないとした判例

判時 1149 号 159 頁、判タ 553 号 150 頁、金法 1100 号 82 頁、金判 718 号 14 頁

　「破産法 74 条 1 項『支払ノ停止』とは、債務者が資力欠乏のため債務の支払をすることができないと考えてその旨を明示的又は黙示的に外部に表示する行為をいうものと解すべきところ、債務者が債務整理の方法等について債務者から相談を受けた弁護士との間で破産申立の方針を決めただけでは、他に特段の事情のない限り、いまだ内部的に支払停止の方針を決めたにとどまり、債務の支払をすることができない旨を外部に表示する行為をしたとすることはできないものというべきである。」

高松高判 H22.9.28（破産）　破産会社代表者の倒産を示唆する発言は、支払停止とはいえないとした裁判例

金判 1941 号 158 頁

　マンション建設・販売業者甲社の破産管財人Xが、甲所有不動産に抵当権を設定していた破産債権者Yが申し立てた競売申立事件において、甲社の代表者が倒産を示唆する発言をYに対して行っていたことが支払停止にあたると主張して抵当権設定行為に対し否認権を行使し、配当表異議訴訟を提起した。本判決は「破産会社代表者の倒産を示唆する発言があったとしても、本件全証拠に照らしても、それは所詮は、個人的な弱音を吐いた域を超えるものとまでは認められず、破産会社が、弁済能力の欠乏のために弁済期が到来した債務を一般的かつ継続的に弁済することが出来ない旨を外部に表示したものとまでは認められない。」とした。

第12章　否認（127条以下）

大阪地判 H21.4.16（更生）　弁済期が近日中に到来する予定の債務に対してあらかじめ支払うことができない旨表示する行為も「支払停止」に含まれるとした裁判例

判時2062号92頁、金法1880号41頁

「『支払の停止』とは、債務者が資力欠乏のため債務の支払をすることができないと考えてその旨を明示的又は黙示的に外部に表示する行為をいうものと解すべきであり（最高裁第一小法廷判決昭和60年2月14日・集民144号109頁参照）、上記支払停止には、弁済期の到来した債務に対する支払停止行為だけでなく、弁済期が近日中に到来する予定の債務に対してあらかじめ支払うことができない旨表示する行為も含まれると解すべきである。そして、黙示的な支払停止行為の存否を判断するに当たっては、本条の趣旨が取引の相手方の予見可能性を考慮していることも踏まえて、黙示的表示行為に至る経緯、黙示的表示行為が債務者の信用に及ぼす影響、黙示的表示行為から窺える債務者の意図及び取引の相手方の属性等を総合的に考慮する必要があるというべきである。」とした。

最二小判 H24.10.19（破産）　給与所得者の破産において、代理人弁護士の債務整理開始通知が「支払停止」に当たるとした判例

判時2169号9頁、判タ1384号130頁、金法1962号60頁、金判1406号26頁

「本件通知には、債務者である甲が、自らの債務の支払の猶予又は減免等についての事務である債務整理を、法律事務の専門家である弁護士らに委任した旨の記載がされており、また、甲の代理人である当該弁護士らが、債権者一般に宛てて債務者等への連絡及び取立て行為の中止を求めるなど甲の債務につき統一的かつ公平な弁済を図ろうとしている旨をうかがわせる記載がされていたというのである。そして、甲が単なる給与所得者であり広く事業を営む者ではないという本件の事情を考慮すると、上記各記載のある本件通知には、甲が自己破産を予定している旨が明示されていなくても、甲が支払能力を欠くために一般的かつ継続的に債務の支払をすることができないことが、少なくとも黙示的に外部に表示されているとみるのが相当である。」

　近時、再建型私的整理から法的処理に移行した場合に、再建型私的整理時に債権者に送付した支払猶予の通知が「支払停止」に該当するかが問題となっている。裁判例や、最高裁判例の補足意見において、「支払停止」に該当しないとするものが多い。

最二小判 H24.10.19（破産）　須藤裁判官補足意見

「一定規模以上の企業、特に、多額の債務を負い経営難に陥ったが、有用な経営資源があるなどの理由により、再建計画が策定され窮境の解消が図られるような債務整理の場合において、金融機関等に『一時停止』の通知等がされたりするときは、『支払の停止』の肯定には慎重さが要求されよう。このようなときは、合理的で実現可能性が高く、金融機関等との間で合意に達する蓋然性が高い再建計画が策定、提示されて、これに基づく弁済が予定され、したがって、一般的かつ継続的に債務の支払をすることができないとはいえないことも少なくないからである。たやすく『支払の停止』が認められると、運転資金等の追加融資をした後に随時弁済を受けたことが否定されるおそれがあることになり、追加融資も差し控えられ、結局再建の途が閉ざされることにもなりかねない。反面、再建計画が、合理性あるいは実現可能性が到底認められないような場合には、むしろ、倒産必至であることを表示したものといえ、後日の否認や相殺禁止による公平な処理という見地からしても、一般的かつ継続的に債務の支払をすることができない旨を表示したものとみる余地もあるのではないかと思われる。このように、一定規模以上の企業の私的整理のような場合の『支払の停止』については、一概に決め難い事情がある。」

東京地決 H23.11.24（更生）　事業再生ADRから会社更生へ移行した場合の否認権行使の可否について判示した裁判例

金法1940号148頁

　債務者が事業再生ADR手続の利用を申請し、金融機関に支払猶予の申入れをした行為が、「支払停止」に該当するかが問題となった事例で、本決定は、「支払の免除又は猶予を求める行為であっても、合理性のある再建方針や再建計画が主要な債権者に示され、これが債権者に受け入れられる蓋然性があると認められる場合には、一般的かつ継続的に債務を弁済できない旨を外部に表示する行為とはいえないから、『支払の停止』ということはできないと解するのが相当である。」とし、結論として否認を認めなかった。

(ii) 事業譲渡の否認が認められた例

東京地決 H22.11.30（破産） 事業譲渡の否認につき価格賠償を認めた裁判例

金判 1368 号 54 頁

> 甲社（破産者）は、平成 21 年 2 月、子会社である Y 社に多くの資産等を事業譲渡をし、かつ、甲社の取引債務について、Y が重畳的債務引受を行ったのち、同月中に手形不渡りを出し、平成 22 年 1 月破産手続開始決定がされた。甲社の破産管財人 X は、当該事業譲渡に対して 160 条 1 項 1 号に基づく否認権を行使し、Y に対して否認請求を申し立てたところ、本決定は不動産等については原状回復を認め、その余については価格償還請求を認めた。

(iii) 会社分割の否認が認められた例

　会社法において、旧商法が定めていた「各会社ノ負担スベキ債務ノ履行ノ見込アルコト」（374 条ノ 2 第 1 項 3 号、374 条ノ 18 第 1 項 3 号）の開示が、「債務の履行の見込みに関する事項」（会社規則 183 条 6 号、192 条 7 号、205 条 7 号）に変更されたことをもって、債務超過の会社であっても債権者の承諾等を得ずに会社分割が可能であるとする考え方に基づき、債権者の承諾を得ずに会社分割を行っている事案が濫用的会社分割として問題となっている。会社分割後に、分割会社が破産した事案で、破産管財人の会社分割に対する否認権の行使が認められた裁判例として、以下のものがある[291]。仮に同様の事案で分割会社が民事再生を申し立てた場合でも同様に否認が認められるものと考えられる。

福岡地判 H21.11.27（破産） （金法 1911 号 84 頁）	分割会社の破産管財人による、新設分割に対する破産法 160 条 1 項に基づく詐害行為否認を認め、168 条 4 項により価格償還を命じた。
福岡地判 H22.9.30（破産） （判タ 1341 号 200 頁）	分割会社の破産管財人による新設分割に対する破産法 160 条 1 項又は 161 条 1 項に基づく否認の主張を認め、新設会社への不動産移転登記に対して否認の登記を認めた。
東京地判 H24.1.26（破産）[292] （金法 1945 号 120 頁）	分割会社の破産管財人による、新設分割に対する破産法 160 条 1 項に基づく否認及び、当該会社分割をコンサルしたコンサルタント会社に対する転得者に対する否認（破産法 170 条 1 項）を認めた[293]。

(iv) 義務なく、対価なくした連帯保証ないし担保供与

　いずれも破産に関する裁判例であるが、義務なく又は対価なく行った連帯保証ないし担保供与は無償否認の対象になるとされている（**最二小判 S62.7.3**、**大阪高判 H22.2.18**、**東京高判 H12.12.26**）。ただし、既に金融機関に連帯保証している場合、信用保証協会に対する求償債務に連帯保証をしても無償否認の対象とはならない（**最二小判 H8.3.22**）。なお、破産者の子会社の滞納国税に対する納税保証が否認の対象となるとした裁判例がある（**東京高判 H25.7.18**）。

最二小判 S62.7.3（破産） （民集 41 巻 5 号 1068 頁）	会社の代表取締役が保証料を受け取ることなく行った会社債務に対する連帯保証及び担保供与が無償否認の対象になるとした。
大阪高判 H22.2.18（破産） （判時 2109 号 88 頁）	会社の代表取締役が、会社借入の際に担保提供を行った行為につき、「金融機関の与信が破産者による保証ないし物上保証と同時交換的にされた場合であっても、破産者のした担保提供行為は無償否認の対象となると解すべきである」とした。

---

[291] 裁判例の分析としては、金法 1924 号 62 頁　滝澤孝臣「会社分割をめぐる裁判例と問題点」などに整理されている。なお、前提として、破産法 160 条から 162 条（民事再生法であれば 127 条から 127 条の 3）のいずれの条文で否認されるかに争いがあるが、裁判例は概ね 160 条（民事再生法であれば 127 条）により、否認を認めている。

[292] 高裁でも概ね原審を引用しつつ維持した（東京高判 H24.6.20 判タ 1369 号 231 頁、金判 1394 号 46 頁、金法 1945 号 111 頁）。

[293] なお、コンサルタント会社に対する否認は、コンサル契約自体に詐害性が認められないとしても、破産会社に適法な会社分割を指導する義務を有していたにもかかわらず、かかる義務に反した債務不履行責任が認められるとした。

第12章 否認（127条以下）

東京高判 H12.12.26（破産） （判時1750号112頁）	会社代表取締役が、会社の借入れの際に、自己の生命保険解約返戻金請求権に設定した質権が無償否認の対象になるとした。
最二小判 H8.3.22（破産） （金法1480号55頁）	既に金融機関に連帯保証している場合に、信用保証協会に対する求償債務に連帯保証をしたとしても無償否認の対象とはならないとした。
東京高判 H25.7.18 （再生→破産） （金判1424号24頁）	子会社である乙社の滞納税金についてY（国税当局）との間で納税保証した甲社が、再生手続開始後破産に移行した。管財人Xが当該納税保証は支払停止前6か月以内にした無償行為であるとして、納税保証に係る債務に充当された還付金などを求めて提訴したところ、本判決は、Xの主張を概ね認めた。

(v) 無償行為否認の対象

東京高判 H12.12.26（破産）	無償行為否認の対象は、破産財団を減少させ、一般債権者を害するもの又はその限度に限られるとした裁判例
判時1750号112頁、金判1114号14頁	
	会社代表取締役甲が、会社の借入れに当たり、担保として、自己の生命保険解約返戻金請求権に質権を設定したが、生命保険料等の未納があったため、借入金の一部を未納保険料等に充当した。甲の破産管財人に選任されたXは、当該質権設定が無償行為に当たるとして提訴したが、本判決は、「破産管財人が破産法72条5号の規定により無償行為又はこれと同視すべき有償行為として否認することのできる破産者の行為は、それによって破産財団を減少させ、一般債権者を害するもの又はその限度に限られるものと解するのが相当である」として、未納保険料等に充当された部分は否認の対象にならないとした。

(3) 偏頗行為否認（127条の3第1項）に関する裁判例

(i) 支払不能

実務的には、「支払不能」の立証が重要になる。支払不能とは、「再生債務者が、支払能力を欠くために、その債務のうち弁済期にあるものにつき、一般的かつ継続的に弁済することができない状態」をいう（93条1項2号）。弁済期未到来のものについて弁済ができない可能性があっても支払不能とは言えないと解される（**東京地判 H19.3.29**、**東京地判 H22.7.8**）。

支払不能は客観的状態を指すものであるが、かかる状態にあるか否かは、資産不足に加え、信用及び労務の点においても、なすべき債務の履行ができない状態にあるか、債務が履行期にあるか、債権者全体に対して履行することができない状態にあるか、それが、一時的な流動性資金の欠乏によるものではなく、継続性を有しているか等の事情を考慮して判断される[294]。

なお、「支払停止」とは前述のとおり支払不全を外部に表示する債務者の行為である（**最一小判 S60.2.14** など）。

東京地判 H19.3.29（破産） （金法1819号40頁）	支払不能であるか否かは、弁済期の到来した債務について判断すべきであり、弁済期未到来の債務を将来弁済することができないことが確実に予想されたとしても、弁済期の到来した債務を現在支払っている限り、支払不能ということはできないとした裁判例
東京地判 H22.7.8（破産） （判時2094号69頁）	
大阪地判 H22.3.15（再生） （判時2090号69頁）	任意整理が先行している場合、任意整理が開始していることが「支払不能」に当たると解されるとした裁判例

---

[294] 東京地判 H25.2.14 判タ1392号343頁の解説文

(ii) 支払停止等を停止条件とする担保設定契約

支払停止等を停止条件とする担保設定契約は、契約締結時は支払停止にないが、担保設定の効力が発生するのが支払停止時となるため、否認の対象となるか問題となる[295]が、判例は否認の対象となるとしている（**最二小判 H16.7.16**、**東京地判 H22.11.12**）。

最二小判 H16.7.16（破産） （民集 58 巻 5 号 1744 頁）	債務者の支払停止等を停止条件とする集合動産譲渡担保が否認の対象となるとされた判例
東京地判 H22.11.12（破産） （判時 2109 号 70 頁）	債権譲渡予約（予約の効力は、債務者が期限の利益を喪失した時点か、その前に債権者が必要と認めた時点で発生する）に基づく集合債権譲渡担保が否認の対象となるとした裁判例

(iii) 特定債務に弁済する趣旨での借入れによる弁済

特定の債務に弁済する趣旨で借り入れたうえで弁済することは、債権者が変更するだけで総債務額に変更はなく債権者を害するものでないと解され、原則として、否認の対象にはならないと解される（**最二小判 H5.1.25**）。

最二小判 H5.1.25（破産）

民集 47 巻 1 号 344 頁

甲（破産者）が、特定の債権者Yに弁済するために乙及び丙から資金を借り入れ、Yに弁済したところ、甲の破産管財人Xが、Yに対する当該弁済につき否認し、弁済金の返還を求めて提訴した。本判決は「このような借入金は、借入れ当時から特定の債務の弁済に充てることが確実に予定され、それ以外の使途に用いるのであれば借入れることができなかったものであって、破産債権者の共同担保となるのであれば破産者に帰属し得なかったはずの財産であるというべきである。そうすると、破産者がこのような借入金により弁済の予定された特定の債務を弁済しても、破産債権者の共同担保を減損するものではなく、破産債権者を害するものではないと解すべきであり、右弁済は、破産法 72 条 1 号による否認の対象とならないというべきである」とした。

(iv) 動産売買先取特権の目的物による代物弁済

動産売買先取特権の目的物をもってする代物弁済は、売買当時と代物弁済当時の目的物の価格の均衡が保たれている限り、否認の対象とならない（**最一小判 S41.4.14**）。ただし、債務者が一度目的物を第三取得者に引き渡した後に当該第三取得者との間で合意解約をして債権者に代物弁済した場合には否認の対象となる（**最一小判 H9.12.18**）。

最一小判 S41.4.14（破産）

民集 20 巻 4 号 611 頁、判時 448 号 33 頁、判タ 191 号 77 頁、金法 446 号 6 頁

甲社（破産会社）の売掛代金債権者Yは、破産手続開始申立後、動産売買先取特権の対象物を甲社より搬出してこれを引き取ったうえ、代物弁済として、その所有権をYに移転することを約したところ、甲社の破産管財人XがYに否認訴訟を提起した。本判決は、「破産債権者を害する行為とは、破産債権者の共同担保を減損させる行為であるところ、もともと前示物件は破産債権者の共同担保ではなかったものであり、右代物弁済によりYの債務は消滅に帰したからである。」として、別除権である動産売買先取特権の目的物をもってする代物弁済は、否認の対象とならないとした。

最一小判 H9.12.18（破産）

民集 51 巻 10 号 4210 頁、判時 1627 号 102 頁、判タ 964 号 100 頁、金判 1040 号 26 頁、金法 1510 号 71 頁

甲社（破産会社）は、Yから商品を購入し、乙社に転売して約束手形を受け取っていたが、甲社は第1回目の手形不渡りを出した後、乙社との転売契約を合意解除し、商品の返還を受けてYに対する売買代金債務の弁

---

295 債権譲渡担保につき、通常の取引時点で第三債務者に債権譲渡通知を行うと信用不安を引き起こす可能性があるため、債務者の支払停止を停止条件とする債権譲渡担保契約が締結されることが多かった。現時点では、債権譲渡登記により第三者対抗要件を具備することができるため、かかる契約締結の必要性は薄まっている。

済に代えて譲渡する旨の合意をし、実行した。甲社の破産管財人Xが否認権を行使したところ、本判決は、「本件代物弁済は、本件物件をYに返還する意図の下に、転売契約の合意解除による本件物件の取戻しと一体として行われたものであり、支払停止後に義務なくして設定された担保権の目的物を被担保債権の代物弁済に供する行為に等しいというべきである」としてXの請求を認めた。

(v) その他

その他、偏頗行為否認に関する裁判例として以下のようなものがある。

東京地判 H23.4.12（再生）	再生債務者が誤って借入先の銀行預金口座に申立直前に資金を移動する行為は否認の対象とならないとした裁判例

判タ 1352 号 245 頁、金判 1366 号 47 頁

再生債務者甲社が、預金を借入れのない銀行に移動すべきところを、誤って、借入れのある銀行Yの甲社名義の預金口座に移動したため、民事再生手続開始申立てにより、銀行Yが相殺をした。甲社の監督委員Xが、当該相殺が偏頗行為否認の対象になるとして否認権を行使したが、本判決は、「甲社には、弁済においては当然伴っているはずの本件振込みにより当該債務が消滅するとの認識や当該債務を消滅させる目的が欠如しているのである」などとし、Xの請求を棄却した。

東京地判 H19.3.29（破産）	相殺可能であっても、相殺処理をせずに小切手を預かる方法により弁済に充当したことが否認の対象とされた事案

金法 1819 号 40 頁、金判 1279 号 48 頁

「相殺は、双方の債務が互いに相殺に適するようになったときであっても（双方の債務が相殺適状にあっても）、相殺の意思表示がされない限り、その効果を生じないところ（民法 506 条 1 項）、破産法は、相殺と弁済とでその取扱いを異にしており（破産法 67 条から 73 条まで、160 条から 176 条まで）、弁済行為についての否認権の行使に当たっては、当該弁済に係る債権が別の債権と相殺適状にないことを要件とはしていないのであるから、破産者が支払不能になる前に、弁済行為により消滅する破産債権者の破産者に対する債権と破産者の破産債権者に対する債権とが相殺適状の状態にあったとしても、上記弁済行為を否認することができると解するのが相当である。」とした。

神戸地伊丹支決 H22.12.15（破産）	申立代理人が行った和解について否認が認められた事案

判時 2107 号 129 頁

破産者甲の破産管財人であるXがクレサラ業者Yに対し、甲の破産手続開始申立前に甲の申立代理人弁護士とYの間で締結した過払金債権を放棄する内容を含む和解を否認し、過払債権の未払部分につき支払を求めて提訴したところ、本判決はXの請求を認めた。

(vi) 受益者の悪意

多くの否認で、「受益者の悪意」が要件とされている。

この点、より熱心に情報を収集した債権者が悪意となり否認が認められ、努力をしなかった債権者が善意として保護されることになりバランスを欠くという指摘もある。しかしながら、債権者の予測可能性を保護するという趣旨からはやむを得ない。

参考になる裁判例として、同一の会社更生事件について、金融機関の行動によって善意・悪意の結論が異なった次のものがある。

京都地判 S58.7.18 （判時 1096 号 142 頁）	受益者が善意であるとして否認を認めなかった。 「被告金庫は、本件買戻しがなされた 7 月 10 日又は同月 20 日当時、更生会社が倒産寸前であることを知らなかったし、本件買戻しによって、他の債権者らを害することを知らなかった。そのことは、次のことから明らかである。……」

京都地判 S58.5.27 (判時 1096 号 139 頁)	受益者が悪意であるとして否認を認めた。 「……右認定の事実によると、被告はAの倒産を契機として、更生会社甲社の経営に危惧を感じて、更生債権者を害することを知りながら、急拠銀行取引約定書所定の条項を発動して本件各約束手形の買戻し及び本件借入金の弁済を受けたものではないかとの疑念が生ずる」
京都地判 S57.6.24 (判時 1059 号 143 頁)	受益者が悪意であるとして否認を認めた。 「……これらの点を考慮すると、被告が更生会社に対し危機意識を有していたことが推認され、むしろ被告は高度の調査能力によって更生会社が他への資金流出を粉飾して隠蔽していたとはいえ、他の一部銀行と同様、……の相次ぐ連鎖倒産の流れを知り、更生会社もその影響を受けるであろうことをいち早く察知しながら、本件手形の買戻を要求して買戻をさせたものと推認することができる。」

4　その他の否認

(1) 対抗要件否認（129条）

(i) まとめ

内　容	権利変動の原因となる法律行為に対する否認とは別に、権利変動に伴う対抗要件具備行為について否認を認めるもの。対抗要件が否認されることにより、権利設定などの効力を再生債務者に対抗できないこととなる[296]。
要　件	・支払の停止等があったこと。 ・権利移転等から15日経過後に支払停止等につき知って対抗要件を具備したこと（仮登記を本登記にした場合を除く）。 なお、127条1項1号の要件を満たせば、支払停止に至るまでであっても対抗要件具備行為を否認できると解される（**東京地決 H23.11.24**）。

東京地決 H23.11.24（更生）	事業再生 ADR から会社更生へ移行した場合の否認権行使の要件について判示した裁判例

金法 1940 号 148 頁

債務者が事業再生 ADR 手続の利用を申請し、金融機関に支払猶予の申入れをした後に、当該金融機関が過去の根抵当権設定契約に基づき根抵当権設定仮登記を具備した行為を否認できるかが問題となった事例で、以下のように判示した。なお、結論として否認を認めなかった。

「このような対抗要件否認の趣旨、目的や要件等に照らすと、対抗要件否認の規定は、債務者の詐害意思を要件とする『故意否認』を制限したものではなく、債務者の詐害意思を要件とせずに危機時期にされた行為を対象とする『危機否認』の要件を加重する趣旨に出た特則と解するのが相当である。……〈3〉担保供与又は債務消滅行為以外の財産処分行為を対象とする詐害行為否認の規定のうち危機否認と直接関係がない規定（破産法160条1項1号、法86条1項1号）は、従前の『故意否認』の規定に対応するということができ、対抗要件具備行為は、上記のとおり『故意否認』の特則ではないと解されるので、故意否認に対応する上記〈3〉の規定の要件を満たす場合には、当該規定によって、対抗要件具備行為を否認することが許されることになると解される。」

(ii) 裁判例

否認の対象となるのは、再生債務者の行為又はこれと同視すべきものに限られると解される（**最三小判 S40.3.9**）。ただし、仮登記仮処分命令に基づく仮登記は否認できるとされており（**最一小判 H8.10.17**）、当該要件は比較的ゆるやかに解されているようである。

---

[296] 対抗要件否認の制度趣旨は「原因行為そのものに否認の理由がないかぎり、できるだけこれを具備させることによつて当事者に所期の目的を達せしめるのが相当である。それゆえ、破産法は74条において、一定の要件を充たす場合にのみ、とくにこれを否認しうることとしたのである。」と説明される（**最一小判 S45.8.20**）。

第12章　否認（127条以下）

最三小判 S40.3.9（破産）

民集19巻2号352頁、判時407号29頁、判タ175号106頁、金法406号6頁

破産管財人が、破産者の有していた債権の譲渡につき第三債務者の承諾行為を否認するとして争った事案につき、「破産法は、同法72条の特則として、対抗要件の否認に関し、とくに同法74条の規定を設けたものと解するのが相当である。したがつて、同条により否認しうる対抗要件充足行為も破産者の行為またはこれと同視すべきものにかぎり、破産者がその債権を譲渡した場合における当該債務者の承諾は同条による否認の対象とはならないものというべきであって、……」とした。

最一小判 H8.10.17（破産）

民集50巻9号2454頁、判時1596号59頁、判タ934号227頁、金判1017号11頁、金法1482号82頁

「仮登記は、それ自体で対抗要件を充足させるものではないが、本登記の際の順位を保全し、破産財団に対してもその効力を有するものであるから、仮登記も対抗要件を充足させる行為に準ずるものとして破産法74条1項の否認の対象となるものと解すべきである。そして、破産者の支払停止の後に、これを知った根抵当権者が不動産登記法33条による仮登記仮処分命令を得て根抵当権設定仮登記をした場合には、破産管財人は、破産法74条1項によって右行為を否認することができるものと解するのが相当である。」

最一小判 S45.8.20（破産）　管財人が対抗要件否認について主張していないとしても、対抗要件否認の要件を満たす事情があらわれている場合、裁判所は、対抗要件否認に関して釈明義務があるとした判例

民集24巻9号1339頁、判時606号32頁、判タ253号160頁、金判232号2頁、金法595号46頁

破産者甲の管財人に選任されたXが、甲がYに対して行った不動産による代物弁済につき否認権を行使し、Yに対し、不動産登記の抹消登記手続を求めて訴えを提起したところ、第1審はXの請求を認めたが、控訴審はXの請求を棄却した。なお、Xは、対抗要件否認については主張をしていなかった。

本判決は、管財人が破産法72条に基づいて物権変動を否認し、登記の抹消を訴求している場合、管財人の主張及び弁論の全趣旨において対抗要件否認（74条　現164条）の要件を満たす事情があらわれているのであれば、その点について釈明をする義務があるとして、破棄差戻しした。

福岡高判 H26.3.27（破産）　登記官の職権による登記の更正は、対抗要件否認の対象にならないとした裁判例

判時2227号51頁

破産管財人Xが、破産者甲所有の不動産に対して抵当権を有するYに対して、当該抵当権設定登記についてなされた債権額1710円から1710万円とする更正が、対抗要件否認に該当するとして否認登記手続を認めて提訴した。第1審は否認を認めなかったためXが控訴したが、本判決も「本件更正登記は、不動産登記法67条により、職権による登記の更正としてなされたものであり、権利変動の原因となる法律行為を前提としてされたものではないだけでなく、破産者の行為又はこれと同視すべきものでないことは明らかである。」などとして、否認を認めなかった。

(2) 執行行為の否認（130条）

内容	債権者の行為が、債務名義や執行行為に基づくものであっても、否認の対象となることを確認した規定。
留意点	詐害行為否認のうち、再生債務者の主観が問題となる否認類型については、再生債務者が執行を招致したか、再生債務者が自ら弁済をすれば悪意が認定できるような状況が必要であり（最一小判S37.12.6）、一方、偏頗弁済否認のように、再生債務者の主観は問題とならない否認類型は、そのような状況は不要と解されている（参考判例：**最二小判S48.12.21**）。

最二小判 S48.12.21（破産）
判時 733 号 52 頁、金法 714 号 39 頁
「破産法 72 条 2 号の債務消滅に関する行為とは、破産者の意思に基づく行為のみにかぎらず、債権者が同法 75 条の強制執行としてした行為であつて破産者の財産をもつて債務を消滅させる効果を生ぜしめる場合を含むものと解すべきであり（当裁判所昭和 38 年（オ）第 916 号同 39 年 7 月 29 日第二小法廷判決・裁判集民事 74 号 77 頁参照。）、この場合には、破産者が強制執行を受けるについて害意ある加功をしたことを必要としないものと解するのが相当である。」

第13章 役員[297]に対する損害賠償請求権の査定制度（142条以下）

1 役員責任追及の検討順序

役員責任追及についての検討順序は以下のとおり。

検討順序	具体的検討事項
該当事由の調査	過去の経緯を確認するなどして、責任追及すべき事由がないかを確認する[298]。
役員財産保全（142条）の検討	役員の財産に対する保全の要否を検討し、必要な場合には、142条に基づく保全処分を行う。
任意交渉	相手方と任意交渉を行い、和解等で処理が可能かを検討する。
責任査定申立て（143条）	申立て⇒審尋期日（144条2項）⇒決定⇒判断に不服がある役員は異議の訴えが可能（145条1項）。詳細は3参照。
会社法423条等に基づく訴訟	裁判所の許可又は監督委員の同意が必要な場合がある。

（注1） 査定申立てをせず、会社423条等に基づく責任追及の訴えを提起することも可能。証人尋問の必要性が高い場合や、相手方が争っていて査定で認容決定が出ても異議の訴えとなる可能性が高い場合には、最初から訴訟を提起することを検討すべきと考えられる[299]。

（注2） 再生債務者（会社）と役員個人の利害が対立する場面であり、申立代理人としては対応に苦慮する場合もある。申立代理人は、あくまでも再生会社の代理人であるから、役員個人については別の弁護士に受任してもらい交渉を行うなどの対応も必要であろう[300]。

（補足） 債権届出との関係
　　　役員に責任があると考えられる場合、役員が提出してきた債権届出に対して異議を出す（いわゆる「戦略的異議」）という方法を取ることも考えられる。この点は、代表者の経営責任と、債権認否は別のものであり、戦略的異議をすべきでないという考え方もあるところであり、事案を検討のうえ、監督委員や裁判所とも相談のうえ、方針を決定すべきであろう。

2 査定の申立権者

再生債務者・管財人（143条1項）及び再生債権者（143条2項）。

なお、民事再生手続開始決定時に既に株主代表訴訟が係属しているにもかかわらず、再生債務者が改めて役員責任追及のための査定申立てを行った場合、査定申立てが優先し、先行している

---

297 役員とは、再生債務者の理事、取締役、執行役、監事、監査役、清算人又はこれらに準ずるものをいう（142条1項）。なお、制度趣旨から手続開始前に退任した役員も含まれると解される（再生手引236頁～237頁）。

298 この点、倒産と訴訟249頁～250頁は調査・検討の内容として「経営判断の原則の適用の前提を欠くといえるか、具体的には、①取締役の行った行為が会社の利益を図る目的でない場合や取締役の個人的利害関係が存する場合にあたるか、②取締役に具体的な法令違反の事実が認められるか等を調査するべきといえよう。」「取締役に法人財産の横領行為が存在する場合（刑253条）や株主総会の承認手続を経ることなく過大な報酬を受給していた場合（会社361条）等の具体的な法令違反が認められる事案では、経営判断の原則は認められないと解される」とする。

299 この点、倒産と訴訟249頁～250頁は「事実関係を調査し、経営判断の原則の適用が問題となる場合でも明白に裁量を逸脱することを基礎づける事実が認められるか否か、査定決定を得た後の和解可能性の有無、相手方たる取締役の損害賠償責任に対するスタンス等を総合的に考慮した上で、取締役の損害賠償責任の査定の申立を行うか、通常訴訟により損害賠償請求の訴えを提起するか否かを検討するべきであると考える。」とする。

300 QA500　324頁参照。

株主代表訴訟は重複起訴の禁止に抵触するという見解が多いようである[301]。

一方、管財人が選任される会社更生手続開始後は、株主代表訴訟を提起することはできないとされているが（大阪高判H元.10.26[302]、東京高判S43.6.19[303]）、民事再生については、再生債務者等が査定申立等を行っていない限り、株主代表訴訟の提起は可能と考えられる（ただし私見）。もっとも、かかる考え方によったとしても、民事再生手続では100％減資をされるのが通常であり、100％減資された場合には、原告は当事者適格を失うと考えられる（**東京地判H16.5.13**、会社法851条）。

東京地判H16.5.13（再生）
判時1861号126頁
従前の株主代表訴訟は中断等しないことを前提に、100％減資された場合には、原告は当事者適格を失うとした。

3　査定の具体的行使方法

査定申立てをした場合の流れは以下のとおり。

時系列 →			
再生債務者	裁判所		再生債務者又は相手方の対応
査定申立て（143条）	審尋（144条2項）	認容決定	役員は異議の訴えが可能（145条）。なお、金額に不満がある場合は再生債務者も異議の訴えが可能。異議の訴えがないと確定（147条）。
		棄却決定	通常訴訟が可能。

4　査定の判断

役員の責任が問われる通常の場面と同様と解する。

なお、事案によっては、調査委員会を設置して、役員等の損害賠償責任の有無を調査することが有用な場合もあると考えられる[304]。

東京地判H16.9.28（再生）　再生裁判所の旧取締役に対する査定決定が取り消された事例
判時1886号111頁
百貨店を経営していたYの代表取締役Xらは、海外における百貨店出店計画を進め、関連会社を経由して海外の会社に貸付けを行ったが、結局計画は頓挫し、貸付金も回収できなかった。その後Yは民事再生手続開始決定を受けた。そこで、YはXらに対して、善管注意義務違反による損害賠償の査定を申し立てたところ再生裁判所が損害賠償を認めたため、Xらが査定決定に対する異議訴訟を提起した。 本判決は、当時の状況を検討のうえ、結論としてはXらに損害賠償義務はないとして、査定決定を取り消した。

301　倒産と訴訟269頁
302　判タ711号253頁、金判834号11頁、金法1242号107頁
303　判タ227号221頁
304　倒産と訴訟230頁参照。

第14章 訴訟等の取扱い

1 概　要

主　体	種　類	中断の有無	中断後の処理	備　考
再生債務者[305]	再生債権に係る訴訟（注1）	中断（40条1項）（注2）	再生債権の債権確定手続の中で受継等の処理がされる。	詳細は2参照
	再生債権に関係ない訴訟	中断しない。		株主代表訴訟[306]、取戻権に基づく訴訟、共益債権・一般優先債権に関する訴訟など
債権者	債権者代位訴訟	中断（40条の2第1項）（注2）	再生債務者・相手方とも受継可能（40条の2第2項）。	
	詐害行為取消訴訟		監督委員、相手方が受継可能（140条1項）。	

（注1） 再生債権に係る訴訟か否かが不明な場合は、最終的には、受訴裁判所が判断する[307]。
（注2） 中断する場合、係属裁判所に対して訴訟が中断した旨の上申書を提出する必要がある（係属裁判所は、民事再生手続開始決定を当然には知り得ないため）。

2 再生債権に係る訴訟の流れ[308]

債権届出の有無	債権認否における異議（注1）	受継申立て（107条）	訴訟の帰趨
有り	無し		訴訟手続は終了すると解される（注2）。
	有り	無し	訴訟手続は終了すると解される（注2）。**（名古屋地決 H14.12.24、大阪高判 H16.11.30）**
		有り	訴訟は継続する。
無し			再生計画案の付議決定により再生債務者が受継するが、計画案の認可決定により失権すると解する（178条、179条）（注3）。

（注1） 再生債務者が認めなかったか、他の再生債権者が異議を出した場合を指す。
（注2） 再生債務者が異議を述べなかったり、再生債務者が異議を述べたにもかかわらず債権者があきらめて受継の申立てをしないことにより、事実上紛争が終結してしまうことがある。このような場合につき法は特段の定めを置いていないが、訴訟は当然に終了すると解する（ただし、私見。後者の場合、債権届出をしなかった場合と同様に訴訟は再生計画が付議決定された時点で再生債務者が受継するという見解もある[309]）。
（注3） 債権者が債権届出をしなかった場合、訴訟は終了するという見解もあるが、届出をしない債権が失権しない場合もあり（181条参照）、訴訟は再生計画が付議決定された時点で再生債務者が受継するが、この場合再生債務者は、再生計画の認可決定により、債権の免責を主張することができると解する[310]。

---

305 管財人が選任された場合には、取扱いが異なる（67条2項、3項）。本書は、管理型については原則として言及していないので、その点は触れない。
306 なお、再生債務者が、役員責任追及のための査定申立て等を行った場合、査定申立てが優先し、先行している株主代表訴訟は重複起訴の禁止に抵触するという見解が多いようである（倒産と訴訟269頁）。
307 実務下128頁
308 実務下128頁以下
309 判タ1110号39頁　森宏司「破産・民事再生に伴う訴訟中断と受継」

第1編　民事再生手続

名古屋地決 H14.12.24（再生）　受継申立期間の経過により、債権者の受継申立てが却下された事例

判時 1811 号 152 頁

　XのYに対する販売委託手数料等の支払を求める訴訟が係属している状態で、Yにつき民事再生手続開始決定がなされた。Xは、当該訴訟において請求している債権につき債権届出を行ったのに対し、Yは全額を否認したが、その旨を特にXに通知することはなかった。その後、法107条2項、105条2項に定める不変期間（異議等のある再生債権に係る調査期間の末日から1月）を経過した後に、Xは、全額否認したことの通知がなかったことなどを理由に受継が認められるべきであるとして、訴訟の受継を申し立てた。

　本決定は、届出債権に対する異議があったとしても通知が法律上予定されていないことなどを理由に、Xの申立てを却下した。

大阪高判 H16.11.30（再生）

金法 1743 号 44 頁

　XのYに対する貸付金請求訴訟等が係属中（控訴審）に、Yにつき民事再生手続開始決定がなされたため、当該訴訟は中断した（40条1項）。Xは係争中の債権全額につき債権届出に対し、Yが全額認めないと記載したが、Xから受継の申立てがなされることなく、再生計画は認可決定した。

　その後、Xは、訴訟の受継申立てをしたが、本判決は、再生債権の調査期間の末日から1か月の不変期間内（107条、105条2項）に訴訟の受継をしなかった再生債権は、再生債権の届出がなかったと同様に、再生計画の認可決定の確定により失権する（178条、179条）として、控訴を棄却した。

最二小決 H25.4.26（更生）　更生会社が仮執行宣言付判決に対して、金銭を供託する方法により強制執行の停止を得た状態で更生手続が開始された場合、被供託者は供託金還付請求権を行使できるとした判例

民集 67 巻 4 号 1150 頁、判時 2186 号 36 頁、判タ 1389 号 102 頁、金法 1972 号 78 頁、金判 1420 号 8 頁

　YはX（更生手続中は管財人、その余は更生会社を指す）を被告として、訴訟を提起し、仮執行宣言付判決を得たため、Xは控訴を提起するとともに、700万円の担保を立てて、強制執行停止の決定を得た。その後、Xにつき更生手続開始決定がなされ、Yは、本案訴訟の債権は更生債権として届出をしたが、担保の被担保債権である損害賠償請求権については、更生債権としても、更生担保権としても、届出をせず、更生計画認可の決定により賠償請求権は失権した。そこでXが裁判所に担保の取消しを求めたところ第1審、控訴審とも認めたためYが許可抗告した。本決定は以下のように述べて破棄自判した。

　「仮執行宣言付判決に対する上訴に伴う強制執行の停止に当たって金銭を供託する方法により担保が立てられた場合、被供託者は、債務者につき更生計画認可の決定がされても、会社更生法203条2項にいう『更生会社と共に債務を負担する者に対して有する権利』として、供託金の還付請求権を行使することができると解するのが相当である。……したがって、本件認可決定により本件賠償請求権が失権したとしても、そのことから直ちに本件担保につき担保の事由が消滅したということはできない。」[311]

3　再生手続開始後の債権者代位訴訟、詐害行為取消訴訟の可否

　民事再生手続開始時に再生債権者が当事者となっていた、債権者代位訴訟及び詐害行為取消訴訟は、中断の対象となり（40条の2第1項）、再生債務者（詐害行為取消訴訟は監督委員）は、当該訴訟を受継することができ、相手方も受継の申立てをすることができるとされている（40条の2第2

310　判タ 1110 号 38 頁　森宏司「破産・民事再生に伴う訴訟中断と受継」
311　さらに、具体的な権利行使の方法として「債務者につき更生手続が開始された場合、被供託者は、更生手続外で債務者に対し被担保債権を行使することができなくなるが、管財人を被告として、被供託者が供託金の還付請求権を有することの確認を求める訴えを提起し、これを認容する確定判決の謄本を供託規則24条1項1号所定の書面として供託物払渡請求書に添付することによって、供託金の還付を受けることができると解される。このことは、被供託者が上記更生手続において被担保債権につき届出をせず、被担保債権が失権した場合であっても異なるものではない。」とした。なお、民事再生法177条2項には、会社更生法203条2項と同様の定めがある。

第14章　訴訟等の取扱い

項、140条1項)。

　そこで、再生手続開始後、再生債権者が、改めて債権者代位訴訟、詐害行為取消訴訟を提起することはできるかが問題となるが、できないと考えられる(**東京高判 H15.12.4**、**東京地判 H19.3.26**、**東京地判 H24.2.27**)

東京高判 H15.12.4（再生） （金法1710号52頁）	管理型の民事再生において、再生債権者の提起した債権者代位訴訟について「本件訴訟提起前から再生開始決定及び管理命令を受け、その財産の管理処分権は管財人に専属していたのであるから」再生債権者は本件訴訟を提起できないとした。
東京地判 H19.3.26（再生） （判時1967号105頁）	再生債権者が、詐害行為取消訴訟を提起した事案につき、「再生手続開始決定があった後、再生手続が進行中の状態の下においては、再生債権者は再生債権に基づき詐害行為取消権を行使することは、実体法上許されないものと解すべきである。」とした。
東京地判 H24.2.27（再生） （金法1957号150頁）	別除権協定によって発生した債権を被保全債権とする債権者代位訴訟において、別除権協定によって発生した債権が再生債権か共益債権かが争われたが、本判決は、別除権協定の内容によっても異なるとすると前提を置きつつ、別除権協定によって発生した債権は再生債権であるから債権者代位訴訟はできないとした。

第15章　スポンサーの選定手続及び支援方法

1　概　要

(1)　スポンサー選定の基本的な考え方

　スポンサーを選定する方法は、大きく入札による方法と相対の交渉で決める方法の二つがある。この点、一般的には、入札のほうが手続に透明性があり、妥当であることが多い。しかしながら、入札は、時間がかかること（その間に事業が毀損してしまう可能性がある）や、競合先が入札に参加した場合、再生債務者の事業内容を競合先に開示してしまうというデメリットもあり、事案によっては相対の交渉で進めることが妥当な場合もある。

　入札によるか、相対によるかは、再生債務者の状況や、スポンサー候補者がどの程度いるかなどによって、個別具体的に判断されることになる。

(2)　スポンサーの支援方法

　概要以下のとおり整理される。

スポンサーの支援方法	契約種類	裁判所の許可[312]	主な社内手続
計画外事業譲渡	事業譲渡契約	許可要	株主総会決議。ただし、裁判所の代替許可により省略可（42条1項）。
計画内事業譲渡	事業譲渡契約	（許可要）	
新設会社分割＋株式譲渡	株式譲渡契約	許可要	株主総会決議、債権者保護手続など。
吸収会社分割	会社分割契約	許可要	
減増資	出資契約	許可要	株主総会決議。ただし、裁判所の許可（166条2項）及び計画案で定めることで省略可（183条、183条の2等）。

(3)　通常のM&Aと比較して、注意すべき事項

　通常のM&Aと比較して民事再生手続で注意すべき事項は以下のとおり。

従業員	特に事業譲渡の場合、従業員は一度解雇したうえで、全員ではなく一部の従業員だけを新会社が採用（場合によっては、試用期間として採用）することが多い。 解雇の時期、解雇予告手当の処理、退職金の支払、さらには、継続雇用されない者のフォローなどを行う必要がある。
別除権協定	例えば、事業に必須の不動産に担保が付いている場合、妥当な別除権協定を締結できることが、スポンサー支援の前提となることがある。事案によっては、スポンサー募集前に別除権協定を締結しないと、スポンサーと支援条件の交渉ができないこともあるので、事業再生に必須の資産に担保権が付いている場合には、別除権者と可及的速やかに合意することを目指す必要がある。
信用力調査の重要性	再生計画案の提出時期が決められていることや、再生債務者の資金繰りに余裕がないことが多いため、譲受人の債務不履行（譲渡代金の支払遅延など）が与える影響は通常のM&Aと比較して甚大となることが多い。したがって、スポンサーの信用力（支払能力や、反社会的勢力と無関係であることなど）の調査が特に重要となる[313]。

312　東京地裁の近時の運営では、会社分割が許可事項に指定されていることから、かかる運営を前提とする。
313　支払能力を担保するため、2次入札に進む候補者に対して入札参加保証金の差入れを求めるとともに、2次入札で1次入札より著しく悪い条件を提示した場合及び2次入札書を提出しない場合には当該保証金を没

2　スポンサー支援の具体的スキーム

　スポンサーに事業を承継する方法としては、①減増資、②事業譲渡、③会社分割がある。それぞれのメリット、デメリットは以下のとおり。雇用調整の要否、債務免除益に係る税金の負担、時間的猶予、移転の手間や費用などを勘案して、スポンサーとも相談のうえ、いずれのスキームを選択すべきかを決定する。

	主なメリット	主なデメリット
減増資	・手続が簡便である（183条、183条の2等）。 ・許認可を継続利用できる。 ・繰越欠損金を利用できる。	・偶発債務を承継する可能性がある[314]。 ・雇用調整が必ずしも容易ではない。 ・債務免除益課税の回避策が重要となる。
事業譲渡 →3参照	・簿外債務の承継リスクをなくすことが可能。 ・短期で実行が可能なことが多い。 ・債務免除益課税対策が比較的容易である。 ・雇用調整が比較的容易である。 ・計画外事業譲渡が可能（42条）であり、早期に実行できる。 ・株主総会を開催しないことが可能（43条）。	・移転の手間やコストがかかることが多い。 ・許認可を承継できない。 ・税務コスト（消費税等）がかかる場合がある。 ・繰越欠損金があっても承継はできない。
会社分割	・税務コストが軽減できることが多い。 ・許認可の承継が可能であることがある。 ・資産の移転が容易であることが多い。 ・債務免除益課税対策が比較的容易である。	・労働者保護手続（承継法）、事前開示及び事後開示手続（会社法782条1項等）、債権者保護手続（会社法799条1項2号等）、株主総会決議などが必要となる。 ・雇用調整が必ずしも容易ではない。 ・繰越欠損金があっても承継はできないのが一般的。

3　具体的なスポンサー支援の手順

(1)　スポンサー選定手続の概要（入札の場合）

時系列	内容・注意点
FAの選定（FAを選定する場合） ⇒FAとの間でアドバイザリー契約を締結	FAのコネクションを利用する必要がある場合には、FAを利用する。FAを利用することで、再生債務者の負担が減る、FAのコネクションにより良いスポンサーが見つかる、スポンサー選定の公正性の説明が比較的容易となるなどのメリットがあるが、一方で、相応の費用がかかるので、費用対効果でFAを利用するかどうか決める必要がある。FAを利用する場合は、実績や、信用力などを加味して、選定する。なお、FAとの間のアドバイザリー契約の締結は、東京地裁の運用では監督委員の同意事項となっている。
入札要綱の作成及び入札参加希望者への配付[315]	トラブルを防ぐとともに、手続を迅速に進めるために、この段階で、入札条件やスポンサーの選定基準をある程度明確にしておくべきと考える。

収する方法を取った例が報告されている（金法1952号39頁「林原グループ案件における否認請求等」高橋洋行ほか）。スポンサーが支援を履行しないと、再生債権者に迷惑をかけるだけでなく、最悪の場合、資金繰り破綻を招く可能性もあるので、スポンサーの信用力は重要である。

314　もっとも、届出の無い再生債権は原則として失権するため（178条）、かかる点のデメリットは民事再生においては、あまり考慮する必要はない。

315　入札要綱（スポンサーレター）の書式は再生申立ての実務391頁以下に掲載されている。

入札希望者からの守秘義務及び入札要綱についての承諾書	開示した情報について入札希望者が守秘義務を負うこと[316]及び、入札要綱の内容を了解していることについての承諾書の提出を受ける。
DD（情報開示）	スポンサー候補者が多い場合には、1次入札⇒2次入札と進めることもある。これは、DDは資料を準備するだけでなく、質疑応答なども行わなければならず、会社側にも相応の負担が発生することと、守秘義務に関する承諾書の提出を受けているとはいえ、同業他社がスポンサー候補と称して再生債務者の情報を入手するためだけに入札に参加しているようなケースに対応するためである。その場合は、1次入札についてはインフォメーションパッケージの開示に留め、数社に絞ったうえで、2次入札で本格的なDDを行う。
支援条件の提示	スポンサーによる支援条件の提示。なお価格のみならず、スキーム内容や、支援全体の考え方なども提示してもらうべき。
スポンサーの決定	スポンサーを決定する。なお、スポンサーの決定には、入札価格のみならず、支援内容の履行可能性[317]や従業員の雇用に配慮しているかなども考慮すべきと考える。
スポンサー契約の締結	具体的には事業譲渡契約、出資契約、株式譲渡契約など。 まず基本契約を締結して、その後、本契約を締結することもある（(2)参照）。 また、スポンサー契約の締結は、東京地裁の運用では、監督委員の同意事項となっている[318]。

(2) 基本契約締結の有無

　一般的なM&Aでは基本契約を締結して、それから最終契約を締結することもあるが、民事再生手続では、時間的な制約があることから、契約は1回のみとするこも多い。
　なお、基本合意書の拘束力に関する裁判例として以下のものがある。

最三小決 H16.8.30

民集58巻6号1763頁、判時1872号28頁、判タ1166号131頁、金判1199号6頁、金法1727号78頁

　Y社グループ3社は、Y社グループ内のY1社の事業をX社に譲渡することにつき基本合意書を締結した後に、乙グループに統合を申し入れるとともに、X社に基本合意書の解約を通告したため、X社が基本合意書に基づき、乙グループとの協議を行うことなどを差し止める仮処分命令の申立を行った。本決定は、基本合意書に基づく債務は消滅していないものの、「事後の損害賠償によって償えないほどのものとまではいえない」などとして、保全の必要性がないとした。

東京地判 H18.2.13

判タ1202号212頁、金判1238号12頁、判時1928号3頁

　上記仮処分が却下されたため、XがYらに対して、基本合意書に基づく独占交渉義務及び誠実義務違反など

---

[316] 個人情報保護法23条4項2号で事業の承継に伴う個人データの提供は許されているが、「個人情報の保護に関する法律についての経済産業分野を対象とするガイドライン」（経済産業省作成）において「事業の承継のための契約を締結するより前の交渉段階で、相手会社から自社の調査を受け、自社の個人データを相手会社に提供する場合は、当該データの利用目的及び取扱方法、漏えい等が発生した場合の措置、事業承継の交渉が不調となった場合の措置等、相手会社に安全管理措置を遵守させるため必要な契約を締結しなければならない」とされている。
[317] 武富士の会社更生において、計画案提出後にスポンサーから支援がなされずに、スポンサーが変更されたことが報道されている（平成23年12月28日付け日本経済新聞）。履行可能性の見極めは必ずしも容易ではないが、資金調達の方法などに実現可能性があるかなど慎重に判断すべきであろう。
[318] なお、スポンサー契約に守秘義務条項が入る場合、契約が添付される裁判所に対する許可申請書や、監督委員の同意申請などについては閲覧制限をかけるのを忘れないようにする必要がある。もっとも、債権者の利害に強く影響する契約であるため、閲覧制限の対象となるか（すべきか）は議論がある。裁判所及びスポンサーと相談しながら、守秘義務の範囲を限定することも検討すべきであろう。

を理由として、債務不履行又は不法行為に基づく損害賠償請求訴訟を提起した。

本判決は、基本合意書による独占交渉義務及び誠実協議義務違反があることは認めつつ、いわゆる履行利益はかかる債務不履行と相当因果関係のある損害とは言えないところ、Xが履行利益相当額の損害ないしこれを基準に算出した損害額についてのみ主張し、それ以外の損害について、何ら主張立証もしていないから、損害賠償責任を認めることはできないとしてXの請求を棄却した[319]。

なお、Xは控訴したが、控訴審で和解で終了した。

(3) 減増資スキームの具体的手順等

通常、再生債務者は債務超過なので、裁判所の事前の許可を取得したうえで（166条2項）、再生計画案に減資についての定めを置く。また、再生債務者が譲渡制限会社の場合には、やはり裁判所の許可により（166条の2第2項）、再生計画案に増資の定めを置く。

この場合、減増資につき、会社法上の手続を経ることはほとんど不要となる（154条3項、4項、183条、183条の2）。

(4) 事業譲渡の具体的手順等

事業譲渡する方法は、再生計画案に基づき事業譲渡をする方法と、計画案によらず42条の許可を得て計画外で譲渡をする方法がある。近時は、計画外で譲渡をすることが多いようである。

なお、43条の株主総会決議に代わる裁判所の承認は株式会社に限られ、例えば医療法人などには適用されない。株式会社以外の民事再生で事業譲渡する場合には、原則どおり各決定機関の決議が必要となるので、留意が必要。

(i) 計画外事業譲渡の手続の流れ（株式会社を前提とする）

時系列	要件・手続等	
事業譲渡契約の締結[320]	・再生債務者の取締役会決議（会社法362条4項1号）。 ・東京地裁の運用では、契約締結は監督委員の同意が必要とされている[321]。 ・事業譲渡の実行は裁判所の許可を停止条件とする。	
42条許可の申立て	許可の要件	「事業の再生のために必要であると認める」こと（1項）。
	必要な手続	・債権者の意見聴取（2項） ・労働組合等の意見聴取（3項）⇒監督委員を通じて行われることが多い[322]。
必要に応じて43条代替許可の申立て[323]	許可の要件（1項）	・再生債務者が株式会社であること。 ・債務超過であること。 ・事業継続のために必要であること。
	必要な手続	株主送達（2項）→官報公告で（10条3項）代用することが多い。
債権者説明会の開催	42条の許可を得て事業譲渡をする際、裁判所は債権者の意見聴取をする必要があるが、意見聴取期日では、事業譲渡について詳細な説明は行われないことが多い（意見を聴く場であって、説明を行う場ではないため）。そこで、再生債務者は、意見聴取期日前に、監督委員同席のもと自主的な説明会を行い、事業譲渡の概要を説明し、債権者の納得を得ることが多い[324]。	

---

319 かかる判決は、前提となる**最三小決H16.8.30**の「最終的な合意が成立するとの期待が侵害されることによる損害」という表現を信頼利益と解釈して判断をしたものと推定されるが、この点については強い批判がある（別冊金判「M&A裁判例の分析と展開」220頁 中東正文）。
320 再生申立ての実務430頁以下にサンプルが掲載されている。
321 再生手引204頁
322 再生手引209頁
323 株主が少数である場合は、総会決議（特別決議（会社法309条2項11号、467条））で行うことも多い。
324 意見聴取期日で再生債務者の説明が不十分であるという意見が少なくない場合、許可が留保されることがあり得るので（再生手引209頁）、注意が必要である。

債権者の意見聴取（42条2項）	東京地裁では、意見聴取期日を、申立てから2週間後に入れることが一般的[325]。事案によっては、郵送にて債権者に意見を聴取することもある。
裁判所の許可	42条許可、43条代替許可[326]。なお、43条許可による場合、反対株主の買取請求は行使不可（43条8項）。
事業譲渡契約の履行	譲渡対象は通常、債権・債務を除いた営業用資産のみを対象とし、債権・債務は再生債務者に残すことが多い。

東京高決 H16.6.17（再生） 43条代替許可に対する即時抗告が認められた事例
金判1195号10頁、金法1719号51頁

再生債務者Yが、民事再生手続開始決定後、Aに対する事業譲渡及び100%減資を内容とする再生計画案を提出し、再生裁判所も、株主総会の代替許可決定（43条）及び、100%減資の条項を含む再生計画案提出の許可決定（166条）を行ったところ、Yの株主（事実上の創業者）であり元代表取締役であるXらが、即時抗告を行った。本決定は、事業譲渡が、「事業の継続のために必要である」とは言えないとして、抗告を認容した。

なお、Yの提出した再生計画案はその後認可決定されたため、Xらは、認可決定に対する即時抗告もしており、その際、株主の計画案の認可に対する即時抗告権も問題となったが、資本減少を定める再生計画の認可決定に対する株主の即時抗告権を認めた。

(ii) 計画内事業譲渡の手続

計画内で事業譲渡をする場合、株主総会決議が必要になると解されるが、代替許可の取得は可能（43条1項、**東京高決 H16.6.17** は代替許可の取得が可能であることを前提としている）。

東京地方裁判所では、計画内事業譲渡の場合、再生計画の認可決定により42条の裁判所の許可は不要との取扱いとしているようである[327]。

(iii) 事業譲渡後の残務処理の留意点

従業員関係	事業譲渡により転籍する従業員が全従業員でない場合は、残った従業員につき解雇が必要。
年金制度の脱退	年金制度の脱退により多額の一時金の支払が必要となる可能性があるので注意が必要。
清算手続（解散手続にかかる株主の整理）	事業譲渡後、再生債務者を解散し清算する場合、清算型再生計画案となる。残資産を換価処分して、債権者に弁済をして清算結了となる。 清算手続を行う場合、解散は通常の会社法の手続（株主総会決議）によるため、株主が多いと解散決議等に苦労することもある。そこで、スポンサーへ事業譲渡後、裁判所の許可（166条、166条の2）を得て発行済株式の無償取得をしたうえで、代表者又は申立代理人等を割当先とする募集株式を発行（1株）する方法により、株主を整理することが多い[328]。

(5) 会社分割の具体的な手順等

会社分割は、事業譲渡と異なり42条、43条のような定めはなく、会社法の定めに従った株主保護手続、労働者保護手続などの手続を踏んで行う。民事再生手続との関連で留意すべき事項は以下のとおり。

必要な手続	留意点
裁判所の許可等	東京地裁の運用では、計画外で会社分割をする際には裁判所の許可及び債権者説明会の開催が必要とされている[329]。さらに（主要）債権者の同意が必要かについては説が分かれる[330]。

---

325 実務下134頁

326 42条許可に対する即時抗告は不可（再生手引210頁）。43条許可に対しては即時抗告が可能であるが、執行停止の効力はない（43条6項、7項）。

327 注釈民再法上237頁。

328 この点、166条の2第3項の「再生債務者の事業の継続に欠くことができないものである」との要件との関係で166条の2第2項の裁判所が許可が得られるかやや疑念があるが、東京地裁では柔軟に許可をすることもあるとされている（再生手引303頁）。

329 再生手引215頁。また、新設分割で、新設会社の株式をスポンサーに譲渡する場合には、かかる株式譲渡

反対株主の株式買取請求権に対する対応	事業譲渡における43条8項のような定めはないため、会社分割に反対の株主から株式買取請求を受ける可能性がある。債務超過であれば株式の価値はないと考えられるため、仮に争われても無価値と判断される可能性が高いが、手続に一定の手間を取られることになる。

4 スポンサー契約（特に事業譲渡契約）の留意点

(1) スポンサー契約で留意すべき点

スポンサー契約（特に事業譲渡契約、会社分割＋株式譲渡契約）で、留意すべき点は以下のとおり。なお、瑕疵担保責任や表明保証責任の有無や範囲は譲渡金額にも反映されるべき事項であるから、入札要綱で明確にしておくべきと考える。

代金の支払	原則として譲渡対価の支払は、譲渡時一括払いとするべきと考える。これは、万が一買主が債務不履行をした場合の影響が甚大であるため。
瑕疵担保／表明保証責任[331]	事業譲渡後、再生債務者は清算してしまうので（＝清算型再生計画案となる）、再生債務者がスポンサーに対して後から責任を負うことは事実上困難であるし、仮に後から損害賠償責任等を負うことになると、再生計画の履行に大きな影響を与えてしまうので、瑕疵担保責任や、表明保証責任は負うべきでないと考える。 裁判例を検討すると、①契約において瑕疵担保責任、表明保証責任を負っておらず、②DDにおいて売主としての情報提供をしっかりやっていれば、故意に情報を隠蔽したような場合を除き何らかの責任を負うことは無いものと考えられる（裁判例は(2)参照）。したがって、契約内容に加えて、DDにおいて、可能な限り情報提供を行うことが重要であると考える。 また、仮に表明保証条項を入れる場合には、「本契約において再生債務者の表明保証が正確なものでなかったとしても、譲受人がクロージング前にかかる事実を認識し、又は再生債務者から開示を受けた資料よりかかる事実を認識し得る場合は、再生債務者は一切の責めを負わない」といった文言を契約書に入れておくことを検討すべきと考える[332]。

(2) 事業譲渡・株式譲渡後に譲渡人の責任が問題となった裁判例（参考）

一般のM＆Aに係る裁判例ではあるが、事業譲渡人側の責任が問題となった裁判例として以下のようなものがある。

（ⅰ）表明保証違反が認められた事例

東京地判H18.1.17 表明保証違反が認められるとした事例
判時1920号136頁、判タ1230号206頁、金判1234号6頁、金法1770号99頁
買主に重過失がある場合、売主は表明保証責任を免れる余地があるとしたうえで、DDを行ったからといって重過失があるということはできないとして、買主の請求を概ね認容した。 なお、控訴後和解が成立している。

が、監督委員の同意事項となることが一般的と考えられる。

330　会社分割の事前開示事項に債務の履行の見込みに関する事項（会社法施行規則183条6項、205条7号）が含まれていることの関係で、再生計画が認可決定確定することが会社分割の効力発生条件となるという見解や、少なくとも事前に主要債権者の同意が必要とする説などがある（再生申立ての実務424頁、444頁以下参照）。

331　表明保証の法的性質については、一方当事者が、一定の事実から他方当事者に生じる損害を填補することを約束するという損害担保契約説が有力とされている（金法1935号102頁「表明保証条項の実務上の論点の検討」淵脇大樹、NBL903号64頁　渡邊博巳「M＆A契約における表明保証と契約当事者の補償責任」も同旨）。

332　条文案は商事法務1999号40頁　辰巳郁「表明保証と当事者の主観的事情（下）」にて提案されているものを若干修正したものである。

東京地判 H19.7.26　情報開示に一部不十分なものがあり買収者の請求を一部認めたもの

判タ 1268 号 192 頁

「譲渡人側から譲受人側に対して、十分かつ正確な情報開示がされる必要があることもまたいうまでもないところであるといわなければならない。」とし、譲渡人の提供した情報に、重大な相違や誤りがあった場合に譲渡人は責任を負うとして、譲受人の請求の一部について認めた。

東京地判 H24.1.27　株式譲渡契約の譲渡人の表明保証違反が認められた事例

判時 2156 号 71 頁

表明保証条項を個別に判断し、「Xは、Yに対してこの事実を開示していなかったから、本件株式譲渡契約中、甲に悪影響を及ぼす資産がなく……、同社の事業活動に必要な資産は全て良好に整備され、かつ良好な稼働状況にある……との表明保証に違反したと認められる。」などとX（譲受人）の請求を一部認めた。

(ii) 表明保証違反がないとされた事例

表明保証違反がないとされた事例は、表明保証の対象が狭かったため認められなかったもの（**東京地判 H19.9.27**）、資料が開示されていたことを理由に否定したもの（**東京地判 H23.4.19**、**大阪地判 H23.7.25**）などがある。

これらの裁判例から、契約書作成の段階で事後責任を負えないことを十分に説明して表明保証や瑕疵担保責任を削除することに加えて、DDにおいて可能な限り譲受人候補者に資料を提供することが肝要であることがわかる。

東京地判 H19.9.27　表明保証の対象が狭いことを理由として表明保証違反が否定された事例

判時 1987 号 134 頁、判タ 1255 号 313 頁、金判 1278 号 6 頁

X社とY社は資本提携につき合意し、Y社がX社の株を51％保有し、X社の名称もY社グループであることがわかるものにするなどの変更を行ったところ、Yにつき粉飾決算が明らかとなり、Yの代表者等が逮捕される事態に至った。そこで、XがY及びその代表者等に対し、損害賠償請求訴訟を提起したが、本判決は、Yが粉飾決算等の違法行為がないことを積極的に表明をしていなかったことや、Xからも積極的に質問等をした形跡がないことなどを理由にXの請求を棄却した。

東京地判 H23.4.19　重要な点の開示はされていたとして、買収者の請求が棄却された事例
　　　　　　　　　　（X：買主　　Y：売主）

金判 1372 号 57 頁、判時 2129 号 82 頁

「Yが、Xの主張するように、本件契約上表明保証の対象たる事項について『重要な点で』不実の情報を開示し、あるいは情報を開示しなかった事実は認められないというべきである。また、……Xが本件契約を実行するか否かを判断するに必要な情報は提供されていたというべきであって、本件契約上の義務に違反したものであったとは認められない。」として、Xの請求を棄却した。

大阪地判 H23.7.25　資料の開示が十分であったことを理由として買収者の請求が棄却された事例
　　　　　　　　　　（X：買主　　Y：売主　　甲社：対象会社）

判タ 1367 号 170 頁、判時 2137 号 79 頁、金判 1375 号 34 頁

本判決は、表明保証条項違反が存することは認めたものの、Yの説明及び開示した資料が「Xのために本件DDを受託した担当者が、税務当局による本件指摘の可能性を認識し、甲社の資産価値に影響を及ぼす事情の存在を直ちに理解するに十分な程度の開示であったと認められ」、免責条項を満たすとして、結論としては、Xの請求を棄却した。

第16章 再生計画案の作成・決議

1 再生計画案に定めるべき事項

再生計画案には、以下の内容を記載する[333]。

分 類[334]	具体的内容	備 考
絶対的記載事項	全部又は一部の再生債権者の権利変更（154条1項1号、155条～157条）	2(1)(4)参照
	共益債権及び一般優先債権の弁済（154条1項2号）	
相対的記載事項（対象がある場合は記載が必要）	知れている開始後債権があるときは、その内容（154条1項3号）	
	債権者委員会の費用の負担に関する条項（154条2項）	
	債務の負担及び担保の提供に関する条項（158条）	
	未確定の再生債権に関する条項（159条）	
	別除権不足額に対する適確な措置に対する状況（160条）	2(6)参照
任意的記載事項	再生計画での事業譲渡・会社分割に関する条項（42条）	3(2)参照
	株式の取得に関する条項（154条3項、161条1項）	3(1)参照
	株式の併合に関する条項（154条3項、161条2項）	
	資本金の額の減少に関する条項（154条3項、161条3項）	3(1)参照
	再生債務者が発行することができる株式総数に係る定款変更に関する条項（154条3項、161条4項）	3(1)参照
	募集株式を引き受ける者の募集に関する条項（154条4項、162条）	3(1)参照
	根抵当権の極度額を超える部分の仮払いに関する条項（160条2項）	

なお、別紙として添付するのは、以下のようなものがある。

確定債権者一覧表及び弁済計画表
未確定再生債権者一覧表
別除権付再生債権一覧表及び別除権目録
事業計画

2 権利変更及び弁済内容について注意すべきこと

(1) 再生債権の権利変更の内容

再生債権の権利変更の記載で注意すべき点は以下のとおり。

債権の種類	留意点
元本及び開始決定までの利息及び遅延損害金	弁済期間は原則として認可決定確定時から10年以内（155条3項）。なお、再生債権の弁済率を金額によって分けて、高額部分の弁済率を低くすることは許されるとされている[335]。

---

[333] 具体的な書式サンプルとしては、再生手引309頁～329頁、再生申立ての実務465頁～481頁や、民事再生書式集295頁以下などがある。
[334] 分類は実務下251頁による。
[335] ただし、債権者平等（155条1項）との関係で、具体的な定め方には留意すべき点が少なくない。この点の具体的な検討は再生手引277頁～287頁に詳しい。

開始決定後の利息及び遅延損害金	免除を受けることが一般的（155条1項、84条2項）。
少額債権	・保全処分の例外ないし、再生手続内で少額債権の弁済（85条5項前段）を行っている場合、債権者間の公平を考えて、計画案でも当該弁済額ないしそれより大きな金額の弁済を定めるべき。 ・少額債権を全額弁済する場合には、債権額の多い債権者のほうが弁済額が少額とならないように、権利変更の条項に注意する必要がある。したがって、少額債権額については一律に弁済をして、残額について一定割合の弁済をする旨の計画案とすることが多い。 ・手続開始後に再生債権の一部が譲渡や代位弁済されるなどして債権者数が増える場合がある。この場合に、両者に少額債権を弁済するか、元の債権額で按分弁済するかなどについて法は扱いを定めていない。どの時点の再生債権者を基準に少額弁済をするかも計画案に定めておくべきと解する[336]。
敷金返還請求権	92条3項が定める6か月分賃料の共益債権化部分及び賃借人の退去の際の債務（未払賃料債務や原状回復費用債務）と、権利変更の関係は明確とは言いがたい（10章3(2)参照）。そこで、再生計画案で、敷金返還請求権の権利変更において、権利変更と滞納賃料や原状回復費用の充当との関係を明確に定めておくべき。
債権届未了の債権が多数ある場合	債権届が未了の債権が多数ある場合、かかる債権についても再生計画案に沿って弁済する旨を明記することがあるが、その場合は、弁済時期も明確にしておくべきであろう（参考判例：**最三小判 H23.3.1**）。
再生債務者が保証人であった場合は右記のように定めるべきと考える[337]	原則	保証債務は主債務が弁済を怠った場合に、権利変更後の弁済額を支払う旨記載する。
	例外	保証債務は他の再生権利と同様に、権利変更後の弁済額（ただし、残債権額を上限とする）を弁済する旨記載する。

最三小判 H23.3.1（再生） 届出のない再生債権の遅延損害金の発生時期（弁済期）が争われた事例

裁判集民236号199頁、判タ1347号98頁、判時2114号52頁、金法1937号119頁、金判1369号18頁

　貸金業者であったYの認可された再生計画には、届出のない再生債権である過払金返還請求権等について、請求があれば再生債権の確定を行ったうえで、届出があった再生債権と同じ条件で弁済する旨を定めていた。債権届出をしていなかったXが、Yに対して再生計画に基づく変更後の元本及び訴状送達翌日からの遅延損害金等を求めて提訴したところ、本判決は「過払金返還請求権は、本件再生計画認可決定が確定することにより、本件再生計画による権利の変更の一般的基準に従い変更され、その再生債権者は、訴訟等において<u>過払金返還請求権を有していたこと及びその額が確定されることを条件に、上記のとおり変更されたところに従って、その支払を受けられるものというべきである</u>。」として、元本及び将来の遅延損害金についてのみ認めた。

(2) 弁済計画

　再生債権の弁済計画は、大きく、一括弁済型と分割弁済型に分かれる。

一括弁済型	スポンサーが弁済資金を提供し、かかる資金で一括弁済をしてしまうもので、スポンサー契約に基づきスポンサーが資金を拠出できることの確認が取れれば、履行可能性について問題になることはあまりない。

336　「再生債権の弁済については、（基準日）における債権額による」として基準日を定めることが多いようである（注釈民再法上559頁）。
337　保証契約で特段の定めがない限り、主債務が遅滞しない限り、保証債務も期限の利益を有することから、検討が必要となる（再生手引292頁～293頁参照）。もっとも、銀行取引においては、保証人が法的整理を開始した場合に保証人に履行請求できる旨定められることが多く、問題となることはあまりない。再生債務者が、取引関係の債務について保証をしている場合、注意が必要である。

分割弁済型	スポンサーが付いたものを分割弁済する場合と、自主再建により分割弁済する場合がある。弁済期間は、特別の事情がある場合を除き10年以内でなければならない（155条3項）。 自主再建型の再生計画案は、将来収益の見込み（事業計画）が重要となる。会社側で作成したものを、弁護士の目で再チェックし、また説明資料を揃え、債権者及び監督委員の理解を得られる説明ができるようにすることが必要である[338]。 なお、将来収益による弁済の場合、将来収益の不安定性から弁済率を保守的に定めることが多い。しかし、合理的な理由なく低い弁済率とすることは、公平誠実義務に反する（174条2項1号、38条2項）、又は債権者一般の利益に反する（174条2項4号）と判断される場合があるので留意が必要である[339]。

(3) 事業計画

(i) 事業計画の考え方

　事業計画は弁済計画の根拠となるものであるから、特に分割弁済型の場合、履行可能性を検討するうえで重要。開始決定から計画案提出までの短期間で、事業再建の大筋について決めたうえで、具体的な将来数年間の事業計画を作成する必要がある。会社役員、公認会計士、経理担当従業員などと協議をしながら、事業計画を作成していく。つまり、自主再建の場合、事業計画の作成を通じて、弁護士は経営コンサルタント的な役割も担うことになる。

　なお、経験的には、実現性の高い自主再建に基づく事業計画を立てることができると、よい条件を提案するスポンサーが現れ、さらに再建がしやすくなることが多い。

(ii) 事業計画及び再生計画案作成のスケジュール

相談〜開始決定から1か月程度	事業内容・商流の把握、問題点の洗い出し、再建策の検討
開始決定1か月〜2か月	・再建策の大枠の作成及び決定 ・事業計画（損益計画）の作成⇒再生計画案草案の提出
開始決定後3か月	・事業計画、弁済計画（資金繰り計画）、再生計画案の作成⇒提出

（上記スケジュールが遅れる場合には、計画案提出期限伸長の申立て（163条3項）を行う）

(iii) （特に自主再建の場合の）事業計画の主なチェックポイント

項　目	主なチェックポイント
売上高	売上高が一定の根拠を有するか。実現可能性があるか。
販管費	従前の販管費と比較して、合理的な水準にあるか。
雇用調整費用等	雇用調整を行う場合には、合理的な雇用調整費用を見込んでいるか。 また、事業所等を閉鎖する場合、原状回復費用等がかかる可能性があり、そのような事業規模縮小にかかる費用が合理的に見込まれているか。
設備投資	事業形態にもよるが、一定の頻度で設備投資を行う必要があることが一般的であり、その場合、設備投資費用が見込まれているか。
税　金	債務免除益課税対策がされているか。
別除権者への弁済	事業に必要な別除権付資産については、別除権協定を締結して弁済をしなければならない。別除権者に対する弁済資金を捻出できているか。

---

[338] 実務マニュアル247頁参照。
[339] NBL978号55頁「東京地裁における再生計画案の審査について（上）」鹿子木康

(4) 権利変更を受ける時期（＝免除を受ける時期）

再生計画に免除の時期についての定めがあれば、当該定めに従って債務免除益が発生するが、そうでなければ、再生計画の効力発生時期は再生計画認可決定確定時であり（176条）、債権認否書に記載された再生債権は再生計画の定めに従って変更されるため（179条1項）、債務免除の効力発生時期は、再生計画認可決定確定時となる。

そこで、必ず債務免除益の発生時期を明記して、免除益に対する課税を避けるようにしなければならない。ただし、債務免除の発生時期を著しく遅らせることは債権者の反発も予想されることから、免除益の計上時期のコントロールと青色繰越欠損金の利用や資産譲渡損・評価損の計上を組み合わせた、適切なタックスプランニングが必要となる。

また、不足額が確定していない別除権付再生債権は、不足額確定後に権利変更される。別除権の不足額確定時をコントロールすることは困難なことが多いが、別除権付再生債権に係る免除額は金額が巨額になることも多いので、注意が必要である。

(5) 清算価値保証原則[340]

弁済率は、清算価値保証原則（25条2号、169条1項3号、174条2項4号）を満たす必要がある。清算価値保証原則の基準時点については争いがあるが、東京地裁では開始決定時として取り扱っている[341]。なお、分割弁済の場合には割引現在価値に引き直して清算価値を上回るようにしなければならないと解される[342]。

(6) 未確定の別除権不足額の取扱い

別除権不足額が確定してない別除権者がいる場合、別除権不足額が確定した場合の扱いを定める必要がある。別除権者は、不足額が確定した時に限り、確定不足額について再生計画の定めに従った権利の変更を受け、変更後の権利を行使できる（182条）。つまり、不足額が確定しない限り弁済を受けることができない。

ただし、根抵当権については、極度額を超える部分については仮払いを定めることが可能（160条2項、182条ただし書）。この場合、当該定めに係る根抵当権を有する者から、書面による同意を得ておく必要があり（165条2項、規則87条1項）、計画案提出の際にその書面を提出しなければならない（規則87条2項）。

(7) 否認訴訟等が係属している場合

否認訴訟等が係属しており、その結果によって弁済率が変更になる可能性がある場合には、当該否認訴訟等の訴額によっては、追加弁済条項を設けて、否認訴訟等の結果に応じて一定の時期に追加弁済をする旨を定めることが必要となる（参考判例：**東京高決 H15.7.25**）。

---

340 具体的には、財産評定による清算配当率を上回る必要があると解する。この点、東京地裁では、監督委員が公認会計士を補助者として選任し、財産評定の内容を確認することとしている（NBL978号54頁「東京地裁における再生計画案の審査について（上）」鹿子木康）。

341 実務下253頁

342 もっとも、現在価値に割り引く際の割引率に明確な基準はない。例えば清算配当率5％に対して、弁済率が6％の10年分割弁済とする計画案が提出された場合に、監督委員の意見としては「清算配当率との関係で問題があると考える余地がある」とされつつ「付議するのが相当であり、不認可事由があるとはいえない」とされるのが一般的であり、かつ、債権者の多数で可決された場合には、裁判所としても、「何が適性な利率であるか決定しえない」との見解に立ち、認可決定していると報告されている（ジュリスト1329号46頁「企業倒産における裁判所による再建型倒産手続の実務の評価と展望」林圭介）。

> **東京高決 H15.7.25（再生）** 詐害行為取消訴訟の受継をしなかったことが、再生債権者一般の利益に反するとされた事例
>
> 金法1688号37頁、金判1173号9頁
>
> 「監督委員が本件詐害行為取消訴訟の受継をしないで、弁済原資となる可能性のある債権の回収を怠っているのを放置したままで本件再生計画を成立させたものであり、再生債権者の利益に反するというべきである。このような事案においては、再生計画の内容として、勝訴するか、和解金が得られた場合（抗告人側で応諾しなかったが、現実に本件再生手続における意見調整の中で3500万円を本件再生計画における弁済のための原資に上積みする和解案が提示された経緯等をも考慮すると、和解の可能性もあり得る。）を想定した条件付きの弁済計画条項をも予備的に付加すべきであって、それを内容としない本件再生計画は、『再生計画の決議が再生債権者の一般の利益に反すると』」（民事再生法174条2項4号）に該当する。」

3 特殊な条項

(1) 再生計画案による減増資等

再生計画案に以下の定めをすることで、発行済株式の無償取得とスポンサーを割当先とする募集株式の発行による株主変更を株主総会の特別決議等なく再生計画のみで行うことができる。いずれも、再生計画案提出前に、あらかじめ裁判所の許可を得ることが必要（166条、166条の2）。

内容	条文	許可の要件	効果	備考
自己株式取得・資本金の減少等に関する定め	154条3項 161条 183条	債務超過（166条2項）	計画案によって自己株式の取得等ができる。	株主に送達又は公告が必要（166条3項、10条3項）。
募集株式を引き受ける者の募集に関する定め（注1）（注2）	154条4項 162条 183条の2	・債務超過 ・事業継続に欠くことができないこと （166条の2第3項）	株主総会の特別決議が不要となる。	株主に送達又は公告が必要（166条の2第4項、166条3項、10条3項）。

（注1） 譲渡制限株式に限られる（154条4項）[343]。
（注2） 認可決定に対する抗告等により認可決定確定日がずれる可能性を考えると、募集株式の発行の時期は○年○月○日までと定めるより「認可決定確定から1か月以内」等と定めるほうが安全である[344]。

(2) 事業譲渡、会社分割

計画案に、事業譲渡や会社分割を行う旨を定めることは可能。ただし、それぞれについて、会社法上の手続が必要であるが、事業譲渡については、裁判所から株主総会の代替許可を得ると株主総会が省略できる（43条）。

なお、東京地裁では、再生計画案が認可決定した場合、42条の裁判所の許可は不要との取扱いとしているようである[345]。

(3) DES 型再生計画案

債権者に対する弁済（の一部）をキャッシュでなく株式交付とする計画案。

非上場会社の株式は換価が困難であり、DESにより再生債務者の株式を取得することは債権者にとってメリットが少ないが、上場株式であれば換価が可能であるし、また、株価が上昇する可能性もあり（もちろん値下がりする可能性もある）、債権者としても受け入れやすい。そこで、上場

---

343 公開会社は、有利発行でなければ取締役会決議で募集事項を決定できる（会社法201条）。
344 再生手引303頁
345 注釈民再法上237頁。再生手引198頁

維持型の民事再生で DES 型再生計画案が利用された例が報告されているが、会社法の規制などを考えると、様々な障害があるとされている[346]。

(4) 後からスポンサーが付いた場合の手当てを入れた再生計画案

当初は自主再建で進めるが、後からスポンサーが付いた場合に備えて、一括弁済することが可能な条項を入れておくべき場合がある。この場合、債権者平等の観点から、全債権者平等に弁済をするように定める必要があると考えられる。また、一括弁済する際に、弁済予定額の単純な合計額を全額弁済する旨を定める場合もあるが、弁済時点において将来の弁済額を一定の割引率で割り引いた金額を一括弁済する旨を定めることも可能と考える。

また、会社更生の事例であるが、更生計画により、更生会社が発行済株式の全部を無償で取得し、役員、従業員、一定の更生債権者等に代物弁済として新たに「取得条項付株式」を割り当てた事例があるとされている[347]。取得条項付株式とすることでスポンサー選定がなされた時点で、取得条項に基づき当該種類株式を取得し、スポンサーの更生会社に対する持株比率を100%にすることが可能となる[348]。かかるスキームは民事再生でも利用できるものと考える。

(5) 清算型計画案

清算型の計画案はシンプルなものとなるが、以下の点に留意が必要である。

会社法上の手続	会社法の定めに従って処理を進めなければならないので注意が必要。具体的には以下の二つが重要。 1．解散のための株主総会決議（特別決議（会社法471条3号、309条））は省略できない。したがって、裁判所の代替許可を取って事業譲渡をした後、株主総会の解散決議が得られない場合、処理に困難を来すことがある[349]。 2．清算手続は会社法に沿った手順を踏むことになるので、債権申出期間中は弁済を行うことができない（会社法499条1項、500条1項）ことなどに留意して手続を進める必要がある[350]。
免除益課税対策	清算所得課税が廃止されており、清算中も各年度に所得が発生した場合には法人税が発生するので、免除益課税等が発生しないように留意する必要がある。そこで、免除時期は最終弁済時とするのが穏当であると考える。
弁済方法の定め	換価すべき資産が多い場合、資産の換価の状況によって弁済の回数を複数にすべき場合がある。そのような場合、計画案の変更（187条）を申し立てる必要がないように、弁済時期や回数について柔軟に対応できるように定めておくべきである。

---

346 NBL941号20頁「大規模DESにより株式を交付する再生計画の諸論点」 福岡真之介
347 更生QA201頁。この場合、定款で「管財人が裁判所の許可を得たうえで決定したとき」や「取締役会で別に定める日」に取得できるものとされ、取得の対価についても定款で定められるとされている。
348 計画の実務と理論56頁
349 そこで、スポンサーへの事業譲渡後、166条1項、166条の2第2項の裁判所の許可を得て発行済株式の無償取得をしたうえで、代表者又は申立代理人等を割当先として募集株式を発行（1株）する方法により、株主を整理することが考えられる。ただし、その場合、166条の2第3項の「再生債務者の事業の継続に欠くことができないものである」との要件との関係で166条の2第2項の許可を得られるかやや疑問があるが、東京地裁では柔軟に解釈して許可をすることもあるとされている（再生手引303頁）。
　なお、株式譲渡制限会社でなければ、取締役会決議で募集事項の決定をして（会社法201条1項）、代表取締役が募集株式の割当先を決めることが可能である（会社法204条1項（株式譲渡制限会社の場合には募集事項の決定に株主総会の特別決議が必要となる。会社法199条1項、2項、309条2項5号））。
350 再生計画案による権利変更を前提とするので、特別清算でなく通常清算で手続を進めることが可能であると解する。

4　再生計画の内容等が争われた事案

(1)　ゴルフ場の計画案で債権者平等原則違反が争われたもの

　ゴルフ場の会員債権は、預託金債権とプレー権が複合しているところ、プレー権は従前どおり保護する内容の再生計画案とすることが多い。そのことが、金銭債権だけを有している一般債権者や、退会債権者（プレー権を維持しない会員債権者）との間で債権者平等に反するとして紛争になることが多い。以下のような裁判例がある。

東京高決 H14.9.6（再生）　平等原則に反しないとした裁判例
判時 1826 号 72 頁
「会員の債権は、通常の金銭債権とは異なり、金銭債権である預託金返還請求権のほかにゴルフ施設利用権を併せ持つという特殊性があるので、退会会員については一般債権者と同様の弁済期間・弁済率を定め、プレー会員については、施設利用権を認める代わりに、一般債権者の弁済期間内は退会を認めず、同期間経過後に退会会員と別個の弁済率により弁済するものとするなど、プレー会員と退会会員及び一般債権者を別個に取り扱うことは、合理的理由があり……本件再生計画におけるプレー会員と退会会員及び一般債権者との間の差異の程度は、いまだ平等の範囲内にあるというべきであり」とした。

東京高決 H13.9.3（再生）　一般債権者が0.1％の弁済にすぎず、預託金債権者にプレー権を確保したことに比べ不利であることが問題となった事案
金判 1131 号 24 頁
ゴルフ場を経営する再生債務者Yが、事業譲渡を前提に、預託金債権者は預託金債権を譲受会社に現物出資してプレー権を存続させるか（弁済をゼロ）、プレー権を失って0.1％弁済を得る選択をする内容の再生計画案を提出し認可決定を得た。現物出資をしなかった会員債権者Xらが平等原則に反するとして争ったが、本決定は、債権者との間で不平等になる可能性があるなどとしつつ、Xら4名のうち3名が抗告審で再生計画案の不利益条項を承認したことや、株主制ゴルフ会員権の将来の価値も流動的なものであるとして、結論としては抗告を棄却した。

(2)　親会社や代表取締役等の債権を劣後化することの可否[351]

　民事再生手続を開始するに至った責任の一端が親会社等にあるケースは稀ではない。その場合、親会社等の再生債務者に対する債権を劣後化して扱うことが許されるかどうか、逆に、劣後化して扱わないことが許されるかどうかが問題となることがある。なお、155条1項ただし書に、権利の劣後的取扱いを許容する定めがある。

　この点、会社更生事件において、親会社の株式及び更生債権を、減資率・弁済率において劣位に扱ったことについて、会社破綻の原因が親会社にあることを理由として、衡平に反しないとした裁判例がある（**福岡高決 S56.12.21**）が、かかる結論は必ずしも一般化できないものと考える（**参考裁判例：名古屋高決 S59.9.1**）。逆に、親会社債権を劣後化しないことが違法となるかについては、原則として違法とはならないと解される（**東京高決 H23.7.4**）。

---

[351] NBL1004号58頁「民事再生法の実証的研究第12回」（杉本純子）は、大阪地裁・東京地裁等の実際の事件記録を分析したところ、調査対象258件のうち、10件で内部債権が劣後化されており、その内訳としては代表取締役の債権が7件であったと報告している。

第1編　民事再生手続

福岡高決 S56.12.21（更生）

判時1046号127頁、判タ464号159頁

　Xの事実上の子会社であった甲社の更生管財人Yは、Xの甲に対する債権を、他の更生債権者より弁済率を低くするとともに、Xの保有する甲株式について、他の株式よりも償却割合を高くした更生計画案を提出し、認可決定を得た。Xが、平等原則違反等を理由として、即時抗告をしたが、本判決は、株式償却率について「Xと甲社とは最も支配従属関係の著しい部類の親子会社であり、甲社の経営が破綻するに至つた原因もXにあるのであるから、Xの株主としての権利につき他の一般株主との間に、本件更生計画が定めた程度の差を置いたからといつて不当とはいえず」とし、債務免除率について「Xと甲社との関係からすると、Xの甲社に対する債権はいわば内部的債権であつて、むしろXを特別利害関係人として一般の更生債権者より劣位に置くのが公正、衡平の原則に合致するものと考えられ」るとしていずれも衡平に反しないとした。

名古屋高決 S59.9.1（更生）　旧役員の債権を劣後化することが衡平を害するとした裁判例

判時1142号141頁、判タ537号237頁、金判715号21頁

　更生会社甲社の管財人が提出した更生計画案は、旧経営者Xらの更生債権のみを免除するなどの内容であったため、Xらが計画案認可に対し抗告をした。本決定は、「本件記録によれば、Xは更生会社をして更生手続開始に至らしめたことにつき経営上の責任を有することは否定できないが、単に経営上の責任があるというだけでは、Xの前記債権につき前記差別を設ける事由にならないというべきである。……その他記録を検討しても、Xの前記債権と他の一般更生債権との間に前記差異を設けても衡平を害しない事由は認められないから、本件更生計画の前記定めは法229条に違反し違法であるというべきである。」などとした。

東京高決 H23.7.4（再生）　グループ会社の債権を劣後化しないことが不認可事由にはならないとされた事例

判タ1372号233頁

　民事再生手続において、グループ会社の債権を劣後的に扱わないことが、不認可事由に該当するかが争われた。本決定は、「民事再生法155条1項ただし書は、再生計画において特定の債権者の不平等取扱いを定めることを認める（許容する）ものではあるが、これを義務付けるものではない。したがって、仮に、解釈上、特定の債権者の不平等取扱いが義務付けられる場合があることが認められるとしても、それは、これを認めないと著しく正義に反するような例外的な場合であるというべきである。」として抗告を棄却した。

(3)　その他

　上記のほかに、再生計画の内容が争われた裁判例として、以下のようなものがある。

東京高決 H15.7.25（再生） （金法1688号37頁）	詐害行為取消訴訟の受継をしなかったことが、再生債権者一般の利益に反するとされた事例
最一小決 H20.3.13（再生） （民集62巻3号860頁）	民事再生手続開始申立前に債権譲渡を行い賛成債権者を過半数にしたことにより計画案が認可された事案につき、再生計画の決議が不正な方法によって成立した場合に該当するとした判例

5　再生計画案の提出期限の伸長及び再生計画案の修正

(1)　提出期限の伸長

　スポンサーとの交渉が長引くなどして、再生計画案を当初の提出期限までに提出できないことがある。その場合には、提出期限までに、伸長申請を行わなければならない（163条3項）。伸長申請は、特別の事情がある場合を除いて2回を超えてすることができない（規則84条3項）。なお、東京地裁は、原則として1回限りとし、その期間も1か月程度とする運用となっているとのことである[352]。

352　実務下263頁

(2) 再生計画案の修正

付議決定されるまでの間であれば、裁判所の許可を得て計画案を修正することが可能（167条）[353]。ただし、再生計画案の内容を本質的に変更する修正は認められないと解されている[354]。

---

[353] 東京地裁における修正の具体的手順は再生手引349頁〜350頁に記載されている。
[354] 再生手引347頁〜348頁。

第17章 再生計画案付議決定から決議まで

1 再生計画案の付議決定

裁判所は、監督委員の調査報告書[355]を受けて、付議決定を行う（169条）[356]。付議決定に当たり、再生計画案の決議方法について、集会型か、書面型か、併用型かについて決定されるが、東京地裁では、併用型が一般的[357]。

2 議決票等の送付

裁判所からの送付物	裁判所から、債権者集会招集通知、議決票、議決票の記載要領、再生計画案、監督委員の調査報告書の写しが送付される（東京地裁では、多くの場合発送作業は再生債務者に依頼する運用となっている[358]）。 なお、再生債務者名義のもので議決票に同封できるのは、挨拶程度の内容に限定されている[359]。
再生債務者からの送付物	裁判所からの再生計画案の送付と前後して、再生債務者側から再生計画案に対する賛成の依頼を各債権者に通知するのが一般的。こちらは、内容につき、特に裁判所の了解を得る必要はない。

（補足）債権譲渡等に対する対応

付議決定から決議までの間に債権（一部）譲渡がされたり、代位弁済がなされるなどして、議決票を変更する必要が発生することがある。この場合、裁判所に対して変更を上申するとともに、変更した議決票を新債権者に送るなどの対応が必要（具体的な対応については裁判所によっても取扱いが異なると考えられるので、裁判所に確認が必要[360]）。

3 賛成を得るための方策

(1) 債権者説明会の開催

再生計画案に対する賛成を得るため、債権者説明会を開催して、計画案の内容を説明するとともに、賛成の依頼、さらには、質疑応答を行うことが多い。

受付・司会・会場の仕切り等	申立直後の債権者説明会と同様（第3章3参照）。
説明資料	再生計画案の内容をわかりやすく説明したものを配布して説明することが多い。また、弁済率を定めた根拠資料などを説明資料として準備することもある。

---

355 通常、監督委員側の公認会計士の調査報告書も添付される。
356 事案としては多くないが、債権者からも再生計画案が提出されることがある。この場合、再生債務者提出の計画案と再生債権者提出の計画案の双方が付議決定された事例もあるようである。筆者の経験した事件では、再生債務者提出の計画案のみが付議決定され、再生債権者提出の計画案は廃除決定された。
357 実務下275頁。なお、書面型とそれ以外との差異は、書面型以外については債権者集会で可決されなかった場合、続行が可能（172条の5）であるが、書面型の場合は、そのような救済がない点にある。したがって、可決がほぼ確実である場合には、書面型としても問題はないし、書面型を原則にしている裁判所もあるようである。
358 実務下278頁。実際には、申立代理人弁護士の事務所で対応することが多い。また、東京地裁では、集計のための議決権データを再生債務者が作成して裁判所に提出する運用となっている（再生手引333頁）。
359 再生手引338頁～343頁に、同封が認められるサンプル及び、同封すべき事務連絡書面例が掲載されている。
360 東京地裁の運用では、議決権額が全部移転した場合、新議決権者は旧議決権者の議決票の債権者名を修正して投票し、議決権の一部が移転した場合、旧議決権者は発行済の議決票で投票するとされている（再生手引364頁）。

取引条件の変更依頼	説明会の場を借りて、再生計画案認可後に、取引条件を民事再生手続開始前の条件に戻してもらうように依頼することがある。その場合には、依頼書を作成して配付する。

(2) 個別訪問による賛成依頼

金融機関については、以下のような資料を準備したうえで、個別に訪問をして再生計画案の内容についての説明を行うとともに、賛成で稟議を上げてもらうように説得を行うことが多い。

過去の損益計算書
事業計画（特に自主再建の場合）
スポンサー選定過程について説明した資料（スポンサーが付く場合）
資金計画表
財産評定の要旨（破産配当率計算表）

なお、金融機関は稟議決裁が債権者集会直前となることが多いこともあり、書面投票でなく、集会に議決票を持参して投票することも多い。

(3) 電話等による賛成依頼

特に個人の債権者の数が多い場合、集会に来ない債権者が多く、さらには書面投票すらしない債権者も多くなる傾向にある。そこで、個人債権者が多い場合には、電話（弁護士が電話する場合もあれば、会社担当者が電話する場合もある）で、賛成で書面投票をするように依頼することもある。

4 計画案の変更

付議決定後であっても、議決権行使方法として債権者集会が定められている場合（併用型を含む）、「再生債権者に不利な影響を与えないときに限り」、「裁判所の許可を得て」、計画案を変更することができる（172条の4）。

計画案の変更は債権者集会で行われることとなっているが、実務的には、事前に裁判所及び監督委員に提出をして変更の了解を得たうえで、債権者にも発送をする[361]。

変更は、手続に混乱をもたらすため望ましいものではない。計画案提出までに十分に検討を行い、極力変更は発生しないようにすべき。

5 可決要件（172条の3第1項）

(1) 議決権額のまとめ

原則	確定債権額（86条1項、170条2項1号、2号、171条1項1号）	
例外	議決権が認められないもの（87条2項、84条2項）	開始後の利息請求権
		開始後の不履行による損害賠償及び違約金請求権
		再生手続参加費用
		手続開始前の罰金等の請求権⇒減免不可（155条4項）

---

[361] 東京地裁で運用では、変更計画案は発送は裁判所名で送付され、その際に、原則として新たな決議票も同封される（再生手引353頁）。

議決権の一部が制限される場合	・中間利息を控除される場合がある（87条1項1号、2号）。 ・金銭債権でない場合等は評価額による（87条1項3号）。
その他	約定劣後更生債権は原則として議決権が認められない（87条3項）。
	社債権者は一定の場合行使不可（169条の2）。

(2) 可決のための要件

以下のいずれの要件も満たす必要がある。

頭　数	投票者の過半数 →棄権者は、分母に算入されない。
議決権額	総議決権額の過半数 →棄権者も分母に算入される。つまり、棄権者の議決権額は実質的に反対したのと同じ効果がある。

（補足1）　議決権額が確定していない場合
　　　　　債権査定の申立てがされているものの決定がなされていないような場合は、裁判所の合理的な裁量により議決権額は決定され（170条2項3号、171条1項2号）、債権者は不服申立てできない[362]。
（補足2）　代理人による議決権の行使
　　　　　議決権者は、代理人に議決権を行使させることができる（172条1項）。この点、東京地裁では、議決票を「代理人の権限を証する書面」とみなし、特に委任状等なくとも代理人による議決権の行使を認めている[363]。

6　認可決定の効果

再生計画は、認可決定が確定するまでは効力を生じない（176条）。ただし、監督命令で監督委員の同意が必要なのは認可決定までとされていることが多い。そのような記載がある場合、認可決定後は、監督委員の同意を得ることは不要となる。

7　認可決定後の対応

認可決定後、債権者宛に結果報告を兼ねてお礼状を出すのが一般的。

8　否決された場合の対応

(1)　一般的な流れ（破産手続への移行）

裁判所は職権で再生手続を廃止し（191条）、廃止が確定した場合、裁判所は職権で破産手続開始決定をすることができるので（250条1項）、通常はこのルートに沿って破産手続に移行する[364]。

なお、再生手続の廃止決定が確定するまでに1か月ほどかかるため（195条1項、2項）、裁判所は職権で保全管理人を選任し、保全管理人が再生債務者の財産管理をすることが通常（251条1項1号）。監督委員が保全管理人に選任され、さらに破産管財人となることが多いようである。

なお、破産に移行した場合の債権の取扱いは以下のとおり。

362　東京地裁での実務は、債権者集会が開催される場合は、債権者集会で裁判所が定める予定の議決権額で議決票を作成して、説明書面とともに債権者に送付する運用となっている（再生手引341頁）。一方、債権者集会が開催されない場合は、付議決定の時点で議決権を定める（再生手引358頁）。
363　実務下283頁
364　東京地裁20部では、再生債務者が法人の場合、全件につき牽連破産とする取扱いがされていると報告されている（島岡大雄「東京地裁破産再生部（民事第20部）における牽連破産事件の処理と実情について」判タ1362号4頁）。

第 17 章　再生計画案付議決定から決議まで

共益債権	財団債権となる（252条6項）。
再生債権	破産債権となる。なお、裁判所が、破産債権の届出を要しない旨の決定をした場合、再生債権届出は破産債権の届出として扱われる（253条）。

(2)　続行期日の申立て

　一定の要件[365]は必要であるが、再生債務者（再生計画案の提出者）の申立てにより、集会期日の続行が可能なので（172条の5第1項）、仮に否決される可能性が高く、さらに、計画案の修正等により可決することが可能な場合には、集会期日の続行を申し立てることを検討する。なお、続行期日の申立ては、口頭で行うことが可能（規則91条、90条の3）。

　この場合、再生債権者に不利な影響を与えないときは、債権者集会で裁判所の許可を得て再生計画案の変更が可能なので（172条の4）、再生計画案を変更したうえで再度決議を求めるなどの対応を取ることになる。

---

[365] 頭数要件と議決権要件のいずれかの要件を満たしている（172条の5第1項1号）か、債権者集会に出席した議決権者の頭数の過半数及び議決権額の過半数の同意があるとき（172条の5第1項2号）に続行が可能。

第18章　再生計画認可後

1　再生計画の確定

　再生計画は、認可決定が確定するまでは効力を生じない（176条）。この点は会社更生とは異なる（会社更生法201条）ので注意が必要。

　通常は、認可決定の約2週間後に官報に掲載（公告）され、それから即時抗告期間2週間を経過すると確定する（9条）ので、即時抗告がなければ、認可決定から約4週間で確定する。即時抗告されると（175条）、抗告手続が終了するまでは確定せず、計画案の効力も生じない。

　なお、認可決定確定は、職権で登記される（11条5項1号）。

2　再生計画認可確定の主な効果

再生計画の定めのある再生債権	計画案定めのとおり減免、権利変更の効果が生じる（179条1項）。
再生計画に定めのない再生債権	原則として失権する（178条）。
開始決定により中止していた強制執行等	原則として失効する（184条）。

3　再生計画の履行関係

　筆者の経験では、再生計画認可決定確定後は、裁判所や監督委員への報告をサポートする程度で、申立代理人弁護士が関与することは少なくなる[366]。近時の東京地裁では、計画案認可後に、以下の取扱いとすることが多いようである。

履行報告（弁済報告）	計画案に沿った弁済を行った場合には、履行報告書を裁判所及び監督委員に提出する。
月次報告書等	裁判所及び監督委員との協議により提出の有無が決定されるが[367]、自主再建の場合には、認可後も月次報告書を提出するように求められることが多いようである。 なお、清算型の再生計画の場合は、定期的に、財産の処分状況を記載した財産目録及び収支計算書を提出することが求められることが多いようである。
監督委員の同意関係	監督命令において、再生計画認可決定（確定）後は、監督委員の同意は不要とされることが多い。ただし、同意取得義務が伸長されることや、監督命令の変更（54条5項）により、同意の対象を限定しつつ継続されることもある。

4　新たな再生債権者が判明（又は発生）した場合の取扱い

債権の種類	取扱い
債権者の責めに帰することができない事由で届出ができなかった再生債権で付議決定前に消滅しなかったもの（181条1項1号）及び付議決定後に生じた再生債権[368]（181条1項2号）	計画案に沿った変更がなされる（181条1項）。

---

[366] この点、「再生計画の履行にあたっての指導・助言を行っていく中で、……申立代理人のほうから積極的に再生債務者から定期的な報告を徴するなどの関与の仕方が望まれる」（倒産処理と倫理255頁）とする見解もある。計画認可決定までの債権者交渉の状況や、計画案の内容などによっては、申立代理人が積極的に再生計画の履行に関与していくケースもあるものと考えられる。

[367] NBL995号82頁「民事再生法の実証的研究第5回」（上江洲純子）によれば、認可後は、東京地裁では年1回、大阪地裁では6か月毎、仙台地裁では4か月毎の提出になったケースが多いと報告されている。

[368] 双方未履行の双務契約で、再生債務者の解除による損害賠償請求権（49条5項、破産法54条1項）などが該当する。

再生債務者が知っていた債権[369]で認否書に記載しなかったもの（181条1項3号）	免責されないが（自認債権と同じ）、劣後的扱い（181条2項）
上記以外の債権	失権（178条）

東京地判 H23.10.21（再生） 181条1項3号該当性が争われた裁判例

判時2141号45頁

　不法行為に基づく損害賠償請求権が181条1項3号に該当するか否かが争われた事案において、再生債務者の主観から「再生債務者が知れている再生債権を記載すべき義務を故意に履行しないことを防止するという制度趣旨に照らしても、Yは本件請求債権があることを知っていたということはできない」として、181条1項3号に当たらないとした。

5　再生計画の変更（187条）[370]

　「やむを得ない事由で再生計画に定める事項を変更する必要が生じたとき」は、再生計画変更の申立てをすることが可能（1項）。この場合、原則として、再生計画案の提出があった場合の手続に関する規定を準用する（2項）[371]。ただし、再生債権者に不利な影響を及ぼすものと認められない再生計画の変更については、裁判所の決定のみで変更が可能（187条1項2項）。

　再生計画の変更を行うのが、当初の計画案に定めた権利変更が生じた後であったり、一部の弁済がなされた後である場合、議決権の額をどのように決めるのかが問題となる。この点、東京地裁では再生計画案決議のための債権者集会の決議時の議決権額を基準としているとのことである[372]。

　なお、やや特殊な事例であるが、再生計画案の付議時点で計画案が想定していなかったような事態が生じた場合には、再生債権者の衡平、平等を念頭に再生計画案を解釈して解決していくのが相当であるとした裁判例がある。

東京高判 H25.4.17（再生）

判タ1391号354頁、金法1976号102頁

　「再生計画案における条項の解釈は、付議決定時点における再生債権者として通常理解し得る解釈をもって決定するのが相当であるし、債務者による一方的な解釈をし得る余地を設けることも相当ではない。また、再生計画案である以上、その内容、特に弁済に関する事項は、再生債権者が理解できるものでなくてはならず、このことは控訴人の指摘を待つまでもなく、いわば自明の理というべきである。しかし、<u>再生計画案の付議決定の時点において計画案が想定していなかったような事態がその後生じ、この想定していない事態を前提にした条項が規定されていない場合には、民事再生法、破産法の原則に照らして、再生債権者の衡平、平等を念頭に解釈してこれを解決していくのが相当である。</u>」

369　債権の存在について現実の認識がある場合又は合理的な努力をすれば認識できた場合が「知っていた」に該当すると解されている（注釈民再法下140頁）。

370　再手引390頁～405頁に詳しい。

371　ただし、①再生計画の変更によって不利な影響を受けない再生債権者は手続に参加させる必要が無い点及び、②従前の再生計画に同意していて計画案の変更に議決権を行使しない債権者は、債権者集会に出席した場合を除き変更計画案に同意したものとみなされる点は異なる（187条2項ただし書）。

372　実務下303頁。なお、全額弁済を受けている再生債権者は除かれ、また、権利変更が生じていれば変更後、別除権予定不足額が確定している場合は確定不足額を基準とするとされている。

第19章　民事再生手続の終了

1　民事再生手続の終結

民事再生手続が目的を達成して終了することを指す。裁判所は、終結決定に伴い、公告（188条5項）、嘱託登記（11条5項3号）などを行う。

(1)　終結時期

監督委員が選任されていない場合	再生計画認可決定の確定時に終結する（188条1項）。
監督委員が選任されている場合[373] →右記のいずれか早い時期（188条2項）	再生計画を全て履行したとき。 例えば、スポンサーがついて、1回弁済で計画が終了する場合など。弁済報告書及び終結決定申立書を提出することで、終結決定を得ることができる。
	認可決定確定後3年を経過したとき。 再生計画記載の弁済が終了していなくても終結する。

(2)　終結の主な効果

監督命令、管理命令	その効力を失う（188条4項）。
否認手続	否認の請求手続、否認の請求を認容する決定に対する異議の訴えは終了する（136条5項、137条6項、7項）。
役員の損害賠償査定手続	終了する（143条6項）。
担保権消滅許可の申立手続	係属中の担保権消滅許可の申立て、価格決定の申立ては、請求権の消滅により却下される[374]。

2　民事再生手続の廃止（191条～194条）

民事再生手続が目的を達成することがなく、終了することを指す。廃止が確定した場合、裁判所は職権で破産手続開始決定をすることができるので（250条1項）、通常はこのルートに沿って破産手続に移行する（牽連破産）。以下、牽連破産を前提として説明を行う。

(1)　廃止の種類

時期	廃止の主な理由及び手続
計画案認可決定前の廃止	資金繰りが破綻し、再生手続を継続しても事業再生が見込めない場合などは、職権での廃止決定（191条1号）をするように、裁判所に上申書を提出する。
計画案認可決定後の廃止	再生計画の履行が不可能になった場合、再生手続廃止の申立て（194条）を検討する。

---

[373] 監督委員が選任されている場合でも、監督委員の監督が実質的に不要と判断される場合には、監督命令を取り消したうえで（54条5項）、終結決定をすることがある（再生手引413頁）。再生計画の履行に問題がなく、かつ、終結決定を早期に取得することが事業の再建に有用である場合は、かかる手続による終結を上申をする。

[374] 実務下309頁

第19章　民事再生手続の終了

再生手続終結後	認可決定確定から3年経過したことにより再生手続が終結している場合には廃止手続は適用がない。再生手続終結後に、資金繰りが破綻したり、計画の履行可能性がなくなった場合は再度の民事再生を申し立てるか破産を申し立てることを検討する。

(2) 手続廃止の流れ

時系列	内容、申立代理人が対応すべき事項など
再生手続廃止の決定（191条ないし194条）	通常は保全管理命令が発令され、保全管理人が選任される（251条1項柱書）。保全管理人は、監督委員が選任されることが多いとされている[375]。 また、再生債務者に国税滞納処分の差押えが予想される事案等の場合は、包括的禁止命令が発令されているとのことである[376]。
保全管理人への引継ぎ	再生債務者は保全管理人に対して、資産等の管理に必要な一切の引継ぎを行う。なお、保全管理人に引き継ぐまでの間、現場保全が必要となることもある。 再生手続開始後に弁済した再生債権や、再生手続開始後に発生した債権（共益債権）を相手先別に一覧にして保全管理人に引き継ぐ（一覧の作成を会社の経理担当者に指示する）。
従業員への説明	従業員を集めて、経過説明及び解雇通知をする。 資金繰りの状況や、保全管理人との調整によるが、解雇予告手当を支払う。また、退職に当たっての諸手続の説明や、未払退職金等がある場合には、労働者健康福祉機構の立替払制度の説明等を行うこともある。
債権者への通知・債権者説明会の開催	再生債権者及び共益債権者に対して、手続廃止の事実を通知するとともに、債権者説明会の開催を行い、状況説明を行う。
再生手続廃止決定の確定	通常、裁判所が職権で、破産手続開始決定を行う（250条）。

(3) 牽連破産した場合の再生債権、共益債権等の取扱い

債権の種類	破産手続における取扱い
共益債権	財団債権（252条6項）。
一般優先債権	破産法に定めるところによる。 退職金については、民事再生法上共益債権として扱われる範囲に争いがあるため、牽連破産の場合、説によって取扱いが異なる[377]。 給料については、「破産手続開始前3月間」でなく「再生手続開始前3月間」について財団債権として扱う（252条5項）。
再生債権	再生計画の履行完了前に、破産手続開始決定がされた場合、再生計画によって変更された再生債権は原状に復し、配当調整がされる（190条）。 もっとも、財団債権額が多い場合には、財団債権の按分弁済で終わり、再生債権にまで配当は回らない。

　なお、保全管理人が債務者の財産に関し権限に基づいてした行為によって生じた請求権は、財団債権となる（破産法148条4項）。例えば、保全期間中の給料債権などがこれに当たる[378]。

375　島岡大雄「東京地裁破産再生部（民事第20部）における牽連破産事件の処理と実情について」判タ1362号9頁
376　実務下327頁
377　実務下331頁以下に詳しい。
378　倒産と労働52頁

(4) 牽連破産での問題と検討すべき主な事項[379]

牽連破産については、以下の点の処理が問題となることが多い。

双方未履行双務契約の適用	再生手続開始決定後に再生債務者が締結した双方未履行双務契約や、再生債務者が履行を選択した双方未履行双務契約について、破産管財人が、改めて破産法53条で解除できるかが問題となる（肯定説が有力なようである）。
別除権協定の取扱い	別除権協定において、破産に移行した場合の定めを置いていなかった場合、別除権協定の効力（特に、別除権部分の弁済合意）が問題となることがある（参考判例：**最一小判H26.6.5**）。別除権協定において、牽連破産の場合の定めをしておくことが肝要であろう。
否認及び相殺禁止の基準時	破産手続における否認や相殺禁止は、先行する再生手続開始の申立てを、破産手続開始申立てとみなすとされている（252条1項）ので、注意が必要。 なお、再生手続において相殺が許される期間（92条1項）内に相殺をしなかった場合であっても、再生手続から破産手続に移行した場合、債権者は改めて相殺を主張できると解されている[380]。 また、否認の消滅時効の起算点は、再生手続開始決定の日を破産手続開始の日とみなし計算される（252条2項）。

最一小判H26.6.5（再生終結後、破産申立て）	終結後再生計画履行中に破産手続開始に至った場合の、別除権協定の効力について判示した裁判例[381]
民集68巻5号403頁、金法2007号60頁、判時2230号26頁、判タ1404号88頁、金判1445号14頁	
甲社（再生→破産）は、民事再生手続中に、甲社所有の不動産に（根）抵当権を有していた金融機関Yらとの間で別除権協定を締結したが、再生手続終結後民事再生計画の履行中に準自己破産が申し立てられ、Xが管財人に選任された。 当該不動産につき担保権実行がされたところ、Yら（正確にはYの一部は当初債権者の承継人）が従来の被担保債権額に従って配当を受ける内容の配当表が作成された。そこで、Xが、担保権の額は別除権協定に基づく受戻価格相当額に減額されたとして配当異議訴訟を提起したところ、第1審はXの請求を棄却し、控訴審はXの請求を認めたためYが上告したところ、本判決は破棄自判し、Xの請求を棄却した。	

3 再生債務者が再生手続終結後、再生計画履行中に破産した場合の権利関係[382]（参考）

再生手続開始決定後の債権	破産債権と解される[383]。

---

379 判タ1363号30頁「東京地裁破産再生部における牽連破産事件の処理と実情について（下）」島岡大雄を参考にさせていただいた。また、触れていないが、係属している訴訟の中断の有無等については、倒産と訴訟451頁にまとめられている。
380 再生申立ての実務552頁参照
381 別除権協定には「再生計画認可の決定の効力が生じないことが確定すること、再生計画不認可の決定が確定すること又は再生手続廃止の決定がされることを解除条件とする」という内容が含まれていた。別除権協定の内容によっても判断は変わる可能性があり、必ずしもかかる裁判例が一般化できるわけではないと考える。また、かかる判例を前提にしても、既払金の扱いには争いがある（事業再生と債権管理146号「別除権協定の失効とその場合の既払金の扱い」（高木裕康）参照）。
382 計画履行後であれば、通常の破産と同様に考えればよい。
383 この点、再生債務者が破産でなく再度の民事再生を申し立てた場合、最初の再生手続における共益債権は再度の再生手続で共益債権として保護され（190条9項）、さらにそこから牽連破産となった場合、252条6項により財団債権となることと比較して、保護に欠けるとの指摘がある（島岡大雄「東京地裁破産再生部（民事第20部）における牽連破産事件の処理と実情について（下）」判タ1363号36頁）。

第 19 章　民事再生手続の終了

再生債権	破産債権となるが、破産手続における配当において、再生計画に基づく弁済との調整が必要となる（190条）[384]。 なお、破産手続開始日の前日までの遅延損害金が破産債権になると解される（**東京地判 H20.10.30**）。

東京地判 H20.10.30（再生終結後、破産申立て）	再生手続終結後再生計画履行中に破産手続開始に至った場合の、破産債権の遅延損害金の範囲について判示した裁判例

判時 2045 号 127 頁、金法 1859 号 59 頁

　再生計画終結決定後、計画履行中に破産手続開始申立てに至った甲社の破産手続において、再生債権者であった Y は再生債権の残元本及び破産手続開始日の前日までの約定遅延損害金を債権届出したところ、管財人 X が異議を述べ、異議の訴えに至った。本判決は、「破産手続開始の決定又は新たな再生手続開始の決定がされた場合の効果（法 190 条 1 項）は、再生計画取消しの決定が確定した場合の効果（法 189 条 7 項）と同じであり、再生取消しの決定が確定した場合には遡及効が及ぶこと、また法 190 条 2 項は法 185 条を準用しており条文上からは遡及効と考えるのが自然であることから、破産手続開始の決定又は新たな再生手続開始の決定がされた場合には、その効果として、遡及効が及ぶこととなる」として、Y の主張を認めた。

---

[384] 「破産・民事再生の実務（下）」333 頁及び「東京地裁破産再生部（民事第 20 部）における牽連破産事件の処理と実情について（下）」（島岡大雄　判タ 1363 号 44 頁）に具体的な計算方法が紹介されている。

第20章　民事再生の税務

1　法人税

(1)　事業年度

特に変更なし。また、中間申告の免除規定もないことから、通常どおり中間申告を行う必要がある。

(2)　債務免除益の計上額及び時期

債務免除益の計上額及び時期は、再生計画案の定めるところによる。

債務免除益課税対策を行わないと、思わぬ課税がなされることがあるので注意が必要。主な対応策としては、以下のものがある。

青色繰越欠損金額（期限切欠損金）の利用⇒(3)
財産評価損の計上⇒(3)
実在性のない資産の取り崩し⇒(4)
計画案において債務免除益が発生する時期をコントロールする
資産譲渡損や貸倒損失の利用

なお、より根本的な方法として事業譲渡・会社分割をして、再生債務者は解散をするということが考えられる。この点、従前は清算所得課税があり、解散することにより課税を免れることが可能であったが、清算所得課税の廃止により、会社解散の場合であっても免除益課税がされることがあるので、事業譲渡・会社分割＋解散等の場合でも債務免除益に注意する必要がある。

(3)　財産評定損益及び期限切れ欠損金（特例欠損金）の適用

(i)　債務免除益課税の基本的な対応

財産評定損の計上及び、期限切れ欠損金の利用であり、そのための方法として、損金経理方式と別表添付方式の二つが用意されている。概要は、以下の表のとおりである。

実務的には両方を試算して有利なほうを使う（評価益計上の有無、期限切れ欠損金と青色繰越欠損金のいずれから充当するかなどによって有利・不利が異なる）。

	損金経理方式	別表添付方式
根拠法文	法法33条2項 法令68条1項	法法25条3項 法令24条の2 法法33条4項 法令68条の2第2、4項
要件	損金経理	別表での添付（損金経理は要件ではない）
対象	金銭債権は対象とならないことも多い[385]。	金銭債権も対象となる。

---

[385] 一般に公正妥当な会計処理基準で評価損の計上が認められない場合には、損金経理の要件を満たさない（法人税法基本通達9-1-3の2）ため。

第 20 章　民事再生の税務

損益計上の対象（注1）	評価損のみ[386]	評価益の計上も必要。
評価時点（注2）	再生手続開始日の属する事業年度の終了時	再生計画認可決定日
欠損金の適用	青色繰越欠損金から適用	期限切れ欠損金から適用
処理の時期	開始決定日があった事業年度	再生計画の認可決定があった日を含む事業年度

（注1）　時価は、「当該資産が使用収益されるものとしてその時において譲渡される場合に通常付される価額」（使用収益価額）とされている（法人税基本通達4-1-3、9-1-3）。ただし、減価償却資産については、「当該資産の価額につき当該資産の再取得価額を基礎としてその取得の時からそれぞれ次に掲げる時まで旧定率法により償却を行ったものとした場合に計算される未償却残額に相当する金額」とすることも可能（法人税基本通達4-1-8、9-1-19）。

この点、財産評定は「処分価値」であり、税務上の「使用収益価額」と異なるので注意が必要。

（注2）　財産評定は開始決定時を基準に行われることになる（124条1項）。一方税務上は「再生手続開始日の属する事業年度の終了時」又は「再生計画認可決定日」となっており、時点がずれているが、実務的には、両者の期間がそれほど離れていないことから、財産評定時の時価を使用していることも多いと思われる（もっとも、注1記載のとおり、評価方法が異なる）。なお、別除権協定を締結した場合、別除権協定と財産評定が乖離した場合、別除権協定に基づく評価額を使用すべきものと解する。なぜなら、①開始決定時より別除権協定の締結は後であり、時点として税法基準に近いこと、②第三者（別除権者）との間で合意されるものであり客観的な時価により近いものと推定されることなどを考えると、より税法上認められやすいと解されるためである[387]（ただし私見）。

(ii)　別表添付方式の明細

やや制度が複雑な別表添付方式について留意点をまとめると以下のとおり。

項　目	留意点
評価損益計上の具体的内容	時価との差額について、損益計上（法法25条3項、33条4項）。金銭債権についても、評価損の計上が可能。
評価損益計上の要件	再生計画認可決定があった場合で、認可決定があった時の時価で評定がされた場合（法令24条の2、法令68条の2、法基通4-1-3、9-1-3）
税務上の算入時期	再生計画の認可決定があった事業年度
会計上の経理要件	無し
期限切れ欠損金の利用可能な金額	「利益積立金のマイナス残高の絶対値の額」から別表7「控除未済欠損金額」を差し引いた金額
その他	明細書等が必要（この要件から「別表添付方式」と呼ばれる）

386　評価単位については、法人税基本通達9-1-1により以下のとおりとされている。

種　類	評価単位
土地等（土地の上に存する権利を含む。）	一筆（一体として事業の用に供される一団の土地等にあっては、その一団の土地等）
建物	一棟（建物の区分所有等に関する法律第1条の規定に該当する建物にあっては、同法第2条第1項に規定する建物の部分）
電話加入権	電話局の異なるものごと
棚卸資産	種類等の異なるものごと、かつ、令第68条第1項に規定する事実の異なるものごと
有価証券	銘柄ごと

387　財産評定も民事再生法に基づくものではあるが、再生債務者が一方的に算定して裁判所に報告するに過ぎないものであり、第三者との協議を経た別除権協定のほうが客観性が高いと解される。

(4) 実在性のない資産の取り崩し

実在性のない資産がある場合、それが更正の対象期間（通常 5 年間）内に生じたものでなかった場合や、発生時期が不明の場合であっても、税務上の剰余金（欠損金）の期首繰越金額を直接修正する方法で損失処理が可能とされている[388]。

(5) 青色繰越欠損金の不適用（法法 57 条の 2）

スポンサーが株主になった場合、形式的には青色繰越欠損金の不適用（法 57 条の 2）が適用される余地がある。しかしながら、法人税法施行令 113 条の 2 第 5 項において、民事再生による債務処理計画に基づいて行われる欠損等法人の株式の発行又は譲渡については、適用がないとされている。

なお、平成 27 年度改正により平成 27 年度から 65％相当額とし、平成 29 年度から 50％相当額とする改正がなされている。この改正に伴い、平成 29 年度以降発生する欠損金については、繰越期間が 10 年に延長される。

(6) 青色繰越欠損金の利用制限（法法 57 条 1 項ただし書）

平成 23 年の税制改正により、一定規模以上の法人につき、青色欠損金（青色申告を提出した事業年度の欠損金の繰越控除制度）について、控除限度額を、事業年度の繰越控除前の所得の 80％とする制度が導入された。つまり、控除されない 20％相当額は所得金額として課税されることなる。この点は、民事再生計画認可決定後のタックスプランを検討する際に重要な考慮要素となるので注意が必要。

(7) 欠損金の繰戻し還付

(i) 繰戻し還付

再生会社で課税所得が赤字の場合、民事再生の開始によって、再生手続開始の日を含む事業年度、又はその前 1 年以内に終了したいずれかの事業年度に欠損金がある場合、税金の還付請求が可能（法法 80 条 4 項、措法 66 条の 13、法基通 17-2-3、法令 154 条の 3）。つまり、前事業年度の納付法人税について還付請求が可能となる場合がある（なお、地方税法、事業税にはこのような制度はない）。

欠損事業年度	還付可能額
再生手続開始の事業年度に欠損が生じている場合	前年度納付税額のうち欠損金に相当する所得に対する税額
再生手続開始前 1 年以内に終了した事業年度に欠損が生じている場合	前々事業年度納付税額のうち欠損金に相当する所得に対する税額

(ii) 過去に粉飾決算があった場合の更正

再生債務者が過去に粉飾決算を行っていた場合、税金を過大に納付してたことになるので、当該税金の還付を受けることができる（法法 135 条 4 項）。

対象期間	更正の日の属する事業年度開始前 5 年間の事業年度分
還付方法	更正の日の属する事業年度前 1 年間の事業年度の法人税は還付されるが、残額は、事後 5 年間に税額控除される

---

[388] 平成 22 年度税制改正に係る法人税質疑応答事例　問 11（http://www.nta.go.jp/shiraberu/zeiho-kaishaku/joho-zeikaishaku/hojin/101006/pdf/11.pdf）参照

その他	・地方税（事業税、県市民税）も対象となる ・確定決算において修正経理することが必要（法法135条1項）

(8) 留保金課税の適用

　留保金課税が適用されるので、同族会社の場合注意が必要。再生会社が同族会社であり、かつ、青色繰越欠損金の控除によって課税所得の圧縮ができた場合には、留保金課税がかかってくる可能性がある。ただし、100％減資を行うことで特定同族会社でなくすことや、資本金1億円以下とする減資を行って中小特定同族会社とする方法などで回避することは可能（平成19年改正）。

2　その他の税金

　その他の税金は、原則として民事再生による影響はほとんどない[389]。なお、法人税は財産評定で下げることが可能であるが、固定資産税評価額には反映されない。つまり、固定資産税については、依然として従前の固定資産評価額に基づいて課されることになる。

389　法人住民税、法人事業税には、欠損金の繰戻還付請求の制度はない。

第2編 会社更生手続

【記載の前提】
・債務会社自身が申し立てることを前提とする。
・開始決定前の会社は、法文上は「開始前会社」とされているが、申立前、開始前の会社も全て「更生会社」という言葉で統一し「開始前会社」は原則として使用しない。
・更生会社は債務超過であることが一般的なので、株主は権利行使できないことを前提とする（43条4項2号、46条8項、115条2項、166条2項、189条3項、202条2項2号）。
・本編で、条文番号の前に法律名のないものは会社更生法を指す。また、「施行規則」は会社更生法施行規則、「規則」は会社更生規則を指す。
・民事再生手続と類似する部分が多いため、民事再生手続と異なる点を中心に述べる。目安としては、以下に記載の条文は、民事再生と会社更生でほぼ同様の内容を定めているため、当該条文に係る解説は、原則として割愛をしている（ただし、完全に条文の内容が一致しているわけではないので、ご留意いただきたい）。また、裁判例の要約の紹介は、原則として、第1編に無いものにつき紹介するに留めている。

【民事再生法と会社更生法で、類似している条文】

会社更生法条文	該当民事再生法条文	条文の要旨
第1章 総則		
4～5条	4条～5条	管轄
6条	6条	専属管轄
7条	7条	更生事件（再生事件）の移送
9条	9条	不服申立て
10条	10条	公告等
11条	16条	事件に関する文書の閲覧等
12条	17条	支障部分の閲覧等の制限
13条	18条	民事訴訟法の準用
14条	19条	最高裁判所規則
第2章 更生手続開始の申立て及びこれに対する保全措置		
39条の2	134条の2	否認権のための保全処分
第3章 更生手続開始の決定及びこれに伴う効果等		
41条	25条	更生手続（再生手続）開始の条件
42条	34条	更生手続（再生手続）開始決定と同時に定めるべき事項
43条	35条	更生手続（再生手続）開始の公告等
44条	36条、37条	手続開始の申立てについての裁判に対する即時抗告
47条	85条	更生債権（再生債権）等の弁済の禁止及び弁済の例外
47条の2	85条の2	管財人（再生債務者等）による相殺
48条	92条	相殺権
49条	93条	相殺禁止

49条の2	93条の2	相殺禁止	
52条の2	40条の2	債権者代位訴訟、詐害行為取消訴訟の取扱い	
56条	45条	開始後の登記、登録の効果	
59条	47条	善意又は悪意の推定	
60条	48条	共有関係	
61条	49条	双務契約	
62条	50条	継続的給付を目的とする双務契約	
63条	51条	双務契約についての破産法の準用	
64条	52条	取戻権	
86条	127条	更生債権者(再生債権者)等を害する行為の否認	
86条の2	127条の2	相当の対価を得てした財産の処分行為の否認	
86条の3	127条の3	特定の債務者に対する担保の供与等の否認	
87条	128条	手形債務支払の場合等の例外	
88条	129条	権利変動の対抗要件の否認	
89条	130条	執行行為の否認	
90条	131条	支払の停止を要件とする否認の制限	
91条	132条	否認権行使の効果	
91条の2	132条の2	更生会社(再生債務者)の受けた反対給付に関する相手方の権利等	
92条	133条	相手方の債権の回復	
93条	134条	転得者に対する否認	
94条	134条の3	保全処分に係る手続の続行と担保の取扱い	
95条	135条	否認権の行使	
96条	136条	否認の請求及びこれについての決定	
97条	137条	否認の請求を認容する決定に対する異議の訴え	
98条	139条	否認権行使の期間	
99条、40条	142条	役員等の財産に対する保全処分	
100条	143条	役員等の責任の査定の申立て等	
101条	144条	役員等責任査定決定等	
102条	145条、146条	役員等責任査定決定に対する異議の訴え	
103条	147条	役員等責任査定決定の効力	
104条	148条	担保権消滅許可の決定	
105条	149条	価格決定の請求	
106条	150条	財産の価格の決定	
107条	151条	費用の負担	
108条	152条	価格に相当する金銭の納付	
114条	114条	関係人集会(債権者集会)の招集	
115条	115条	関係人集会(債権者集会)の期日の呼出し等	
116条	116条	関係人集会(債権者集会)の指揮	
117条	117条	更生債権者委員会等(債権者委員会)	

118条	118条	更生債権者委員会（債権者委員会）の意見聴取
119条	118条の2	管財人（再生債務者等）の更生債権者委員会（債権者委員会）に対する報告義務
120条	118条の3	管財人（再生債務者等）に対する報告命令
122条	90条	代理委員
123条	90条の2	裁判所による代理委員の選任
124条	91条	報償金等
第4章　共益債権及び開始後債権		
127条	119条	共益債権となる請求権
128条	120条	開始前の借入金等
131条	120条の2	社債管理者等の費用及び報酬
132条	121条	共益債権の取扱い
134条	123条	開始後債権
第5章　更生債権者及び更生担保権者		
135条	86条	更生債権者（再生債権者）等の手続参加、開始時現存額主義
136条	87条	更生債権者等（再生債権者）の議決権
137条	89条	更生債権者等（再生債権者）が外国で受けた弁済
138条	94条	更生債権等（再生債権）の届出
139条	95条	債権届出期間経過後の届出等
141条	96条	届出名義の変更
144条	99条	更生債権者表（再生債権者表）等の作成
145条	100条	更生債権等（再生債権）の調査
146条	101条	認否書の作成及び提出
147条	102条	一般調査期日における調査
148条	103条	特別調査期日における調査
148条の2	103条の2	特別調査期日における費用の予納
150条	104条	異議等のない更生債権等（再生債権）の確定
151条	105条	査定申立て
152条	106条	査定申立てについての裁判に対する異議の訴え
156条	107条	異議等のある更生債権（再生債権）に関する訴訟の受継
157条	108条	主張の制限
158条	109条	執行力のある債務名義のある債権等に対する異議の主張
160条	110条	更生債権等（再生債権）の確定に関する訴訟の結果の記載
161条	111条	更生債権等（再生債権）の確定に関する訴訟の判決等の効力
162条	112条	訴訟費用の償還
163条	112条の2	更生手続（再生手続）終了の場合における更生債権等の確定手続の取扱い
第6章　更生計画の作成及び認可		
171条	165条、158条	債務の負担及び担保の提供に関する定め
172条	159条	未確定の更生債権等（再生債権）の取扱い
186条	167条	更生計画（再生計画）の修正

188条	168条		更生会社（再生債務者）の労働組合等の意見
189条	169条		決議に付する旨の決定
190条	169条の2		社債権者等の議決権の行使に関する制限
191条	170条		関係人集会（債権者集会）が開催される場合における議決権の額又は数の定め方等
192条	171条		関係人集会（債権者集会）が開催されな場合における議決権の額又は数の定め方等
193条	172条		議決権の行使の方法等
194条	172条の2		基準日による議決権者の確定
197条	172条の4		更生計画案（再生計画案）の変更
198条	172条の5		関係人集会（債権者集会）の期日の続行
第8章　更生計画認可後の手続			
203条2項	177条2項		保証人の附従性に関する定め
233条	187条		更生計画（再生計画）の変更
第9章　更生手続の終了			
236条	191条		計画認可前の手続廃止
237条	192条		手続開始原因が消滅した場合の手続廃止
第11章　更生手続と他の倒産処理手続との間の移行等			
252条	250条		手続終了に伴う職権による破産手続開始の決定
253条	251条		手続の終了等に伴う破産手続開始前の保全処分等

第1章　最初の相談において注意すべきこと

　基本的には、民事再生とほぼ同様（第1編第1章参照）。民事再生と異なる点を中心に以下述べる。

1　民事再生と会社更生の主な相違点

	会社更生	民事再生
事業再生の可否のポイント（破産との峻別）（共通点）	・営業利益が赤字であれば、事業再建は困難。 ・申立後の資金繰りが持たなければ、二次破綻となり事業再建は困難。 ・民事再生又は会社更生の申立てにより事業が極端に毀損する場合（得意先から受注が来なくなるなど）は再建は困難。 ・スポンサー候補者がいる場合は、営業利益が赤字であっても、一部ないし全部の事業が継続できる可能性がある。	
開始事由（概ね共通）	破産手続開始の原因となる事実が生じるおそれがある場合又は弁済期にある債務を弁済することとなれば、その事業の継続に著しい支障を来すおそれがある場合（17条1項、民事再生法21条1項）。	
対象	株式会社のみ（1条）	法人全般に可能
手続のスピード・負担	6か月程度で計画案が認可決定するケースもあるが、一般的には1年程度。 手続は重い。	6か月程度で計画案の認可決定がされるのが一般的。 会社更生に比べると手続は軽い。
担保権	手続に取り込まれる（2条10項）。	手続に取り込まれない（民事再生法53条）。
租税債権	手続に取り込まれるため滞納処分は中止する（50条2項、142条）。	再生手続外での権利行使（滞納処分など）が可能（民事再生法121条、122条）。
労働債権	手続に取り込まれる部分がある（130条、168条1項2号）。	手続に取り込まれることはない（民事再生法121条、122条）。
管理処分権の帰属主体	管財人（72条1項）	原則として再生債務者（民事再生法38条1項）
経営者	残らないのが原則	残るのが原則
管財人	必要的機関（従前の経営者が選任されることもある　67条3項）。	任意的機関（民事再生法64条）
管財人以外の手続関与者	保全管理人（30条）、調査委員（39条、125条）、監督委員（35条）が選任されることがある。	監督委員（民事再生法54条）[1]、調査委員（民事再生法62条）が選任されることがある。
計画外事業譲渡（概ね共通）	裁判所の許可で可能（46条2項）。この場合株主総会は不要（46条10項）。	裁判所の許可で可能（民事再生法42条）。株主総会の代替許可の制度もある（民事再生法43条）。
組織変更等	増減資、社債の発行、株式交換、会社分割、合併なども計画に基づいて実行することが可能（167条2項、210条など）。	増減資は、原則として再生計画で可能であるが（民事再生法166条、166条の2）、会社分割等の手続は会社法上の手続が必要。
計画案可決要件[※]	・更生債権は過半数 ・更生担保権は3分の2以上 　（196条5項）	・議決権総額の過半数 ・投票再生債権者の過半数 　（民事再生法172条の3第1項）

（※）会社更生の場合、計画案の内容によっては、より厳しい要件を課せられる場合もある。

1　法人の民事再生事件では、選任される例がほとんど。

2 民事再生か会社更生かの主な判断基準（私見）

民事再生か会社更生のいずれを選択すべきであるかの主な判断要素は以下のとおりと考える。会社更生は担保権者をも巻き込む手続であり民事再生より手続の負担が重いこと、また、予納金が高いこと、時間がかかることから、原則として民事再生を検討し、以下のような事案で会社更生を検討することになろう。

判断要素	判断基準
会社の規模	会社の規模が大きい場合は、組織変更等が更生計画で行えるため、会社更生を検討するべきと考える。なお、会社更生は株式会社のみを対象としているので、他の法人の場合は自ずと民事再生となる。
担保権者の対応	例えば、工場に設定されている抵当権が実行されてしまう可能性がある場合や、賃貸物件からの賃料が資金繰上必要な場合など、担保権者を手続に取り込む必要性が高い場合には会社更生を検討するべきと考える。
租税公課の延滞状況	租税の滞納がある場合、会社更生を検討する必要がある[2]。
経営者の意向や破綻原因など	会社更生もDIP型があるが、管財人が選任される管理型を原則とする手続である。一方で、民事再生は管理型になることもあるが、DIP型を基本とする手続である。したがって、経営者が、経営を継続する意思が強い場合にはまず、民事再生を検討すべきであろう。

3 DIP型会社更生

(1) DIP型会社更生開始の要件

従来の会社更生では、管理型しか認められていなかったが、平成14年に会社更生が改正された際に、DIP型（従来の経営層が管財人に選任されることを指す）が認められた。

さらに、平成20年に東京地裁民事8部の裁判官が、DIP型会社更生が認められる要件を明らかにしたことから、DIP型会社更生が申し立てられるようになった。DIP型会社更生が認められる要件は以下のものとされている。なお、かかる要件を満たすかどうかについては、保全期間中に裁判所から選任された監督委員兼調査委員が調査をし、調査委員の報告に基づいて裁判所が判断をする[3]。

現経営陣に不正行為等の違法な経営責任の問題がないこと。
主要債権者が現経営陣の経営関与に反対していないこと。
スポンサーとなるべき者がいる場合はその了解があること。
現経営陣の経営関与によって更生手続の適正な遂行が損なわれるような事情が認められないこと。

(2) 留意点

DIP型を進めるうえでの主な留意点は、以下のとおり[4]。

---

2 民事更生だと滞納処分を止めることができず、再建が困難となることがあるため（執行停止制度はある）。
3 以上につき最新更生17頁〜18頁
4 最新更生17頁〜24頁

スポンサー選定及び資料の準備	DIP型が認められる4要件のうちの一つが「スポンサーとなるべき者がいる場合はその了解があること」とあるように、申立前にスポンサー選定手続をある程度進めることは、DIP型会社更生になじむと考えらえる。手続開始後、債権者等からスポンサー選定に関する詳細な情報開示が求められることになるので、あらかじめ開示資料の準備を進めておく必要がある[5]。
保全命令	DIP型の場合、保全管理命令は発令されず、弁済禁止の保全処分等が発令され（28条1項）、さらに、監督命令兼調査命令（35条、39条）が発令される。監督命令は保全期間中の手続の監督を行うために、調査命令は手続開始要件及びDIP型会社更生の要件の有無を調査するために発令される。
開始決定の内容	現経営陣の中から事業家管財人を選任するとともに、申立代理人弁護士は法律家管財人に選任されるか法律家アドバイザーに就任して、事業家管財人の手続をサポートする[6]。一方、裁判所は改めて、調査命令（125条）を発令して調査委員を選任し、調査委員は財産評定、債権調査、更生計画案の当否を調査するとともに、管財人が裁判所に対し許可申請をするに当たり意見を付する役割を担う。
開始後の手続	開始後の手続については、管理型と大きく変わるところはないが、標準スケジュールの期間が若干異なる[7]ことと、「一般的には、現経営陣が更生手続に主体的に関与するDIP型の場合には、より一層更生担保権者等の納得を得られる合理的な更生計画案の策定や手続の透明性、公正を確保することが求められて」いる[8]点に注意が必要である。

(3) 具体例

以下のような例が報告されている。最大のメリットは、申立て及び開始決定直後の混乱をかなりの程度回避できる点にある。

会社名	日本綜合地所㈱[9]	㈱ロプロ[10]
業　種	マンションデベロッパー	ノンバンク
管財人	代表取締役及申立代理人	社外取締役及申立代理人
特　徴	開始決定直後に、顧客に対しマンション396戸の引渡しを控えていた（うち、258戸は未完成）。	42000名を超える債権者のほとんどが過払債権者であり、債権者への案内、管理が重たい案件であった。
DIP型を選択したことのメリット	未完成マンションについては建物を完成させ、また、完成マンションについても金融機関等の抵当権を解除して、購入者に引き渡すべく、金融機関及びゼネコンと迅速に担保変換合意をするための準備をしたうえで申立てを行った。	申立前から過払債権者への案内、管理を迅速に行うためのシステムを完成させ、また、申立時点で、取引継続中の顧客に引き直し計算するので弁済を中止するように通知をすることで混乱を回避した。
その他、特徴的な点	更生担保権者の一部から、経営責任を求める声も強く、開始決定直後の混乱期を乗り越えた段階で、代表取締役は事業家管財人を辞任した。	裁判所及び調査委員と協議を行って、第三者機関である経営責任調査委員会を設置して、旧役員の経営責任の調査が行われた。

---

[5] NBL987号78頁「会社更生手続における手続迅速化に関する運用上・立法上の提言（上）」事業再生迅速化研究会第2PT参照。

[6] 中間型として、経営陣は管財人とならずに申立代理人のみが法律家管財人になった事案（武富士）や、監督委員兼調査委員が管財人となり経営陣や申立代理人の一部が管財人代理となった事案（ウィルコム）などもある。

[7] 管理型の場合は申立てから更生計画認可決定まで約1年のところ、DIP型は約7か月程度が予定されている（更生実務上10頁以下）。

[8] 最新更生30頁

[9] NBL954号84～90頁、NBL955号88頁～94頁、NBL956号90頁～98頁（澤野正明ほか）

[10] NBL957号116頁～122頁、NBL958号132頁～137頁、NBL959号130頁～134頁、NBL960号69頁～75頁、NBL961号64頁～70頁（小畑英一ほか）

第2章 申立てまで

基本的には、民事再生とほぼ同様（第1編第2章参照）。会社更生手続に特徴点な部分を中心に述べる。

1　依頼者との委任契約書の締結

民事再生と概ね同じ（第1編第2章1参照）。

2　申立てに当たって、注意すべき事項

民事再生と概ね同じ（第1編第2章2参照）。

3　事案に応じた問題点の把握

民事再生と概ね同じ[11]（第1編第2章3参照）。

4　依頼者への説明

(1) 予納金等費用

予納金は、主に申立てから開始決定までに要する費用（保全管理人の報酬、調査委員の報酬など）に充当される。

東京地裁では、管理型の場合2000万円台、3000万円台、5000万円台、7000万円台の4ランク、DIP型の場合1000万円台前半、後半、2000万円台前半、後半の4ランクを目安に予納金を定める運用としているとのことである[12]。

そのほかに、手数料（1社当たり2万円程度）、郵券（4万円程度）がかかる[13]。

(2) 更生会社の役員等の立場についての説明

申立代理人は、申立前に、更生会社の役員等に、更生会社及びその役員等の立場等を説明をする必要がある。説明すべき事項は概ね以下のとおり。

DIP型を希望した場合であっても、裁判所の判断で、管理型となる可能性があること。
更生会社取締役、監査役等は保全管理人、管財人に報告義務があること（77条1項、34条1項）。また、報告を拒み、又は虚偽報告をした場合に罰則があること（269条1項2項）[14]。
更生会社の役員は、競業が制限されていること（65条）。
更生会社の役員は、更生手続開始後その終了までの間、原則として、更生会社に対して役員報酬を請求をすることができないこと（66条）。なお、保全管理命令発令後も同様（34条5項）。
資金繰りが破綻した場合や、債権者の多数の賛成を得られない場合には破産に移行せざるを得ない可能性があること。
特にDIP型の場合、更生計画に同意する条件として、経営責任の明確化（降格や私財提供など）を求められる可能性があること。

11　業種別の問題点については、更生QA280頁〜306頁に詳しい。
12　最新更生54頁
13　最新更生55頁〜56頁
14　3年以の懲役又は300万円以下の罰金（併科を含む）

> 経営者が会社債務につき連帯保証をしている場合、当該連帯保証は会社の手続とは別に処理をする必要があること。

5　会社更生手続開始申立ての準備

民事再生申立ての準備と概ね同じ（第1編第2章5参照）。

6　会社更生手続開始申立書ほか、申立日までに準備すべき書類

(1) 概　要

民事再生手続開始申立書の準備と概ね同じ（第1編第2章6(2)参照）。ただし、管理型の場合、保全処分申立書でなく保全管理命令申立書を準備する。

なお、申立書に記載すべき事項[15]は、規則11条及び12条に、添付資料は規則13条に定めがある。事案や各地裁の運用によって若干異なることがあるので、裁判所等から添付資料の追加を求められた場合には、必要に応じて適宜追完をする（規則13条の2参照）。また、DIP型で申し立てる場合には、DIP型4要件を充足していることを申立書及び添付書類によって疎明をする必要がある[16]。

(2) 強制執行の中止命令申立書等

保全処分、保全管理命令以外に更生会社の財産を保全するための方法として、以下のものがある。民事再生とは担保権の取扱いや、国税滞納処分の取扱いについて異なる。

項　目	内容・留意点	要　件
中止命令、取消命令[17]（24条）	・破産手続、再生手続、特別清算手続を中止する場合 ・強制執行、仮差押え、仮処分、担保権の実行、留置権による競売等を中止、取消しする場合 ・国税滞納処分（共益債権を徴収するためのものを除く）を中止、取消しする場合。なお、中止は「職権」のみ認められているので、申立てでなく上申書等の提出を検討することになる。 →更生手続開始決定により、これらの手続は当然に中止ないし失効する（50条1項、2項）。	・中止は「必要があると認め」られること、取消しは「事業継続のために特に必要があると認め」られること。 ・強制執行等を中止する場合には、当該手続の申立人である更生債権者等に不当な損害を及ぼすおそれがないこと。 ・取消しについては担保を立てることが必要 ・国税滞納処分を中止、取消しする場合は、あらかじめ徴収権限者の意見を聴かなければならない。
包括的禁止命令、取消命令（25条）	・強制執行等が多数あり（将来多発することが予想される場合を含む）、全ての強制執行を中止又は取消しをする必要がある場合（担保権の実行及び滞納処分に対する発令も可能） →更生手続開始決定により、これらの手続は当然に中止ないし失効する（50条1項、2項）。	・中止命令は「更生手続の目的を十分に達成することができないおそれがあると認めるべき特別の事情がある」こと。 ・保全処分、保全管理命令、監督命令のいずれかが発令されていること。 ・取消命令は、事業継続のために特に必要があると認められる場合で担保を立てることが必要[18]。

15　具体的な書式としては、書式更生11頁以下などがある。
16　更生QA19頁
17　右記以外に、訴訟手続の中止命令等が定められている（24条1項）が、記載は省略している。
18　さらに、国税滞納処分の取消しを命じる場合は、あらかじめ徴収権限者の意見を聴かなければならない。

商事留置権の消滅請求（29条）	倉庫業者等が商品に対する留置権を主張して、業務遂行ができない場合、裁判所の許可を得たうえで、留置権の目的物の価格に相当する金銭を留置権者に弁済して、商事留置権を消滅させる制度[19]	・開始決定前であること。 ・当該財産が更生会社の事業の継続に欠くことのできないものであること。 ・裁判所の許可
否認権の保全処分（39条の2）	否認該当行為がある場合、否認権を保全するために、利害関係人は、仮差押え、仮処分その他の保全処分を申し立てることができる。管財人は、開始決定後も続行が可能（94条）。	・開始決定前であること。 ・否認権を保全するために必要があると認められること。
役員等の財産に対する保全処分（40条）	役員の責任追及をする可能性がある場合の役員の個人財産に対する保全処分。なお、開始決定後は99条に基づき管財人が同様の保全処分が可能。	・緊急の必要があること。

(3) 従業員用の資料

民事再生と概ね同じ（第1編第2章6参照）。

(4) プレスリリース用資料、債権者への通知書

民事再生と概ね同じ（第1編第2章6参照）。

7 申立前又は直後に連絡をすべき箇所

民事再生と概ね同じ（第1編第2章7参照）。ただし、会社更生の場合、裁判所への事前相談は申立ての2週間程度前が望ましいとされている[20]。

8 保全管理人選任段階での準備

保全管理人選任段階での主な準備事項をまとめると概要以下のとおり。

申立書の精読・会社の状況把握
申立代理人・債務者役員・裁判所との打合せ
債権届出書発送準備、関係人説明会等の準備（申立代理人、裁判所と役割分担の調整）
債権者対応、従業員対応などの検討
現場保全の段取り、人員確保

---

19 なお、弁済禁止の一部取消し（28条2項）により、被担保債権を弁済することにより消滅させることも可能。
20 更生QA 17頁。多少流動的な状況で相談をすることになるが、そのほうが望ましいとされている。

第3章　申立てから開始決定まで

1　申立直後に発令される裁判所の決定等

(1)　一般的に発令される内容

管理型の場合	通常、保全管理命令（30条1項）が発令され、保全管理人が選任される。保全管理命令が発令されると、更生会社の事業の経営並びに財産の管理及び処分をする権利は保全管理人に専属する（32条1項）。
DIP型の場合	DIP型の場合は、保全管理人の選任に代えて保全処分（28条1項）とともに、監督命令（35条）及び調査命令（39条）が発令されることが多い[21]。

・裁判所は、保全管理命令、監督命令について公告（31条1項、36条1項）、嘱託登記（258条4項）をする。
・強制執行・担保権実行手続の中止命令等が発令された場合は、中止命令等の正本を執行裁判所に提出する必要がある[22]。
・なお、保全処分等を理由とする債務不履行に対して、相手方は債務不履行解除はできないと解される（**最三小判S57.3.30**、**東京地判H10.4.14**など）。

(2)　保全管理人の地位／役割

選　任	裁判所が選任をする（30条1項）。
資　格	役員責任等査定決定を受けるおそれがあると認められる者は保全管理人になれない（30条2項ただし書、67条3項）。
権　限	更生会社の事業の経営並びに財産の管理及び処分に関する事項全般について権限を有する（32条1項）。ただし、常務に属さない行為（32条1項ただし書）や、一定の行為（32条3項、72条2項）は裁判所の許可が必要。
法律上の主な任務	・更生会社の業務及び財産の管理（事業の維持等を含む）（34条、73条） ・更生手続開始の当否等に関する調査報告（39条1項参照）[23] なお、職務につき善管注意義務を負っている（34条1項、80条）。
具体的な主な任務[24]	・指揮命令系統の把握（保全管理人印の作成、従業員の掌握、業務の管理など） ・保全管理人室の設置（役員の処遇の検討を含む） ・事業の維持・継続（仕入先、得意先への案内、協力要請など） ・資金繰りの確認及び維持（DIPファイナンスの検討なども含む） ・スポンサー候補の発掘
裁判所への報告事項[25]	主に以下の事項について、裁判所へ報告を行う。 ・更生手続開始の原因事実（17条1項） ・更生手続開始の障害事由（41条1項）の有無 ・更生会社の業務及び財産の状況（34条、73条、77条）

---

[21]　最新更生77頁
[22]　執行裁判所は中止命令等の発令を当然には知り得ないため。
[23]　厳密には法律上の任務とは言い難いが、裁判所への提出が事実上求められている（最新更生74頁）。報告書の詳細は更生QA39頁以下に詳しい。報告書の表紙・目次例は書式更生62頁参照。
[24]　更生QA32頁～33頁、更生実務上135頁以下、最新更生73頁以下に詳しい。
[25]　更生書式62頁、最新更生75頁など。

行為制限（裁判所の許可）	更生会社の常務に属さない事項（32条1項ただし書）、裁判所の許可事項とされた事項（32条3項、72条2項）は、裁判所の許可が必要。許可を得ないでした行為は、相手方が善意でない限り無効となる（32条2項、32条3項、72条3項）。
保全管理人代理	裁判所の許可を取ったうえで、保全管理人代理を選任することが可能（33条）。
係属中の訴訟	財産関係の訴訟は中断し、更生債権等に関するものを除き、保全管理人又は相手方は受継の申立てができる（34条2項、52条）。

(3) 保全処分

内容	弁済禁止の保全処分が一般的[26]。
保全処分違反の効果	保全処分違反の弁済等は、悪意の相手方は効力を主張できない（28条6項）。また、保全処分違反は、否認の対象となったり（86条）、役員の賠償責任の発生原因となり得る。

(4) 監督命令（35条）

監督委員の役割	更生会社を監督する（35条）。通常DIP型で利用される。
具体的な監督権限	128条2項の裁判所の許可に代わる承認（128条3項）及び、72条1項各号の行為（の一部）を中心に同意権限が付される（35条2項）[27]。
監督期間	監督委員は、更生手続開始前だけの機関（35条1項）であり、また、監督委員は調査委員（39条）を兼務する形で選任されることが多い[28]。

(5) 調査命令（39条、125条）

開始決定前の調査命令（39条）	DIP型会社更生が申し立てられた場合に、DIP型での開始決定発令の適否を調査するために、選任されることが多い[29]。
開始決定後の調査命令（125条）	主にDIP型会社更生において選任され、開始決定後、管財人の作成する貸借対照表及び財産目録の当否、84条1項報告の当否、更生計画案の当否などを調査する。具体的な調査範囲は、調査命令の決定書によって指定され、調査委員は、管財人会議に同席をして、日常業務の報告を受けたりもする[30]。

2　申立日以降開始決定までの間に行うべきこと

(1) 申立日当日の対応

裁判所への申立て	予納金等の納付
従業員説明会の開催	従業員マニュアル等を配付して、債権者対応、更生手続の概要、更生債権を支払ってはならないこと、支払稟議及び、従業員給与や退職金の取扱いなどについて説明を行う。混乱を防ぐために、なるべく従業員全員を1か所に集めて説明を行うほうがよいが、複数

26　最新更生78頁。なお、少額債権、労働債権などにつき例外が定められることが一般的のようである。さらに、財産の譲渡・担保設定、金員の借入れ等の禁止が命じられることもある（書式更生44頁）。
27　最新更生79頁以下参照。
28　最新更生79頁
29　最新更生82頁。そのほかには、民事再生に対抗して申し立てられた会社更生事件において、開始決定の適否を調査するために選任される例などがある。
30　最新更生109頁参照。

	の事業所がある場合には、弁護士が各事業所に行き、できるだけ同時刻に説明を行うようにする。なお、労働組合があれば、組合へも説明する（開始決定に当たり、裁判所は原則として労働組合等の意見を聴くこととなっている。22条1項）。
債権者への通知	申立後に、金融機関にはFAX、その他の債権者には郵送で、申立ての事実等を記載した書面に加え、関係人説明会の案内、保全管理命令などを通知する。 金融機関にFAXとするのは、更生会社名義の銀行口座に入金があった場合に相殺されないようにしておくことと（金融機関を更生手続申立てについて「悪意」にしておく）、手形小切手の支払や公共料金その他の自動引き落としを止める必要があるため[31]。
租税債権者への連絡（滞納があれば）	租税債権者は滞納処分が可能であり、滞納処分により事業継続が困難になることがあり得る。そこで、滞納がある場合は、租税債権者に連絡をして、今後の支払予定などを説明し、滞納処分をしないように依頼をすることの検討も必要。中止命令や包括的禁止命令の発令を検討することもある。なお、更生手続開始の申立てがあったときは、裁判所書記官は、租税官署に、その旨を通知することとなっている（規則7条1項）。

(2) 開始決定までの間に行うべき主な事項

申立後、開始決定までの間に行うべき主な事項をまとめると以下のとおり。

現場保全	本社のみならず、各支店、工場、倉庫などを保全する必要がある。規模が大きい会社の場合、毎朝従業員幹部との朝礼を行い、各現場で発生している問題点の確認及びそれに対する対応の指示をすることもある。 また、更生会社がゼネコン・工務店等の場合には、各工事現場を保全する必要がある（下請業者が資材等を引き上げようとするため）。
大口債権者等の対応	金融機関、大口債権者、重要取引先訪問（必要に応じて）。
商事留置権者対応	倉庫業者や運送業者に倉庫料や運送費の未払いがある場合、商事留置権を主張され、事業の継続が困難となる場合がある。そのようなことが想定される場合には、商事留置権の消滅請求（29条）又は、弁済禁止の一部取消し（28条2項）などを検討する必要がある。
ホームページでの案内	会社がホームページを持っている場合、申立ての事実や、QAなどを適宜アップする。個人債権者が多い場合には効果的なことが多い。
プレスリリース等	信用調査機関等に対するプレスリリース用書面をファックスする。 事案によっては、記者会見を行う。
関係人説明会[32]	概ね申立日から1週間後
コールセンターの設置	特に一般消費者の債権者が多数である場合は、専用のコールセンターを設置して対応することもある。
債権届出書等の発送の準備	開始決定後、裁判所は更生債権者等に開始決定書、債権届出書を発送するが（43条3項）、実務上は管財人（保全管理人）が対応することが多い（規則3条の2）。発送量が大量になることもあるため、可能な範囲で開始決定前に準備を進める。
共益債権化の手続	DIP型の場合、申立日から開始決定日までの間の取引により発生した更生会社に対する債権を共益債権化する必要がある[33]。

3 関係人説明会[34]

民事再生における債権者説明会と概ね同じ（第1編第3章3参照）。なお、東京地裁では申立代理

---

[31] なお、更生会社の振り出した手形は0号不渡り（東京手形交換所規則施行細則77条）となる。

[32] 債権者のみを対象とする場合は債権者説明会ということもある。

[33] 保全管理人が開始前会社の業務及び財産に関し権限に基づいてした資金の借入れその他の行為によって生じた請求権は共益債権となる（128条1項）ため、管理型の場合はかかる手続は不要。

[34] 会社更生法は株主も手続に参加することが予定されている（165条1項）ことから、債権者集会でなく関係人集会が開催されるが（191条）、債務超過の場合、株主に議決権は与えられず（166条2項）、株主が手続に

人が関係人説明会を主催し、保全管理人がこれに臨席する形を取るが、大阪地裁では保全管理人が主催することが多いとされている[35]。いずれにしても、申立代理人と保全管理人で調整のうえ、準備を進める。

また、説明会の要旨を裁判所に報告する（規則16条）。

4　申立日から開始決定までに発生した債権の共益債権化の手続（128条2項、3項）

民事再生における手続と概ね同じ（第1編第3章4参照）。なお、保全管理人が開始前会社の業務及び財産に関し権限に基づいてした資金の借入れその他の行為によって生じた請求権は共益債権となる（128条1項）ため、管理型の場合はかかる手続は不要。

5　開始決定の判断基準

裁判所は、申立書の内容、関係人説明会における更生債権者の意見や保全管理人（管理型の場合）、調査委員（DIP型の場合）の報告などにより、17条に規定する要件の有無及び、棄却事由（41条）の存否を判断する。なお、裁判所は申立てを棄却すべきこと又は更生手続開始の決定をすべきことが明らかである場合を除き、開始決定前に使用人の過半数で組織する労働組合等の意見[36]を聴かなければならない（22条1項）。

手続開始原因（17条、破産法15条、16条）	破産手続開始の原因となる事実が生じるおそれがあること	支払不能（破産法15条1項）。なお、支払停止は支払不能を推定する（同条2項）。
		債務超過（債務者が、その債務につき、その財産をもって完済することができない状態をいう）（破産法16条1項）
	その他	弁済期にある債務を弁済することとすれば、その事業の継続に著しい支障を来すおそれがある場合
棄却事由（41条1項）	手続費用の予納がないとき（1号）。	
	破産手続、再生手続又は特別清算手続が係属し、その手続によることが債権者の一般の利益に適合するとき（2号）。	
	事業の継続を内容とする更生計画案の作成、可決見込み又は、事業の継続を内容とする更生計画の認可の見込みがないことが明らかであるとき（3号）。	
	不当な目的で手続開始の申立てがされたとき、その他申立てが誠実にされたものでないとき（4号）。	

参考となる裁判例は、第1編第3章5を参照のこと。会社更生手続開始原因、棄却事由は、民事再生手続（民事再生法21条1項、25条）と、言い回しは若干異なるものの、概ね同じである。

6　開始決定書に盛り込まれる内容

事案にもよるが、開始決定と当時に裁判所が決定する事項は、概ね以下のとおり[37]。なお、東京地裁では、申立てから開始決定までは1か月前後とされている[38]。

関与することはほとんど無い。したがって、更生会社が債務超過であれば、株主を説明会に案内する必要はないと考える。

35　更生QA34頁
36　更生会社の使用人の過半数で組織する労働組合がないときは更生会社の使用人の過半数を代表する者の意見
37　最新更生100頁～104頁。開始決定の具体例は書式更生87頁～92頁参照。
38　最新更生11頁

管財人の選任（42条1項）	
更生債権等届出期間（42条1項）	
更生債権等調査期間（42条1項）	
認否書提出期限（146条3項）	
更生債権者等が管財人の選任について意見を述べることができる期間（85条4項）(注)	
更生計画提出期限（184条1項）	
84条1項に定める報告書提出期限	
開始決定時の貸借対照表及び財産目録の提出期限（83条3項）	
更生計画案作成時における清算価値及び継続企業価値による資産総額の提出命令（規則51条1項）	
月次報告提出命令（84条2項）	
管財人が裁判所の許可を得るべき事項の指定（72条2項）	

なお、DIP型では、併せて調査命令（125条）が発令されるのが一般的[39]。

(注) 財産状況報告集会（85条1項）を招集する場合、かかる定めは不要となるが、東京地裁では財産状況報告集会を通常開催しない[40]ため、かかる定めをすることとなる[41]。

7　開始決定の主な効果

更生会社の業務遂行権は管財人に専属する	更生会社の事業の経営並びに財産の管理及び処分する権利は管財人に専属する（72条1項）。
保全処分の失効	保全処分は、開始決定により効力を失う（28条1項）ので、従業員にその旨を説明しておく必要がある[42]。
個別的権利行使の制限	債権者は、担保権の行使も含めて個別的権利行使が原則として禁止される（47条1項）。
強制執行手続等の中止	更生債権等に基づく強制執行手続等（国税滞納処分、担保権の実行を含む）は中止される[43]。また、破産手続、再生手続は中止され、特別清算手続は失効する（50条1項2項）。強制執行が開始されている場合は、更生手続開始決定の正本を添えて、執行裁判所に上申書を提出する[44]。 なお、中止だけでは、手続の効力が残ってしまうため、強制執行手続等の効力を取り消すためには別途取消命令を得ることが必要（50条6項）。例えば抵当権に基づき賃料が差し押さえられている場合（物上代位）、中止だけだと差押えの効力が残っており、管財人は賃料の取立てができないので、賃料を収受するためには実行手続の取消しを申し立てる必要がある[45]。

39　最新更生109頁。調査委員は、裁判所が管財人の意見の当否を判断する必要があったり、また、管財人以外から情報を収集する必要がある場合に、選任される。DIP型会社更生の場合以外に、更生債権者が更生計画案を提出した場合などに調査のために選任される場合がある。
40　最新更生102頁
41　本書では、財産状況報告集会については触れないが、財産状況報告集会の実務は書式更生133頁〜151頁に詳しい。
42　例えば、開始決定により保全処分で認められていた少額債権の弁済ができなくなるにもかかわらず、従業員が開始決定後も保全処分が有効であると誤解をして、少額債権を裁判所の許可を取らずに支払ってしまう可能性がある。
43　国税滞納処分は開始決定の日から1年間（1年経過前に更生計画が認可されることなく更生手続が終了し、又は更生計画が認可されたときは、当該終了又は当該認可の時までの間）のみ中止し（50条2項）、裁判所は、必要があると認めるときは、管財人の申立てにより又は職権で、徴収の権限を有する者の同意を得たうえで、期間を伸長することができる（50条3項）。
44　執行裁判所は、更生手続開始決定を当然には知り得ないため。
45　強制執行の効力は、計画案の認可決定で失効する（208条）とされている。

開始前の原因に基づく登記の対抗力	開始前の原因に基づく登記につき、開始後に登記をしても対抗力は認められない（56条）[46]。
係属中の訴訟	更生会社の財産関係の訴訟は中断する（52条1項）。
事業年度の終了	開始決定により、更生会社の事業年度は開始の時に終了する（232条2項）[47]。
更生会社の基礎を変更することの禁止	株式の消却、募集株式を引き受ける者の募集、合併など更生会社の基礎を変更することは、更生計画に定めるところによらなければできなくなる（45条1項）[48]。
影響を受けないこと	所有権等に基づく取戻権（64条）

- 裁判所は、開始決定に伴い、公告（43条1項、10条1項）、通知（43条3項）[49]、嘱託登記（258条1項）などを行う。なお、官報公告により一切の関係人に対して更生手続開始決定の告知があったものとみなされる（10条4項）。
- 開始決定時に裁判所から送付する書面は以下のとおり（財産状況報告集会非開催の場合）[50]。

更生債権者、更生担保権者、租税債権者への送付物	株主への送付物
開始決定等通知（43条3項、85条4項）	管財人選任についての意見聴取通知（85条4項）[51]
更生債権（担保権）届出書（138条、142条）	
債権届出についての注意書・記載例	
委任状（債権届出用）	
返信用封筒	
管財人挨拶状（事実上同封）	管財人挨拶状（事実上同封）

- 官庁等の許可等がなければ開始することができない事業を営む株式会社又は、官庁等の許可がなければ設立することができない株式会社について更生手続開始の決定があったとき、裁判所書記官は、当該機関に通知する（規則7条2項）。
- 更生手続開始決定は、決定の時からその効力を生じるので（41条2項）、即時抗告（44条1項）があっても執行停止はされない。

8　申立てが棄却された場合の対応

民事再生と概ね同じ（第1編第3章8参照）。

---

[46] 登記権利者が更生手続開始につき善意の場合は除かれるが（56条1項ただし書）、更生手続開始の公告後は悪意が推定される（59条）。

[47] したがって、経理処理等の関係から、開始決定日は月末にするほうがベターであることが多い。その後の月次報告も、開始決定日を月末にしておいたほうが便宜であることが多い。

[48] 定款の変更については、更生計画に定めるところによるほか、裁判所の許可で可能（45条2項）。更生計画によらないで定款を変更する場合に株主総会の決議を要するか否かは争いがある（最新更生141頁）。

[49] なお、原則として株主に対しても通知が必要とされているが（43条3項）、債務超過の場合は不要（43条4項2号）とされており、多くの場合、株主には通知は不要となる。ただし、管財人の選任について意見を述べることができる旨及び期間については株主にも通知する必要がある（85条4項）。

[50] 書式更生140頁〜141頁参照。通知書の具体例は書式更生97頁〜101頁参照。

[51] 裁判所からの通知でなく、管財人の挨拶状に含めてしまうこともあり（書式更生100頁〜101頁参照）、その場合裁判所からの送付物はない。

第4章　更生管財人の地位／従来の取締役の地位

1　管財人の主な権限及び職責

　管財人の主な権限及び職責は以下のとおり。なお、複数の管財人（例：法律家管財人と事業家管財人など）が存する場合、共同して職務執行するのが原則であるが、裁判所の許可を得て、それぞれ単独にその職務を行い、又は職務を分掌することができる（69条1項）。例えば、法律管財人と事業管財人で職務分掌をすることがある[52]。

更生会社の事業経営権及び財産管理処分権を独占的に把握する（72条1項）。
更生会社及び子会社の調査権限を有する（77条）。
更生計画案を作成する権限・職責を有する（184条1項）。
認可決定後に計画を遂行する権限・職責を有する（209条1項）。

2　管財人の主な義務

(1)　まとめ

一般的義務	管財人は裁判所の監督に服する（68条1項）。
	一定の行為を行う場合に裁判所の許可を要する（72条2項、46条2項、47条2項など）。
	各種報告書の裁判所に対する提出義務を負う（84条1項の報告書、83条3項の財産目録等、146条の認否書、82条の任務終了報告、その他裁判所が84条2項に基づき命じた報告書など）。
	職務に関して善管注意義務を負う（80条）。
自己取引	自己取引を行う場合には裁判所の許可が必要（78条）。 ⇒複数の会社の管財人に同時に就任した場合（例：親子会社など）、それらの会社間で取引をすると自己取引になるので注意が必要。
競合行為	競業行為をする場合には裁判所の承認が必要（79条）。 ⇒同業他社がスポンサーになった場合、スポンサーの代表取締役が事業家管財人に就任すると、本規制がかかるが、裁判所が管財人に選任したこと自体により裁判所が事業家管財人の競業を包括的に承認したものとみるべきとされている[53]。

　破産管財人の善管注意義務等が問題となった裁判例として以下のようなものがある。更生管財人についても、概ね同様に当てはまるものと推察される。善管注意義務違反が認められているものもあるので、業務遂行には細心の注意が必要である。

(2)　破産管財人の善管注意義務違反を否定した裁判例

東京地判 H3.2.13 （判時1407号83頁）	動産売買先取特権との関係で管財人の行為が問題となった事案
東京地判 H8.9.30 （判タ933号168頁）	管財人が売却した不動産の売却価格の妥当性が問題となった事案

52　職務分掌は登記される（258条2項）。
53　更生実務上411頁

第4章 更生管財人の地位／従来の取締役の地位

東京高判 H9.5.29 (判タ981号164頁)	破産者が貸与を受けていた金型の保管義務につき善管注意義務違反が争われた事案
東京地判 H9.10.28 (判時1650号96頁)	管財人が抵当権者に敷地の地代について代払いの機会を与えず、また、借地契約について解約の申入れをしたことについて、建物の抵当権者が管財人の責任を問題にした事案
最一小判 H18.12.21 (判時1961号62頁)	質権設定された敷金返還請求権を未払賃料等と相殺したことが、管財人の善管注意義務に違反するとして争われた事案

(3) 破産管財人の善管注意義務違反を肯定した裁判例

東京地判 S36.9.19 (判時276号24頁)	債権回収を怠ったことにつき善管注意義務違反が認められた事案
東京高判 S39.1.23 (金法369号3頁)	売掛債権の調査及び取立てを懈怠したことが善管注意義務違反とされた事例
最二小判 S45.10.30 (民集24巻11号1667頁)	財団債権である租税債権の交付要求を無視して、その弁済をなさずに破産手続を終結させるに至ったことが善管注意義務違反になるとされた事例
札幌高判 H24.2.17 (金判1395号28頁)	別除権の受戻しをしておきながら、不足額確定証明書の提出がないことを理由に、不足額が確定していないとして、当該別除権者に配当をしなかったことが善管注意義務違反になるとされた事例

3 管財人に対する権利主張

(1) 対抗要件の要否

権利変動について対抗要件が要求される場合、管財人に対して権利を主張するためには、更生手続開始までに対抗要件を備える必要があると解される（**最二小判 S48.2.16**、**最三小判 S58.3.22**）。

最二小判 S48.2.16（破産） (金法678号21頁)	土地の賃借権を破産管財人に主張するためには、対抗要件が必要であるとした判例
最三小判 S58.3.22（破産） (判時1134号75頁)	指名債権譲渡を破産管財人に主張するには、対抗要件が必要であるとした判例

(2) 主な第三者対抗要件

対象物	対抗要件
不動産	登記
工場財団抵当	工場財団目録への記載（最一小判 H6.7.14）[54]
動産	占有又は、動産・債権譲渡特例法に基づく登記
自動車[55]、建設機械、航空機、船舶	登記、登録（商法687条、道路運送車両法5条、航空法3条、建設機械抵当法7条）
指名債権	確定日付のある証書による債務者への通知又は承諾／動産・債権譲渡特例法に基づく登記
株式	株券不発行会社では、株主名簿への記載（会社法130条1項）
	株券発行会社では、株券の占有（会社法131条1項）

---

54 実務的には、目録の内容と実際に現場に存するものがずれることがある。その辺りの問題点については更生QA104頁に詳しい。
55 ただし、軽自動車は、登録の対象外なので、動産の扱いとなる（＝占有が対抗要件）。

4　契約当事者間の抗弁

　破産や民事再生において、以下の裁判例がある。基本的には更生会社の従来の契約関係をそのまま承継するが、契約内容、契約に至る経緯、相手方の保護と財団形成（債権者保護）のバランスなどを考えて個別に判断すべきものと解する（私見）。

最三小判 S46.2.23（破産） （判時 622 号 102 頁）	融通手形の抗弁を破産管財人に対して主張できるとした判例
大阪地判 H20.4.18（再生） （判時 2007 号 104 頁）	再生債務者に対して主張可能なクリーンハンズの原則を、再生管財人に対して主張することはできないとした裁判例

最三小判 H26.10.28（破産）	相手方は破産者に対して主張可能な不法原因給付（民法 708 条）の主張を、破産管財人に主張できないとした判例
金判 1454 号 16 頁		
無限連鎖講の防止に関する法律 2 条に規定する無限連鎖講に該当する事業を行っていた甲社の破産管財人 X が、上位会員 Y に対して不当利得返還請求をしたのに対し、第 1 審、控訴審とも、不法原因給付に当たるとして X の請求を認めなかったため X が上告した、本判決は「上記の事情の下においては、Y が、X に対し、本件配当金の給付が不法原因給付に当たることを理由としてその返還を拒むことは、信義則上許されないと解するのが相当である。」として破棄自判をした[56]。		

　なお、管財人には担保価値保存義務があるとは解される（参考裁判例：**最一小判 H18.12.21**）が、担保設定契約で定められていたコベナンツ条項（例えば財務制限条項や報告条項など）に管財人が拘束されるかについては否定的に解する見解が有力のようである[57]。

5　従来の取締役等の地位

総　論	管財人に管理処分権が移転するとともに、従来の（代表）取締役はその権限を失うが、組織法的行為については例外的に地位が残る。もっとも、45 条、46 条で組織法的行為については更生計画案でしか変更できないとされ、又は裁判所の許可が必要とされており、組織法的行為についても、取締役（会）の権限は制限をされている。理論的には、取締役会や株主総会には、役員の選任・解任、株主総会・取締役会の招集などが権限として残されているが[58]、更生手続中（特に更生計画認可決定までの間）に、取締役会や株主総会が開催されるケースは少ないと考えられる。
競業制限	更生会社の取締役等は、競業が制限されている（65 条）。
報酬制限	更生会社の取締役等は、更生手続開始後その終了までの間、更生会社に対して報酬請求をすることができない（66 条）。なお、保全管理命令発令後も同様（34 条 5 項）。
報告義務	更生会社の取締役等は保全管理人、管財人に報告義務がある（77 条 1 項、34 条 1 項）[59]。

56　本判決は、信義則を理由としているため、その射程は必ずしも明らかではない。ほかに、相手方は破産者に対して主張可能な不法原因給付（民法 708 条）の主張を、破産管財人に主張できないとした裁判例として、大阪地判 S62.4.30（破産）、東京地判 H18.5.23（破産）などがある。
57　更生 QA110 頁
58　更生実務上 357 頁
59　報告を拒み、又は虚偽報告をした場合、3 年以上の懲役又は 300 万円以下の罰金が科せられる可能性がある（269 条 1 項）。

6　管財人代理・法律顧問

管財人代理	管財人は必要があるとき、裁判所の許可により、自己の責任で管財人代理を選任することができる（70条）。管財人代理は、管財人の有する権限について常置的、包括的権限を有すると解されている[60]。
法律顧問	管財人は、裁判所の許可により、法律問題について自己を助言する者を選任することができる（71条）。更生計画案認可に伴い法律家管財人が管財人を辞任した後に法律顧問に就任する例が多い[61]。

60　最新更生 123 頁
61　最新更生 124 頁

第5章　裁判所との関係

1　会社更生の標準スケジュール

会社更生の標準スケジュールは以下のようなものとされている[62]。

開始決定時に、裁判所が更生債権及び更生担保権の届出期間・調査期間を決定（42条1項）するのに合わせて、開始決定書に更生計画案の提出期限等も記載されることが多い[63]。

事　項	申立日からの日数	管財人（保全管理人）が行うべき事項
会社更生手続申立て		
任意の関係人説明会		申立てに至った経緯の説明など
開始決定⇒開始決定通知書等の送付等（43条3項）	1か月	（開始決定及び債権届出書等の送付、規則3条の2）
84条1項に定める報告書提出期限	2.5か月	84条1項の調査報告書の提出及びその要旨を関係人に周知するための措置を取る（規則25条1項）。
（財産状況報告集会）	開催は任意（85条）	
債権届出期限（138条）	3か月	
		・債権認否書作成 ・計画案作成 ・財産評定等作成
財産評定（83条）提出期限	6か月	財産評定等提出
債権認否書提出期限（146条）		債権認否書提出
一般調査期間（147条）	6か月から2週	
		更生計画案の作成
計画案提出期限（184条）	10か月	計画案提出
計画案付議決定・決議集会招集決定	10か月+2週間	
決議集会・認可決定	1年	

2　管財人の主な業務

(1)　業務内容

必ず行うべき事項	更生会社の業務運営（73条）
	許可申請。法令上のものと、開始決定等で指定されるもの（72条2項）[64]がある。
	84条報告、月次報告
	財産評定書の作成・提出（83条）
	更生債権・更生担保権の認否（146条1項、3項）
	更生計画案の作成（184条1項）
	更生計画の遂行（209条1項）

62　更生実務上10頁以下、最新更生8頁以下などを参照して作成。
63　最新更生102頁

事案に応じて対応すべき事項	役員等責任査定の申立て（100条1項）
	否認権の行使（95条1項）

(2) 許可申請の留意点

申請時の記載事項	許可申請は必要性及び許容性を記載することとなるが、許容性については資金繰り上問題がないこと及び、債権者の公平を害さないことなどを記載することが多い。
DIP型における許可	DIP型の場合は、調査委員の了解を得たうえで、裁判所の許可を取る手続を取る。調査委員にメールないしFAX等で許可申請を送り、正式に持参する前に了解を得たうえで、許可申請を郵送ないし持参して押印を得ることが多い。
計画認可決定後の許可	更生計画の認可決定後は、裁判所の許可事項は大幅に緩和されることが多い。

3　記録の閲覧・謄写

(1) 内　容

　利害関係人は裁判所での記録の閲覧・謄写が可能（11条、規則8条）[65]。利害関係人の範囲については、更生手続によって、直接的又は間接的に自己の私法上又は公法上の権利ないし法律的利益に影響を受ける者を意味し、単に事実上又は経済上の利益が影響を受けるにすぎない者は含まれず、例えば、更生会社の資産を取得しようとする者は含まれないと解される[66]（参考裁判例：**東京地決 H24.11.28**）。

　閲覧を希望する者は、利害関係人であることを疎明し、文書等を特定したうえで（規則8条2項）、閲覧申請をする（東京地裁の場合、記録閲覧室で閲覧等を行う）。

東京地決 H24.11.28（破産）　利害関係人に該当しないとして閲覧謄写が認められなかった事例

判タ1392号359頁、金法1976号125頁

「『利害関係を疎明した第三者』とは、破産事件に即していえば、破産手続によって直接的に自己の私法上又は公法上の権利ないし法律的利益に影響を受ける者を意味すると解するのが相当である。……以上によれば、申立人が本件破産手続によって何らかの事実上の影響を受けることはあり得るとしても、直接的に自己の私法上又は公法上の権利ないし法律的利益に影響を受けるとは認められないから、申立人は、旧破産法108条、民事訴訟法91条2項、3項の『利害関係を疎明した第三者』に該当しないというべきである。」

64　例えば、以下の事項が開始決定書で指定される許可の対象となる（最新更生106頁参照）。

常務に属する取引以外の、更生会社の財産に関する権利譲渡、担保設定、賃貸その他一切の処分
更生会社が有する債権について、取立て以外の譲渡、担保設定その他一切の処分
常務に属する取引以外の財産の譲受け
貸付け
金銭の借入れ及び保証
会社更生法61条1項の規定による契約の解除
訴えの提起及び保全、調停その他の申立て及び取下げ
和解又は仲裁合意
債務免除、無償の債務負担行為及び権利放棄
日常取引及び雇用関係に生じるものを除く共益債権及び取戻権の承認
更生担保権に係る担保変換
スポンサー契約の締結、FA契約の締結

65　申立直後には一定の制限がある（11条4項）。
66　更生実務上48頁～51頁

(2) 閲覧制限（12条、規則9条）

　管財人は、裁判所に申し立てることにより、一定の要件を満たす場合、記録の閲覧を制限することが可能。

対象	12条1項で限定列挙されているので、それ以外の文書については閲覧制限を付けることはできない。閲覧制限の対象となる主なものは以下のとおり。 ・72条2項の許可取得のために裁判所に提出した文書等 ・46条2項（事業譲渡許可）取得のために裁判所に提出した文書 ・84条2項に基づく裁判所への報告文書
閲覧制限対象	閲覧等により、更生会社の事業の維持更生に著しい支障を来すおそれ、又は更生会社の財産に著しい損害を与えるおそれがある部分。
注意すべき場合	管財人が締結する契約に守秘義務条項が入る場合がある（例えば、事業譲渡契約など）。その場合、閲覧制限をかけないと、契約不履行となる可能性があり、損害賠償請求や解除事由になる可能性もあるので、閲覧制限をする必要がある。もっとも、事業譲渡契約については、債権者の権利保護の観点から閲覧禁止が認められない場合もあり、その場合は事業譲受人の了解を得て守秘義務条項を外す必要がある。
方法	文書提出の際に、支障部分を特定したうえで、閲覧制限の申立てを行う（規則9条1項）。また、申立てに当たっては、対象文書等から、支障部分を除いたものを作成して裁判所に提出する（規則9条3項）。なお、閲覧制限申立書そのものは閲覧対象なので、記載方法には注意する必要がある。

4　月次報告

根拠	通常、84条2項に基づき、開始決定等で月次報告をするように指示されるので、かかる指示に基づいて裁判所に月次報告書を提出する。 東京地裁の場合、月末日締めで翌月末日に提出するように指示がされることが多いようである[67]。
内容	業務の状況（損益計算書など）や、更生手続の進行状況、さらには資金繰りの状況などを報告する。

5　財産評定（83条1項）

(1)　概　要

基準時	更生手続開始を基準時とする（83条2項）。したがって、開始決定日を月末にしたほうが、財産評定が作成しやすいことが多い。
評価方法	財産評定は、時価をもって行う（83条2項）。財産評定の主な目的は、①更生会社の資産状態の正確な把握、②会計の具体的基礎を与えること（83条5項）、③利害関係人の権利範囲を明確にする（更生担保権の範囲、株主の権利の範囲を明確にするなど）ことにあるとされている[68]。 「時価」の定義は条文上はないが、会計上複数存在している一般に公正妥当な時価指針や評価方法として許容される幅のあるものの中から最も公正妥当と認められ、かつ、更生担保権の範囲を画する基準として正当化できるものを選択すべきとされている[69]。なお、民事再生の場合の財産評定は、処分価値をもって行う（民事再生規則56条1項）となっており、会社更生とは異なる。

67　最新更生132頁
68　更生実務下2頁、更生QA91頁
69　更生実務下6頁

第5章 裁判所との関係

作成手順	財産評定の基本方針につき裁判所に上申し[70]、裁判所の了解を得たうえで、公認会計士に財産評定を依頼するのが一般的と考えられる[71]。なお、不動産がある場合には、不動産鑑定評価を取る必要があるため、不動産を多数保有している場合には、早めに不動産鑑定士に鑑定評価を依頼する必要がある。
提出時期	財産評定完了後、遅滞無く財産目録・貸借対照表及び、裁判所の指示がある場合は、財産評定の基礎となった資料、財産評定において用いた資産の評価方法等を記載した書面を裁判所に提出する（83条3項、規則23条）。 通常は、裁判所から提出期限を指示されるので、当該期限までに提出する。
開 示	管財人は、更生会社の主たる営業所に備え置いて更生債権者等への閲覧に供する（規則24条1項）。事案によってはホームページに要旨を載せたりすることもあろう。なお、記録に綴じられることから閲覧対象ともなる（11条1項）。

(2) 決算に与える影響

更生計画認可決定時の貸借対照表における資産の取得価額について以下の定めがある（83条4項、5項、施行規則1条〜3条）。

分 類	資産の取得価格	注意点
原 則	財産評定額（施行規則1条2項）	価格決定で担保の目的物の価格が財産評定とずれることがあるが、取得価格は財産評定額となる。
処分予定財産	財産評定額又は処分価額（施行規則2条）	処分価額を使う場合には、財産評定とは別に処分価額の算定が必要な場合がある。なお、処分価額を付しても更生担保権額に影響はない[72]。
事業の全部を廃止する場合	処分価額（施行規則3条）	

(3) 管財人が行う資産評価

管財人が行う更生会社の資産に係る評価としては、以下のものが予定されている。

内 容	条 文	評価時点及び評価方法
財産評定	83条	開始時における時価[73]。もっとも、時価の定義はない[74]。
更生担保権評価	2条10項	
裁判所が指定する参考資料[75]	規則51条	裁判所の指示に基づく時点及び評価（例：計画案作成時点の清算評価など）[76]

---

70 書式更生241頁参照
71 最新更生211頁
72 時価マニュアル62頁
73 財産評定における時価と、更生担保権における時価は、時価1個説と時価2個説がある。通説は時価1個説で、両者を合わせているが、時価2個説に立って更生担保権の評価を財産評定とずらす事案もあるということである。この場合、更生担保権の「時価」は処分する視点を重視したものになるとされている（ジュリスト1349号34頁　林圭介「企業倒産における裁判所による再建型倒産手続の実務の評価と展望」）。
74 例えば、開始決定時に売却を予定していた不動産の場合、時価は処分価額であるとされる（時価マニュアル98頁）。また、例えばデベロッパーが所有する販売用不動産の時価は、売却代金から売却コストだけでなくデベロッパーの適正利潤を控除した金額とすべきとされている（時価マニュアル103頁）。このように所有目的や売却意思の有無などによっても時価は変わると考えられている。資産毎の詳しい評価方法の検討は、時価マニュアル89頁以下参照。
75 東京地裁では、開始決定日の財産評定前貸借対照表、更生計画案作成時における清算価値、継続企業価値による資産総額を記載した書面等の作成が指示されている（更生QA120頁）。
76 処分価格を求める場合は、ほかに、担保権消滅請求制度における価格決定（105条、規則27条、民事再生規則79条）、更生計画において処分が予定されている財産や清算型計画の場合の財産につき行われる評価がある（83条4項、5項、施行規則2条、3条）。

6　84条報告

内　容	84条1項記載の事項[77]。
提出時期	遅滞無く提出する（84条1項）。通常は、裁判所から提出期限を指示されるので、当該期限までに提出する。
開　示	更生会社の主たる営業所に備え置いて債権者への閲覧に供する（規則24条1項）。
	管財人は財産状況の開示として、①裁判所主催の財産状況報告集会（85条）と②規則25条1項に定める方法のいずれかを取らなければならないが、東京地裁では通常財産状況報告集会を開催しないため[78]、管財人は84条報告の要旨を郵送する、ホームページに掲載するなどの方法により債権者に周知する（規則25条1項）[79]。

7　更生債権者委員会等

設置された例はほとんど無いようであるが、法律上、以下の組織が予定されている。

更生債権者委員会等（117条～121条、124条）	更生手続外で更生債権者により任意に構成された委員会で、裁判所が承認したものを更生債権者委員会という。更生手続に関与する一定の権限を付与される。 同様に更生担保権者委員会[80]、株主委員会も予定されている。管財人は、これらの委員会に対して一定の事項につき報告をする義務や、一定の場合に意見聴取をする義務などを負う。
代理委員（122条～124条）	裁判所の許可により、更生債権者等又は株主等により選任され、選任した更生債権者等又は株主等のために更生手続に属する一切の行為をすることができる。

77　民事再生法125条報告とほぼ同様。
78　最新更生102頁
79　なお、債務超過の場合、株主に対してはかかる措置は不要となる（規則25条2項）。84条報告関係の書式例は、書式更生125頁～129頁参照。また、本書では、財産状況報告集会については触れないが、財産状況報告集会の実務は書式更生133頁～151頁に詳しい。
80　Spanshion Japan株式会社の会社更生において、おそらく初めての更生担保権者委員会が組成され、東京地方裁判所から承認を得た事例が報告されている（金法1918号24頁以下、「史上初の更生担保権者委員会とその意義」板井秀行ほか）。さらに、エルピーダメモリ株式会社の事件でも更生担保権委員会が組成されたようであるが、委員と非委員の情報格差や利益の不一致などにつきやや問題が生じたようである（NBL1022号65頁「エルピーダ物語第2回　エルピーダメモリの更生担保権をめぐる諸問題」小林信明ほか）。

第6章 会社の運営

1 会社の機関

　管財人が選任されると、更生会社の事業の経営並びに財産の管理及び処分をする権利は管財人に専属する（72条1項）。また、多くの事項が更生計画案によらなければ変更できなくなるので（45条1項）、取締役、取締役会、監査役、株主総会は事実上機能を失う。なお、管財人は、全役員から辞任届出の提出を受け、全部又は一部の役員については自宅待機を命ずることもある[81]。

　例外的に各機関の決議等が必要だと考えられている場面は以下のとおり[82]。

株主総会の決議が必要とされる場合	・更生計画によらないで定款変更をする場合（会社法466条、309条2項11号）[83] ・役員の選任
取締役会の決議が必要とされる場合	・代表取締役の選任（会社法362条2項3号） ・株主総会招集決定（会社法298条4項） ・譲渡制限株式の譲渡の承認（会社法139条1項）

2 管財人における社内運営

　決まった方法があるわけではないが、管財人は、会社運営のために管財人及び管財人代理等からなる管財人団を組み、管財人及び管財人代理が（交代で）会社に常駐する例が多いと考えられる。また、管財関係の事務処理[84]をする専門部署として、管財人室を設置し、管財人室のメンバー（事案によっては社内の主要メンバーを加えて）で管財人団会議を定期的に開催することが多いようである（DIP型であれば調査委員も同席する）。

　このような体制を組むことにより、管財人は会社全体を掌握することが可能になるとともに、会社全体で一体感をもって更生手続を進めることができる。また、取締役会に代わり管財人団会議が意思決定機関となることが従業員にも、対外的にも明確になる。

3 債権者対応

　民事再生と概ね同じ（第1編第5章2参照）。

4 資金繰り表の作成及びチェック

　民事再生と概ね同じ（第1編第5章3参照）。

5 DIPファイナンス

　民事再生と概ね同じ（第1編第5章4参照）。

81　更生QA55頁。なお、更生会社が更生手続開始後に更生会社財産に関してした法律行為は、更生手続の関係においては、その効力を主張することができない（54条1項）。したがって、原則として従来の（代表）取締役はその権限を失うが、組織法的行為については例外的に地位が残るものと解される。
82　詳細は更生実務上202頁以下参照。
83　ただし、定款変更には裁判所の許可が必要（45条2項）。
84　個別の債権者対応に留まらず、債権届出対応、更生計画作成など、更生手続の事務処理は多岐にわたる。

6　運営について特に留意すべき点

更生債権の管理	更生債権を支払ってしまわないように、当初1～2か月の間は、一定額以上の支払（例えば10万円）については、全て管財人（管財人代理、補助者も含む）の決裁を得るようにするべきであろう。
裁判所許可事項の管理	裁判所の許可が必要な事項を許可なく行ってしまわないように、社内に徹底をする。従業員（特に管理職）に許可が必要な事項を説明し、事前に必ず管財人に稟議を上げるように徹底する。また、許可を取得するのには時間がかかることをあらかじめ説明をして、スケジュール管理を徹底することも重要。

第7章 従業員関係

1 労働債権

　従業員との間で発生した債権（多くは労働債権）に係る会社更生法の定めは複雑であるが、概要以下のとおりと考える。なお、実務的には労働者に該当するか否か（特に、労働契約か請負契約かなど）が問題となることがある。この点は、第1編第7章3(1)参照。

分　類			債権の性質
給　料	開始決定後		共益債権（127条2号又は61条4項）
	開始決定前	開始前6か月に支払われるべきもの[85]	共益債権（130条1項）
		上記以外のもの	優先的更生債権（168条1項2号、民法306条2号、308条）
退職金[86]	管財人が解雇した場合		給料の後払いと考えられるので（最三小判S44.9.2[87]）、127条2号によって、共益債権になると解する[88]。
	自主退職した場合		退職前6か月間の給料の総額に相当する額又はその退職手当の額の3分の1に相当する額のいずれが多い金額が共益債権（130条2項）[89]。共益債権にならない部分は、退職後に届け出ることで（140条2項）[90]、優先的更生債権（168条1項2号、民法306条2号、308条）[91]。
	定年退職		自主退職と同様と解される（**東京高決H22.11.10**、東京高決H22.11.11）。
	認可後の退職		失権はしない（204条1項2号）。債権の性質については、優先的更生債権説と共益債権説がある[92]。

85　更生手続開始決定日から6か月遡って実際に発生した給料が共益債権。「6か月分」ではなく、「6か月」なので、開始決定日から遡って6か月以内に受けた労務提供の対価部分のみが共益債権となる。なお、1か月に満たない部分を計算する際には日割按分が一般的。日割按分は、給与規定等に営業日で按分する旨が記載されていれば営業日按分、そのような定めがない場合には総日数での按分で算出すべきと解する（破産QA 317頁参照）。

86　共益債権・優先的更生債権となるためには、退職金の支給基準が労働協約、就業規則等に明確に定められ、賃金の後払的性格を有することが前提。

87　民集23巻9号1641頁、判時572号22頁、判タ240号135頁、金判186号8頁

88　伊藤更生法305頁

89　なお、更生手続開始前に一部退職金を払っていた場合、支払済の退職金を共益債権分から控除すべきか否かが問題となるが、控除せず、未払いの退職金が退職前6か月間の給料の総額に満つるまで共益債権として支払うべきものと解する（破産QA326頁参照）。もっとも、かかる取扱いは、退職金の一部を受け取っていた従業員とそうでない従業員との間で不公平が発生する可能性がある。なお、中小企業退職金共済から退職金相当額の一部が支払われている場合の当該支払についても控除するか否かが問題となるが、控除しないと考えられているようである（破産QA 326頁参照）。

90　140条2項は債権届出期間経過後について定めているが、債権届出期間経過前であれば通常どおり債権届出をすることで足りるため、いずれにしても退職後に届出をすればよい。なお、更生計画案付議決定後に退職金の届出がされた場合、更生計画案に優先的更生債権として記載がされないことから、更生計画案付議決定後（認可決定前）の退職者の退職金届出があった場合の弁済時期等について更生計画に明記しておくべきであろう（最新更生197頁参照）。

91　債権届出期間経過後であっても、優先債権部分について、退職後1か月以内に届出を行うことができ（140条2項）、特別調査期日も不要となっている（149条1項）。

92　更生QA81頁

既退職者に対する退職年金給付	規約型確定給付企業年金において、130条2項に従った給付のみが許されるとした事例がある旨報告されている[93]。規約の内容にもよるが、優先的更生債権になる部分が発生する可能性がある。	
退職年金掛金	基金型確定給付企業年金の特別掛金（過去の運用状況に対する掛金）は、更生債権と解する[94]。規約型確定給付企業年金については、130条2項を準用し、債権額の3分の1を共益債権、3分の2を優先的更生債権とすると解する[95]。	
更生手続開始前に従業員が立て替えていた交通費等	更生債権か優先的更生債権か争いがある。金額や発生の経緯等にもよるが、民法308条の「給料その他債務者と使用人との間の雇用関係に基づいて生じた債権」に含まれるとして、一般的には優先的更生債権とされていることが多いと考えられる[96]。	
社内預金	開始前6か月間の給料の総額に相当する額又は社内預金額の3分の1のいずれか多い金額	共益債権（130条5項）
	上記以外のもの	「雇用関係に基づき生じた債権」（民法308条）には該当しないと解され（**札幌高判H10.12.17**）、更生債権として取り扱うことになると考えられる。
使用人の会社に対する貸付金	ほぼ争いなく更生債権。ただし、特殊な事案ではあるが、社内預金名目の使用人の会社に対する貸付金を優先破産債権とした裁判例もある（**浦和地判H5.8.16**）。	
その他	安全配慮義務違反に基づく損害賠償請求権を再生債権とした裁判例がある（札幌高判H20.8.29[97]）が、当該裁判は、優先債権か再生債権かで争われていない。安全配慮義務違反や職場環境配慮義務違反などによる損害賠償請求権にも先取特権を認めるべき、つまり優先的更生債権となるという見解が有力のようである[98]。	

東京高決 H22.11.10（更生） 更生手続開始後の定年退職に伴う退職手当について127条2項にいう共益債権に該当しないとした裁判例[99]

金判1358号22頁

Yを定年退職したXが、未払退職金が共益債権であるとして、債権差押命令申立てをしたところ、裁判所がXの申立てを相当と認めたためYが抗告した。本決定は、「更生手続開始後の定年退職により発生したXの退職手当請求権は、法127条2号にいう共益債権には該当しないと解するのが相当である。……優先的更生債権にすぎないことになるから、更生財産に対する差押えは許されないというべきである。」と判示し、原決定を取り消し、Xの申立てを却下した。

2 労働組合がある場合の対応

(1) 組合との団交

団体交渉は誠実に行う必要がある。団体交渉の拒否は不当労働行為となる（労働組合法7条）。

---

93 更生QA83頁
94 更生QA83頁
95 更生QA83頁
96 実践マニュアル138頁、再生QA500 42頁参照
97 労判972号19頁
98 倒産と労働67頁参照
99 東京高決H22.11.11（金判1358号28頁）も同一の更生事件について、同様の判断を行っている。

もっとも、団体交渉の対象となる事項は、管財人に裁量権が認められる事項に限られ、裁量権が認められていない事項、例えば優先的更生債権たる給料債権の地位の変更などについては、交渉事項にならないと解される[100]。

なお、労働協約も双方未履行双務契約であるが、61条3項で、管財人の解除権は排除されている。したがって、労働協約は維持をすることを前提に処理を進めることとなる。

(2) 更生手続に労働組合が関与する機会（主なもの）

更生手続開始についての意見聴取（22条1項）
関係人集会の期日の通知（115条3項）
財産状況報告集会における意見陳述（85条3項）
財産状況報告集会非開催の場合の管財人の選任に関する意見（85条4項）
事業譲渡の許可の際の意見聴取（46条3項）
更生計画案に対する意見聴取（188条）
更生計画の認可・不認可についての意見（199条5項）
更生計画の認可・不認可決定の通知（199条7項）

3　人件費削減策

民事再生と概ね同じ（第1編第6章3参照）。

100　伊藤更生法308頁

第8章 各種債権(1):更生債権、共益債権等の区分

1 債権の全体像

種　類	対　象	弁　済	備　考
共益債権	127条ほか	随時弁済（132条1項）	
優先的更生債権	168条1項2号	更生計画の定めるところによる（47条1項）	
更生債権	2条8号		・47条2項、5項の例外がある。
更生担保権	2条10号		・更生担保権は50条7項の例外がある。
開始後債権	134条1項		実務的には、ほとんど発生しない。

（注）　更生手続開始前の罰金、科料、刑事訴訟費用、追徴金又は過料（共益債権であるものを除く）は、更生計画で定められた弁済期間満了までは弁済はできないが、その後、全額弁済をする必要がある（142条2号、168条4項、204条1項3号、2項）。

2　更生債権等（更生債権及び更生担保権）

(1)　定　義

更生債権（2条8項）	更生会社に対し更生手続開始前の原因に基づいて生じた財産上の請求権又は開始後利息等であって、更生担保権又は共益債権に該当しないものをいう（抜粋）。
更生担保権（2条10項）	更生手続開始当時更生会社の財産につき存する担保権（特別の先取特権、質権、抵当権及び商法又は会社法の規定による留置権に限る。）の被担保債権であって更生手続開始前の原因に基づいて生じたもの又は開始後利息等（共益債権であるものを除く。）のうち、当該担保権の目的である財産の更生手続開始の時における時価に該当する部分 ただし、当該被担保債権（社債を除く。）のうち利息又は遅延損害金については、更生手続開始後一年を経過する時（その時までに更生計画認可の決定があるときは、当該決定の時）までに生ずるものに限る（抜粋）。

最二小決 H25.11.13（更生）　更生債権に関する訴訟費用も、訴訟が受継されない場合は更生債権になるとした判例

民集67巻8号1483頁、判時2228号27頁、判タ1404号96頁、金法2004号103頁、金判1449号32頁

「更生債権に関する訴訟が更生手続開始前に係属した場合において、当該訴訟が会社更生法156条又は158条の規定により受継されることなく終了したときは、当該訴訟に係る訴訟費用請求権は、更生債権に当たると解するのが相当である。」

最二小決 H25.4.26（更生）　更生会社が仮執行宣言付判決に対して、金銭を供託する方法により強制執行の停止を得た状態で更生手続が開始された場合、被供託者は供託金還付請求権を行使できるとした判例

民集67巻4号1150頁、判時2186号36頁、判タ1389号102頁、金法1972号78頁、金判1420号8頁

YはX（更生手続中は管財人、その余は更生会社を指す）を被告として、訴訟を提起し、仮執行宣言付判決を得たため、Xは控訴するとともに、700万円の担保を立てて、強制執行停止の決定を得た。その後、Xにつき更生手続開始決定がなされ、Yは、本案訴訟の債権は更生債権として届出をしたが、担保の被担保債権である損害賠償請求権については、更生債権としても、更生担保権としても、届出をせず、更生計画認可の決定により賠償請求権は失権した。そこでXが裁判所に担保の取消しを求めたところ第1審、控訴審とも認めたためYが許可抗告した。本決定は以下のように述べて破棄自判した。

「仮執行宣言付判決に対する上訴に伴う強制執行の停止に当たって金銭を供託する方法により担保が立てられ

た場合、被供託者は、債務者につき更生計画認可の決定がされても、会社更生法203条2項にいう『更生会社と共に債務を負担する者に対して有する権利』として、供託金の還付請求権を行使することができると解するのが相当である。……したがって、本件認可決定により本件賠償請求権が失権したとしても、そのことから直ちに本件担保につき担保の事由が消滅したということはできない。」[101]

(2) 議決権に留意すべき債権

債権の種類	議決権の取扱い
無利息債権（136条1項1号）	年単位で中間利息を控除した金額
定期金債権（136条1項2号）	各定期金につき、年単位で中間利息を控除した金額の合計
不確定期限付無利息債権（136条1項3号イ）	更生手続開始時における評価額[102]
金額又は存続期間が不確定定期金債権（136条1項3号ロ）	
非金銭債権（136条1項3号ハ）	
額不確定又は外国通貨建債権（136条1項3号ニ）	
停止条件付債権（136条1項3号ホ）	
解除条件付債権（136条1項3号ホ）	
将来の請求権（136条1項3号ヘ）[103]	
更生手続開始後の利息請求権	議決権を有しない（136条2項）。
開始後の不履行による損害賠償及び違約金請求権	
更生手続参加費用	
約定劣後更生債権（43条4項1号）	通常議決権は発生しない（136条3項）。

(3) 弁済

原則		更生計画の定めるところによる（47条1項）。
例外	更生債権[104]	裁判所の許可による支払（47条2項〜6項）⇒4参照
		136条2項1号〜3号の手続開始後の利息等 更生債権ではあるが（2条8項1号〜3号）、更生計画で免除される旨の権利変更をされ支払の対象とはならないことが多い（168条1項ただし書）。
		租税等の請求権は更生計画によらず弁済等が可能な場合がある（47条7項）。
	更生担保権	更生担保権の実行禁止の例外（50条7項）

（注）更生債権の弁済が事業継続に必要不可欠な場合、裁判所の許可を得て、和解契約に基づいて支払う方法もある（72条2項6号）。例えば、ライセンス契約を継続することが事業継続に必須である場合に、和解契約

---

101 さらに、具体的な権利行使の方法として「債務者につき更生手続が開始された場合、被供託者は、更生手続外で債務者に対し被担保債権を行使することができなくなるが、管財人を被告として、被供託者が供託金の還付請求権を有することの確認を求める訴えを提起し、これを認容する確定判決の謄本を供託規則24条1項1号所定の書面として供託物払渡請求書に添付することによって、供託金の還付を受けることができると解される。このことは、被供託者が上記更生手続において被担保債権につき届出をせず、被担保債権が失権した場合であっても異なるものではない。」とした。
102 法文上、評価方法は明らかでない。合理的な計算方法を検討し、場合によっては裁判所と相談のうえ決めることになろう。なお、民事再生の場合、外貨建債権については、開始決定時の為替レートで計算することが一般とされている（注釈民再法上466頁）。
103 求償権などを指す。
104 約定劣後更生債権は、通常の更生債権との間で公正かつ衡平な差を設けなければならない（168条1項4号、168条3項）とされており、支払われないのが一般的と推察される。

3 債権の性質が問題となる事案

労働者性、ゴルフ会員のプレー権、家電量販店などのポイント、学校法人の授業を受ける権利や、スポーツクラブの前売りチケットなどに基づく施設利用権、有価証券報告書等の虚偽記載に基づく株主の損害賠償請求権などが問題となるが、いずれも、民事再生と概ね同様と解する（第1編第7章3参照）[106]。

4 更生債権の弁済の例外（47条2項～6項）

更生債権は、更生計画の定めるところによらなければ弁済できないのが原則であるが（47条1項）、例外的に、①中小企業の倒産回避の場合（47条2項）及び、②少額債権の弁済（47条5項）は、裁判所の許可を得ることを条件に、計画案によらず弁済ができる。

内容は、民事再生と概ね同じである（第1編第7章4参照）。

なお、少額債権弁済は、会社更生の場合、通常30万円～50万円程度で、更生会社の規模や、資金繰りの状況などによっては、かなり高額にした事案もあると報告されている[107]。さらには、一般の商取引債権の弁済を包括的に許可した事案も報告されている[108]。この点、「法47条5項後段に基づき商取引債権の弁済を行う場合には、『商取引債権の弁済によって、それ以外の債権者への弁済率も向上する』という点について、債権者の間において十分な理解を得ることが重要となる。規則は、管財人が更生計画案を提出するのに併せて、この規定による弁済に関する事項を記載した報告書を提出することを義務付けており（規則51条2項）、更生計画による弁済を受ける債権者は、この内容も踏まえて更生計画案に同意するかどうかの態度を決することになる」とされているので注意が必要である[109]。なお、更生計画案の可決要件に頭数要件はないため、少額債権者減少の頭数要件に与える影響を気にする必要はない。

5 共益債権（127条以下）

(1) 定義・種類

種類としては以下のものがある。

---

[105] 日本航空の事案において、更生手続開始日の前日までに日本政策投資銀行から受けた約2000億円の融資につき、事前の事業再生ADR手続において、産業活力再生法52条2号所定の優先性の付与につき債権者全員の同意を得ていたことや、共益債権化することが追加融資の条件であったこともあり、和解により共益債権化した事例が報告されている（事業再生と債権管理133号161頁「日本航空の事業再生プロセスについて」片山英二ほか）

[106] なお、ゴルフ会員のプレー権について、東京地裁では独自の債権届出は認めない運用を取っているとのことである（更生実務下155頁）。

[107] 最新更生157頁

[108] JALにおいて、2兆7000億円の約30％が商取引債権と見込まれていたが、47条5項後段に該当するとして、裁判所の許可を得たうえで支払ったことが報告されている（事業再生と債権管理133号159頁「日本航空の事業再生プロセスについて」片山英二ほか）。そのほかの例も、更生QA59頁、60頁に紹介されている。なお、東京地裁では、一般商取引債権の弁済を許可する場合、「ただし、更生債権者等が更生会社との間で従前の（正常取引先としての）取引条件で取引を継続する場合に限る。」旨の条件を付している（最新更生168頁）。

[109] 最新更生32頁

第8章　各種債権（1）：更生債権、共益債権等の区分

条　文	内　容
127条	更生手続開始決定後の原因に基づいて生じた債権等
128条	保全管理人の権限に基づいて生じた債権又は、開始前会社の借入れ等で共益債権化につき裁判所の許可又は監督委員の承認を得た債権
61条4項	双方未履行双務契約で管財人が履行を選択した場合の相手方の請求権
62条2項	継続的給付を目的とする双務契約に基づく請求権
130条1項等	手続開始前6か月間の使用人の給料など、労働債権の一部
その他	129条、61条5項、91条の2第2項、50条9項など

(2) 弁　済

　随時弁済される（132条1項）。なお、常務に属する行為を除いて一定額（100万円程度など）を超える共益債権の承認又は弁済をする場合には裁判所の許可が必要とされることが多い（72条2項8号）。

(3) 更生債権か共益債権が争いがある場合

　共益債権として認められなかったことを条件とする予備的更生債権の届出も有効と解される（参考裁判例：**東京地判 H21.10.30**）。ただし、債権届出の際に、更生債権として届け、予備的更生債権であることも明記しないまま更生計画案が付議決定された場合には、共益債権としての権利行使は否定されると解される（参考裁判例：**最一小判 H25.11.21**）。

(4) 共益債権に基づく強制執行等への対応

　債権者が共益債権に基づき強制執行等を行ってきた場合には、中止命令又は取消命令が可能（132条3項）。

6　優先的更生債権（168条1項2号）

　一般の先取特権その他一般の優先権がある更生債権をいう。更生計画において、一般の更生債権に比較して優先して弁済される（168条3項）。具体的には以下のようなものがある。もっとも、租税等の請求権[110]については、取扱いがやや特殊である（第9章参照）。

分　類		具体的な対象
公　租		国税・地方税（共益債権以外の部分）
公　課		社会保険料等、下水道料金（共益債権以外の部分）[注1]
私債権		共益の費用（民法306条1号、307条）
		労働債権（民法306条2号、308条）（共益債権以外の部分）
		葬式の費用（民法306条3号、309条）
		日用品の供給（民法306条4号、310条）[注2]
		企業担保権（企業担保法2条1項、7条1項）

(注1)　上水道、電気、ガス料金は公課に当たらない。
(注2)　民法310条の「債務者」に法人は含まれてないと解されている（**最一小判 S46.10.21**）ので、法人の場合は関係ない。

110　租税等の請求権とは、国税徴収法又は国税徴収の例によって徴収することのできる請求権であって、共益債権に該当しないものをいう（2条15号）。

7　開始後債権・約定劣後債権

開始後債権	更生手続開始後の原因に基づいて生じた財産上の請求権であって、共益債権、更生債権及び更生担保権のいずれにも該当しないもの（134条1項）。実務的にはほとんど生じない[111]。更生計画に定める権利変換の対象とならないが、更生計画で定められた弁済期間が満了する時までの間は、原則として弁済等（免除を除く）を受けることができない（134条2項）。
約定劣後債権	更生手続開始前に破産手続が開始されたとすれば、当該破産手続におけるその配当の順位が破産法99条1項に規定する約定的劣後債権に後れる旨の合意がされたもの（43条4項1号）。通常、更生計画において免除の対象となると考えられる（168条1項4号）。

8　共益債権又は優先債権を代位弁済した債権の取扱い

民事再生と概ね同様と解する（第1編第7章7参照）。

9　開始時現存額主義（135条2項、破産法104条、105条）の適用関係

民事再生と概ね同様と解する（第1編第7章8参照）。

111　更生実務下96頁に例がある。更生会社が更生手続開始後に更生会社財産に関してした法律行為により損害を与えた場合の相手方の損害賠償請求権等が挙げられている。

第9章　各種債権(2)：公租公課、罰金等の請求権

1　租税等の請求権の範囲

「租税等の請求権」とは、国税徴収法（昭和34年法律第147号）又は国税徴収の例によって徴収することのできる請求権であって、共益債権に該当しないものをいう（2条15号）。なお、更生会社の財産についてなされている滞納処分は、開始決定時に中止する（50条2項）。

公租公課は具体的には以下のものがある[112]。

分　類	具体的な内容
公　租	国税、地方税
公　課	健康保険料、厚生年金保険料、国民健康保険料、労働保険料など
その他	下水道料金、独占禁止法上の課徴金、土地区画整理方の換地清算金など
当たらないもの	宝くじの販売代金納付請求権（福島地いわき支判 H15.2.5） 金商法上の課徴金

（注）　なお、「租税特別措置法等の一部を改正する法律案」が平成24年法律第16号として成立しており、外国の租税債権の取扱いが、一部整理・変更されているが、実務的には問題となることが少ないため、当該法律に係る変更には、本書では触れていない[113]。

2　公租公課の共益債権・更生債権等の区分（129条）

発生原因	分　類	区　分
更生手続開始前の原因に基づいて生じたもの[114]（注1）	129条に列挙されている税金で、かつ、開始当時、納期限未到来のもの（注2）	共益債権
	上記以外	優先的更生債権
更生手続開始後の原因に基づいて生じたもの		共益債権

（注1）　実務上多く発生する税金について検討すると以下のとおり[115]。
（注2）　「納期限」は具体的納期限を指すと解される（**最一小判 S49.7.22**）

種　類		納税義務の成立時期 （発生原因の判断基準）	具体的対応
法人税	申告納税	事業年度の終了時	開始決定時で終了した事業年度（232条2項）の法人税は優先的更生債権となる。

112　破産QA298頁～299頁などを参考に作成。
113　「租税に関する相互行政支援に関する条約」に署名したことにより、租税条約等に規定する租税債権について、自国の租税債権と同様に徴収するが、優先権は付与されない扱いを受けることとなったため、会社更生法も改正がなされた。詳しくは、「外国租税債権の徴収共助制度の創設およびこれに伴う執行法制・倒産法制の整備(1)～(4)」（松村秀樹、今井康彰　金法1957号～1960号に連載）参照。
114　更生手続開始前の原因に基づくか否かは、課税要件を全て充足し、将来一定金額の具体的租税債権として確定されるべき状態があれば、「更生手続開始前の原因に基づく」ものということができ、更生債権として取り扱われることとなる。申告納税方式や賦課課税方式によって確定すべき租税につき、更生手続開始後に納税申告や賦課決定があっても更生債権であることに変わりはないし、独占禁止法違反行為が更生手続開始前にされた場合には、課徴金納付命令が更生手続開始後になされたとしても、更生債権と扱われると解される（最新更生198頁、199頁）。
115　更生QA78頁参照。

固定資産税	賦課課税	賦課期日（1月1日）	開始決定日に賦課期日が到来している未納分は全額が優先的更生債権となる。
自動車税		賦課期日（4月1日）	

最一小判 S49.7.22（更生）

民集28巻5号1008頁、判時758号40頁、判タ313号247頁、金判520号44頁、金法729号30頁

「同条の租税のうち徴収のために納税の告知を必要とする源泉徴収に係る所得税等に関しては、同条にいう納期限は、上告人の主張するように指定納期限を意味し、更生手続開始当時既に指定納期限を経過し徴税当局においていつでも強制徴収の手続をとることができたものについては、取戻権的取扱の対象から除外してこれを更正債権（ママ）として取扱うこととするが、そのような強制徴収手続をとることができなかつたものについては、その税金本来の預り金的性質に鑑み、これを共益債権として取戻権的取扱をすることとしたものと解するのが相当である。」

3 公租公課のうち優先的更生債権部分の取扱いについて

債権届出	必要。ただし、債権届出期間に従う必要はない（142条「遅滞なく」届出を行う）が、更生計画案付議決定までに届出をする必要があると解される[116]。
債権調査	債権調査の対象とはならない（164条1項）。
管財人の異議	審査請求、訴訟（刑事訴訟を除く）その他不服申立てができる場合には、管財人は当該不服申立てをする方法によってのみ異議を主張できる（164条2項）。開始決定時に訴訟等が係属していた場合には、受継する（164条3項、4項）。
弁　済	他の更生債権と同様に更生計画に従って弁済するのが原則であるが、管財人は、裁判所の許可を得て更生計画に定めるところによらず弁済することが可能（47条7項4号）。なお、更生計画で減免をするには、徴収権限を有する者の同意が必要であり（169条1項）、通常は減免の対象にはならない。

なお、企業年金（いわゆる3階部分）に係る通常掛金は、共益債権（従業員の退職金と同様の取扱）と考えられるため、年金を継続する場合、支払を継続することになるが、積立不足に関する部分（特別掛金）は、以下のとおりと考えられる[117]。

規約型（含む自社年金）	退職金の一部につき積立不足が発生していると考えられるので、退職金の取扱いに準じて処理が検討されるべきものと考えられる[118]。
基金型	基金に対する倒産債務（倒産手続開始決定前の原因に基づく発生した債権）と考えられる。したがって、更生手続であれば一般更生債権となると考えられる[119]。

4 罰金等

対　象	更生手続開始前[120]の罰金、科料、刑事訴訟費用、追徴金又は過料の請求権[121]であって、共益債権に該当しないもの（142条2号）。

116　最新更生199頁
117　表の内容は、事業再生と債権管理135号110頁「会社更生手続と確定給付企業年金」宮本聡を参考に記述。また、更生QA83頁、84頁でも検討されている。
118　具体的には、債権額の3分の1を共益債権、3分の2を優先的更生債権として取り扱う。
119　更生QA83頁
120　犯罪行為が更生手続開始前に成立していれば更生債権となり、罰金を科す裁判が更生手続開始前に効力を生じ、又は確定する必要はないし、金商法違反行為が更生手続開始前にされた場合には、課徴金納付命令が更生手続開始後になされたとしても、更生債権と扱われると解される（最新更生199頁）。
121　金商法上の課徴金は過料の請求権とみなされる（金商法185条の16）。

第9章　各種債権（2）：公租公課、罰金等の請求権

届　出	必要。ただし、債権届出期間に従う必要はない（142条「遅滞なく」届出を行う）が、更生計画案付議決定までに届出をする必要があると解される[122]。
債権調査	債権調査の対象とはならない（164条1項）。
管財人の異議	罰金、科料及び刑事訴訟費用の請求権を除き、審査請求、訴訟（刑事訴訟を除く）その他不服申立てができる場合には、管財人は当該不服申立てをする方法によってのみ異議を主張できる（164条2項）。開始決定時に訴訟等が係属していた場合には、受継する（164条3項、4項）。
弁　済	更生計画において減免の定めその他権利に影響を及ぼす定めをすることができず（168条7項）、失権の対象外となる（204条1項3号）。

122　最新更生 199 頁

第10章　各種債権（3）：更生担保権

1　更生担保権者として扱われる範囲

　更生担保権とは、更生手続開始当時更生会社の財産につき存する担保権（特別の先取特権、質権、抵当権、商事留置権）の被担保債権であって更生手続開始前の原因に基づいて生じたもの又は更生債権のうち、当該担保権の目的物である財産の価額（更生手続開始時の時価）に該当する部分をいう（2条10項）[123]。

　2条10項が明文で掲げている以外の非典型担保も更生担保権としての権利が認められるかについては解釈によるが、認められるとするのが通説的見解であり、実務的にも認められることを前提に処理が行われている[124]。その他、更生担保権の範囲等は、民事再生において別除権として扱われる範囲と概ね同じと考える（第1編第9章1参照）。

2　管財人の担保価値保存義務

　管財人には担保価値保存義務があると解されるので（参考裁判例：**最一小判H18.12.21**、**東京高判H20.9.11**）、担保物件の処分については慎重に対応することが必要。例えば、集合債権譲渡担保が設定されていた場合、管財人は原則として回収金を使用できると考えられるが、更生担保権の弁済が確保されない可能性がある場合には、回収金を使用することは慎重に検討すべきと解される[125]。

　なお、管財人が担保設定契約で定められいたコベナンツ条項（例えば、財務制限条項や報告条項など）に拘束されるかについては、否定的に解する見解が有力のようである[126]。

最一小判H18.12.21（破産）	敷金返還請求権に対する質権を対象として、破産管財人の善管注意義務違反の有無等が争われた事案

判時1961号62頁、判タ1235号155頁、金判1258号33頁、金法1802号140頁

　破産管財人は破産者である質権設定者が質権者に対して負う担保価値保存義務を承継するとして、破産手続開始後の賃料・共益費につき不当利得の成立は認めたが、善管注意義務違反については否定した。

東京高判H20.9.11（破産）	債権譲渡担保の担保権者者の破産管財人に対する不当利得返還請求が認められた事例

金法1877号37頁

　甲社（破産者）は、Xからの借入金債務を担保するために、甲社のAに対する売掛金に譲渡担保を設定し、Aの異議なき承諾も得て、確定日付も得ていた。譲渡担保設定契約には、甲社がAから売掛金支払のために振り出された手形を受領した場合にはXに譲渡することが定められていたところ、甲社に破産手続開始決定がなされ、破産管財人Yは、Aから受け取った手形を取り立てた。

　そこで、XがYに対し、財団債権として、取立金の返還を求めたのに対し、第1審はXの請求を認め、それに対して控訴した本判決も、Xの不当利得返還請求を認めた。

---

[123] 社債を除く利息又は不履行による損害賠償若しくは違約金請求権は、更生手続開始後1年を経過する時又は更生計画認可の決定のいずれか早い時点までに生ずるものに限る（2条10項ただし書）。
[124] 更生実務下107頁
[125] 更生実務上322頁参照。
[126] 更生QA110頁

3 担保対象物を処分する場合や担保権を解除する場合の管財人の対応策

(1) 総論

担保権も更生手続に取り込まれることになるため、担保権者は更生手続外で担保権を行使することは原則としてできなくなる。しかしながら、更生手続開始決定により担保権が消滅するわけでないため（204条1項参照）、担保対象物を処分する場合や担保権を解除する場合には、以下の対応を検討する必要がある。なお、担保権設定の時期によっては、否認の対象になり得る。

担保変換合意 （72条2項9号）	担保対象物を変換する合意。担保対象物を任意売却する場合等に利用される[127]。 担保変換合意による売却の進め方は、民事再生における抵当権が設定された不動産を別除権協定により任意売却する際の流れと概ね同じ（第1編第9章3参照）。
担保権消滅請求 （104条）	担保目的財産の価額相当の金銭を納付することにより、担保権を消滅させることのできる制度。
担保権実行禁止の解除（50条7項）	更生計画案を決議に付する旨の決定があるまでの間であれば、管財人は、更生担保権に係る担保権の目的である財産で、更生会社の事業の更生のために必要でないことが明らかなものがあるときは、当該財産について担保権の実行の禁止を解除する旨の決定をするように申し立てることができる（50条7項）。もっとも、換価代金は管財人に交付され（51条2項）、更生計画による弁済に充当される[128]。事業に不要な資産であり担保権を実行することが妥当な場合に利用される。

(2) 担保変換合意の具体的内容

担保変換合意には、概要以下の内容を入れる。

内容	留意点
変換後の担保の内容、設定方法	・対抗要件具備の方法も含めて定める。 ・担保対象物の売却代金全額を預金にして、預金に質権を設定をする合意を行うことが多い。
更生会社の財産への組み入れ	破産の場合の財団組入れと同様に、一定の割合（3％～10％）を更生会社に組み入れることを交渉すべきである[129]。
更生計画との関係	更生計画認可後には更生計画の内容に従うことの確認
裁判所の許可	裁判所の許可を停止条件とする（72条2項9号）。
守秘義務条項	守秘義務条項を入れることが多いものと思料される。 守秘義務条項を入れた場合、閲覧制限の申立て（12条）が必要。
その他	事案に応じて、工夫が必要[130]。

（補足）後順位担保権者との担保変換合意
　　　　後順位担保権者との間でも担保変換合意をする必要がある。第一順位の担保権者の意向にも左右される

---

[127] 例えば、デベロッパーの更生事件において、販売用マンションに設定されていた抵当権を、売却代金相当額の預金質権に変換する合意をすることにより販売を進めることが可能となる。
[128] 更生計画認可の決定前に更生手続が終了したときは、配当等が実施される（51条3項）。
[129] ただし、更生計画認可前にかかる合意をすることは現実的には難しく、更生計画で一定割合を更生会社の財産に組み入れるようにすることが多いものと思われる。
[130] デベロッパーの会社更生において、仕掛中のマンションについて、マンションが完成した時点で敷地の抵当権を各区分所有権建物に対する抵当権に、建物に対する留置権を各区分所有建物の留置権に担保変換したうえで、各区分所有権が顧客に売却される都度、売却代金を預金にして預金質権に担保変換する、二重の担保変換がされた事例が報告されている（NBL955号91頁「日本綜合地所における会社更生手続」澤野正明ほか）。

が、第一順位の担保権者の余剰部分について（無剰余となる場合には、担保解除料相当額について）、担保変換合意をするように、第一順位及び後順位の更生担保権者と交渉を行う。

(3) 担保権消滅請求（104条）

民事再生手続における担保権消滅の許可（民事再生法148条以下）と概ね同じである（第1編第9章3(5)参照）。

以下、民事再生と異なる点を中心に述べる。

(i) 検討すべき場面

更生手続は担保権も手続に取り込むが、更生計画認可前は担保変換合意ができない限り、管財人は担保対象物を売却することができない。通常は、担保変換合意により処理を進めることが多いが、合意ができない場合には担保権消滅請求により、担保を消滅させて、処理を進めることがある。

(ii) 要件（104条1項）

要件は以下のとおりであり民事再生と概ね同じ。また、対象となる担保権の範囲も民事再生と概ね同じと解する。

更生会社の財産に係る担保権であること。
当該財産が更生会社の事業の更生のために必要であると認められること[131]。
条文上の要件ではないが、担保権者の利益との関係で、権利の濫用に当たらないことが必要と解される（**札幌高決H16.9.28**）。

要件毎の裁判例は第1編参照。

(iii) 手続の概要

時系列	留意点
申立て（104条1項）	申立書には、目的物の価格を記載する（104条3項2号）。なお、価格は処分価格を指すものと解される（規則27条、民事再生規則79条）。
許可決定	決定書を担保権者に送達（104条4項）。 ⇒即時抗告可能（104条5項）
価格決定請求	価格に異議がある場合、担保権者は、許可決定の送達受領日から1か月以内に価格決定請求（105条1項）が可能。
	評価命令（106条1項）→評価人による評価→裁判所の決定（106条2項）→即時抗告可能（106条5項） なお、評価人は処分価格で評価する（規則27条、民事再生規則79条1項）。
裁判所が定める期限までに金銭納付（108条1項） ↓ 担保権消滅（108条3項）	・登記抹消（108条4項）。なお、登記抹消は書記官によって行われるため、金銭納付後となる。金銭納付と同時ではないので、対象物を担保に管財人が資金調達をする場合には貸付人に説明をしておく必要がある[132]。 ・納付された金銭は、計画案の認可決定より管財人に交付され（109条）、交付された金銭は更生計画の内容に従って弁済がなされる（167条1項6号ロ）[133]。 ・金銭納付がされないと、許可は取り消される（108条5項）。 ・費用負担（107条）は民事再生と概ね同じ。

---

131 民事再生よりもややゆるやかである。民事再生法148条1項は「当該財産が再生債務者の事業の継続に欠くことのできないものであるとき」を要件とする。

132 事前に後順位抵当権を設定することは許される。また、民事再生において、民事執行法82条2項を類推して、新規融資の抵当権設定を行う司法書士に担保権抹消に係る登記嘱託情報を交付した例が存するようである（再生手引265頁参照）。

133 認可前に手続が終了した場合には担保権者に配当等される（110条）。

4　個別担保権の留意点

民事再生における留意事項と大きく変わるところはないと解する（第1編第9章4及び5参照）。以下、民事再生に付加すべき事項、民事再生と異なる点を中心に述べる。

(1)　留置権（第1編第9章4(1)～(3)参照）

民事留置権		更生担保権とならない（2条10項）。被担保債権全額について更生債権として権利行使する。なお、民事再生のケースで、民法上の留置権に基づく留置の継続を認めた裁判例がある（**東京地判H17.6.10**）。かかる裁判例は、更生においても同様に当てはまると解され、対応は民事再生と同様と解する（第1編第9章4(1)参照）。
商事留置権	原則	更生担保権として扱われる（2条10項）。破産法66条1項のような規程がないことから、計画案認可決定までは留置的効力が消滅することなく存続する（204条1項）。 計画案認可までの間に解除する場合は、担保変換合意による処理が穏当であるが、更生手続開始決定前であれば商事留置権消滅請求（29条）、開始決定後であれば担保権消滅請求（104条）の対応も考えられる。
	取立委任手形に対する商事留置権	認められると解する（第1編第9章4(2)参照）。もっとも、取立金を直ちに弁済に充当することは許されないため（47条1項）、取立金を別段預金で保管するか、担保変換合意をするなどの対応が考えられる[134]。
	建築請負代金を被担保債権とした建築中の建物に対する留置権の効力	民事再生と同様の問題がある（第1編第9章4(3)参照）。注文者（デベロッパーなど）の会社更生の場合、計画案認可前であれば、請負業者、土地抵当権者等と調整のうえ、請負業者、土地抵当権者、管財人の三者で担保変換合意書を締結して工事を完成させたうえで、土地・建物を処分し、売却代金を、担保変換合意、更生計画の内容に従って請負業者、土地抵当権者、更生会社に配分することが結論として妥当なことが多い[135]。担保変換合意書の締結が困難な場合には担保権消滅請求（104条）を検討することもあろう。

(2)　動産売買先取特権（第1編第9章4(4)参照）

更生担保権として権利行使が可能。更生手続開始時に動産売買先取特権の対象物が更生会社中に存すれば、特に差押え等をしていなくても、動産売買先取特権は更生担保権として処遇されるとする見解が有力のようである[136]。事業継続のために、担保権者と取引継続をする要請が強い場合には、更生担保権として処遇することをやや広く認めることもあるようである[137]。

物上代位については、東京地裁の運営としては、開始決定前に転売代金債権を差し押さえることが可能な状態にあったと認められる場合に限り、更生担保権として認めているということである[138]。

(3)　所有権留保、譲渡担保

更生担保権者として扱うべきか取戻権者として扱うべきか、双方未履行双務契約（61条）の適用の有無、対抗要件の要否などは民事再生と概ね同じと解する（第1編第9章5参照）。

134　更生QA99頁
135　あくまでも担保変換合意なので、売却代金は返済するのではなく預金質権を設定するなどの方法を取る。
136　NBL924号43頁　荒井正児「動産売買先取特権」。なお、開始決定時で判断されるため、開始決定後に管財人が担保対象物を処分しても、更生担保権としての地位は失われない（更生QA102頁）。
137　NBL924号45頁　荒井正児「動産売買先取特権」
138　更生QA102頁

管財人としては、担保設定契約書の内容及び、対抗要件の具備の状況などから、更生担保権者が管財人に対して担保権を主張できるか、否認の対象とならないかを確認し、問題なければ、更生担保権として認めて、債権届出書を受け付けることになろう。

なお、集合譲渡担保については、以下の点が問題となる。

固定化の有無		更生手続開始により対象物が固定化するか否かについては定説はないようであるが、集合動産譲渡担保は、担保権者への実行通知により固定化し、固定化までの間は担保権設定者は動産処分が可能であるが、固定すると、担保権設定者は固定化した動産については処分権限を失う一方、固定化後に仕入れた商品には担保権の効力は及ばなくなるとする考えが有力のようである[139]。 一方で、会社更生手続において、更生担保権は担保目的物と切り離されることから、管財人は回収した資金を、原則として事業のために利用することが可能であるが、管財人の善管注意義務（特に担保権保存義務）が、より厳密に判定されるとの整理も可能であろう[140]。
更生担保権額	集合動産譲渡担保	条文上「更生手続開始の時における時価」が更生担保権となるとされていることから、集合動産譲渡担保であれば更生手続開始時の目的物の時価をもって、更生担保権の額とすべきと解する[141]が、定説はなく、裁判所とも相談をしながら、評価方法は定めるべきと考える。
	集合債権譲渡担保	条文上「更生手続開始の時における時価」が更生担保権となることから、更生手続開始時点の債権の時価を計算するのが最もわかりやすい考え方であろう（回収率、回収費用などを合理的に見積もる）。 しかしながら、会社更生手続が開始しても、将来債権にも譲渡担保の効力が当然に及ぶとする考え方を前提とすると、かかる考え方は理論的に整合しないと思われる[142]。つまり、将来発生する債権も更生担保権が及ぶものとして一定の割戻し等を行って、更生担保権が及ぶものとして更生担保権評価を行うべきという考え方も成り立ち得るところである[143]。いずれにしても定説はなく、裁判所とも相談をしながら、更生担保権の評価方法を検討することになるものと考えられる[144]。

(4) 質　権

債権質権者は開始決定後第三債務者に対して質権の取立てができないため、113条は第三債務者に、遅延損害金の発生などを免させるために、権利供託をできるようにした。

139　小林信明「非典型担保権の倒産手続における処遇」（新担保・執行法講座216頁）。伊藤更生法215頁も同旨と思われる。なお、更生手続開始決定により当然に固定化するとの約定があったとしても、私見としては、当該約定は効力が無いと解する（**最三小判 S57.3.30** 参照）。

140　この点、「保全管理人または管財人と譲渡担保権者との間で、保全管理人または管財人に債権の取立権限を認め、保全管理人または管財人は回収した金額に見合う金額を預金し、これらの預金に譲渡担保権者のために質権を設定する内容の和解をしていることが多い」という意見もある（NBL927号58頁　荒井正児「集合債権譲渡担保」）。また、一定の場合に「保全管理人又は管財人が債権を回収し、それを事業に利用することは担保物の毀損にもなりかねず、相当でない」という指摘もある（更生実務上270頁）。

141　更生QA109頁に同旨。

142　この点、将来債権譲渡担保権の効力が将来債権に及んでいるか否かということと、将来債権譲渡担保の更生担保権評価は切り離して考察すべきとする見解もある（銀行法務21　696号26頁「将来債権譲渡担保と更生担保権評価（上）」籠池信宏）。
　　金法1862号8頁「倒産手続における将来債権・集合動産譲渡担保の取扱い」伊藤達哉も同旨。

143　更生実務上325頁参照。さらに、営業循環型の将来債権を目的とする譲渡担保については手続開始時の現在債権残高とし、累積型の将来債権（賃料債権など）を目的とする場合には手続開始時の現存債権残高の時価に将来債権見積額の時価を加算したものとする考え方もある（金法1862号8頁　伊藤達哉「倒産手続における将来債権・集合動産譲渡担保権の取扱い」）。

144　この点、銀行法務21　696号24頁以下及び、697号38頁以下「将来債権譲渡担保と更生担保権評価（上）（下）」籠池信宏において、詳細に検討されている。

(5) 根抵当権

確定	根抵当権は、更生手続開始決定では確定しない（104条7項）。根抵当権設定から3年を経過していれば元本確定請求が可能なので（民法398条の19）、かかる条件を満たす場合には、管財人は確定手続を取ることを検討すべきであろう。 なお、更生計画で、認可決定時に元本が確定する旨を定めることが可能[145]。		
更生担保権額	原則	元本確定の有無にかかわらず、根抵当権の更生担保権の範囲は、更生手続開始決定時の被担保債権及び開始後1年間の利息・損害金を限度として、極度額又は目的物の価格のいずれか小さいほうとなる（2条10項）。	
	後順位担保権者	先順位の根抵当権に係る被担保債権の額が極度額を超えている場合	先順位の更生担保権は、極度額を更生担保権額として計算をする。
		先順位の根抵当権に係る被担保債権の額が極度額を下回っている場合（更生手続開始決定時に、元本が確定していない場合）	先順位の更生担保権額は、極度額で計算すべきとする見解と、更生担保権となる被担保債権で計算すべきとする見解があるが、東京地裁は極度額を控除すべきとする説に立っているとのことである[146]。

(6) リース債権者対応（なお、オペレーティングリースは賃貸借とほぼ同様に考えられるので、ファイナンスリースを前提とする）

リース債権の法的性質は第1編記載のとおり（第1編第9章5(5)参照）。会社更生における取扱いとしては、更生担保権者として取り扱うことを説明のうえ、債権届出及び財産評定に基づき、更生担保権額を定めることになる[147]。また、リース期間満了時の対応としては、以下のとおり。

リース業者の返還請求権	リース業者はリース物件の返還請求権があるとするのが有力説のようであるが、反対説もあり[148]定説はなく、実務的には更生計画に取扱いを定めることが多いようである[149]。
再リース	管財人又は更生会社に再リース請求権があるかについては、争いがあり定説はないようである（参考判例：**名古屋高判 H11.7.22**）。

名古屋高判 H11.7.22 ユーザーが再リースを求めた場合、特段事情の無い限り拒絶できないとした裁判例

金判1078号23頁

「リース期間満了時には、リース物件の取得費その他の投下資本の全額が回収され、基本的にはリース貸主の目的は達成されているのであるから、その時点では、リース物件の所有権が形式的にはリース貸主にあるものの、実質的にはユーザーにあるともみることができ、ユーザーが再リースを求めた場合、リース貸主がこれを拒むことは特段の事情がない限り許されないと解するのが相当である。」

(7) 更生会社が自己の資産について証券化していた場合

更生会社が所有していた資産（更生会社がオリジネーター）をSPVに譲渡し、SPVが調達した資金で更生会社に売買代金を払っている場合、①当該売買が真正売買なのか担保設定目的のものであるか、②担保設定であるとして、更生担保権をどのように評価するか、③真正売買であるとして否認の対象にならないかなどが問題となり得るので注意が必要である。

145　計画の実務と理論453頁
146　更生実務上306頁
147　更生実務上291頁～295頁。なお、「リース料債権の担保権の評価は困難な作業である」としている。
148　更生実務上293頁、294頁参照。
149　計画の実務と理論260頁以下。なお、リース品を引き上げる際の費用については、契約でユーザー負担とされていることが多いが、更生計画でリース会社負担に権利変更した事例があるようである（計画の実務と理論268頁）。

第11章 更生債権等の債権届出、債権調査

更生債権者等は更生債権者と更生担保権者を指す（2条13項）。また、更生債権等とは、更生債権と更生担保権を指す（2条12項）。

1 概　要

　更生手続に参加しようとする更生債権者等は、債権届出期間内に、債権届出を行わなければならず（138条）、債権届出をしないと、原則として失権する（204条1項）。また、届けられた更生債権等は、債権調査を経て確定すると、更生債権表及び更生担保権者表に記載され、当該記載は、確定判決と同一の効力を有する（150条3項）。

　債権届出から認否までのおおまかな流れは以下の図のとおり。なお、更生手続には再生手続のような自認債権はない。また、債務者が物上保証のみをしている場合、再生手続であれば債権届出は不要（別除権者ではある）であるが、更生手続の場合には更生担保権者として債権届出をする必要があるので、その点も異なる。

更生債権者等	裁判所	管財人	説明箇所
←―――	債権届出書の送付		2
債権届出書の提出 ―――→			3
	←―――	債権認否	4、5
異議、査定			

　なお、仮執行宣言付判決に基づき債権差押え及び転付命令が確定していたとしても、債権届出をしないと失権すると解すべき（**東京地判 S56.9.14**）。転付命令の効力により債権者が一部回収していながら、債権届出を失念したような場合には、一定の金員を更生会社に返還する内容の和解的な処理を検討する必要もあろう[150]。

東京地判 S56.9.14（更生）

判時1015号20頁、判タ448号59頁、金判635号10頁、金法987号41頁

　「仮執行宣言付手形判決に基づく強制執行をした債権者が、未だ債権の存在が不確定にも拘らず、更生手続によらないで終局的満足を得られるものとは、到底解せられず、右債権が会社に対し更生手続開始前の原因に基づいて生じた財産上の請求権である限り、更生債権としての届出をしたうえ、更生手続に参加し、更生計画上の分配にあずかる以外、権利行使の方法はないものと解するのが相当である。」

　一方で、更生会社が仮執行宣言付判決に対して、金銭を供託する方法により強制執行の停止を得た状態で更生手続が開始された場合、債権者（被供託者）は、本案訴訟の債権を更生債権として届出をしていれば、担保の被担保債権である損害賠償請求権については、更生債権としても更生担保権としても届出をしていないとしても、供託金還付請求権を行使できるとした判例（**最二小決 H25.4.26**）があるので留意する必要がある。

最二小決 H25.4.26（更生）

民集67巻4号1150頁、判時2186号36頁、判タ1389号102頁、金法1972号78頁、金判1420号8頁

　YはX（更生手続中は管財人、その余は更生会社を指す）を被告として、訴訟を提起し、仮執行宣言付判決

---

[150] ㈱ロプロの会社更生手続において、そのような事例が報告されている（NBL961号66頁　小畑英一ほか「更生手続における過払債権の取扱いをめぐる法的問題点」）。

を得たため、Xは控訴を提起するとともに、700万円の担保を立てて、強制執行停止の決定を得た。その後、Xにつき更生手続開始決定がなされ、Yは、本案訴訟の債権は更生債権として届出をしたが、、担保の被担保債権である損害賠償請求権については、更生債権としても、更生担保権としても、届出をせず、更生計画認可の決定により賠償請求権は失権した。そこでXが裁判所に担保の取消しを求めたところ第1審、控訴審とも認めたためYが許可抗告した。本決定は以下のように述べて破棄自判した。

「仮執行宣言付判決に対する上訴に伴う強制執行の停止に当たって金銭を供託する方法により担保が立てられた場合、被供託者は、債務者につき更生計画認可の決定がされても、会社更生法203条2項にいう『更生会社と共に債務を負担する者に対して有する権利』として、供託金の還付請求権を行使することができると解するのが相当である。……したがって、本件認可決定により本件賠償請求権が失権したとしても、そのことから直ちに本件担保につき担保の事由が消滅したということはできない。」[151]

2　債権届出書の送付

(1)　裁判所の名義・封筒で債権届出書等一式を送付

裁判所から債権届出書等一式を送付（43条3項）[152]。ただし、多くの場合裁判所から委託を受けて管財人（より具体的には更生会社の経理担当者等）が行うことが多い（規則3条の2）。なお、民事再生においては再生債権として扱われず債権届出書の送付が不要であるが、会社更生では（優先的）更生債権者として債権届出書等の送付が必要な対象として、概ね以下の者があるので注意が必要。

物上保証のみをしている者	再生手続であれば債権届出は不要（別除権者ではある）であるが、更生手続の場合には更生担保権者として債権届出をする必要がある。
租税等債権者[153]	届出が必要（142条1号）。
労働債権者	優先的更生債権について、届出が必要。また、年金掛金、既退職者のうち退職年金受給者についても、届出書の発送が必要となる場合がある[154]。

なお、債権者数が多い場合の工夫として、過払債権者が多数存し、かつ、過払金額の計算方法等にも争いがあったことから、債権届出書を送付するに当たり、あらかじめ更生会社で計算した計算書を同封したうえで、過払金額を債権届出書に印字し簡便に届出ができるように配慮する一方、印字されている金額と異なる届出を行うこともできるように記入欄を設けて届出を促した例が報告されている[155]。

151　さらに、具体的な権利行使の方法として「債務者につき更生手続が開始された場合、被供託者は、更生手続外で債務者に対し被担保債権を行使することができなくなるが、管財人を被告として、被供託者が供託金の還付請求権を有することの確認を求める訴えを提起し、これを認容する確定判決の謄本を供託規則24条1項1号所定の書面として供託物払渡請求書に添付することによって、供託金の還付を受けることができると解される。このことは、被供託者が上記更生手続において被担保債権につき届出をせず、被担保債権が失権した場合であっても異なるものではない。」とした。

152　通知例は書式更生97頁～101頁参照。

153　国税徴収法又は国税徴収の例によって徴収することのできる請求権であって、共益債権に該当しないものをいう（2条15項）。公課も含まれる。

154　規約型の確定給付企業年金における既退職者に対する退職年金の給付につき、給付が更生債権の弁済になるという取扱いがされた事例が報告されている（更生QA83頁）。また、規約型確定給付企業年金の特別掛金（過去の年金資産の運用悪化による積立不足等に対する掛金）は届出を要するとされている（更生QA84頁）。

155　NBL960号73頁「事業者金融における過払債権と債権調査」小畑英一ほか。ゴルフ場の預託金請求権についても同様の取扱いをすることがあるようである（更生QA52頁）。

(2) 開始決定時に裁判所から更生債権者、更生担保権者、租税等債権者へ送付する書面

以下のとおり（財産状況報告集会非開催、関係人説明会非開催の場合）[156]。

開始決定通知等	・開始決定通知（43条3項） ・管財人の選任について意見を述べることができる旨の通知（85条4項）
債権届出関係	更生債権（更生担保権）届出書（138条、142条）、債権届出についての注意書・記載例、委任状（債権届出用）、返信用封筒
その他	管財人挨拶状（事実上同封）

(3) 開始決定後に新たな債権者が判明した場合

管財人が債権届出書等を債権者に送付する（規則42条参照）。

3 更生債権者等による債権届出書の提出

(1) 届出方法、届出期間など

届出方法	債権届出書を提出する（138条、規則36条）。
届出期間	更生手続開始決定日から2週間以上4か月以下の範囲内で裁判所が決定する（規則19条）。東京地裁では、開始決定から2か月後を標準スケジュールとしているとのことである[157]。なお、管財人は、債権届出が遅れている場合、催促し、債権届出を促す義務を負っている（規則42条）ので、届出の状況を確認し、一定の時期に、更生債権者等で債権届出を行っていないと考えられる者に対し注意喚起の通知をする。 債権届出期間内に届出がなされないと、原則として更生債権者等として権利行使することができなくなり（138条）、更生計画認可決定により失権する（204条1項）[(注1)]。
債権届出の追完	更生計画案付議決定前であれば、更生債権者の「責めに帰することができない事由によって債権届出期間内に届出をすることができなかった場合」及び「債権届出期間の経過後に生じた更生債権等」は、届出が可能（139条、規則39条）。否認権行使がされた結果当該行為によって消滅していた債権が復活して更生債権になった場合や、双方未履行の双務契約が解除された場合の損害賠償請求権などが考えられる[158]。 この場合、管財人が裁判所に提出する認否書に記載が間に合えば記載し（146条2項）、間に合わない場合には特別調査期日が設定される（148条1項）。なお、特別調査期日の費用は当該更生債権者等が負担する（148条2項）。
退職手当の例外	債権届出期間経過後であっても、優先債権部分について、退職後1か月以内に届出を行うことができ（140条2項）、特別調査期日も不要となっている（149条1項）。
名義変更	更生債権等を取得した者は、債権届出期間経過後であっても、届出名義の変更が可能（141条）。

(注1) 会社更生は、民事再生と異なり自認債権（民事再生法101条3項）の制度はなく、また、届出のない再生債権に対する一定の救済規定（民事再生法181条）もなく、債権届出を怠った場合、原則として、更生計画認可決定によって失権する（204条1項）。

最二小判 H21.12.4（更生）	届出をしなかった過払金債権について失権を認めた判例
判時2077号40頁、判タ1323号92頁、金判1333号26頁、金法1906号68頁	
Xが、Y（貸金業者）に対し、Yの更生計画認可決定及び終結後、更生手続開始前の過払金返還請求を求め	

---

[156] 更生書式140頁～141頁参照。通知書の具体例は更生書式97頁～101頁参照。
[157] 最新更生181頁。
[158] 更生実務下145頁。また、大地震、火災や、本人の病気、海外出張などにより債権届出期間内に届出ができなかった場合にも認められる可能性がある（最新更生182頁）。

第 11 章　更生債権等の債権届出、債権調査

て提訴した。第 1 審は X の請求を概ね認容したが、控訴審は請求を一部棄却したため、X が上告した。

本判決は、「本件更生手続において、顧客に対し、過払金返還請求権が発生している可能性があることや更生債権の届出をしないと失権することにつき注意を促すような措置を特に講じなかったからといって、Y による更生債権が失権したとの主張が許されないとすることは、旧会社更生法の予定するところではなく、これらの事情が存在したことをもって、Y による同主張が信義則に反するとか、権利の濫用に当たるということはできないというべきである。そして、このことは、過払金返還請求権の発生についての X らの認識如何によって左右されるものではない。」などとして、失権を認めた。

広島高判 H24.5.30（更生）　開始決定時に訴訟が係属していたとしても届出がない以上失権するとした裁判例
判タ 1385 号 303 頁

X Y 間の訴訟につき、X が控訴した状態で、Y に対し更生手続開始の決定がなされた。X は債権届出をしないまま、更生手続終結後、訴訟手続の受継の申し立てたが、本判決は以下のように判示して、訴訟終了を宣言した。

「中断した訴訟の当事者である更生債権者が債権の届出をしなかった場合に、提訴をもって債権届出がなされたとか、これと同視又はこれに準ずると解することができないことは明らかであり、X のこの点の主張は採用できない。……中断した訴訟の当事者である更生債権者が、債権の届出をせず、更生手続における確定の手続を経ないまま更生債権が失権した場合には、当該訴訟は係属の実益を失ったものとして、当然に終了したものと解するのが相当である。」

東京高判 H25.5.17（更生）　独占禁止法上の課徴金債権も、債権届出がない場合免責の対象となるとした裁判例
判時 2204 号 8 頁、金法 1989 号 142 頁

債権届出のなかった独占禁止法上の課徴金債権が免責の対象となるかが問題となった事案で、本判決は「債権届出がされた場合には優先的更生債権として上記のような債権の満足の点で有利な取扱いをする租税等の請求権に該当するものとして位置付けられている本件課徴金債権について、債権届出がない場合に、明文の規定もないまま、債権届出の有無にかかわらず劣後的更生債権として扱われる罰金等の請求権について定められた免責の例外規定を類推適用して、更生計画認可決定によっても免責されないとすることは、法律の枠組みを恣意的に揺るがせるもので、法律解釈の限界を超えるものとして許されないといわざるを得ない。」などとして、免責の対象になるとした。

(2)　更生債権等について債権届出書に記載すべき主な事項

(i)　債権届出書に記載すべき事項（138 条、規則 36 条 1 項～ 3 項）

更生債権・更生担保権の内容及び原因
更生債権については、優先的更生債権、約定劣後的更生債権であるときは、その旨
更生担保権については、担保権の目的である財産及びその価額
議決権の額
更生債権者等及び代理人の氏名又は名称及び住所
開始後利息等であるときは、その旨
執行力ある債務名義又は終局判決のある更生債権であるときは、その旨
更生債権等に関し訴訟が係属する裁判所、当事者の氏名又は名称及び事件の表示
連絡先・書面送付先（参考裁判例：**東京地判 H23.9.29**）

（注）　更生担保権者は、更生担保権にならない部分は別途更生債権の届出が必要となるが、東京地裁では、更生担保権と同一の書面で更生債権としての届出を認めている[159]。

159　最新更生 177 頁

東京地判 H23.9.29（破産）	債権者に代理人が就任し、受任通知がされたとしても、債権届出書の通知を受ける場所に代理人が記載されていなければ、債権者本人に通知すべきであるとした裁判例　　X：破産債権者　　Y：破産管財人
金法1934号110頁	
「異議通知書や簡易配当の通知先は破産債権者であり（破産規則43条4項、破産法204条2項）、破産債権者は債権届出書に通知等を受けるのに必要な事項を記載しなければならず、それを変更する場合はその旨の届出をする必要がある（破産規則32条、33条）ところ、本件では、債権届出書にはXの住所地が記載されており、X訴訟代理人の受任通知兼連絡書には通知先を代理人の事務所にする旨の記載はない……から、異議通知書や簡易配当の通知先はX住所地となる。したがって、破産管財人Yとしては、破産法上、X本人の住所地に通知する義務があったといえ、本件簡易配当通知をX本人に通知しX訴訟代理人にしなかったことを問題とする余地はない。」	

(ⅱ) 債権届出書添付資料（13条、民事訴訟規則15条、18条、規則36条4項、5項、37条）

更生債権が終局判決等のあるものであるときは、判決書の写し等
代理人をもって更生債権の届出をするときは、代理権を証する書面
資格証明書（法人の場合）
債権届出書の写し

（注）　更生債権等の証拠書類（写し）は添付資料には含まれていない。ただし、管財人が認否書の作成のために必要な場合には、更生債権者等に対して証拠書類を送付するように求めることができるとされている（規則44条1項）。

(3) 租税等の請求権について債権届出書に記載すべき主な事項（142条、規則41条）

請求権の額
原因及び担保権の内容
届出に係る請求権を有する者の名称及び住所並びに代理人の氏名及び住所
届出に係る請求権に関する訴訟又は行政庁に係属する事件が係属する裁判所又は行政庁、当事者の氏名又は名称及び事件の表示

4　債権認否及び確定

(1) 認否の手順

時系列	内　容
認否書作成	管財人が認否書作成（146条1項）[160]。
認否結果の閲覧／通知	管財人は債権認否書を裁判所に提出するとともに（146条3項）、認否書の写しを営業所に備え置き、更生債権者等の閲覧に供する（規則45条1項）[161]。 認否の結果を個別に債権者に通知をする法的義務はないが、特に否認した債権者には通知をするのが一般的と考えられる[162]。

---

[160] 管財人は、認否をするため必要があるときは、届出をした更生債権者等に対し、当該届出をした更生債権者等に関する証拠書類の送付を求めることができる（規則44条1項）。

[161] さらに、更生債権者等は、自己の更生債権等に関する部分の内容を記録した書面の交付を求めることができるとされている（規則45条3項）。

[162] 最新更生184頁

第 11 章　更生債権等の債権届出、債権調査

名義変更が あった場合	届出期間経過後に債権（一部）譲渡や代位弁済などによって更生債権者等に変更が生じた場合には、名義変更届出の提出を受けて[163]、認否書を適宜変更し、必要に応じて、裁判所に報告する。

(2) 認否書作成の具体的手順、債権認否において注意すべき点等

概ね民事再生と同じであるが（第1編第8章4参照）、更生手続に特徴的な点は以下のとおりである。なお、更生担保権についての認否[164]は5参照。

自認債権	会社更生では自認債権（民事再生法101条3項）が無い。
租税等の請求権	届出は必要であるが(142条)、債権調査の対象とはならない(164条1項)。
更生手続開始前の罰金等の請求権	
労働債権	優先的更生債権部分について届出が必要[165]。また、退職金については、届出期間の特例があり(140条)、特別調査期間も不要となっている(149条)。

(3) 債権認否に対する異議等の流れ

時系列 →

債権者	管財人	他の債権者等	場合分け	結論
届出	認める	異議無し		確定（150条1項）
	管財人が否認 又は／及び他の債権者 等が異議(注1)		届出債権者が争う場合(注2)	査定申立て（151条）⇒査定異議の訴え（152条）
			開始決定時に訴訟が継続していた場合	受継（156条1項）で処理。
			届出債権者の債権が有名義債権であった場合	異議者等は更生会社がすることのできる上訴、請求異議、再審等の訴訟手続によってのみ異議が可能（158条1項）。未確定の終局判決の場合は、訴訟受継のうえ上訴を行うことになる（158条2項）。所定の期間に異議者からの手続がない場合は異議は認められない（158条4項）。
			届出債権者が期間内に査定等をしなかった場合	異議が認められる（151条6項）。

（注1）　管財人又は他の債権者の異議の撤回（「認めない」を「認める」への変更）について

管財人の異議 の撤回	査定申立期間経過後又は、査定申立手続係属中等で内容未確定の状態である場合のみ撤回が可能と解されている[166]。撤回する場合は、その旨を記載した書面を裁判所に提出するとともに当該債権者へ通知する（規則44条2項）。
更生債権者の 異議の撤回	議論があるところであるが、異議の撤回は可能と考えられている[167]。撤回する場合は、その旨を記載した書面を裁判所に提出するとともに当該更生債権者等へ通知する（規46条3項、44条2項）。

（注2）　査定裁判の対象になるのは、更生債権等の存否や額であり、議決権額は対象にならない（191条2項4号、192条1項2号）。

163　届出名義の変更は141条、規則40条参照。
164　民事再生の場合も、別除権者は別除権不足額の届出を行い（民事再生法94条2項）、予定不足額に対する認否を行うが（民事再生法101条、99条2項）、予定不足額は議決権額にしか影響しない。一方で、更生担保権は弁済額に直結する点で、大きく異なる。
165　年金掛金や年金給付についても届出が必要になることがある。
166　伊藤更生法475頁
167　最新更生185頁

(4) 債権査定手続（151条）

　民事再生と概ね同じ（第1編第8章4参照）。実務的には債権者と和解をして、異議を一部取り下げたうえで査定を取り下げてもらうなどの方法で終結させることも多いようである[168]。

　なお、更生担保権者がした更生債権等査定申立てについての決定は、価格決定の申立期間が経過した後（価額決定の申立てがあったときは、当該価額決定の申立てが取り下げられ、若しくは却下され、又は裁判所の決定が確定した後）でなければすることができない（155条1項）。また、価格決定の結果は、更生債権査定申立て又は債権査定異議の訴えが係属する裁判所を拘束する（155条2項1号）。

(5) 確定の効力

　確定した更生債権等についての更生債権者表、更生担保権者表の記載は、確定判決と同一の効力を有し（150条3項）、更生計画不認可決定が確定した場合や、更生手続廃止の場合には、更生債権者は、これに基づいて強制執行をすることが可能（235条1項、238条6項）。

　なお、届出がない債権については、原則として更生計画認可決定により失権する（204条）。

5　更生担保権の認否

(1) 更生担保権に係る認否の留意点

原　則	更生担保権は、更生手続開始当時更生会社の財産につき存する担保権の被担保債権（更生手続開始前の原因に基づいて生じたもの及び更生手続開始後の利息請求権等）のうち、当該担保権の目的である財産の更生手続開始時の時価によって担保された範囲のものをいう（社債を除く利息又は不履行による損害賠償若しくは違約金請求権は、更生手続開始後1年を経過する時又は更生計画認可の決定のいずれか早い時点までに生ずるものに限る）とされている（2条10項）ので、その範囲で認める。 財産評定が更生手続開始の時価で行われる（83条2項）ことから、担保評価額は原則として財産評定の金額を基礎として認否が行われることになる。	
届出額が財産評定より低い場合	管財人は届出額を認め、差額は更生債権として認否を行う[169]。	
目的財産を共通にする更生担保権の取扱い	各更生担保権者の担保目的物の価格が異なる場合	先順位の担保物の評価額が後順位の更生担保権額に影響することがある[170]。
	一部の更生担保権者のみが争った場合	管財人が行った財産評定は、更生債権等の確定に関する査定や訴訟が継続する裁判所を拘束しない（159条）[171]。

168　最新更生 189 頁
169　更生実務下 176 頁
170　更生実務下 176 頁。具体的には以下の例が紹介されている。

	被担保債権額	担保目的物の評価額	財産評定額	結　論
第1順位	8億円	5億円	8億円	5億円
第2順位	4億円	10億円		0円

　　（注）第2順位の更生担保権が0円になるのは、第1順位の更生担保権はあくまでも8億円であり（2条10項）、第1順位の担保権者が担保目的物の評価を財産評定より低く届出してきことにより認否が5億円になったことは第2順位の担保権者の更生担保権に影響しないため。

171　同一の不動産につき複数の抵当権が設定されていた場合で、一部の更生担保権者のみが争った結果、目的財産の価額が管財人の行った財産評定と異なる場合の規定。例えば、以下の例で、財産評定が8000万円で、第3順位の抵当権者のみが争った結果、査定等の結果が1億になった場合、更生担保権額は結論欄記載のとおりとなる。

第11章　更生債権等の債権届出、債権調査

更生会社が物上保証している場合	物上保証のみしている場合	届出を受けて、財産評定の範囲で更生担保権として認否を行う。
	物上保証と併せて連帯保証をしている場合	・物上保証部分については、財産評定の範囲で更生担保権として認否を行う。 ・連帯保証部分は更生担保権とは連動しない一般更生債権になると考えられる[172]。

(2) 価格決定手続

　更生手続に参加しようとする更生担保権者は債権届出を行い（138条2項）、更生担保権が債権調査・査定等を経て確定することなどは、4で述べた更生債権と同様である。更生担保権特有の制度として、担保権の評価額が問題となることがあり、担保対象物の価額について争いがある場合に価格決定手続（153条以下）が取られる。

（i）流　れ

時系列	内　容
申立て（153条1項）	更生債権等査定申立てをした場合のみ、価格決定の申立てが可能（153条1項）。目的物の評価根拠書面等を提出する（規則48条、民事再生規則75条4項、76条）。 また、費用を予納しなければならない（153条3項）。
評価人の選任等（154条1項）	裁判所が評価人を選任し、評価命令をする（154条1項）。
価格決定及び費用負担の決定	裁判所の価格決定及び費用負担の決定（154条2項、5項）。 ⇒即時抗告が可能（154条3項）
価格決定の効果	価格決定により定められた価格は、更生債権査定申立て又は債権査定異議の訴えが係属する裁判所を拘束する（155条2項1号）[173]。

（ii）価格決定請求における担保権の評価（規則48条、民事再生規則79条）

不動産の場合	当該不動産の所在する場所の環境、その種類、規模、構造等に応じ、取引事例比較法、収益還元法、原価法その他の評価の方法を適切に用いなければならない（規則48条、民事再生規則79条2項）。
不動産以外	不動産に準じる（規則48条、民事再生規則79条4項）。

東京高決 H17.9.14　収益還元法に基づく評価人の評価が妥当なものであるとした裁判例

判タ1208号311頁

　銀行Xは、ゴルフ場を経営する更生会社甲社の管財人Yの行った、Xが抵当権を設定していた甲社所有のゴ

	被担保債権額	財産評定による更生担保権額	査定等の結果による更生担保権額割付額	結　論
第1順位	4000万円	4000万円	4000万円	4000万円
第2順位	5000万円	4000万円	5000万円	4000万円
第3順位	3000万円	0円	1000万円	1000万円
合　計		8000万円	1億円	

（補足）第2順位の更生担保権額は、争っていないので変更しない。

172　更生QA74頁
173　前提として、更生担保権者がした更生債権等査定申立てについての決定は、価格決定の申立期間が経過した後（価額決定の申立てがあったときは、当該価額決定の申立てが取り下げられ、若しくは却下され、又は裁判所の決定が確定した後）でなければすることができない（155条1項）。

ルフ場として利用されている不動産に係る更生担保権の評価が低いとして、価格決定を申し立てたところ、第1審が選任した評価人は、収益還元法のみにより約5億6000万円と評価し、裁判所も同額で価格決定を行った。そこで、Xは、収益還元法のみならず、原価法（ゴルフ場建設費用の積算により算定する方法）なども併用して鑑定すべきとして即時抗告を行ったが、本決定は、DCF法によって算定した不動産鑑定評価が妥当なものであるとして、Xの抗告を棄却した。

第12章　（双務）契約、相殺、否認、役員等責任査定

（双務）契約、相殺、否認[174]、役員等に対する損害賠償請求権の査定制度については、民事再生と概ね同様であり、詳細は割愛する。

ここでは、民事再生法と会社更生法の条文の対照表のみを掲載する。

1　（双務）契約等に関する条文番号対比表（第1編第10章参照）

民事再生法	会社更生法	条文の内容
49条	61条	双務契約
50条	62条	継続的給付を目的とする双務契約
51条	63条	双務契約についての破産法の準用
52条	64条	取戻権

2　相殺に関する条文番号対比表（第1編第11章参照）

民事再生法	会社更生法	条文の内容
85条の2	47条の2	管財人（再生債務者等）による相殺
92条	48条	相殺権
93条	49条	相殺禁止
93条の2	49条の2	相殺禁止

3　否認に関する条文番号対比表（第1編第12章参照）

民事再生法	会社更生法	条文の内容
127条	86条	更生債権者（再生債権者）等を害する行為の否認
127条の2	86条の2	相当の対価を得てした財産の処分行為の否認
127条の3	86条の3	特定の債務者に対する担保の供与等の否認
128条	87条	手形債務支払の場合等の例外
129条	88条	権利変動の対抗要件の否認
130条	89条	執行行為の否認
131条	90条	支払の停止を要件とする否認の制限
132条	91条	否認権行使の効果
132条の2	91条の2	更生会社（再生債務者）の受けた反対給付に関する相手方の権利等
133条	92条	相手方の債権の回復
134条	93条	転得者に対する否認
134条の2	39条の2	否認権のための保全処分
134条の3	94条	保全処分に係る手続の続行と担保の取扱い
135条	95条	否認権の行使
136条	96条	否認の請求及びこれについての決定

---

[174] ただし、会社更生手続は、担保権も手続内に取り込むことから、更生手続以外の手続では否認対象行為とならない担保権者との間の行為も否認の対象になり得るとの指摘はある（更生QA64頁）。

137条	97条	否認の請求を認容する決定に対する異議の訴え
139条	98条	否認権行使の期間

4　役員等に対する損害賠償請求権の査定制度（第1編第13章参照）

民事再生法	会社更生法	条文の内容
143条	100条	役員等の責任の査定の申立て等
144条	101条	役員等責任査定決定等
145条、146条	102条	役員等責任査定決定に対する異議の訴え
147条	103条	役員等責任査定決定の効力

第13章 訴訟等の取扱い

1 概　要

主体	種類		中断の有無	中断後の処理	備考
更生会社	更生債権に係る訴訟		中断（52条1項）(注2)	債権確定手続の中で受継等の処理がされる(注3)。	詳細は2参照。
	更生債権に関係ない訴訟(注1)	財産関係訴訟		管財人は受継可能。相手方も受継申立てが可能（52条2項）。	共益債権、取戻権に関する訴訟など
		財産関係以外	中断しない。		株主総会無効確認の訴えなど（範囲については争いがある[175]）
	株主代表訴訟		中断（52条1項類推）[176]	株主は当事者適格を失い、管財人は受継することも、受継せずに新たに損害賠償請求訴訟を提起することもできると考えられる[177]。	
更生債権者	債権者代位訴訟		中断（52条の2第1項）(注2)	管財人は受継可能。相手方も受継申立てが可能（52条の2第2項）。	管財人は受継を拒否できると解されている[178]。
	詐害行為取消訴訟				

（注1） 財産関係の訴訟であるか否かは、更生手続開始の結果、実態的に何が代表取締役の権限として残り、何が管財人に移されるかという観点から決定されるべきと解する[179]。
（注2） 中断する場合、係属裁判所に対して訴訟が中断した旨の上申書を提出する必要がある（係属裁判所は、会社更生手続開始決定を当然には知り得ないため）。
（注3） 受継されない場合は更生債権に関する訴訟費用も更生債権になると解される（**最二小判 H25.11.13**）。

最二小決 H25.11.13（更生） 更生債権に関する訴訟費用も、訴訟が受継されない場合は更生債権になるとした判例
民集67巻8号1483頁、判時2228号27頁、判タ1404号96頁、金法2004号103頁、金判1449号32頁
「更生債権に関する訴訟が更生手続開始前に係属した場合において、当該訴訟が会社更生法156条又は158条の規定により受継されることなく終了したときは、当該訴訟に係る訴訟費用請求権は、更生債権に当たると解するのが相当である。」

2 更生債権に係る訴訟の流れ

民事再生と概ね同じ（第1編第14章2参照）。

3 更生手続開始後の債権者代位訴訟、詐害行為取消訴訟の可否

民事再生と概ね同じと解する（第1編第14章3参照）。

175　更生実務上255頁
176　更生実務下53頁
177　更生実務下53頁
178　最新更生149頁
179　更生実務上401頁

第14章　スポンサーの選定手続及び支援方法

1　概　要

(1)　スポンサー選定の基本的な考え方

　スポンサーを選定する方法は、大きく入札による方法と相対の交渉で決める方法の二つがある。この点、一般的には、入札のほうが手続に透明性があり、妥当であることが多い。しかしながら、入札は、時間がかかること（その間に事業が毀損してしまう可能性がある）や、競合先が入札に参加した場合、更生会社の事業内容を競合先に開示してしまうというデメリットもあり、事案によっては相対の交渉で進めることもある。入札によるか、相対によるかは、更生会社の状況や、スポンサー候補者がどの程度出てくるかなどによって、個別具体的に判断されることになる。

(2)　スポンサーの支援方法

(i)　スキームの整理
　概要以下のとおり整理される。

スポンサーの支援方法	契約種類	主な必要な手続
計画外事業譲渡	事業譲渡契約	裁判所の許可（46条2項）
計画内事業譲渡	事業譲渡契約	更生計画への記載（46条1項、174条6号、210条）
新設会社分割＋株式譲渡	株式譲渡契約	更生計画への記載（45条1項、182条、182条の2、210条、222条、223条）
吸収会社分割	会社分割契約	
減増資	出資契約	更生計画への記載（45条1項、174条、174条の2、175条、210条、214条、215条など）

(ii)　メリット・デメリットの整理
　①増資、②事業譲渡、③会社分割の主なメリット、デメリットは以下のとおり。
　雇用調整の要否、債務免除益に係る税金の負担、時間的猶予、移転の手間や費用などを勘案して、スポンサーとも相談のうえ、いずれのスキームを選択すべきかを決定する。

	主なメリット	主なデメリット
減増資	・手続が簡便である。 ・許認可を継続利用できる。 ・繰越欠損金が存する場合、原則として利用できる。	・偶発債務を承継する可能性がある[180]。 ・雇用調整コストがかかる可能性がある。 ・債務免除に当たっての債務免除益課税の回避策を取る必要がある。
事業譲渡	・簿外債務の承継リスクをなくすことが可能 ・短期で実行が可能なことが多い。 ・債務免除益課税対策が比較的容易である。 ・雇用調整が比較的容易である。 ・計画外事業譲渡が可能（46条）であり、早期に実行できる。	・移転の手間やコストがかかることが多い。 ・許認可を承継できない。 ・税務コスト（消費税等）がかかる場合がある。 ・繰越欠損金があっても承継はできない。

---

[180]　もっとも、届出の無い更生債権は原則として失権するため（204条）、かかる点のデメリットは会社更生においては、あまり考慮する必要はない。

会社分割	・不動産取得税や登録免許税など税務コストが軽減できることがある。 ・許認可の承継が可能であることがある。 ・権利義務や資産の承継が容易であることが多い。 ・債務免除益課税対策が比較的容易である。	・許認可を承継できないことがある。 ・繰越欠損金があっても承継はできないのが一般的。 ・労働者保護手続が必要となる。 ・雇用調整コストがかかる可能性がある。

(3) 通常の M&A と比較して、注意すべき事項

通常の M&A と比較して会社更生手続で注意すべき事項は以下のとおり。

従業員	特に事業譲渡の場合、従業員は一度解雇したうえで、全員ではなく一部の従業員だけを譲受会社が採用（場合によっては、試用期間として採用）することが多い。 解雇の時期、解雇予告手当の処理、退職金の支払、さらには、継続雇用されない者のフォローなどを行う必要がある。
信用力調査の重要性	更生計画案の提出時期が決められていることや、更生会社に資金繰りに余裕がないことが多いため、譲受人の債務不履行（譲渡代金の支払遅延など）が与える影響は通常の M&A と比較して甚大となることが多い。したがって、スポンサーの信用力（支払能力や、反社会的勢力と無関係であることなど）の調査が特に重要となる[181]。

2 具体的なスポンサー支援の手順

(1) スポンサー選定手続の概要（入札の場合）

民事再生と概ね同じ（第1編第15章3(1)参照）。

(2) 基本契約締結の有無

民事再生と概ね同じ（第1編第15章3(2)参照）。

(3) 減増資スキームの具体的手順等

増減資について更生計画案に定めることで、株主総会決議等を経ることは不要となる（210条、214条、215条）。

(4) 計画外事業譲渡の具体的手順

時系列	要件・内容等	
事業譲渡契約の締結	・事業譲渡の実行は裁判所の許可を停止条件とする。 ・譲渡対象は通常、債権・債務を除いた営業用資産のみを対象とし、債権・債務は更生会社に残すことが多い。 ・瑕疵担保責任、売主の表明・保証責任は基本的に免責とするべき。	
46条2項許可の申立て	許可の要件	・事業更生のために必要であると認められること。
	必要な手続[182]	・更生債権者、更生担保権者等の意見聴取（3項） ・労働組合等の意見聴取（3項）

---

181 支払能力を担保するため、2次入札に進む候補者に対して入札参加保証金の差入れを求めるとともに、2次入札でそれ以前の入札より著しく悪い条件の提示及び2次入札書を提出しない場合には当該保証金を没収する方法を取った例が報告されている（金法1952号39頁「林原グループ案件における否認請求等」高橋洋行ほか）。更生債権者等に迷惑をかけるだけでなく、最悪の場合、資金繰り破綻を招く可能性もあるので、スポンサーの信用力は重要である。

182 意見聴取は書面で行われることが多いようである（最新更生142頁）。

株主保護手続	管財人は、法定事項を公告又は株主に通知する必要がある（4項）が、債務超過の場合は不要（8項）。
関係人説明会の開催	管財人は必要に応じて、更生債権者等の納得を得るために、説明会を行い、事業譲渡の概要等を説明する。
裁判所の許可	46条許可。なお、株主総会は不要（46条10項）。

(5) 更生計画内事業譲渡、会社分割の手続

計画案に定めることにより、株主総会の特別決議などなく事業譲渡、会社分割が可能（210条、222条、223条）。

第15章　更生計画案の作成

1　更生計画に定めるべき事項[183]

(1)　更生計画本文に記載すべき事項

分類	内容	
絶対的必要的記載事項	全部又は一部の更生債権者等の権利変更（167条1項1号、168条、170条）	
	共益債権の弁済（167条1項3号）	
	債務の弁済資金の調達方法（167条1項4号）	
	更生計画において予想された額を超える収益金の使途（167条1項5号）	
	強制執行の続行等をした場合の配当等に充てるべき金額等（167条1項6号）	
	知れている開始後債権があるときはその内容（167条1項7号）	
	更生会社の取締役、執行役及び監査役等（167条1項2号、173条）[184]	
相対的必要的記載事項	債務の負担及び担保の提供に関する条項（171条）	
	未確定の更生債権に関する条項（172条）[185]	
	取締役の権限を回復させる場合にはその旨（72条4項)	
	会社の組織に関する事項（代表的なもの）[186]（注1）	更生計画での事業譲渡に関する条項（174条6号）
		株式の消却、併合、分割等に関する条項（45条1項1号、174条1号）
		資本金の額の減少に関する条項（45条1項3号、174条3号、212条）
		募集株式を引き受ける者の募集に関する条項（45条1項1号、175条）
		新会社の設立（183条、225条）
		会社分割（45条1項7号、182条、182条の2、222条、223条）
		解散（45条1項5号、178条、218条）

（注1）　45条1項各号に定められる会社の組織に関する事項は、「更生手続開始後その終了までの間においては、更生計画の定めるところによらなければ、更生会社について次に掲げる行為を行うことができない。」とされているので、行うのであれば更生計画において定める必要がある。

（注2）　法律上の要請ではないが、スポンサーがついた更生計画案においては、スポンサー支援の必要性、スポンサー選定・決定の経緯、選定・決定の基準や理由などが記載するのが通例のようである[187]。

(2)　別　表

更生計画で一般的に添付されている別表は、計画の実務と理論495頁〜508頁によれば、概要以下のとおりとされている。

183　書籍によっては、必要的記載事項と任意的記載事項という区分をしているが、ここでは伊藤更生法548頁以下の区分に従った。
184　更生会社の役員は計画認可決定で退任する（211条4項）。
185　査定又は査定異議訴訟が継続中の債権などが対象となる。また、認可決定までに退職金債権の届出が発生する可能性がある場合は、その取扱いを定めるべき（最新更生197頁）。
186　右記以外にも可能（45条1項1号、174条1号）。
187　計画の実務と理論47頁

項　目	一般的な作成方法
貸借対照表	開始決定日（財産評定前、後）、認可前基準日（通常、清算）
損益計算書	開始決定日の翌日から基準日まで
事業損益計算書	
弁済資金計画表	
弁済・納付計画総括表	
更生担保権弁済計画表	権利変更と弁済方法が同一の更生担保権者ごと 処分連動方式を採用している場合は担保対象物ごと
優先的更生債権弁済・納付計画表	租税公課と労働債権に分類
一般更生債権弁済計画表	同一内容の権利変更と弁済方法ごと
未確定更生担保権表、未確定更生債権表	
存続する担保一覧表	担保対象物ごと
存続しない担保一覧表	担保対象物ごと
担保権目的物一覧表	目的物件ごと
共益債権支払実績及び未払残高表	
弁済した更生担保権・更生債権一覧表	
その他	事業譲渡契約の内容、売却予定不動産の一覧など

2　権利変更総論（原則）

(1)　基本原則

平等原則 (168条1項)	更生計画は、原則として同一種類の債権の間では平等でなければならない。ただし、少額債権、不利益の者の同意がある場合などの例外は認められる（168条1項ただし書）[188]。
公正衡平原則 (168条3項)	租税等債権及び罰金等の請求権を除いて、以下の権利の順位に従って、更生計画の内容に公正かつ衡平な差を設けなければならない[189]。 ・更生担保権 ・優先的更生債権 ・一般の更生債権 ・約定劣後更生債権 ・残余財産の分配に関し優先的内容を有する種類の株式 ・その他の株式
清算価値保証原則	明文の定めはないが、清算価値保証原則を満たす必要があると解されている[190]。なお、清算価値保証原則の基準時点については争いがあるが、開始決定時とするのが有力なようである[191]。
遂行可能性	更生計画に遂行可能性が無ければ、裁判所は更生計画案の付議決定ができない（189条1項3号、199条2項3号）。

188　さらに、開始決定前のファイナス（プレDIPファイナンス）について、他の債権者より優先的に取り扱うことが許容される場合もあるとされている（最新更生235頁）。
189　具体的な「差」については、先順位の権利者の権利が後順位の権利との関係において相対的に優先していればよいという趣旨であり、先順位の権利を完全に満足しないと後順位に権利を与えてならないということでなく、免除率において差が大きければ足りると解されている（最新更生236頁）。
190　伊藤更生法632頁
191　伊藤更生法632頁

(2) 権利変更を受ける時期（＝免除を受ける時期）について

更生計画に免除の時期について特段の定めがあれば、当該定めに従って債務免除益が発生するが、そうでなければ、更生計画の効力発生時期は更生計画認可決定時であり（201条）、債権認否書に記載された更生債権は、更生計画の定めに従って変更されるため（204条1項）、債務免除の効力発生時期は、更生計画認可決定時となる。

実務的には、必ず債務免除益の発生時期を明記して、免除益課税の発生を避けなければならない。免除益の計上時期のコントロールと繰越欠損金の利用や資産譲渡損・評価損の計上を組み合わせたタックスプランニングが必要となる。

(3) 弁済期間

更生債権等	原則として15年以内（168条5項2号）
更生担保権	原則として15年又は担保物の耐用期間のいずれか短い期間（165条5項1号）
租税債権等	原則として3年以内（169条1項）

(4) 清算型計画案提出の要件

清算型の更生計画案を提出する際には以下の要件を満たす必要がある。また、更生担保権者の可決要件も以下のとおり加重されている。

提出要件（185条1項）	事業継続を内容とする計画案作成が困難であること。
	債権者一般の利益を害するものでないこと。
	裁判所の許可
可決要件	・更生債権の議決権の過半数（196条5項1号） ・更生担保権の議決権の9割（196条5項2号ハ）

3　権利変更各論

権利変更の具体的な内容は事案毎に異なる。以下は、一般的な注意事項である。

(1) 一般的な権利変更の内容及び弁済内容

(i) 権利変更の内容の概要

原則的な組分け		権利変更の概要
更生担保権		担保目的物の価額として認めれらた全額を弁済する内容とすることが多い。また、弁済期間も一般更生債権より短期間となることが多い[192]。
優先的更生債権	租税等の請求権	租税等の請求権について、求意見事項についてのみ減免を定めることもあるが、同意を条件として延滞税等の減免を定める事例もある[193]。 弁済時期は、一括が多いが3年以内の分割納付するという例もある[194]。
	労働債権	減免を求めず、また、計画案認可決定後速やかに支払うとするものが多いが、免除を定めた例もある[195]。

---

[192] 計画の実務と理論 156頁
[193] 更生QA191頁～192頁
[194] 計画の実務と理論 359頁
[195] 計画の実務と理論 361頁～363頁

一般更生債権	債権額によらず一律に弁済率を定めるほか、債権額に応じて段階的に弁済率を定める方法や、資産の換価代金等を基礎として一定の算式で定める方法がある[196]。
約定劣後債権	対象があれば、全額免除を受けることになると考える。
優先株式 その他の株式	発行済株式の全部を無償取得する内容の権利変更を行うことが一般的であるが、更生会社の解散が予定されているような場合には権利変更のみを定め無償取得を行わない例もある[197]。
罰金等	罰金等の請求権については、更生計画において減免の定めその他権利に影響を及ぼす定めをすることができない（168条7項）。

(ⅱ) 弁済方法

更生債権、更生担保権の弁済計画は、大きく一括弁済型と分割弁済型に分かれる。弁済に係る定めは概要以下のとおり。

弁済方法	留意点
一括弁済型	スポンサーが弁済資金を提供し、かかる資金で一括弁済をしてしまうもので、スポンサー契約に基づきスポンサーが資金を拠出できることの確認が取れれば、履行可能性については問題となることはあまりない。
分割弁済型	スポンサーが付いたものを分割弁済する場合と、自主再建により分割弁済する場合がある。弁済期間は、原則として15年以内でなければならない（168条5項）。 自主再建型の更生計画は、将来収益の見込み（事業計画）が重要となる。
選択型	債権の一部放棄を条件として一括弁済を定めるものや、分割弁済を原則としつつ債権者が一括弁済を受ける選択権を持つ計画案もある[198]。
代物弁済	DESないしDDS（更生担保権を社債に振り替える条項）を定めた例もある[199]
繰上弁済条項	管財人が裁判所の許可を得るなどして、繰上弁済をすることができる旨を定めることがある。この場合、中間利息を控除する場合としない場合があり、控除する場合は5％程度とする事例が多いようである[200]。

(2) 更生債権の権利変更

債権の種類	留意点
元本及び開始決定までの利息及び遅延損害金	弁済期間は原則として認可決定確定時から15年以内（168条5項）。なお、更生債権の弁済率を金額によって分けて、高額部分の弁済率を低くすることは許される[201]。
開始決定後の利息及び遅延損害金	免除を受けることが一般的（168条1項本文ただし書、136条2項1号、2号）[202]。
少額債権	・保全処分の例外として少額債権の弁済を行っている場合や更生手続内で少額債権の弁済（47条5項）を行っている場合などでは、債権者間の公平を考えて、計画案でも当該弁済額ないしそれより大きな金額の弁済を定めるべき。 ・少額債権を全額弁済する場合には、債権額の多い債権者のほうが弁済額が少額とならないように、権利変更の条項に注意する必要がある。したがって、少額債権額については一律に弁済をして、残額について一定割合の弁済をする旨の計画案とすることが多い。

196 計画の実務と理論311頁～314頁
197 計画の実務と理論417頁～427頁
198 計画の実務と理論317頁
199 更生担保権について計画の実務と理論162頁～164頁。更生債権について計画の実務と理論321頁～326頁
200 更生担保権について計画の実務と理論165頁。更生債権について計画の実務と理論327頁～330頁
201 ただし、債権者平等（168条1項）との関係で、具体的な定め方には留意すべき点が少なくない。
202 更生QA185頁

	・手続開始後に更生債権の一部が譲渡や代位弁済されるなどして債権者数が増える場合がある。この場合に、両者に少額債権を弁済するか、元の債権額で按分弁済するかなどについて法は扱いを定めていない。どの時点の更生債権者を基準に少額弁済をするかも計画案に定めておくべきと解する[203]。
敷金返還請求権	48条3項が定める6か月分賃料の共益債権化部分及び賃借人の退去の際の債務（未払賃料債務や原状回復費用債務）と、権利変更の関係は明確とは言い難い。そこで、計画案で、敷金返還請求権の権利変更において、権利変更と滞納賃料や原状回復費用の充当との関係を明確に定めておくべき[204]。
保証債務[205]	更生計画認可時点で他の更生債権同様に権利変更を行う旨定めるか、主債務の債務不履行時に権利変更及び弁済を行う旨定めることが多い[206]。
168条1項ただし書に基づき「衡平を害しない」場合として権利変更に差異を設ける場合	東京地裁の事例として、以下のものが報告されている[207]。いずれも、事実上の労働債権である点を重視したようである。 ①企業年金につき、予定利率と掛金率を変更することにより、支払掛金債権の削減率を他の債権より優遇した事例 ②会社勤務中に発生した労災等に係る更生債権を優遇した事例 また、不法行為債権（特に人身損害に対する賠償債務）を優遇する場合や[208]、関係会社間債権債務について劣後的な取扱いをした事例もあるとされている[209]。
社 債	有価証券報告書の提出義務が無くなることを明確にするために「社債に係る更生債権については、更生計画認可決定日に指名債権に変更し、社債性を失う。」と更生計画に明示するのが望ましいとされている[210]。
ゴルフ会員権	預託金返還請求権及びプレー権の取扱いについて、事案に応じて様々な工夫がされている[211]。

(3) 租税等（公租公課）の請求権の権利変更

租税等の請求権の権利に影響を及ぼす定めをするときは、原則として徴収権者の同意が必要であるが（169条1項本文）、例外的に以下の事項は徴収権者の意見を聴けば足りるとされている（169条1項ただし書）。

猶予期間に係る例外	3年以下の期間の納税の猶予若しくは滞納処分による財産の換価の猶予の定めをする場合
減免等に関する例外[212]	①更生手続開始の決定の日から1年を経過する日（その日までに更生計画認可の決定があるときは、その決定の日）までの間に生ずる延滞税、利子税又は延滞金 ②納税の猶予又は滞納処分による財産の換価の猶予の定めをする場合におけるその猶予期間に係る延滞税又は延滞金

---

203 この点、手続開始後認可までに更生債権等の譲渡があった場合、譲渡前の債権額を基準として権利変更し、また、一部譲渡の場合には譲渡人と譲受人で按分して免除額を負担する旨定めるのが一般的であるとされている（更生QA197頁）。
204 最新更生238頁以下に詳しい。具体的な更生計画の定めは、計画の実務と理論330頁～334頁参照。
205 保証契約で特段の定めがない限り、主債務が遅滞しない限り、保証債務も期限の利益を有することから、検討が必要となる。もっとも、銀行取引においては、保証人が法的整理を開始した場合に保証人に履行請求できる旨定められることが多い。
206 計画の理論と実務334頁～335頁
207 NBL954号61頁「事業再生ADRから会社更生への手続移行に際しての問題点と課題（2）」腰塚和男ほか
208 更生QA195頁
209 更生QA198頁～199頁
210 事業再生と債権管理136号100頁「ウィルコムの会社更生手続」腰塚和男ほか
211 計画の実務と理論339頁～348頁に詳しい。
212 やや複雑であるが、延滞税、利子税又は延滞金についてまとめると以下のとおり（更生QA192頁参照）。

(4) 更生担保権の権利変更

(i) 更生担保権に関する条項

原　則	担保の種類毎にその担保権の存続、被担保債権の弁済、及び担保権の消滅について定められる[213]。
特殊な定め	・処分連動方式の定め（→(ii)） ・リース契約に関する規定[214]。特にリース期間満了時のリース物件の処理について[215]。
従前の担保	更生計画に定めのない担保権は消滅する（204条1項）[216]。 担保権を完全に外すことは担保権者の反発が強いことから、更生担保権を被担保債権として担保権を存続させる旨が更生計画に定められることも多い[217]。
根抵当権	更生計画認可決定による根抵当権の帰趨は、法律上あいまいな部分が多い。したがって、根抵当権の処理（元本確定の有無、確定しない場合の被担保債権など）については、可能な範囲で更生計画に明確に定めるべきとされている[218]。
共同担保関係	更生計画に明確に定めない限り、共同担保関係は解消されないと解される（**東京地判H18.2.15**）。したがって、共同担保関係の取扱いについても更生計画に明確に定めるべきであろう。

東京地判 H18.2.15（更生） 更生計画に共同抵当解消の定めがなかったことなどを理由に、共同抵当担保関係は解消されないとした裁判例

金法1801号61頁

　Xは平成5年に更生手続開始申立て、平成9年に更生計画認可決定、平成14年更生手続廃止決定及び民事再生申立て及び再生計画認可決定をした会社である。Xの再生計画認可決定後、Yが抵当権設定を受けた一部の不動産について競売を申し立てたのに対し、共同抵当の関係が維持されている前提で配当表が作成された。そこで、Xが更生計画により共同抵当の関係は解消されたとして配当異議訴訟を提起した。
　本判決は、更生計画の内容を検討したうえで、「本件更生計画によって本件共同抵当不動産の共同担保関係が解消されたということはできない。」として、Xの請求を棄却した。

(ii) 処分連動方式[219]

　担保対象物を比較的短期間で処分をすることが見込まれる場合（デベロッパーの更生などはこれが基本となる）、処分時に当該物件の管理・処分の実費及び一定の更生会社手数料を差し引いた金額を更生担保権額とする内容の更生計画案とすることがある。かかる方法は、担保権評価をめぐる紛争を回避できるというメリットがあり、定め方によっては更生担保権者としても過大

開始決定日まで	同意事項
開始後1年又は認可決定のいずれか早い日	求意見で足りる（169条1項1号）
開始後1年経過後認可決定まで（認可が開始後1年以上後の場合）	同意事項
認可後	求意見で足りる（169条1項2号）

---

[213] 更生QA184頁

[214] 計画の実務と理論243頁～248頁で詳細に検討されている。

[215] 例えば、リース期間満了時に管財人はリース会社から所有権放棄を受けるか、リース会社の費用で引き揚げる旨の定めが置かれる（更生QA190頁）

[216] 更生計画に定めが無ければ、法律上当然に消滅することになるが、トラブル防止の観点から、存続しない担保権を更生計画に明記することが多いとされている（更生QA190頁）。

[217] 更生QA189頁参照

[218] 最新更生273頁

[219] 処分連動方式を採用した場合、更生担保権の認否は、更生債権額の弁済額を定める機能はなくなり、議決権額を定める機能、更生計画における存続する担保権の範囲を画する機能、一般更生債権に対する弁済率を定める事実上の指標となる機能のみを有することになる（NBL990号104頁「会社更生手続における不動産処分連動方式（下）」事業再生迅速化研究会第3PT）。

な余剰金を更生会社に残すことがないという点で受け入れられやすいというメリットがあり、近時、比較的一般化されているようである[220]。

実際に定める場合には、売却方法、売却時期（期間）、共同担保の処理、更生計画案の可決要件など、考慮すべき事項は多い[221]。処分連動方式における主な留意点は以下のとおり。

弁済額	更生担保権額が処分金額によって変動することになるため、弁済額（更生担保額）を定めるに当たり売買代金から控除すべき項目の定め方に工夫が必要となる[222]。
売却手続	売却方法、弁済額の確認方法などについて、管財人が事前に対象更生担保権者と協議を行う条項を更生計画に定めることが多い。
管財人が処分すべき期間	一定期間に処分ができない場合には、担保権者による担保権の放棄、競売申立て、担保権者への代物弁済等により処分をすると定められる[223]。
現実の処分価格と確定更生担保権額の差額の処理	現実の処分価格＞確定更生担保権額の場合の差額は更生担保権へ全部ないし一部を弁済するのが一般的であるが、弁済しないとする例もある[224]。 現実の処分価格＜確定更生担保権額の場合の差額は一般更生債権に準じた権利変更を行うのが一般的であるが、全額免除する例などもある[225]。
可決要件	処分連動方式は、「更生担保権の減免の定めその他期限の猶予以外の方法により更生担保権者の権利に影響を及ぼす定め」と解されており、更生担保権の4分の3以上の賛成が必要となる[226]。

(5) 事業計画

民事再生と概ね同じ（第1編16章2参照）[227]。

(6) 否認訴訟等が係属している場合

民事再生と概ね同じと解する（第1編16章2参照）。

4　会社の基礎的事項の変更に関する条項

会社の基礎的事項の変更は、更生計画に定めることにより、株主総会の特別決議等なく更生計画のみで行うことができ（210条）、債権者保護手続なども不要となる。さらには、登録免許税などについて税務上のメリットが認められることもある（264条）。逆に45条1項各号に定められ

---

[220] この方法は、平等原則が問題となり得るが、同じ処分予定の資産について、処分連動方式を取る更生担保権者とそうでない更生担保権者を定めるような場合でない限り、平等原則に反しないと解されている（伊藤更生法551頁）。

[221] 更生QA186頁に詳しい。また、計画の実務と理論189頁～241頁で詳細に検討がされている。

[222] 売主（更生会社）負担の仲介手数料、測量費用、土壌汚染対策費用、契約書・領収書印紙代、登記手続費用、原状回復費用、公租公課その他の不動産維持費用に加えて、更生協力金（更生会社の売上利益相当額。更生会社はこの中から人件費等の会社運営費用を捻出する）を控除する例がある（NBL990号104頁「会社更生手続における不動産処分連動方式（下）」事業再生迅速化研究会第3PT）。破産手続の場合、担保付物件を任意売却する際に破産財団への組入れを交渉することが一般であるが、会社更生の場合は、担保権も手続に取り組んでしまうため、更生計画案で更生会社への組入れ内容を更生協力金として一括して決めて、更生計画の履行として、更生会社への組入れを行うことになる。

[223] 更生QA190頁

[224] 計画の実務と理論204頁～207頁

[225] 計画の実務と理論207頁～209頁

[226] 最新更生261頁

[227] ただし、民事再生は不認可事由が「再生計画が遂行される見込みがないとき」（民事再生法174条2項2号）と定められているのに対し、会社更生は認可事由が「更生計画が遂行可能であること」（199条2項3号）と定められていることから、会社更生のほうが事業計画の遂行可能性がより厳格に求められると解される（更生QA182頁参照）。

る会社の組織に関する事項は、「更生手続開始後その終了までの間は、更生計画の定めるところによらなければ……行うことができない。」とされているので、行うのであれば、更生計画において定める必要がある。

主な事項の概要は以下のとおり。

(1) 役員及び定款の変更

(2)以下の各事項に共通して、更生計画に取締役等に関する事項及び定款の変更を定めることが多いが、それらの更生計画に定める事項は以下のとおり。

項　目	更生計画に定めるべき内容
取締役等に関する事項	取締役等の氏名等又はその選任方法及び任期（173条1項、211条）
定款の変更	更生手続が行われていない場合に当該行為を行うとすれば株主総会の決議の決定が必要となる事項（174条5号）

(2) 更生計画案による減増資等

更生計画案に以下の定めをすることで、発行済株式の無償取得とスポンサー等を割当先とする募集株式の発行による株主変更を行うことが可能。

内　容	条　文
自己株式取得・消却・資本金等の減少などに関する定め	174条、174条の2
募集株式を引き受ける者の募集に関する定め	175条
DESに関する定め	175条2号、177条の2

（補足）　更生計画で種類株式を発行する例もある。具体的には、議決権の無い種類株式、取締役及び監査役を選任する種類株式、取得条項付種類株式などが利用された例がある[228]。

(3) 合併、会社分割、新会社設立、事業譲渡において更生計画に定めるべき事項

項　目	更生計画に定めるべき事項	条　文	留意点
合　併	合併契約において定めるべき事項[229]	180条1項1号、2項1号、180条3項（吸収合併）、181条1項1号、181条2項1号（新設合併）	グループ企業につき会社更生手続開始決定を得たうえで、更生計画で各社の合併をする場合、合併する各グループ会社の弁済率を一律にしたり、グループ会社間の債権を消滅させる規定、さらには、グループ会社に対する重複債権のうち一方を消滅させる規定を置くこともある[230]。
	更生債権者等へ金銭等の交付をする場合は当該交付に関する規定	180条1項2号3号、2項3号4号、181条1項2号3号、181条2項3号4号	
会社分割	吸収分割契約において定めるべき事項[231]	182条	会社分割は、①事業の全部ないし一部をスポンサーに承継する場合、②関連会社にまたがる事業を集約する場合、③非事業用資産等を切り出す場合に利用される[232]。
	新設分割計画において定めるべき事項[233]	182条の2	

228　計画の実務と理論428頁〜429頁
229　具体的には会社法749条、751条、753条、755条等に定めがある。
230　NBL993号93頁「グループ企業における会社更生手続に関する諸問題（下）」事業再生迅速化研究会第4PT参照。なお、同論文によれば、かかる規定には反対説もあるが、債権者がグループ全体に対して与信判断をしている場合などには許容され得るだろうとしている。計画の実務と理論64頁〜81頁で具体的に検討がなされている。
231　具体的には会社法758条等に定めがある。
232　計画の実務と理論83頁〜84頁。なお、具定例は、計画の実務と理論87頁〜130頁参照。
233　具体的には会社法763条等に定めがある。

第 15 章　更生計画案の作成

新会社設立	・183 条に定める事項 ・新会社を承継する許認可	183 条、231 条	
事業譲渡	更生手続が行われていない場合に当該行為を行うとすれば株主総会の決議の決定が必要となる事項[234]	174 条 6 号	

(4)　上記の各事項を更生計画に定めた場合の主な効果

項　目	条　文	主な効果
機関決定の排除	210 条 1 項	更生会社、183 条に定める新会社は会社法又は定款に定める株主総会等の決議が不要となる。
株式買取請求権等の排除	210 条 2 項	更生会社、183 条に定める新会社の株主に株式買取請求権、新株予約権買取請求権は認められない。
無効の訴え等の排除	210 条 3 項	更生計画の遂行につき、無効の訴え、不存在確認の訴えはできない。
取締役等の退任・選任	211 条	取締役等の退任・選任手続は不要となる。
資本金等の額の減少	212 条	債権者異議手続が不要となる。
定款の変更	213 条	認可決定時又は更生計画で定めた時に効力が生じる。
株式の取得	214 条	更生会社は更生計画に定めた日に取得する。
募集株式、募集新株予約権、募集社債を引き受ける者の募集	215 条 216 条 217 条	・定款、会社法の規定の多くが排除される。 ・更生債権者等又は株主に対して募集株式等を引き受ける権利を与える旨を定めた場合には、通知、公告等が必要になる。
DES 等	217 条の 2	更生計画の定めに従って、株主、新株予約権者、社債権者となる。
合　併	220 条 221 条	更生計画の定めに従い、更生債権者等は存続会社の株主等になる。 また、関係書類の事前開示制度や債権者異議手続等は不要となる。
会社分割	222 条 223 条	関係書類の事前開示制度や債権者異議手続等は不要となる[235]。
株式交換・株式移転	224 条 224 条の 2	・更生計画の定めに従い、更生債権者等は株式交換完全親会社等の株主等になる。 ・関係書類の事前開示制度や債権者異議手続等は不要となる。
新会社の設立	225 条 226 条 231 条 232 条 1 項	・会社法の規定の多くが排除される。 ・更生会社の取締役等又は使用人であった者で、新会社が設立された際に更生会社を退職し、かつ、引き続き新会社の取締役等又は使用人となった者は、更生会社から退職手当の支給を受けることができないが、更生会社における在職期間は、退職手当の計算については、新会社における在職期間とみなされる。 ・更生計画において更生会社が行政庁から得ていた許可、認可、免許その他の処分に基づく権利及び義務を新会社に移転することを定めたときは、他の法令の規定にかかわらず、その権利及び義務が承継される。 ・更生計画において新会社が更生会社の租税等の請求権に係る債務を承継することを定めたときは、新会社は当該債務を履行する義務を負い、更生会社は当該債務を免れる。
登録免許税の特例[236]	264 条	資本金の変更、新会社設立、新会社への移転登記などについて、登録免許税の軽減措置が定められている。

234　具体的には、譲渡の相手方、時期、対価、対象資産などが中心となる（更生 QA203 頁）。
235　なお、労働者保護の規律は不要とされていない。
236　さらに、更生計画で新会社に不動産を移転させる旨を定めた場合には不動産取得税は非課税とされる（地方税法 73 条の 7 第 2 号の 4）など、税法において特例措置が定められている場合がある。

5　その他の条項

(1)　後からスポンサーが付いた場合の手当てを入れた更生計画案

　当初は自主再建で進めるが、後からスポンサーが付いた場合に備えて、一括弁済することが可能な条項を入れておくべき場合がある[237]。この場合、債権者平等の観点から、全債権者平等に弁済をするように定める必要があると考えられる。また、一括弁済する際に、弁済予定額の単純な合計額を全額弁済する旨を定める場合もあるが、弁済時点において将来の弁済額を一定の割引率で割り引いた金額を一括弁済する旨を定めることも可能と考える。

　また、その場合、株主に関する更生計画における定め方が問題となるが、更生計画により、更生会社が発行済株式の全部を無償で取得し、役員、従業員、一定の更生債権者等に代物弁済として新たに「取得条項付株式」を割り当てた事例があるとされている[238]。取得条項付株式とすることでスポンサー選定がなされた時点で、取得条項に基づき当該種類株式を取得し、スポンサーの更生会社に対する持株比率を100％にすることが可能となる[239]。

(2)　信託の設定

　一般的とは言えないが、組織再編と類似の効果を生じさせる方法として、更生計画で信託の設定が定められる例がある[240]。更生会社のコア事業又はノンコア事業に信託を設定したうえで、信託受益権を第三者に譲渡することにより、事業譲渡ないし代物弁済と同様の効果を得ることができるとされている。

(3)　清算型計画案（事業の全部の廃止を内容とする更生計画案）

(i)　要件（185条1項）[241]

- 更生会社の事業を当該更生会社が継続し、又は当該事業を事業の譲渡、合併、会社分割若しくは株式会社の設立により他の者が継続することを内容とする更生計画案の作成が困難であることが更生手続開始後に明らかになったこと（補充性）。
- 裁判所の許可
- 債権者の一般の利益を害さないこと。

(ii)　計画案に定めるべき事項

項目	内容
清算人等に関する事項	清算人等の氏名又はその選任方法及び任期（173条2項）
解散	その旨及び解散の時期（178条） なお、認可決定により、更生計画に定める時期に解散する（218条）。
清算手続の結了	法令上の要請ではないが、定めることが一般的[242]。

237　更生QA185頁

238　更生QA201頁。この場合、定款で「管財人が裁判所の許可を得たうえで決定したとき」や「取締役会で別に定める日」に取得できるものとされ、取得の対価についても定款で定められるとされている。

239　計画の実務と理論56頁

240　計画の実務と理論41頁～46頁参照。

241　計画外事業譲渡をして、更生会社を清算する計画案は、185条に定める「事業の全部の廃止を内容とする更生計画案」には該当しないとする見解が有力なようである（最新更生262頁）。

242　更生QA205頁。定めることにより、清算結了登記が職権となり登録免許税も節約できる（261条、264条）。

第 15 章　更生計画案の作成

| 株式に関する定め | 発行済株式の無償取得と管財人等を割当先とする募集株式の発行による株主の変更を行うことが多いと考えられる。 |

なお、株主総会決議などは不要となる（210条）。

(iii)　留意すべき事項

免除益課税対策	清算所得課税が廃止されており、清算中も各年度に所得が発生した場合には法人税が発生するので、免除益課税等が発生しないように留意する必要がある。
弁済方法の定め	換価すべき資産が多い場合、資産の換価の状況によって弁済の回数を複数にすべき場合がある。そのような場合、弁済時期や回数について柔軟に対応できるように定めておくべきであると考える。
可決要件（196条5項）[243]	・更生債権：議決権の総額の過半数 ・更生担保権：議決権の総額の10分の9以上

6　更生計画の内容等が争われた事案

民事再生の例が参考になると考えられる（第1編16章4参照）。

7　更生計画案の提出期限の伸長及び更生計画案の修正

| 提出期限の伸長 | スポンサーとの交渉が長引くなどして、更生計画案を当初の提出期限までに提出できないことがある。その場合には、提出期限までに、伸長申請を行わなければならない（184条4項）。なお、伸長申請は、原則として2回を超えてすることができない（規則50条2項）。 |
| 更生計画案の修正 | 付議決定されるまでの間であれば、裁判所の許可を得て計画案を修正することが可能（186条）。 |

---

[243]　計画外事業譲渡をして、更生会社を清算する計画案は、「事業の全部の廃止を内容とする更生計画案」には該当しないとする見解が有力であり（最新更生262頁）、かかる可決要件は該当しないと解される。

第16章　更生計画案付議決定から決議まで

1　更生計画案の付議決定

(1)　更生計画案の裁判所提出

　管財人は、定められた期日に更生計画案を提出する義務があるが、計画と同時に以下の書類を裁判所に提出する（規則51条）。

裁判所の指示に基づく更生計画案の当否の判断のために参考となるべき事項を記載した書類
47条2項又は5項、137条1項に規定する弁済及び47条の2による相殺に関する報告書

　なお、裁判所は、提出された更生計画案について労働組合等の意見（188条）及び、行政庁の許可、認可、免許その他の処分を要する事項を定めた更生計画案については行政庁の意見（187条）を聴かなければならないものとされている。

(2)　更生計画案の付議決定

　裁判所は、189条1項各号の事由がない限り、計画案の付議決定を行う（189条1項本文）。付議決定に当たり、更生計画案の決議方法について、集会型か、書面型か、併用型かについて決定されるが（189条2項）[244]、近時の東京地裁では、書面型が多いということである[245]。ただし、書面型は集会期日の続行ができないので（198条1項）、留意が必要である。

　また、議決権者の組分けについても決定される（196条2項）が、東京地裁では更生債権者の組と更生担保権者の組の二つに分けて行うのが通例とされている[246]。

2　議決票の送付

(1)　裁判所からの送付物[247]

　裁判所から、関係人集会呼出状（集会型又は併用型の場合）、投票用紙、投票用紙記入見本、更生計画案、その他必要書類を送付する（189条3項、4項）。実際には、管財人（更生会社）が発送作業の対応をすることも多い（規則3条の2）。

(2)　債権譲渡等に対する対応

　付議決定から決議までの間に債権（一部）譲渡がされたり、代位弁済がなされるなどして、議決票を変更する必要が発生することがある。この場合、裁判所に対して変更を上申するとととに、変更した議決票を新債権者に送るなどの対応が必要と考えられる（具体的な対応については裁判所によっても取扱いが異なると考えられるので、裁判所に確認が必要）[248]。

---

[244] そのほかに、議決権の不統一行使をする場合における裁判所に対する通知の期限（189条2項）を定める。また、基準日を定めることもできる（194条1項）が、東京地裁では通常基準日を定めていない（最新更生251頁）。
[245] 最新更生251頁
[246] 最新更生259頁
[247] 更生書式289頁～305頁（関係人集会開催）、316頁～320頁（書面投票）にサンプルが掲載されている。
[248] なお、基準日の制度があるが（194条）、東京地裁では通常定めていない（最新更生251頁）。

3 賛成を得るための方策

民事再生と概ね同じ（第1編17章3参照）。

4 計画案の変更

付議決定後であっても、議決権行使方法として債権者集会が定められている場合（併用型を含む）、「更生債権者等及び株主に不利な影響を与えないときに限り」、「裁判所の許可を得て」、計画案を変更することができる（197条）。

計画案の変更は関係人集会で行われることとなっているが、実務的には、事前に裁判所に提出をして変更の了解を得たうえで、債権者にも発送をすることになろう。変更は、手続に混乱をもたらすため望ましいものではない。計画案提出までに十分に検討を行い、極力変更は発生しないようにすべき。

5 可決要件（196条）

(1) 議決権額

(i) 各種債権の議決権額のまとめ

一般更生債権者等	議決権額	確定債権額（136条1項4号、191条2項1号、2号、192条1項1号）
	議決権が認められない部分	開始後の利息請求権（136条2項1号）
		開始後の不履行による損害賠償及び違約金請求権（136条2項2号）
		更生手続参加費用（136条2項3号）
	その他	中間利息を控除される場合がある（136条1項1号、2号）。
		金銭債権でない場合等は評価額による（136条1項3号）。
議決権が認められない債権等	公租公課等	租税等の請求権[249]（136条2項4号）
		罰金等の請求権[250]（136条2項5号）
	約定劣後債権	更生会社が更生手続開始の時においてその財産をもって約定劣後更生債権に優先する債権に係る債務を完済することができない場合の約定劣後更生債権（136条3項）
	社債権者	社債管理会社等が参加する場合や、社債管理会社等の議決権行使が認められない場合[251]で債権届出を個別に提出していない社債権者又は議決権行使の申出をしていない社債権者（190条）
	株主	更生手続開始決定時に更生会社が債務超過である場合の株主（166条2項）
	その他	更生計画によって影響を受けない権利（195条）
		権利保護条項（200条2項）により保護を受ける債権者（195条）

(ii) 議決権額が確定していない場合

議決権が確定しない債権（債権査定の申立てがされているものの決定がなされていないような場合）は、裁判所の合理的な裁量により議決権額は決定され（関係人集会が開催される場合：191条2項4号、関係人集会が開催されない場合：192条1項2号）[252]、債権者は不服申立てをできない（9条）。

---

249 原則として減免不可（169条1項）のため
250 減免不可（168条7項）のため
251 社債権者集会の決議集会が可決されなかったか、裁判所から認可されなかった場合（会社法724条1項）などを指す。
252 厳密には、関係人集会を開催する場合、集会期日において異議が述べられた場合に、裁判所は議決権を決

(2) 決議の組分け

以下の権利毎に分けて決議が行われる（196条1項、168条1項）。なお、裁判所は、相当と認めるとき、組分けを変えることが可能（196条2項）であり、更生担保権と更生債権の組に分けることが一般的である[253]。

原則的な組分け	備考
更生担保権	
優先的更生債権	合わせて更生債権者の組とされることが多い。
一般更生債権	
約定劣後更生債権	約定劣後更生債権に優先する債権に係る債務を完済することができない場合、約定劣後更生債権に議決権は与えられない（136条3項）。
優先株式	債務超過の場合、株主に議決権は与えられない（166条2項）。
その他の株式	

(3) 各組毎の可決要件（196条5項。更生担保権は更生計画の内容によって異なる）

更生債権者の組		総議決権額の過半数
更生担保権者の組	期限の猶予をする場合	総議決権の3分の2以上
	減免等の定めをする場合	総議決権の4分の3以上
	清算型計画案の場合	総議決権の10分の9以上
株　主		総議決権の過半数

(注1) 棄権者も分母に算入される。つまり、棄権者の議決権額は実質的に反対したのと同じ効果がある。
(注2) 代理人をもって議決権を行使することができる（193条1項、規則55条）。
(注3) 更生担保権について処分連動方式の計画とした場合、減免か期限の猶予に留まるのか問題となるが、減免とする見解が有力なようである[254]。
(注4) 計画外事業譲渡をして、更生会社を清算する計画案は、清算型計画案に該当しないとする見解が有力なようである[255]。

6　認可決定

(1) 可決した場合

裁判所は、更生計画案が可決した場合、199条2項の要件を確認したうえで、いずれにも該当する場合には認可決定をする[256]。更生計画は、確定を待たずに認可決定により効力を生じる

定する（191条1項、2項）。しかし、未確定の更生債権等について、管財人が集会で当然異議を述べると考えられることもあり、円滑な議事進行のため、東京地裁では、あらかじめ議決権額を定める決定をしている（書式更生323頁）。
253　更生実務下311頁
254　最新更生261頁
255　最新更生262頁
256　なお、裁判所は更生手続が法令又は最高裁判所規則の規定に違反している場合であっても、その違反の程度、更生会社の現況その他一切の事情を考慮して更生計画を認可しないことが不適当と認めるときは、更生計画認可の決定をすることができる（199条3項）。また、更生計画案が可決されなかった場合でも、裁判所は権利保護条項を定めて更生計画を認可することができる（200条1項）。

(201条)。

なお、認可決定された場合、裁判所は、公告（199条6項）、労働組合等への通知（199条7項）、行政庁への通知（規則7条3項）、嘱託登記（258条7項、261条）[257]などを行う。

(2) 認可決定の効果

認可決定の主な効果としては以下のものが挙げられる。

免責	更生計画に定め、又は会社更生法によって認められた権利を除き、原則として全ての更生債権、更生担保権について更生会社は義務を免れる（204条1項）。主な例外として、在職者の退職金債権、罰金等の請求権（204条1項）などがある[258]。
権利変更	更生債権及び更生担保権の権利は更生計画の定めに従って変更される（205条1項）。認可決定の確定時に、更生計画の条項は、更生債権者表及び更生担保権者表に記載され、その記載は確定判決の同一の効力を有する（206条）。 なお、保証債務の附従性は否定されている（203条2項）。
手続の失効	更生手続開始により中止されていた破産手続、民事再生手続、強制執行等は、その効力を失う（208条）。なお、開始決定時に中止していた滞納処分については、その処分について徴収権者の同意を得て別段の定めをしない限り（169条）、続行されると解されている[259]。
事業年度	更生会社の事業年度が終了する（232条2項）。
資産の評価替え	更生計画認可決定時の貸借対照表における資産の取得価格は財産評定の金額とされる（83条4項、5項、施行規則1条）。
その他	更生会社の従前の取締役等は退任し（211条4項）、更生計画の定めたところにより新取締役が就任する（211条1項、2項）。
	更生計画に定款変更を定めた場合は、別段の定めのない限り、定款変更の効果を生じる（213条）。

(3) 認可決定時の貸借対照表

認可決定時の貸借対照表の資産取得価額については以下の定めがある（83条4項、5項、施行規則1条～3条）。なお、のれんを計上することが可能とされている（施行規則1条3項）。

分類	取得価額	留意点
原則	財産評定額（施行規則1条2項）	価格決定で担保の目的物の価格が財産評定とずれることがあるが、取得価格は財産評定額となる。
処分予定財産	財産評定額又は処分価額（施行規則2条）	処分価額を使う場合には、財産評定とは別に処分価額の算定が必要な場合がある。なお、処分価額を付しても更生担保権額に影響はない[260]。
事業の全部を廃止する場合	処分価額（施行規則3条）	

7 認可後の対応

認可決定後、債権者宛てに結果報告を兼ねて挨拶状を出すのが一般的。

また、管財人は、更生計画案の認可決定があった場合、同決定時における貸借対照表及び財産

---

[257] 計画案の内容によっては登記事項が多岐にわたることもあるので、管財人は、裁判所とも調整のうえ、司法書士や管轄法務局と登記につき確認・調整を進めておく必要がある（書式更生337頁～347頁参照）。

[258] なお、根抵当権については、当然に消滅するとする説と消滅しないとする説に分かれているため、更生計画において明確に定めておくべきである（最新更生273頁）。

[259] 最新更生275頁

[260] 時価マニュアル62頁

目録を作成のうえ裁判所に提出する（83条4項）。

8　否決された場合の対応

(1)　管財人の対応

権利保護条項を定める認可決定を目指すか（200条）[261]、続行期日を申し立てて（198条）更生計画案変更による認可決定を目指すのが一般的な対応と考えられる。なお、権利保護条項による認可は、全部の組で否決された場合にはできない。

いずれも難しい場合には、更生手続は廃止され破産手続に移行するのが一般的な流れであると考えられる。

(2)　権利保護条項を定めることによる認可

一部の組について同意が得られなかった場合でも、裁判所は、当該組について以下の権利保護条項を定めて、更生計画認可の決定をすることができる（200条1項）。

分　類	権利保護条項の内容（200条1項）
更生担保権者 （右記のいずれか）	その更生担保権の全部をその担保権の被担保債権として存続させること。
	その担保権の目的である財産を裁判所が定める公正な取引価額（担保権による負担がないものとして評価するものとする。）以上の価額で売却し、その売得金から売却の費用を控除した残金で弁済し、又はこれを供託すること。
更生債権者	破産手続が開始された場合に配当を受けることが見込まれる額を支払うこと。
株　主	清算の場合に残余財産の分配により得ることが見込まれる利益の額を支払うこと。
上記3者に共通	当該権利を有する者に対して裁判所の定めるその権利の公正な取引価額を支払うこと。
	その他上記に準じて公正かつ衡平に当該権利を有する者を保護すること。

なお、決議前に可決を得られないことが明らかな組がある場合、管財人は裁判所の許可を得て権利保護条項を定めた更生計画案を作成することができ（200条2項）、その場合当該組の権利者は議決権を行使できなくなる（195条）。

また、関係人集会で否決されたとしても、更生計画の内容が権利保護条項の要件を満たしている場合には、裁判所は認可決定ができると解される（**東京高決 S56.12.11**）。

東京高決 S56.12.11	更生計画の内容が権利保護条項の要件を満たすとして、更生計画が修正されず認可決定された事例
判時1032号124頁、判タ464号150頁	
更生債権者の組において否決されたにもかかわらず、裁判所が同計画案に変更を加えることなくこれを認可したため、更生債権者Xらが認可決定に対して抗告した。本決定は、「会社更生法第234条第1項第2号又は第3号による権利保護の条項を定めるよりも、更生計画案による方が更生債権者にとつて有利であるといわざるを得ないが、このような場合には、更生債権者につき更生計画案自体において同条第1項第4号にいうところの前各号に準じた公正、衡平な権利者の保護が図られているものと解するのが相当である。」などとして、抗告を棄却した。	

(3)　続行期日の申立て

集会型又は併用型であれば、一定の要件を満たすことを条件として、管財人の申立てにより、集会期日の続行が可能なので（198条1項）、計画案の修正等で可決が可能と見込まれる場合に

---

[261] 権利保護条項を定めて更生計画案を変更するのは裁判所の専権であるが、管財人が補助をすることは許されると解されている（伊藤更生法639頁）。

は、集会期日の続行を申し立てることを検討する。

　更生計画案は、更生債権者に不利な影響を与えないときは、関係人集会で裁判所の許可を得て更生計画案の変更が可能なので（197条）、一般的には変更をしたうえで再度決議を求めることになる。

(4) 上記以外の場合（更生手続の廃止）

　裁判所は、職権で更生手続を廃止し（236条3号）、廃止が確定した場合、裁判所は職権で破産手続開始決定をすることができるので（252条1項）、通常はこのルートに沿って破産手続に移行するものと考えられる。

　なお、破産に移行した場合の債権の取扱いは概要以下のとおり。

共益債権	財団債権となる（254条6項）。
更生債権	破産債権となる。なお、裁判所が、破産債権の届出を要しない旨の決定をした場合、更生債権届出は破産債権の届出として扱われる（255条）。

第17章 更生計画認可後

1 更生計画の確定

　一般的には認可決定の約2週間後に官報に掲載され、それから2週間で確定する（9条、10条2項）ので、認可決定から約4週間で確定する。

　なお、利害関係人は再生計画の認可に対して即時抗告をすることができるが（202条1項）、認可決定の効力は原則として停止しない（202条4項）。

2 更生計画の履行関係

(1) 管財人の履行義務

　管財人は、更生計画の遂行又は更生会社の事業の経営を行う義務がある（209条1項）。なお、管財人は、新設分割会社（他の会社と共同してするものを除く）や、更生計画で設立した新会社（183条）の更生計画の実行も監督する（209条2項、203条1項5号）。

(2) 裁判所への報告等について

　更生計画の遂行に伴う報告等については、概要以下のとおり（裁判所から指示されるので、当該指示に従って提出する）。

月次報告書等	裁判所との協議により提出の有無や間隔が決定される。
裁判所の許可関係	認可決定により、許可事項が大幅に削減されることが多いようである。
弁済報告書	計画案に沿った弁済を行った場合には、通常履行報告書を裁判所に提出する。

(3) 新たな債権者が判明した場合の取扱い

　新たな債権者が判明しても、失権していることから（204条1項）権利行使を認めることはできない。

最二小判 H21.12.4	届出をしなかった過払金債権について更生会社が失権を主張することは信義則に反しないとした裁判例

判時2077号40頁、判タ1323号92頁、金判1333号26頁、金法1906号68頁

　Y（貸金業者）の更生計画認可決定及び終結後、XはYに対して過払金返還請求を求めて提訴した。第1審はXの請求を概ね認容したが、控訴審は請求を一部棄却したため、Xが上告した。
　本判決は、「Yによる更生債権が失権したとの主張が許されないとすることは、旧会社更生法の予定するところではなく、これらの事情が存在したことをもって、Yによる同主張が信義則に反するとか、権利の濫用に当たるということはできないというべきである。」として、失権を認めた。

3 更生計画の変更（233条）

　計画案の変更の概要は以下のとおり。

変更の要件	・「やむを得ない事由で更生計画に定める事項を変更する必要が生じた」こと（233条1項）。 ・更生手続終了前であること（233条1項）。

手 続	更生債権者等に不利な影響を及ぼすものと認められない変更	裁判所の決定のみで変更が可能（233条1項）。
	更生債権者等に不利な影響を及ぼすと認められる変更	更生計画案の提出があった場合の手続に関する規定を準用する（233条2項）(注1～3)。
変更の限界	弁済期間に一定の制限がある（233条3項、4項）。	
効力発生時期	変更決定又は認可決定時（233条5項）	

（注1） 更生計画の変更によって不利な影響を受けない更生債権者等又は株主は、手続に参加させることを要しない（233条2項ただし書）。
（注2） 変更計画案について議決権を行使しない者（変更計画案について決議をするための関係人集会に出席した者を除く。）であって従前の更生計画に同意したものは、変更計画案に同意したものとみなされる（233条2項ただし書）。
（注3） 更生計画の変更を行うのが、当初の計画案に定めた権利変更が生じた後であったり、一部の弁済がなされた後である場合、変更更生計画案決議の議決権の額をどのように決めるのかは明確でない。この点、筆者が経験した事案（東京地裁ではない）では、変更更生計画案決議のための決議時の債権額（＝権利変更後かつ弁済後の金額）を議決権額としていた。

4　会社更生手続の廃止

更生手続が目的を達成することがなく終了することを指す。通常、廃止が確定した場合、裁判所は職権で破産手続開始決定をすることができるので（252条1項）、通常はこのルートに沿って破産手続に移行すると考えられる（牽連破産）。

廃止の種類は以下の二つがある。

時　期	廃止の主な理由及び手続
計画案認可決定前の廃止	資金繰りがショートし、更生手続を継続しても事業更生が見込めない場合などは、職権での廃止決定（236条1号）をするように、裁判所に上申書を提出する[262]。
計画案認可決定後の廃止	更生計画の履行が不可能になった場合、更生手続廃止の申立て（241条）を検討する。

5　会社更生手続の終結

更生手続が目的を達成して終了することを指す。なお、終結決定に伴い、裁判所は、公告（239条2項）、行政庁への通知（規則7条3項）、嘱託登記（258条7項）などを行う。

(1)　終結の手続及び要件

(i)　手　続

管財人の申立て又は職権により終結決定がなされる（239条1項）。なお、終結決定に対しては即時抗告ができないため（9条）、管財人に告知された時点で効力を生じる[263]。

(ii)　終結の要件（239条1項）

更生計画が遂行された場合
更生計画の定めによって認められた金銭債権の総額の3分の2以上の弁済が終了し、かつ、更生計画に不履行が生じていない場合[264]
その他更生計画が遂行されることが確実である場合

262　なお、236条各号の事由が存する場合には、裁判所は職権で廃止決定をしなければならないとされている。
263　最新更生301頁
264　「ただし、裁判所が、当該更生計画が遂行されないおそれがあると認めたときは、この限りでない。」とされている。

(2) 終結の主な効果

項　目	効　果
管財人	管財人はその権限を失う（234条5号）。なお、管財人は任務が終了した場合、遅滞なく、裁判所に計算の報告をしなければならない（82条1項）[265]。
更生債権者等	更生計画に基づく弁済が未了の場合、更生計画に従って弁済が継続する[266]。更生債権者表の記載を債務名義として、強制執行が可能となる（240条）。
更生担保権者	更生計画に基づく弁済が未了の場合、更生計画に従って弁済が継続する[267]。更生担保権者表の記載を債務名義として、強制執行が可能となる（240条）。
	更生計画において担保権が存続する旨が定められている場合、確定している更生担保権者の担保権の実行は可能であるが[268]、未確定の更生担保権者（査定手続、価格決定手続が継続している更生担保権者）は、担保権の実行は許されないと考えられる[269]。
更生債権等査定手続等	管財人が当事者であるものは中断し、更生会社が受継する（163条1項、2項、52条4項、5項）。
否認の請求手続、否認の請求を認容する決定に対する異議の訴え	終了する（96条5項、97条6項）。
役員の損害賠償査定手続及び、査定に対する異議の訴え	査定手続は終了する（100条5項）が、査定に対する異議の訴えは中断し、更生会社が受継する（52条4項、5項）。
管財人を当事者とする訴訟	管財人を当事者とする更生会社の財産関係の訴訟手続は中断し、更生会社が受継する（52条4項、5項）。

265　書式更生265頁〜372頁にサンプルが掲載されている。
266　更生債権者表の記載は、確定判決と同一の効力を有するため（206条2項）。
267　更生担保権者表の記載は、確定判決と同一の効力を有するため（206条2項）。
268　ただし、更生計画によって弁済期が変更されているので留意が必要。
269　205条2項が「その有する更生債権等が確定している場合に限り」としているため。仮に未確定の更生担保権者が担保権の実行を申し立てた場合、更生会社は執行異議の申立てを行うべきであろう。

第18章　会社更生の会計・税務

1　法人税

(1)　事業年度（232条2項、法法13条1項）

　更生計画開始決定のときをもって事業年度終了。開始決定と認可決定の間が1年を超える場合には、1年で区切り（232条2項、法法13条1項）、認可決定をもって、事業年度は終了する。
　まとめると以下のとおり。

開始決定まで	みなし事業年度（232条2項）
開始決定日の翌日から1年後、その後も1年単位	認可決定が開始決定日の翌日から1年以内であれば認可決定までが1事業年度 資産の評価替えが発生する→(2)
前期の翌日から認可決定まで	
認可決定の翌日から定款に定める事業年度終了の日まで	なお、終結決定は事業年度に影響を与えない[270]

(2)　計画認可決定時の資産の評価替え（83条4項、5項、法法25条2項、33条3項）

　更生計画認可決定があったことにより会社更生法の規定に従って行う評価替えをして、その帳簿価額を増額又は減額した場合には、その増減額した部分の金額は、その評価替えをした日の属する事業年度の所得の金額の計算上及び税務上、益金又は損金の額に算入される（法法25条2項、33条3項）。つまり、会社更生法に定める評価替えが、会計上も税務上も適用されることになる。具体的な評価替えの内容は以下のとおり。

通常	会社計算規則5条、6条を準用（83条5項、施行規則1条1項）。のれんの計上も可能（83条5項、施行規則1条3項）。 財産評定が認可時貸借対照表の取得価格となるので（83条5項、規則1条2項）、従来の簿価と財産評定額の差額が評定損益として認識される。
処分予定財産	処分価格を付すことが可能（83条5項、施行規則2条）[271]。
清算型計画の場合	処分価格を付さなければならない（83条5項、施行規則3条）。

(3)　債務免除益の計上時期及び免除益課税対策

　債務免除の計上時期は更生計画の定めるところによる。更生計画に記載がない場合は、更生計画認可決定日に免除益が発生する（204条）。

270　仮に、更生計画が遂行される見込みがなくなり廃止決定があった場合も、事業年度が区切られることはない。
271　不動産に関しては、「更生計画が正常価格の成立に必要な市場公開期間を前提とした財産の処分を予定したものである場合、不動産について本鑑定評価によって求める価格は、正常価格であり、原則として、鑑定評価の三手法を適用し、積算価格、比準価格及び収益価格を求め、これらを関連づけて鑑定評価額を決定する。更生計画が正常価格の成立に必要な市場公開期間に満たない早期に財産の処分を予定するものである場合、不動産について本鑑定評価において求める価格は、特定価格であり、原則として、早期売却市場を前提として、鑑定評価の三手法を適用し、積算価格、比準価格及び収益価格を求め、これらを関連づけて鑑定評価額を決定する」とされている（判タ1126号29頁「会社更生法に係る不動産の鑑定評価上の留意事項」社団法人日本不動産鑑定協会）。

債務免除益課税に対する対策をしなければならないのは民事再生と同様であるが、(2)のとおり、計画案認可決定時に従来の簿価と財産評定額の差額が評定損益として認識されるため、民事再生ほど深刻ではない。

また、債務免除益、私財提供益、資産の評価益について、期限切れ欠損金を使うことが可能であり、しかも、繰越欠損金の繰越控除に優先して期限切れ欠損金が充当される（法法59条、法令116条の4）。

(4) その他

繰越欠損金の繰戻し還付、留保金課税などは民事再生と概ね同様である（第1編20章(7)(8)）。

2　その他の税金

その他の税金は、原則として会社更生による影響はほとんどない。なお、法人税は財産評定で下げることが可能であるが、固定資産税評価額には反映されない。つまり、固定資産税については、依然として従前の固定資産税評価額に基づいて課されることになる。

第3編　再建型私的整理手続

第1章　再建型私的整理の全体像及び債務者代理人の役割等

1　再建型私的整理の全体像

　再建型私的整理の全体像は以下のとおり。再建型私的整理を進めるうえで、最も重要だと考えられるのは、手続選択の検討及び再建型私的整理における具体的な再建策の検討である。

　再建型私的整理は、対象債権者全員の賛成を得なければならず、また、法的手続のような法律上の後ろ盾も無く、債務者代理人としては、法的手続以上に困難を伴うものであるが、債務者（依頼者）にとっても、そして債権者にとっても利益の大きい方法であり、そのような社会的意義を果たすためにも、粘り強く手続を進める必要がある。

時系列		内　容
手続選択の検討 （2、3章）		・事業再建が可能か 　　↓ ・事業再建の可能性があるとして再建型私的整理が可能か 　　↓ ・再建型私的整理が可能として、第三者機関を利用するか否か。第三者機関を利用するとしていずれの機関を利用するか
具体的手続	事前準備 （4章、5章）	第三者機関への相談
		PL改善策の検討 財務DD・事業DDによる現状分析⇒不採算部門の削減策、雇用調整による収益力向上策などを検討
		BS改善策の検討 財務DD・法務DDによる現状分析⇒債権カットを含めた財務リストラ策の検討
		再建スキームの検討。事案によってはスポンサー選定作業
		事業再建計画（添付資料、説明資料を含む）の作成
	債権者交渉 （6章）	第三者機関への正式支援要請
		メインバンクへの事前相談及び処理方法の決定
		対象債権者への一時支払停止の通知
		第1回債権者説明会＋個別訪問による説明
		（必要に応じて）無税償却のための税務署への照会 　　　　　　　特定調停申立て
		第2回債権者説明会＋個別訪問による説明
		第3回債権者説明会（必要に応じてさらに数回）
		対象債権者との最終合意締結

2　情報の開示及び管理の重要性

(1)　平等な情報開示の重要性

対象債権者に対して、原則として平等に情報を開示する。例えば、債権額の少ない債権者に情報開示を怠ると、信頼関係が失われ強制執行等を受けることもあるので、全対象債権者との信頼関係維持をするよう、原則として情報開示は平等に行うべきと考える。

(2)　情報管理の重要性

再建型私的整理は、信用不安を回避して事業再建を図ることに眼目があることから、情報管理を徹底する必要がある。

3　法的整理に移行する可能性を踏まえた留意点

(1)　預金の管理

法的手続申立時点で借入金融機関に残っている預金は相殺をされてしまうが、その時点の各銀行（金融債権者）の預金残高は、再建型私的整理において一時支払停止を通知した時点の残高と異なるのが一般的。とすると、預金残高が変動したことにより、金融機関間で不平等が生じることになり、妥当でない。

したがって、法的整理に移行する場合、再建型私的整理において一時支払停止を通知した時点のプロラタの預金残高にするなどの方策を取るべきと考えられる。この点、再建型私的整理の開始（一時支払停止の通知）が「支払停止」に該当すれば、その後の入金等で相殺することは許されなくなる（破産法71条1項3号、民事再生法93条1項3号、会社更生法49条1項3号）が、一時支払停止の通知は「支払停止」に該当しないと解されている[1]（**東京地判H23.8.15**）。

東京地判H23.8.15（更生）	事業再生ADR手続の申請を前提とした支払猶予の申入れ等が「支払停止」に該当しないとした裁判例
判タ1382号349頁	
「支払の免除又は猶予を求める行為であっても、合理性のある再建方針や再建計画が主要な債権者に示され、これが債権者に受け入れられる蓋然性があると認められる場合には、一般的かつ継続的に債務を弁済できない旨を外部に表示する行為とはいえないから、『支払の停止』ということはできないと解するのが相当である。」	

また、再建型私的整理における一時停止を通知をする際にも、相殺をされるリスクを無くすことなどを勘案して、借入残高の無い金融機関へ移動をすることも検討の余地がある[2]。この場合、弁護士の預り金口座に移動させることも一つの方法である（参考裁判例：**最一小判H15.6.12**、**東京高決H22.8.17**）。

最一小判H15.6.12	債務者の預り金を弁護士個人名義の口座に入れていた場合、債権者の当該口座に対する差押えは許されないとした判例
民集57巻6号563頁、判時1828号9頁、判タ1127号95頁、金判1176号44頁、金法1685号59頁	
債務整理事務の委任を受けた弁護士が、依頼者から預かった資金を弁護士個人名義の口座で管理していたケースにつき、当該口座に係る預金債権は弁護士に帰属するとして債権者からの差押えは許されないとした。	

---

[1]　私的整理QA111頁
[2]　もっとも、制度化された再建型私的整理においては、一時支払停止は期限の利益喪失事由には該当しないと解されており、金融機関から預金と貸付金の相殺を主張されるケースは、ほとんど無いようである。

> **東京高決 H22.8.17（再生）**　「再生債務者代理人弁護士甲」名義に対する差押えが許されないとした裁判例
>
> 判タ1343号240頁、金法1917号121頁
>
> 　民事再生手続開始決定のなされているYの債権者であったXが、執行力のある再生債権者表を債務名義として、「Y代理人弁護士甲」の預金口座に債権差押えを申し立てたところ、第1審が申立てを却下したため、Xが抗告をした。本決定は、口座の管理者はYでなく弁護士甲であり、預金債権がYの責任財産に帰属するものとは認定できないとして、抗告を棄却した。

(2) 否認リスク

　再建型私的整理開始後の資産処分は、法的手続に移行した場合、否認される可能性がある。そこで、適正価格での譲渡であることを書面で残すなどして（破産法161条、民事再生法127条の2など）、否認されることが無いように書類を整えておくべきである。

(3) 事前に債権譲渡を行うことの可否

　再建型私的整理を開始すると、債務者が保有している債権に、（仮）差押えを受ける可能性がある。そこで、受任弁護士等に債権譲渡をすることの可否が問題となる。裁判例（詐害行為取消訴訟が提起され争われたもの。いずれも清算型私的整理の例である）は、以下のとおり結論が分かれているところであり、事案にもよるがかかる対応は避け[3]、強制執行を受けた場合には、法的手続を検討すべきであろう（民事再生等の法的手続であれば、開始決定後の債権者の個別の権利行使は許されていない）。

> **東京地判 S61.11.18**　任意整理を受任した弁護士に対する債権譲渡につき、詐害行為取消しを認めた裁判例
>
> 判タ650号185頁、金判772号31頁
>
> 　任意整理を受任した弁護士に対する売掛金の譲渡が詐害行為取消しの対象となるか否かが争われた事案で、本判決は「債務者が任意整理の配当源資確保の目的でその受任者に対してなす財産の信託的譲渡であつても、これによつて右財産は債務者の一般財産から流出し、その債権者は右財産に対する強制執行等右財産から弁済を受ける法的手段を剥奪され、受任者の自発的な支払を期待する他なくなるのであるから、右譲渡は債権者を害する法律行為であるというべきである」として詐害行為取消しを認めた。

> **東京地判 H10.10.29**　債権譲渡に対する詐害行為取消しを認めなかった裁判例
>
> 判時1686号59頁、金判1054号5頁
>
> 　任意整理を受任した弁護士に対する請負代金債権の譲渡が詐害行為取消しの対象となるか否かが争われた事案で、本判決は「仮に本件債権譲渡契約が詐害行為取消権行使のための形式的要件をすべて満たすものであったとしても、Xによる本件詐害行為取消権の行使は権利の濫用として許されないものと解するべきである。」として詐害行為取消しを認めなかった。

4　経営者保証に関するガイドライン

　経営者が会社の債務につき連帯保証をしている場合、経営者個人の処理についても検討が必要となる。この点、経営者保証に関するガイドラインによる処理によるべき事案が多いと考えられるので[4]、同ガイドラインの骨子について説明する。

---

[3]　倒産処理と倫理192頁も「信託的に債権譲渡を受けること自体は、弁護士倫理に反するものではありませんが、避けることが賢明です」としている。
[4]　この点「早期の重判用再生・事業清算等の着手の決断に対するインセンティブが認められている。これが本ガイドラインの重要な特徴である」と説明されている（NBL1019号72頁「経営者保証に関するガイドラインの概要（下）」小林信明）。

(1) 概　要

主債務者たる会社が準則型私的整理手続を行うことを前提した場合の要旨は以下のとおり。

適用対象 (GL7項(1))	主債務者が中小企業であること。
	保証人が個人であり、主債務者である中小企業の経営者であること。実質的な経営者も含む。
	主債務者及び保証人の双方が弁済について誠実であり、財産状況等について適時適切に開示していること。
	主債務者及び保証人が反社会的勢力ではなく、そのおそれもないこと。
	主債務者に法的債務整理手続又は準則型私的整理手続が行われていること。
	対象債権者にとっても経済的な合理性が期待できること。
	保証人に破産法上の免責不許可事由がないこと。
手　続	主債務者の私的整理手続開始と概ね同時に債権者に対して適用の申出を行う[5]。
	支援専門家を選任する[6]。
	主債務者、保証人、支援専門家の連名で一時停止等の要請を行ったうえで、会社の弁済計画を策定する際に、保証人による弁済もその内容に含める（GL7(2)イ）。
	保証債務の履行基準（残存資産の範囲）及び、弁済計画を策定したうえで、債権者に提示する[7]。
	債権者との合意及び契約締結[8]（注）
効　果	残存資産につき、経済的合理性が認められる範囲で、破産法上の自由財産を超える資産を残すことが認められる場合がある（GL7(3)③）→(2)。
	一定の要件を満たす場合、保証人が経営に携わることが許容される（GL7(3)②）。
	保証人及び対象債権者ともに課税関係は生じない（GLQA　Q7-32）。

（注）税務上の配慮などから、特定調停を用いた例があることが複数報告されている[9]。

(2) 保証債務の履行基準（残存資産の範囲）

一定の経済的合理性が認められる場合には、以下の残存資産を認めることが可能とされている（GL7(3)③）。

項　目	概　要
破産手続における自由財産	GLQA　Q7-14
一定期間の生計費	「一定期間」については雇用保険の給付期間を参考にして、「生計費」については標準的な世帯の必要な生計費として民事執行法で定める金額（33万円）を参考して定められる（GLQA7-14）。

---

[5] 正確には再建計画成立後であっても、申出をすることは可能であるが、メリットが著しく減少する（GLQA Q7-20）。

[6] 保証人の代理人弁護士や顧問税理士であっても、支援専門家に含まれる（GLQA　Q5-8）。支援専門家は、保証人が行う表明保証の適正性の確認や、残存資産の範囲の決定支援などを行う（GLQA　Q7-6）。

[7] 保証人は、開示した情報の内容の正確性について表明保証し、支援専門家は当該表明保証の適正性について確認を行い債権者に報告するとされている。保証人は自らの資力を証明するための資料を提出する（GL7(3)⑤）。

[8] 保証人が開示し、表明保証を行った資力の状況が事実と異なることが判明した場合、追加弁済を行うことなどについて、書面で対象債権者と契約を締結することが予定されている（GL7(3)⑤）。

[9] NBL1030号4頁「特定調停を用いて経営者保証ガイドラインの成立事例報告」（三村藤明、大宅達郎）、事業再生と債権管理146号118頁「法人の代表者およびその配偶者について特定調停手続を利用し『経営者保証ガイドライン』に基づく保証債務の整理を行った事案」（神戸俊昭、塚田学）。なお、いずれも主債務者（会社）は、特別清算ないし破産による清算型の処理がなされている。

華美でない自宅等	回収見込額の増加額を上限として認められる[10]。
主債務者の事業に必要な資産	当該資産は主債務者（会社）に譲渡し、保証債務の弁済原資から除外する。
その他の資産	破産手続における自由財産の考え方などを参考にして回収見込額の増加額を上限として範囲を判断される。

5 受任する際に注意すべき点

再建型私的整理を受任する際に注意すべき点として、以下のものが考えられる。

処理方針の依頼者への説明	再建型私的整理に限られないが、弁護士は依頼者に、処理方針、当該処理の利益、不利益などを適切に説明すべき義務があると考えられる。特に再建型私的整理は、選択肢が広いことから、説明義務をきちんと果たすことが重要となる（参考判例：**最三小判H25.4.16**）
業務の適法性、適切性	法的手続と異なり、私的整理は裁判所の監督機能もなく、また、ルールも明確でないことから、無理な再建型私的整理手続は、強制執行妨害罪（刑法96条の2）などに問われる可能性もある。依頼者の意向を汲んで処理を進めることは弁護士の基本であるが、間違っても違法行為に加担してはならない。
利益相反に留意する	代表者が会社の債務につき連帯保証をしている場合など、会社と代表者で利益が相反することもあるので、処理には注意が必要。
債権者に対する義務	再建型私的整理を開始した後（特に一時支払停止通知を発送した後）は、債権者に対して受任弁護士は公正・公平・誠実義務を負っていると考えるべきであろう[11]。

最三小判H25.4.16　個人の債務整理につき、受任弁護士の説明義務違反が認められた事例

金判1418号8頁

「債務整理に係る法律事務を受任したYは、委任契約に基づく善管注意義務の一環として、時効待ち方針を採るのであれば、Xに対し、時効待ち方針に伴う上記の不利益やリスクを説明するとともに、回収した過払金をもって乙に対する債務を弁済するという選択肢があることも説明すべき義務を負っていたというべきである。」

10　主債務者が事業再生ADRを行って、主債務者の回収見込額が破産の場合に比べ3億2000万円程度増加すると認められた事案で、1200万円程度の自宅を残すことが認められた事例が報告されている（金法1993号6頁「事業再生ADRにおいて、経営者保証ガイドラインの利用により保証人である社長の自宅を残す債務整理案が成立した事案」須藤英章、富永浩明）。

11　したがって、仮に、手続の途中で辞任する場合は、その旨等を全債権者に通知すべきであろう。

第2章 再建型私的整理手続が選択可能か否かの検討

1 事業再建が可能かどうかを判断するうえでのポイント

主に以下の事情を検討し、事業再建が可能か否かを検討する。なお、以下の要素も絶対ではなく、総合的な判断が必要。また、一部の事業だけ事業譲渡又は会社分割をして、残りは特別清算ないし破産をするという選択肢もあり得る（以下「事業譲渡・会社分割＋特別清算・破産」の方法を「第二会社方式」という）。

判断要素	判断基準
営業利益が黒字か	赤字であれば、原則として再建型私的整理も法的手続による再建も困難（雇用調整等により、黒字化する可能性があれば、検討の余地はある）。
租税公課の延滞の有無	租税公課の延滞があると、再建型私的整理も法的手続による再建も困難なことが多い。ただし、第二会社方式を取れる可能性はある。
給与の延滞の有無	給与の延滞があると、再建型私的整理も法的手続による再建も困難なことが多い。
経営者の情熱	再建をしようとする経営者の情熱がなければ、再建型私的整理も民事再生も困難。ただし、適切なスポンサーないし、経営に適切な人材が確保できれば、再建は可能。
担保設定状況	事業継続に必須な資産（例えば、メーカーであれば工場）などに担保が設定されている場合、当該担保権を実行されてしまうと再建は困難となる。特に、集合動産（又は債権）譲渡担保に注意が必要。担保の実行が比較的容易であり、かつ、担保が実行されてしまうと、民事再生も再建型私的整理も困難になる可能性が高いためである（民事再生においても、担保権の行使を止めることは容易ではない）。
スポンサーの有無	有力なスポンサー候補がいる場合、何らかの方法で事業再建が可能なことが多い。

2 再建型私的整理と法的手続（民事再生・会社更生）の相違点

上記検討により、事業再建が可能であると判断された場合、次に、法的手続（民事再生又は会社更生）によるべきか、再建型私的整理によるべきかを検討することとなる。まず再建型私的整理で進めて、再建型私的整理で解決することが困難な場合に民事再生等に移行するという方法もある。

民事再生手続と再建型私的整理の主な相違点は以下の表のとおり（下線部は、選択の際のポイント）。

なお、会社更生手続も、担保権を手続に取り込む点、管理型（管財人により手続が遂行されること）を原則とするという点を除くと、基本的には民事再生手続と同様である。

	民事再生	再建型私的整理
手続に取り込む債権者の範囲（事業価値の毀損）	全ての債権者を対象とする。したがって、事業価値が毀損する可能性が高い。	原則として、金融機関債権者のみを対象とする。したがって、事業価値が毀損する可能性は低い。
メインバンクの意向	原則として事前に了解を得る必要はない。	再建型私的整理を行うことにつき事前に了解を得なければならない。
成立の要件	多数決（債権額及び債権者数の過半数）	対象債権者全員の賛成が必要。

手続期間の目安	5か月程度	3か月～1年程度
主な費用	・予納金 ・代理人弁護士費用	・代理人弁護士費用 ・DD及び説明資料作成に要する専門家費用
公　表	・官報公告される。 ・多数の債権者を対象とすることから、事実上公表される。	上場会社等で無い限り、公表は不要。 ただし、情報漏洩した場合には、プレスリリースが必要になるケースもある。
資金繰りのポイント	・開始前（実際には申立前）の債権は再生計画案に沿って弁済。一方開始後は、現金払い等になることが多い。 ・事業毀損により売上（入金）が減少する可能性が高い。	・取引債務は約定どおり弁済。 ・対象債権者の債務は債権者間協定に沿って弁済。
強制執行等	強制執行等は中止する（民事再生法39条）。	強制執行を止めることは困難。
担保権の行使	手続に拘束されない。[12]	手続に拘束されない。
簿外債務	債権届出が無ければ原則として失権することから（民事再生法178条）、簿外債務の心配をする必要性は低い。	第二会社方式を利用する場合を除き、簿外債務を排除することは困難。
再建計画案のポイント	破産よりも配当率が高いこと。	法的処理よりも配当率が高いこと。
事業譲渡	裁判所の代替許可により、株主総会決議を省略した計画外事業譲渡が可能（民事再生法43条1項）。なお、代替許可による場合、反対株主に株式買取請求権は認められない（民事再生法43条8項）。	・株主総会の特別決議が必要（会社法467条）。 ・反対株主に、株式買取請求が認められる（会社法469条）。ただし、株主総会において、事業譲渡決議と同時に解散決議を行った場合には、反対株主に買取請求権は与えられない（同条1項ただし書）。
減増資	裁判所の許可を得て、再生計画案で減増資することが可能。	会社法に定める手続を経る必要がある[13]。
社債権者の取扱い	再生債権者として処遇。	社債権者全員が金融機関の場合には対象債権者とするが、そうでない場合には、対象外とすることが多いと考えられる。
許認可	民事再生手続申立てにより許認可が取り消される場合がある。	原則として影響ないが、事業譲渡を利用する場合は許認可を譲受会社で取得する必要がある。
債権者の税務	債務免除の損金算入が容易。	債務免除の損金算入が難しい場合もある。
債務者の税務（債務免除益課税の対処）	資産評価損の計上が可能。	制度化された再建型私的整理であれば、資産評価損の計上が可能であるが、それ以外の場合は、資産評価損の計上は困難であることが多い。
再建計画成立の要件	債権額及び債権者数の過半数の賛成。	対象債権者全員の同意が必要。
会社分割	いずれも、会社法上の手続を必要とする[14]。	
株主責任	株主は出資額全額について責任を取るのが原則。	
経営者責任	経営者責任を追及されることが多い（実際の対応はケースバイケース）。	

12　ただし、中止命令や担保権消滅請求など、再生債務者が一定の方法で対抗することが可能となっている。
13　例えば、減資ないし全部取得条項付株式への転換については株主総会の特別決議が必要。
14　会社更生については更生計画において会社分割を行うことができる（会社更生法222条、223条）。

第 2 章　再建型私的整理手続が選択可能か否かの検討

経営者の連帯保証	経営者が会社の債務につき連帯保証をしている場合、会社の処理とは別に、経営者自身もなんらかの対応（民事再生、破産又は経営者保証に関するガイドライン[15]を利用することが多い）を行うことが多い。 なお、民事再生は保証債務の附従性が否定されている（民事再生法177条2項）が、私的整理では原則どおり附従性が生きている。

3　再建型私的整理を選択する主なポイント

再建型私的整理手続を選択することが可能か否かは、2に記載した民事再生と再建型私的整理手続の相違点などを念頭に置いて、以下の諸点を総合勘案のうえ判断することになろう。

項　目	具体的検討事項
メインバンクの意向	私的整理は全金融機関（全対象債権者）の同意が必要。そのためには、メインバンクの協力が不可欠であり、手続開始時点からメインバンクが私的整理に協力的であることが必要。したがって、メインバンクの協力が得られない場合には、民事再生を選択せざるを得ないことが多い。
金融機関の構成	街金などからも資金調達をしている場合、それらの者との間で減免交渉を行うことは困難であることが多い。そのような場合には、民事再生によらざるを得ない。 また、金融機関全行の同意が必要であることから、訴訟等を行っている金融機関がある場合、私的整理は困難なことが多い。
得意先との関係	得意先が民事再生手続開始後も取引を継続してくれるかを慎重に検討する必要性がある（代替性や、得意先の属性などで判断）。この点は、申し立ててみないとわからないということも多いが、民事再生手続開始により事業が著しく毀損してしまう可能性が高いと判断される場合には、法的再建手続は困難な場合もある。
当面の資金繰り	対象債権者に対する支払を除いた通常の商取引の支払が継続できなければ（手形が不渡りになる場合も含む）、私的整理は困難であり、民事再生を検討せざるを得ない。なお、再建型私的整理中にDIPファイナンスを受けた後で民事再生に移行した場合、当該DIPファイナンスを共益債権として保護できるかについては、取扱いが確立されていない。 仮に、民事再生手続期間中に資金ショートする可能性もあると、民事再生すらも困難となる。
強制執行等の有無	強制執行を受けている場合、私的整理では手続を止めることは困難であり、民事再生を申し立てる必要が高い。
大株主の意向	事業譲渡を行う場合や、減資をしてスポンサーが第三者割当増資により出資するような場合に、いずれも株主総会の特別決議が必要となる。したがって、株主の3分の2以上賛成が得られない場合には、私的整理が困難なことが多い。
費用負担	私的整理を行う場合、代理人弁護士費用のほかに、各種DD及び金融機関宛説明資料を作成するための専門家費用がかかるため、これらの費用を負担できることが必要。ただし、民事再生であっても、監督委員の費用や、債務者側で財産評定を行う費用がかかるので、この点は、ケースバイケース。
その他	偶発債務の発生が強く懸念される案件、反社会的勢力が関与している可能性がある案件や権利関係が複雑な案件は、私的整理で処理を進めることが困難なことが多い。 また、手形の不渡りが出る可能性が高い案件、役員の責任追及や否認権の行使が必要な案件なども、私的整理で処理を進めることは困難なことが多い。

4　再建型私的整理に当たり対象債権者（金融機関）の納得を得るためのポイント

事業再生における金融機関側が了解する条件として「事業の評価の適正性と評価額の早期弁

---

[15]　第1章4参照

済、その担保権の処遇を含めた債権者間の平等、放棄対象となる債権の無税償却の3点が最低条件になると思います」（NBL938号18頁三上発言）との意見が参考となる。

さらに、再建型私的整理につき金融機関から賛成を得るためには、①民事再生を行った場合よりも再建型私的整理のほうが回収が多いこと[16]、②対株主責任、経営者責任、経営者の連帯保証の処理などについて、金融機関の納得を得るための対応を取ることが必須であると考える。

これらを念頭に置いて、対象債権者と交渉を進めていくことになる。

---

16 仮に法的手続のほうが弁済率が高いのであれば、金融機関が再建型私的整理を応諾する合理的な理由はない。

第3章　再建型私的整理方法論

1　対象債権者

(1)　基本的対応

再建型私的整理は、任意での合意に基づくものであり、対象債権者の範囲について特段の決まりはないので、対象債権者の範囲は事案毎に判断することになる。一つの考え方としては以下のとおりである。

債権者の属性	対象とすることの適否
金融機関	必ず対象となる先である。全金融機関を相手に平等の条件としないと、各金融機関の稟議が通らないことが多い[17][18]。
ノンバンク	金融機関と同様に、いずれも対象とすべきと考える。
リース業者	原則として対象外と考える。ただし、機械設備等のリースについては、残高にもよるが、対象とすべき場合もあるであろう[19]。
社債権者	原則として対象外と考える。ただし、金融機関が保証している、あるいは、金融機関が社債を所持している場合には、金融債務と位置づけて対象とすべきと考える[20]。
大口取引先	取引債権者は原則として対象債権者とならないが、例外的に、商社やゼネコンなどを対象債権者とすることもあり得る。
関連会社	金額や、債権の内容にもよるが、関連会社が債権者であり、商取引で発生したものでない場合、対象にするケースもあろう。

(2)　社債権者について

社債権者を手続に取り込み、同意を得る場合に必要な手続は概要以下のとおりとなる[21]。

17　なお、デリバティブ取引によって生じた損失について、損失補塡禁止（金融商品取引法39条1項）との関係が問題となる。この点、特定調停や金融ADRなどに基づく債権放棄は、金融商品取引法39条3項、金融商品取引業等に関する内閣府令119条により禁止の対象外となっており、また、事業再生ADRについては金融庁公表の平成25年1月25日付回答書（http://www.fsa.go.jp/common/noact/ippankaitou/kinsho/02b.pdf）により一定の要件を満たすことを前提とするが禁止の対象外であると解されている。しかしながら、特定調停、事業再生ADR以外の再建型私的整理に基づく債権放棄は、金融商品取引法39条1項違反になる可能性があるので留意が必要である。

18　信用保証協会付債権がある場合信用保証協会を対象とすべきかについて検討をする必要がある。この点、事前求償権を有する債権者として信用保証協会に対し事業再生ADR手続への参加を依頼し、実際に参加した例が報告されている（事業再生と債権管理140号112頁「事業再生ADR手続中の会社分割と信用保証協会の求償権への対応」　築紫康夫ほか）。

19　「『私的整理ガイドライン等から会社更生への移行』への提案」（金法1842号79頁　多比羅誠ほか）参照

20　事業再生ADR手続と並行して社債権者と協議をし、長期分割での額面償還とする社債要領の変更に至った例が報告されており（私的整理88講133頁）、事案によっては手続に取り込むことも可能であろう。また、産強法56条、57条で、事業再生ADRにおいて社債の元本減免措置が円滑に進む規定が設けられている。

21　従前は、会社法706条1項1号に定める社債権者集会の決議により行える行為に元本の減免は含まれないという見解もあったが、産強法56条、57条に、元本の減免が含まれることを前提とする条項が規定されるなど、現時点での実務では、社債権者集会により元本の減免は可能と考えられている。

社債管理会社・受託会社[22]	議決権行使
設置の場合	社債管理会社等が社債権者集会の特別決議（議決権総額の5分の1以上で、かつ、出席議決権者の3分の2以上の同意）で再建計画に対する賛成又は反対につき決議を得て、かつ、かかる決議につき裁判所の認可を得られた場合には、社債管理会社等が議決権を行使する（会社法706条1項1号、724条2項2号、734条、担信法35条）。
非設置の場合	各債権者から個別に同意を得る必要がある。

2　再建型私的整理の方法全体像（BSリストラ策）

再建型私的整理における債務減免や減増資の方法は、概要以下のとおり整理できる。

分　類		具体的方法（主な手続）
法人格を維持する方法	債務免除等	・リスケジュール ・債務免除 ・DES ・DDS
	減増資	・第三者割当増資 ・種類株式（優先株式）の活用
第二会社方式による方法		新会社設立＋事業譲渡
		会社分割＋株式譲渡

3　第二会社方式

(1)　内　容

金融債務を旧会社に残したまま、継続する事業を別会社に事業譲渡ないしは会社分割により移転して、旧会社は特別清算又は破産手続を行うことにより事実上債務免除を受ける方法。

メリット	(i) 簿外債務リスクを回避しやすい。 (ii) 株主構成の変更が容易。 (iii) 資本金の変更が容易。 (iv) 債務免除益課税を回避することが比較的容易。 (v) 債権者としても税務上の損金算入がしやすい。
デメリット	(i) 手続費用がかかる。 (ii) 許認可の承継が困難であることが多い。 (iii) 株主総会等の手続が必要となる。

22　社債管理会社は、発行会社が、社債権者のために、弁済の受領、債権の保全その他の社債の管理を委託する者であるが（会社法702条）、償還・利息等の弁済を受け、債権の実現をするための一切の裁判上・裁判外の行為をする権限を与えられる（会社法705条、708条、709条1項）。なお、社債管理会社は、社債権者のために公平かつ誠実に社債管理を行う義務を負い、社債権者に対して善管注意義務を負う（会社法704条）。受託会社とは、社債の担保となる財産につき発行会社と信託契約を締結する会社（担信法2条）。受託会社は、担保付社債の管理に関して、同法に特別の定めがある場合を除いて社債管理会社と同一の権限を有し、義務を負い（担信法2条3項、35条）、また、総社債権者のために信託契約による担保権を保存し、かつ、実行する義務を負っている（担信法36条）。

　また、社債管理会社は、破産手続、再生手続、更生手続、特別清算手続に属する行為については、募集社債に関する事項に別段の定めの無い限り、社債権者集会の決議により行う必要がある（会社法706条1項2号）。

(2) 第二会社方式を利用することが有用な場合（債務者会社を継続企業として活用することが難しい場合）[23]

以下のようなケースでは第二会社方式を利用することが有用なことが多い。もっとも、複数の要因を総合判断してスキームは決定しなければならず、あくまでも判断基準の目安である。
- 債権放棄による免除益課税が多額になる場合
- 継続しない事業や不良資産の処分に費用や時間がかかる場合
- 労使紛争を抱えていて、事業継続に支障が発生する可能性がある場合
- 偶発債務発生の可能性が高い場合

(3) 事業譲渡と会社分割の比較

	事業譲渡	会社分割
株主総会決議	原則として、株主総会の特別決議が必要（※1）。	
主なメリット	・短期で実行が可能。	・税務コストが軽減できることが多い。 ・許認可の承継が可能であることがある。 ・移転が容易であることが多い。
主なデメリット	・移転の手間がかかることがある。 ・許認可を承継できないことが多い。 ・税務コストがかかる場合がある。	手続がやや煩雑。以下の手続が必要。 ・労働者保護手続（労働契約承継法） ・事前開示及び事後開示手続（会社法782条、794条、803条、811条等） ・債権者保護手続（会社法799条、810条）
反対株主の株式買取請求	有り	有り
債権者保護手続	不要	必要（※2）
権利・義務の承継	個別承継	包括承継（契約等で対象確定）
従業員	原則として承継対象の選別が可能。ただし、承継には当該従業員の同意が必要。	労働契約承継法による場合は、対象事業従事者は対象者の同意なく承継される（選別不可[24]）。
譲渡人の競業避止義務	有り（会社法21条）	新設分割計画又は吸収分割契約で定めない限り負わない。
許認可	承継せず。	法令の定めにより承継できる場合がある。
資産移転にかかる税金	時価で売買を認識。 資産移転に伴う登録免許税等がかかる。 消費税の課税取引 不動産取得税も通常どおり課税される。	通常は時価で承継[25]。 時期によっては登録免許税の軽減措置がある。 消費税は不課税取引 一定の場合、非課税

（※1）略式・簡易分割に該当する場合、略式・簡易事業譲渡の場合には、省略できる。
（※2）分割会社が重畳的債務引受をする場合は不要。

---

23 ガイドライン実務128頁参照。
24 雇用調整を伴う場合は個別に雇用調整対象従業員から承諾を得るか、別途整理解雇を行なわなければならない。
25 税制適格であれば、簿価承継であるが、事業再生に伴う会社分割では税制適格となることはかなり例外的と思料される。

(4) 注意点（濫用的会社分割について）

会社分割について、近時濫用的会社分割に該当する事案が問題となっている[26]。

これは、旧商法が定めていた「各会社ノ負担スベキ債務ノ履行ノ見込アルコト及其ノ理由ヲ記載シタル書面」（374条ノ2第1項3号、374条ノ18第1項3号）の開示が、会社法において「債務の履行の見込みに関する事項」（会社法規則183条6号、192条7号、205条7号）と変更されたことをもって、債務超過の会社であっても債権者の承諾等を得ずに会社分割が可能であるとする考え方に基づき、債権者の承諾を得ずに会社分割を行っている事案で、かかる会社分割が（一部の）債権者を不当に害することになるとして問題となっている。

そして、これまでの裁判例によれば、債権者の承諾なく債務超過の会社が会社分割を行うことは、否認や詐害行為取消の対象となり得るので、債権者の承諾を得たうえで手続を進めるべきと考える。具体的には、分割会社に残される債権者に対して、十分な情報開示を行うとともに、処理方針についての説明、協議、同意の取り付けを行うことと、分割会社に残される債権者にとって納得のいく事業譲渡対価（＝弁済額）を確保することが必要だと考える[27]。

濫用的会社分割に関する代表的な裁判例として以下のものがある[28]。

なお、平成26年会社法改正で、残存債権者を害することを知って行った会社分割につき、新設会社・承継会社に承継した財産の価額を限度として残存債権者が新設会社・承継会社に履行請求できる制度が設けられた。

分類	裁判例	内容
詐害行為取消権が認められた事例	東京高判 H22.10.27（金判1360号53頁）	甲社が、無担保資産のほとんどを新設会社Y社に承継する新設分割を行ったことに対して、Y社に承継されなかった債務の債権者Xが、当該会社分割が詐害行為に当たるとした価格賠償が認められた事例
	名古屋地判 H23.7.22[29]（金判1375号48頁）	
	最二小判 H24.10.12（金判1402号16頁）	会社分割で担保余力がある不動産を新設会社に承継したことに対し、会社分割の一部取消し及び、不動産の移転登記抹消登記を認めた判例
会社法22条1項の類推適用が認められた事例	最三小判 H20.6.10（判時2014号150頁）	事業主体を示す名称の続用のある会社分割について会社法22条の類推適用を認めた判例
	東京地判 H22.7.9（判時2086号144頁）	会社法22条1項類推適用により、新設会社が分割会社の店舗名称を続用している場合に責任を負うとした。
分割会社の破産管財人による、会社分割に対する否認権行使が認められた事例[30]	福岡地判 H21.11.27（破産）（金法1911号84頁）	破産法160条1項に基づく詐害行為否認になるとして、168条4項により価格償還を命じた。
	福岡地判 H22.9.30（破産）（判タ1341号200頁）	破産法160条1項または161条1項に基づき、新設会社への不動産移転登記に対して否認の登記を認めた。

---

26 濫用的会社分割について検討した書籍として『会社分割と倒産法』（第一東京弁護士会総合法律研究所倒産法研究部会編著、清文社）がある。また、裁判例の分析としては、金法1924号62頁「会社分割をめぐる裁判例と問題点」滝澤孝臣などがある。
27 事業再生と債権管理137号151頁 「濫用的会社分割の分水嶺」綾克己参照。
28 新設分割の残存債権者には、会社分割無効の訴えをする原告適格は認められないと解される（東京高判H23.1.26金判1363号30頁）ので、会社分割無効の訴えによる方法は認められない。
29 高裁でも概ね原審を引用しつつ維持した（判タ1369号231頁、金判1394号46頁、金法1945号111頁）。
30 否認の対象となるとして、詐害行為否認（破産法160条）、相当対価による財産処分行為（破産法161条）又は偏頗弁済（162条）のいずれに該当するかについて争いがある。裁判例は詐害行為否認を認めているものが多い。

	東京地判 H24.1.26 （破産）[31] （金法 1945 号 120 頁）	破産法 160 条 1 項に基づく否認及び、当該会社分割をコンサルしたコンサルタント会社に対する転得者に対する否認（破産法 170 条 1 項）を認めた[32]。
法人格否認の法理が認められた事例[33]	福岡地判 H23.2.17 （判タ 1349 号 177 頁）	分割会社の債権者の、法人格否認の法理による新設会社への請求を認めた。
	東京地判 H24.7.23 （金判 1414 号 45 頁）	

4　再建型私的整理の具体的方法

　再建型私的整理を進めるに当たって、これまでに制度化された方法（＝第三者機関が再建型私的整理の手続の妥当性を検証する方法）として以下のものがある[34]。第三者機関が全く関与しない純粋な私的整理もあるが、特定調停に吸収されていくものと考えられる。

分類	主な対象	手続の主導者	主なデメリット	主なメリット
中小企業再生支援協議会	中小企業	債務者（ただし、主要債権者が手続申請を了解していることが必要）	利用対象が限定されている。	・費用が比較的低廉。
事業再生 ADR	中堅企業～大企業		費用がやや高い。	・税務上の取扱いが比較的明確。 ・銀行の理解が得られやすい。
RCC 事業再生	中小企業～中堅企業	債務者及び主要債権者		
地域経済活性化支援機構	中小企業～中堅企業[35]			
私的整理ガイドライン	中堅企業～大企業		メイン寄せが行われやすい。	
特定調停[36]	中小企業	債務者		・費用が比較的低廉。

5　制度化された再建型私的整理（まとめ）

　第三者機関を利用する方法を、本書では「制度化された再建型私的整理」という。第三者機関によって、金融機関に対する説明資料の作成等に関与する度合いは異なる。例えば、中小企業再生支援協議会は、説明資料作成支援も積極的に行うことを想定した手続となっている。

　なお、再建型私的整理においては、実態貸借対象表の作成が重要なポイントの一つとなるた

31　控訴審でも原判決が維持された（東京高判 H24.6.20 金法 1960 号 143 頁）
32　なお、コンサルタント会社に対する否認は、コンサル契約自体に詐害性が認められないとしても、破産会社に適法な会社分割を指導する義務を有していたにもかかわらず、かかる義務に反した債務不履行責任が認められるとした。
33　福岡高判 H23.10.27（金判 1384 号 49 頁、金法 1936 号 74 頁）は、原審が法人格否認の法理による原告の請求を認めたのに対し、法人格否認の法理の適用を認めず、詐害行為取消権を認めた。法人格否認法理を認めた場合は満額の請求が認められるが、詐害行為取消権を認めた場合は被保全債権額（承継資産額）に制限されるという差異が発生する（参考：金判 1403 号 2 頁「新設分割に法人格否認の法理が適用され詐害行為取消権が認められた事例」山下眞弘）。
34　主に中小企業を対象として経営改善計画策定のための専門家費用の補助を受けられる制度がある（経営改善計画策定支援事業。中小企業庁のホームページに詳細がある）。
35　地域経済活性化支援機構の前身である企業再生支援機構の支援先としては、従来は JAL などの大企業も多かったが、平成 24 年 3 月 31 日の法改正により、中小企業への支援を中心とするとされたため、このような表現とした（機構法 25 条 1 項 1 号、機構法施行令 1 条参照）。
36　日本弁護士連合会が「金融円滑化法終了への対応策としての特定調停スキーム利用の手引き」を平成 25 年

め、それぞれの手続において、実態貸借対照表の作成基準が定められている。

いずれの手続を選択するかにより、債務者側の準備の程度や実態貸借対照表の作成基準は微妙に異なることにはなるが、再建型私的整理を進めることの可否や方法を検討するうえで、まず債務者が自己分析をすることは必須であるし、実態貸借対照表の作成基準が第三者機関によってそれほど異なるものでもないので[37]、手続申請前に、債務者ができるだけ主体的に現状分析を行うとともに、再建計画案を検討することが重要である。

種類	概要	根拠法令、主な準則（下線は、実態BS作成基準が載っているもの）
私的整理ガイドライン	厳密には、第三者機関ではないが、専門家アドバイザーを選任して調査報告書を作成し、再建型私的整理を進めるもの。	・私的整理に関するガイドライン ・私的整理に関するガイドラインQ&A （<u>私的整理ガイドラインQ&A10-2</u>）
中小企業再生支援協議会スキーム	行政型ADRと言える。 産強法に基づいて商工会議所等の認定支援機関に設置された組織。	・産強法126条～133条 ・中小企業再生支援協議会事業実施基本要領 ・中小企業再生支援協議会事業実施基本要領Q&A ・<u>中小企業再生支援協議会の支援による再生計画の策定手順</u>
事業再生ADR	民間型ADRと言える。 中立的な手続実施者が関与して、手続を管理・監督していくもの。	・産強法51条～60条 ・産強法規則 ・<u>経済産業省関係産業競争力強化法施行規則第29条第1項第1号の資産評定に関する基準</u> ・経済産業省関係産業競争力強化法施行規則第29条第2項の規定に基づき認証紛争解決事業者が手続実施者に確認を求める事項
特定調停	私的整理で合意した内容につき裁判所の手続で一定の法的拘束力を与えるもの。 また、他の準則型私的整理で一部の債権者の合意が得られない場合に、合意しない債権者を対象に利用することもある。	・特定債務等の調整の促進のための特定調停に関する法律 ・民事調停法
RCC事業再生スキーム	整理回収機構が債権者となって関与するものと、調整を行うケースがあるが、現時点では、主に後者を指す。	・RCC企業再生スキーム （<u>別紙5 再生計画における「資産・負債の評価基準」</u>）
地域経済活性化支援機構	国の認可法人として設立された事業再生支援を目的とする地域経済活性化支援機構による事業再生支援。	・株式会社地域経済活性化支援機構法 ・株式会社地域経済活性化支援機構法施行令 ・株式会社地域経済活性化支援機構法施行規則 ・地域経済活性化支援機構の実務運用標準 （<u>別紙1「再生計画における資産評定基準」</u>）

6　私的整理ガイドライン

(1) 概要

債務者は、メインバンクの同意を得たうえで、手続を開始する。バブル崩壊による不良債権処

12月5日付けで公表しており、かかる手引きを前提とする。日本弁護士連合会のホームページで閲覧可能となっている。
37　各手続における実態貸借対照表作成の基準を比較したものとして、ガイドライン実務478頁。

理のために平成13年に策定された。私的整理ガイドラインが、いわば制度的な再建型私的整理の方法を確立したと言ってよい（私的整理ガイドラインにおける専門アドバイザーの立場を、他の再建型私的整理手続では、それぞれの機関が担うことになる）。

しかしながら、メインバンクが主導的役割を果たすことから、いわゆる「メイン寄せ」（＝他の銀行の負担に比較してメインバンクの負担が多くなることをいう）が多くなり、メイン寄せが敬遠されて、現時点ではほとんど利用されていない[38]。主に中堅企業から大企業が利用してきたが、現時点では、私的整理ガイドラインを発展させた事業再生ADRが代わりに利用されることが多いと言われている。

(2) 特 徴

手続の主体	債務者とメインバンクが共同で手続を進めていく（そのためメイン寄せが発生しやすい）。
再建計画の要件	再建計画の要件は以下のとおりとされている（私的整理に関するガイドライン7項）。 ・3年以内の実質債務超過解消 ・3年以内の経常黒字化 ・債権カットを伴う場合は経営者責任の明確化 ・債権カットを伴う場合は株主責任の明確化 ・民事再生等に比べて高い比率の弁済が可能であること。
再建計画のチェック機関	通常、専門アドバイザーが選任されて、計画案について調査報告書を作成し対象債権者に提示する。
資産評価損の税務上の取扱い	実態貸借対照表作成に当たっての評価基準が詳細に定められており（私的整理に関するガイドラインQA10-2）、かかる基準で実態貸借対照表が作成されることを前提として、税務上、資産評価損益の計上が認められている。

(3) 手続の概要

時系列	具体的内容
メインバンクとの協議	債務者よりメインバンクへ手続の申入れ⇒メインバンクの了承
事前準備	実態BS、再建計画案の作成等
一時停止の通知	債務者とメインバンクの連名で、対象債権者への一時停止の通知
第1回債権者会議	・実態BS、再建計画案の説明 ・専門家アドバイザーの選任 ・一時停止通知期間の決議 ・第2回会議の日時の決定など
専門家アドバイザーの調査報告書提出	（必要に応じて）専門家アドバイザーの説明会開催
第2回債権者会議	再建計画案の決議

7 中小企業再生支援協議会

(1) 特 徴

中小企業再生支援協議会事業実施基本要領に定める方法に加えて、中小企業庁が別に定めた

---

[38] ガイドライン実務170頁によれば、私的整理ガイドラインにより債権放棄がなされた事例が23例確認されているが、その中で、プロラタないしはほぼプロラタは2例のみであったということである。つまり23例中21例はメインバンクが他の銀行よりも多くの負担をしていたということであり、メイン寄せが常態化していたことがうかがえる。

「中小企業再生支援協議会の支援による再生計画の策定手順」に定められた手順による方法がある。後者は前者に加えて、一時停止の通知や再生計画検討委員会の設置、「実態貸借対照表作成にあたっての評価基準」に基づいた資産評定などの点で、基本要領に定められた手順と異なる（中小企業再生支援協議会事業実施基本要領Q&A　Q7）。ここでは、以下、「中小企業再生支援協議会の支援による再生計画の策定手順」に定められた手順を念頭に置いて述べる。

また、中小企業金融円滑化法の最終期限に合わせて処理件数を大幅に増加するため、従来の方法に加えて、手続を大幅に簡略化した新しい方法が公表されている[39]。新しい方法は、DDが必須でないこと、外部専門家の利用が必須でないこと、手続期間を2か月とすることが特徴となっている。債権放棄などを伴う事案より、リスケジュールのみにとどまる場合に積極的に活用されることが予定されているようである[40]。ここでは従来の方法を記載する。

手続の主体	債務者が主体的に進めていくが、支援協議会がかなりの手続支援を行う。
再生計画の要件	再生計画の内容は、中小企業再生支援協議会事業実施基本要領6(5)に沿って作成される。なお、債権放棄等を伴う事業再生計画案の場合、数値基準以外に、以下の要件を満たすことが必要とされている（産強法規則29条参照）。 ・経営者責任の明確化（原則として退任） ・株主責任の明確化 ・債権者平等の内容であること。 ・清算価値保証原則を満たすものであること。
再生計画のチェック機関	支援協議会により再生計画検討委員会が組成され、再生計画案の内容の相当性及び実行可能性を調査し、報告書を作成する。 当該報告書は、再生計画案とともに対象債権者に提示される。
資産評価損の税務上の取扱い	「中小企業再生支援協議会の支援による再生計画の策定手順」に定められた手順に従えば、資産評価損の計上等が可能とされている（法法25条3項、33条4項）。

(2) メリット・デメリット

メリット	(ｱ) 費用面のメリット（他の手続に比べると比較的低廉な負担で済む） (ｲ) 税務上の取扱いが比較的明確である[41]。 (ｳ) 事業継続に不可欠の資金を、中小企業基盤整備機構が債務保証を行うことが可能となっている（産強法53条）。 (ｴ) 計画案作成の支援についても積極的に関与してもらえる。
デメリット	(ｱ) 対象が中小企業のみである（産強法126条、2条17項）。

(3) 対　象

中小企業のみ。

産強法2条17項、同施行令2条に定める「中小企業」は概要以下のとおり。

対象	要件	
	資本金の額又は出資の総額	常時使用する従業員の数
製造業、建設業、運輸業等	3億円以下	300人以下

39　平成24年4月20日「中小企業金融円滑化法の最終延長をふまえた中小企業の経営支援のためのパッケージ」内閣府、金融庁、中小企業庁、及び同年5月21日付け「中小企業再生支援協議会事業実施基本要領」の改訂
40　金法1950号27頁「金融円滑化法の出口に向けた中小企業再生支援協議会の対応」藤原敬三
41　ただし、債権者側の税務上の取扱いについては、協議会スキームについての国税庁宛ての照会が特定のモデルケースを前提にしたものであり、その点は留意する必要がある（私的整理に関するガイドラインQ&A 9参照）。

卸売業	1億円以下	100人以下
サービス業	5000万円以下	100人以下
小売業	5000万円以下	50人以下
ゴム製品製造業	3億円以下	900人以下
ソフトウェア業又は情報処理サービス業	3億円以下	300人以下
旅館業	5000万円以下	200人以下

(4) 手続の概要

時系列	具体的内容
窓口相談 (第一次対応)	窓口相談を受けた統括責任者は、再生計画の策定を支援することが適当であるか否かを判断する。さらに、主要債権者の意向を確認したうえで、手続を進める場合には再生計画策定の支援決定をする。 なお、事案によっては、支援決定を受けた時点で、「返済猶予の要請」を行ったり、今後のスケジュール等を対象債権者（金融債権者）に説明をすることもある。
再生計画支援 (第二次対応)	再生計画の支援決定を行った場合、統括責任者は、再生計画作成の個別支援チームを組成したうえで、DDを実施し、それに基づいて債務者が事業再生計画を作成する（個別支援チームが支援）。なお、申立側でDDを終了し再生計画を策定している場合には、当該DDの結果と再生計画の検証するにとどめることが多いようである。
再生計画の作成	再生計画検討委員会が組成され、再生計画案の内容の相当性及び実行可能性を調査し、報告書を作成する。なお、二次対応開始から再生計画支援の完了までの標準処理期間は2か月とされている。 当該報告書は、再生計画案とともに対象債権者に提示されることになる。
債権者会議の開催と再生計画の成立	債権者会議は必須ではなく、書面で全対象債権者の了解が得られれば、それで再生計画は成立する。

8　事業再生ADR

(1) 特　徴

手続の主体	債務者が主体的に進めていく。ADR事業者[42]は手続の主宰者。
再生計画の要件	債権放棄を伴う事業再生計画案の主な要件（産強法規則28条2項～4項、29条） ・3年以内の実質債務超過解消 ・3年以内の経常黒字化 ・破産に比べて高い比率の弁済が可能であること。 ・資産評定基準（経済産業省関係産業競争力強化法施行規則第29条第1項第1号の資産評定に関する基準）に基づく貸借対照表の作成及び適正な債務免除額の算定 ・株主責任の明確化 ・役員責任の明確化
再生計画のチェック機関	ADR事業者が、再生計画案の内容の相当性及び実行可能性を調査し、報告書を作成する。当該報告書は、再生計画案とともに対象債権者に提示されることになる。
資産評価損の税務上の取扱い	実態貸借対照表作成に当たっての評価基準が詳細に定められており、かかる基準で実態貸借対照表が作成されることを前提として、税務上、資産評価損益の計上が認められている（法法25条3項、33条3項、法令24条の2第1項）[43]。

---

[42] ADR事業者は経済産業大臣の認定が必要であるが、現時点で認定を受けているのは事業再生実務家協会のみである。
[43] 平成21年7月9日国税庁回答

(2) 事業再生ADRのメリット・デメリット

法律上の主なメリット	(ア) 再生手続・更生手続に移行した場合のDIPファイナンスの保護規定がある（産強法59条、60条。ただし、条文上の規定は、必ずしも明確ではない。法的手続に移行した場合、共益債権ないし財団債権として取り扱われるかは、最終的には当該手続を行う裁判所の判断によるものと考えられる）。 (イ) 中小企業基盤整備機構が、対象企業の事業再生ADRの開始から終了に至るまでの間における債務者の事業の継続に欠くことのできない借入れの保証を行うことができる（産強法53条）。 (ウ) 特定調停手続に移行した場合、ADRが実施されていることを考慮したうえで、裁判官だけの単独調停を行うのが相当であるかどうかを判断するとしている（産強法52条）。 (エ) 社債の元本減免につき円滑化が図られている（産強法56条、57条） (オ) 税務上の取扱いが明確。
事実上のメリット	(ア) メイン寄せが防げる。 (イ) 手続期間が短い（3か月程度）。もっとも準備期間はある程度必要。
デメリット	(ア) 手続の法的拘束力が弱い。 (イ) 無方式の再建型私的整理に比べると、費用がかかる。

(3) 適用を受けられる債務者

規模等による限定はない。ただし、個人事業者及び経営が窮境に瀕し相談に来る企業（資金繰りに瀕し、対応に急を要する企業）は、対象にしていない[44]。

(4) 手続[45]

時系列	内容等
正式受理まで	事前相談 事前相談に当たって、財務DDの実施や主要銀行との調整により、ある程度再生計画案を策定していることが必要。
	手続利用審査申請、審査料納付
	利用申請仮受理、業務委託金納付
	手続実施予定者による利用手続の適格性調査
	利用正式申請、業務委託中間金の納付
	正式受理 なお、上場会社の場合、適時開示のタイミングについて証券取引所と事前にすり合わせを行っておく必要がある。
一時停止の通知	債務者及び事業再生ADR主宰者の連名で一時停止の通知を対象債権者に対して通知（産強法規則20条）[46]。 なお、一時停止は期限の利益喪失事由には該当しないと解されている（私的整理ガイドラインQA26参照）。一方で、一時停止には弁済期変更までの効果は無いと解されているので、通知後に弁済期が到来した債務は遅延損害金が発生すると解される[47]。

---

44 事業再生実務家協会「事業再生ADR活用ガイドブック」QA
45 以下に個別に引用する文献に加え、事業再生と債権管理145号「事業再生ADRの最新の動向」池田靖、小林信明、多比羅誠、富永浩明を参照。なお、同論考には、事業再生実務家協会の手続規則が公表されており参考になる。
46 一時停止の通知の内容は「債権者全員の同意によって決定される期間中に債権の回収、担保権の設定又は破産手続開始、再生手続開始、会社更生法若しくは金融機関等の更生手続の特例等に関する法律の規定による更生手続開始若しくは特別清算開始の申立てをしないこと」とされている（産強法規則20条）。
47 銀行法務21 717号26頁「事業再生ADRの手続上の諸問題（上）」中井康之。もっとも、事業再生ADR

第1回債権者会議 (概要説明会議)	一時停止発送から2週間以内に概要説明のための債権者会議を開催（産強法規則20条、22条)[48]。 債権者会議の主な内容は以下のとおり。 ・議長及び手続実施者の選任 ・一時停止の内容や期間の決議（これにより、一時停止に対象債権者と債務者間の契約としての法的拘束力が発生する） ・第2回、第3回の債権者会議の日程等の決議 ・DIPファイナンスについての産強法58条の同意 ・事業再生計画の概要説明及び意見聴取
事業再生計画の作成・調査	債務者は、当該会議での債権者との質疑応答や債権者の意見を踏まえて、正式な事業再生計画を策定する（産強法規則28条）。第2回債権者集会までに説明会を開催したり、あるいは債権者を個別に訪問して説明を行うこともある。 手続実施者は、債務者作成の事業再生計画案に対して、調査報告書を作成する。
第2回債権者会議 (計画案協議)	計画案協議のための債権者会議（産強法規則24条） 手続実施者が策定した調査報告書が債権者に提出される。手続実施者は、事業再生計画が公正かつ妥当で経済的合理性を有するものであるかにつき、意見を述べるものとされている。
第3回債権者会議 (決議)	決議のための債権者会議（産強法規則26条） 対象債権者全員から同意を得ることで成立する。反対者がいる場合、反対者が再考の余地がある場合は続行され[49]、再考の余地がない場合には、原則として、不成立となる。

(5) 手続実施者の役割

「和解の仲介を実施」する役割を担う（裁判外紛争解決手続の利用の促進に関する法律2条2号)[50]。手続の主宰者であり、事業再生計画案への同意を懇請するのは、あくまでも債務者及びその代理人。

(6) 費　用

事業再生実務家協会[51]に支払う費用として、手続利用申請時に50万円（消費税別）を支払う必要があり、その後、業務委託金、報酬金などを支払う。業務委託金、報酬金の合計は、数百万円から数千万円になるとされている[52]。それとは別に、申請代理人等に支払う費用も発生する。

9　特定調停

対象債権者全員の合意が概ね成立した段階で、手続の公正を期すためや税務上の処理に明快性を持たせるため、特定調停を利用する方法[53][54]。特定調停の申立前に概ね債権者と同意できていることを前提とする。

なお、「金融円滑化法終了への対応策としての特定調停スキーム利用の手引き」に基づき債権放棄を受けた場合の税務上の取扱いにつき、平成26年6月27日に国税庁から文書で回答がされており、税務上の取扱いもある程度安定してる。

の合意により遅延損害金は免除されるのが通常。事業再生ADRが不成立になった場合に問題となる（以上につき、私的整理QA112頁）。

48　第1回債権者会議に出席しない債権者がいたり、決議に反対をする債権者がいる場合、原則としてその時点で手続は打切りとなる。しかしながら、反対につき翻意の可能性がある場合、他の債権者に続行をする旨の了解を得て、続行期日を設定するなどの方法を取るべきとされる（以上につき、私的整理QA117頁）。

49　一部の債権者が反対している場合、特定調停を利用した解決が考えられる。この場合、特定調停の申立ての相手方（全対象債権者とするが、当該反対債権者だけにするか）や、事業再生ADR手続との関係（事業再生ADR手続を終結させるかどうか）などについて見解が分かれている（私的整理QA122頁に詳しい）。

50　具体的には、手続実施者は、同意を渋る債権者を説得したり、逆に債務者側に計画案の修正を促すなどの役割を担うと解される。

51　現時点で、経済産業大臣より事業再生ADRの認定を受けているのは、事業再生実務家協会のみである。

52　ADR実務12頁

(i) 特定調停が通常の民事調停手続と異なる部分として、以下の点が挙げられる[55]。

債務額の確認手続がある	当事者は、調停委員会に対し、債権又は債務の発生原因及び内容、弁済等による債権又は債務の内容の変更及び担保関係の変更等に関する事実を明らかにしなければならない（特調法10条）。
民事執行手続等の停止を命ずる手続が準備されている	裁判所は、特定調停によって解決することが相当であると認める場合において、特定調停の成立を不能にし、若しくは著しく困難にするおそれがあるとき、又は特定調停の円滑な進行を妨げるおそれがあるときは、申立てにより、特定調停が終了するまでの間、担保を立てさせて、又は立てさせないで、特定調停の目的となった権利に関する民事執行の手続の停止を命ずることができる（特調法7条1項）。
調停委員会の決定	調停委員会は、当事者の共同の申立てがあるときは、事件の解決のために適当な調停条項を定めることができる（特調法17条1項）。 調停条項が当事者事双方に告知されたときは、特定調停において当事者間に合意が成立したものとみなす（特調法17条6項）。
調停条項の内容に一定の経済合理性が求められる	調停条項、民事調停法17条決定は、特定債務者の経済的再生に資するとの観点から、公正かつ妥当で経済的合理性を有する内容のものでなければならない（特調法15条、17条2項、20条）。

(ii) 特定調停の典型的な手続[56]

特定調停の典型的な手続は次のとおり。事案によって調停期日の回数や内容は異なる。

債務者	裁判所・調停委員	備　考
申立て （特調法3条）	申立ての受理	予納金は調停委員の負担の程度による（事案によって異なる）。
	倒産処理に精通した弁護士等を調停委員に選任（特調法8条）	
事業再建計画を調停委員に提示（特調法10条）	調停委員の調査（特調法12条、13条、14条）	調査嘱託弁護士・会計士の選定[57]
第1回調停期日	債権者の意見聴取・調査事項の確定	調査嘱託弁護士等に再建計画の調査を依頼
第2回調停期日	調査を嘱託した弁護士等の意見書提出、調停案を提示（特調法15条）	
第3回調停期日	債権の同意・不同意の表明	対象全債権者が同意すれば成立（特調法16条、民事調停法16条）

53　日本弁護士連合会が「金融円滑化法終了への対応策としての特定調停スキーム利用の手引き」を平成25年12月5日付けで公表しており参考になる（日本弁護士連合会のホームページで閲覧可能となっている。また、事業再生と債権管理143号145頁「特定調停を活用した新しい中小企業再生手続の運用」高井章光が参考となる）。なお、平成26年2月に信用保証協会の特定調停による債権放棄が可能となっている。

54　金融庁が公表している「金融検査マニュアルに関するよくあるご質問」の「9　資産査定管理態勢」によれば、「特定調停において、大部分の債権者が特定調停手続に参加し、負債整理が合理的な基準に基づいて行われ、いずれの債権者も債務免除を行わないものの、一定の金融支援を行う一方で、債権者が弁済期限の延長を行った」場合には、資本性借入金のうち6年目以降に弁済される金額については、貸倒引当金勘定への繰入れにより原則として税務上も損金算入が可能としている。

55　私的整理QA37頁以下

56　ガイドライン実務411頁～426頁、事業再生と債権管理119号55頁以下など

57　NBL1003号8頁「為替デリバティブ取引損失に苦しんでいる企業救済の一事例」（上田裕康、松永崇、中村美穂）において、中小企業再生支援協議会が第三者として関与した事例が報告されている。必ずしも一般化できないが、中小企業支援協議会の活用も視野に入れるものと考えられる。

一部の債権者が不同意の場合の対応	17条決定（特調法22条、民事調停法17条）	
	2週間以内に異議がなければ17条決定は確定（特調法22条、民事調停法18条3項）	異議が出ると決定は効力を失う（特調法22条、民事調停法18条2項）。その場合は民事再生手続等を検討せざるを得ない。

東京地決 H16.10.25

判時1884号144頁

　千葉県供給公社が、民間金融機関11行（債務額714億円）、住宅金融公庫（債務154億円）、千葉県（債務40億円）を相手方として特定調停を申し立てたが、調停委員の調停案について、一部の債権者が反対したため、調停がまとまらなかった。そこで裁判所は、調停委員の調停案について民事調停法17条決定をしたところ、異議申立てなく確定したと報告されている[58]。

(iii) 特定調停で債務者が取れる主な手段[59]

執行停止処分 （特調法7条1項）	特定調停が係属する裁判所は、特定調停によって解決することが相当である場合に、担保を立てさせ、又は立てさせないで、特定調停手続の目的となった権利に関する民事執行手続の停止を命ずることができる。
調停前の措置（特調法22条、民事調停法12条）	調停委員会は、当事者の申立てにより、調停のために特に必要があると認めるときは、現状の変更又は物の処分の禁止等を命ずることができる[60]。 ただし、執行力はなく、違反しても過料を課されるだけなので、限界はある。

58　銀行法務21　658号53頁　石毛和夫
59　ガイドライン実務378頁以下
60　ガイドライン実務380頁では、特定調停申立時に、債務者に、「弁済禁止保全処分と同趣旨の誓約書および申立日現在の預金を調停成立ないし不成立時に当該預金を預入れしている債権者に弁済する旨」を添付したうえで、対象債権者に債権残高維持と預金への相殺権不行使の措置命令を発令する方法が提案されている。

第4章 再建型私的整理の具体的進め方

1 再建型私的整理の進め方

典型的な進め方として、以下のとおり。ただし、例えば、資金繰りが厳しい状況で再建型私的整理を進める場合には、まず対象金融機関へ支払停止の通知を行ったうえで、その後に至急DDを行うことを検討すべき事案もあると考えられる[61]。

項　目	内　容	
準備作業（2、3）	当初相談	
	再建型私的整理による再建が可能か否かの検討⇒第2章参照	
	債務者の立場の説明及び了解	
	弁護士委任契約の締結、着手金の受領	
再建計画の作成 再建スキームの決定 （第4章、第5章）	対象債権者の検討	通常、金融債権者のみを対象とするが、大口の取引債権者を対象とする必要はないか、信用保証協会付債権がある場合、信用保証協会を対象とする必要はないかなどについて検討[62]。
	DDの準備	各種専門家との委任契約の締結、費用の支払
	現状分析	財務DD、法務DD等⇒実態BSの作成、破産配当率の算出
	再建型私的整理による再建策の検討・資料作成	・事業DD⇒事業面での再建方法の検討及びその説明資料の作成 ・財務DD⇒財務リストラ策の提案内容の検討及びその説明資料の作成
	スポンサー募集及び選定手続⇒基本合意書締結	
	経営者責任・株主責任	・経営者責任・株主責任について決定 ・経営者が会社債務を保証している場合は、処理方法の検討
	結　論	・再建型私的整理のうち、いずれの手続で進めるかの決定 ・産強法の認定制度を利用するか否かの検討
対象債権者との交渉 （第6章） ↓ 対象債権者との合意	メインバンクへの訪問及び手続選択の事前相談(※)	
	第三者機関を利用する場合には、第三者機関への手続申立て(※)	
	対象債権者への支払停止の通知	なお、利息まで停止すると失期通知を出されることもあるので、利息は支払うことも検討が必要。
	バンクミーティング又は個別に対象債権者と交渉	・情報は可能な限り平等に開示する。 ・各対象債権者に債務免除額などを提案し、各対象債権者で稟議決裁を得る。
	この段階で特定調停を申し立てて、特定調停の中で合意することもある。	
	スポンサーが選定された場合はスポンサーとの間で最終合意書を締結。	
	対象債権者と合意書を締結[63]。	

---

61 もっとも、かかる場合は私的整理でなく、法的処理を選択せざるを得ないことが多いと思料される。
62 事業再生ADR手続において、信用保証協会に事前求償権者たる地位のまま手続に参加することを要請し、実際に参加につき了解を得た事例が報告されている（事業再生と債権管理140号112頁「事業再生ADR手続中の会社分割と信用保証協会の求償権への対応」 築留康夫ほか）。
63 なお、全対象債権者と同時に合意をしない場合、先行して合意する対象債権者との合意は、全対象債権者との合意が成立することを停止条件として効力を発生させることが多い。

債権者全員の同意が得られない場合	一般的には、民事再生手続や会社更生手続を検討する。 ただし、ごく一部の債権者のみが反対しているような場合には、特定調停を利用することが考えられる。

（※）　メインバンクや第三者機関（特に中小企業支援協議会）への相談は、再建計画作成前に行うことも多い。資金繰りの状況や会社の業況などによって、対応は異なる。例えば、利息を支払うことを前提に、元本返済だけの支払停止で資金繰りに問題が発生しないのであれば、より早期に通知したうえで手続を進めることもある。

2　当初の相談の時点で依頼者に準備してもらうべき資料

　以下の資料により、手続の選択を検討することとなるが、当初から資料の全てを準備してもらうのは難しいことが多い。資料がなくとも、ヒアリングで確認できるものは確認を行う。また、資金繰表等が作成されていない場合には、作成方法を説明したうえで、作成をしてもらう。

会社概要、事業の内容、営業所等がわかる資料
税務申告書（勘定科目明細添付の決算書を含む）3期分
青色繰越欠損金や期限切れ欠損金の金額の状況がわかる資料
営業に必要な許認可一覧（もしあれば）及び許認可に関わる書面⇒事業譲渡する際に問題となるため
役員、株主の状況がわかる資料
従業員一覧（部署別の組織図。契約社員、派遣社員、パート、アルバイトなども含む）
労働協約等の資料（労働組合の有無の確認）
租税の滞納状況がわかる資料（もしあれば）
経営者等の連帯保証の状況がわかる資料
（必要であれば）賃貸借契約など重要な契約書類
借入債務の状況。金融機関の借入残高だけでなく、保証協会による保証の状況についてもわかる資料
担保設定状況及び担保類似の仕組みがあれば、その状況。また、対抗要件を具備していない担保がある場合はその状況
業況が悪化した後の担保設定状況、返済状況のわかる資料（偏頗弁済や不公平な担保設定とみなされる可能性のある行為の内容がわかる資料）
スポンサー候補者がいる場合は、当該スポンサー候補者の概要がわかる資料。仮にスポンサー候補者と何らかの合意書を既に締結している場合には、当該書面

3　債務者の立場の説明内容

　受任するに当たり、依頼者の代表者等に、債務者の立場、債務者の代表者の立場等を説明する。説明すべき内容は概要以下のとおりと考える。なお、必要に応じて、債務者から弁護士宛ての誓約書を取得することもあろう。

項　目	具体的な説明内容
債権者に対する公平・誠実義務	民事再生では、法律で再生債務者は公平誠実義務を負っている（38条2項）が、私的整理においても同様と考えるべきであろうこと。
債権者平等原則の重要性	債権者を平等に扱う必要があり、特定の債権者を優遇する処理をした場合、当該債権者はもちろんのこと、債務者（及び代表者）も責任を負う可能性が高いこと。
対象債権者全員の同意の必要性	私的整理は全対象債権者の同意が必要であり、同意が得られない場合には法的手続に移行せざるを得ないこと。
経営責任	特に債務免除を含む再建計画に同意する条件として、経営責任の明確化（経営者の退陣や、私財提供など）が求められることが一般であること。

連帯保証債務の処理	経営者が会社債務につき連帯保証をしている場合、会社の手続とは別に当該連帯保証の処理をする必要があること。

4 DD

(1) DDの主な目的

目的	具体的な内容、留意点
財産評定 ↓ 実態BSの作成 ↓ 実質債務超過額の把握	財産評定をする際の評価基準（処分価格で評価するか継続企業価値で評価するか）が問題となるが、実態BSは継続企業価値とするのが一般的と考える。 実態BSを作成する際の各勘定科目の評価基準は、(2)記載の各手続において採用されている基準等により行うのが穏当と考える。
（必要に応じて） 清算BSの作成	破産（可能であれば、民事再生）の場合の配当率算出。 清算BSを作成する際の各勘定科目の評価基準は処分価値で行うのが一般的。
対象債権者の担保保全額、非保全の把握	対象債権者と交渉するに当たり、担保により保全されている額及び非保全額を把握する必要がある。
PL分析・事業リストラ策及びリストラ費用の把握	事業再建のために、現状把握及び、事業リストラ策、リストラ費用[64]を把握する必要がある。

(2) 財産評定の主な基準

財産評定を行う際の基準として、再建型私的整理の種類毎に、以下のものが公表されている。いずれかの手続を利用するのであれば、当然のことながら、その手続の基準に従うことになる。

手続の種類	公表されている財産評定基準
私的整理ガイドライン	私的整理に関するガイドラインQ&A　QA10
中小企業再生支援協議会	中小企業再生支援協議会の支援による再生計画の策定手順
事業再生ADR	経済産業省関係産業競争力強化法施行規則第29条第1項第1号の資産評価に関する基準
RCCスキーム	RCC企業再生スキーム別紙5の再生計画における「資産・負債の評価基準」

手続が決まっていない場合、あるいは、いずれの手続も利用せず再建型私的整理を行う場合には、再建型私的整理手続の嚆矢となった私的整理ガイドラインの評価基準等を参考に算定するのが穏当かと考える[65]。

(3) DDの目的と担当割等

弁護士、会計士、その他コンサルタントが手分けをしてDDを行うことが多い。

64　発生することが多いリストラ費用としては、従業員の退職金の支払や、不動産売却に当たっての諸費用、転居費用などがある。
65　私的整理ガイドラインにおける財産評定の例は以下のとおり。

売上債権	相手先別に信用力の程度を評価し、回収可能性に応じて減額する。
棚卸資産	陳腐化した在庫、不良在庫等は、適切な評価額を減額する。
有形固定資産	継続して使用予定の物件は時価、売却予定物件は早期処分価格等。

（私的整理に関するガイドラインQ＆A　Q10-2より抜粋）

第4章　再建型私的整理の具体的進め方

内　容	目　的		担当割[注]		
	現状分析	主な事業計画作成準備内容	弁	会	他
PL分析 (事業DD)	窮境原因の確認	・収益改善策の検討 ・事業リストラ策の検討・リストラ費用の算出 ・全体スキームの検討	△	○	コンサル
	市場分析		△	△	
	収益力分析		△	○	
	財務諸表による成長性、収益性、安全性の分析		△	○	
	管理会計による事業部門毎、事業所毎の収益分析		△	○	
	事業リストラ策の検討・リストラ費用の算出		○	○	
BS分析 (財務DD)	財産評定、実態BSの作成	・財務リストラ案の作成	△	◎	
	(必要に応じて)清算BS(実質債務超過額、破産配当率の算出)の作成		△	◎	
対象債権者分析	債権残高確認	・財務リストラ案の検討準備 ・処分すべき資産等の検討 ・全体スキーム(事業譲渡、会社分割など)の検討	○	○	不動産鑑定士
	担保評価額(必要に応じて不動産鑑定評価の取得)		○	○	
	担保割付による非保全額の確認		○	○	
法務DD ／税務DD	スキームを検討するうえでの法務・税務リスクの確認	・全体スキームの検討 ・法的処理か再建型私的整理かの選択 ・担保権者との交渉方法の検討	◎	○	税理士
	潜在的法務・税務リスクの確認		◎	○	
	債務免除を受ける場合には、債務免除益に対する課税対応の検討		△	○	

（注）「弁」は弁護士、「会」は公認会計士、「他」はその他のコンサルタント等を指す。また、◎は主担当として行う部分、○は必要に応じて関与する部分、△は補助的に関与する部分を指す。なお、これらは、あくまでも筆者の個人的見解であり、また、事案によっても、実際の担当は様々となる。

5　担保付物件の処理方法の検討及び担保評価額の算定

担保付物件については、まず、継続使用するのか売却処理をするのかについて検討が必要。そのうえで、それぞれ、概要以下の内容で検討するべきと解する[66]。

担保物件を継続使用する必要がある場合	担保権者と個別に弁済方法等につき協定を締結する必要があるが、担保評価について、不平等が発生しないように注意をする必要がある。例えば、不動産であれば、不動産鑑定士に鑑定を依頼するなどして、公平性を維持できるように配慮する必要がある。
担保物件を継続使用せず、処分する場合	換価方法、換価した場合の条件（一定割合の債権者財産への組入れ条件など）について、やはり債権者平等の観点からルールを提示しておくべきものと考えられる。

6　スポンサーの募集手続

スポンサーの募集は必須ではないが、スポンサーが付くことで、再建可能性は高まる。スポンサー募集手続に特に決まりはないが、一般的な流れとしては概ね以下のとおり。

時系列	内　容
スキームの確定 ⇒(2)	入札条件の確定

66　担保権に優先する滞納税金、区分所有建物の滞納管理費その他の先取特権・商事留置権などがないかの確認及び、それらの担保評価額への反映も必要（私的整理88講55頁）。

スポンサーの選定作業 ⇒ (3)	Information Package の作成
	守秘義務契約の締結
	DD
	入札⇒開札
基本合意書の締結 ⇒ (4)	
最終契約の締結 ⇒ (5)	
クロージング ⇒ (6)	事業譲渡、減増資の実行等

(1) スポンサー選定の重要性

スポンサーの拠出金（出資ないし事業譲渡対価等を指す）は、対象債権者に対する弁済原資となることから、スポンサー選定過程は、対象債権者から見ると極めて重要な事項である。

スポンサーは、債務者関係のルート、FAのルート以外に、金融機関ルートも考えられるため、メインバンクにスポンサー候補者の募集を相談をすることも一つの方法である。

(2) スキームの確定

スポンサーに事業を承継する方法としては一般的に①減増資、②事業譲渡、③会社分割が考えられる[67]。それぞれのメリット、デメリットは以下のとおり。

スキーム	主なメリット	主なデメリット
減増資	・手続が簡便である。 ・許認可を継続利用できる。 ・繰越欠損金を利用できる可能性がある。	・偶発債務を排除することが困難。 ・雇用調整コストがかかる可能性がある。
事業譲渡	・簿外債務承継のリスクを無くすことが可能。 ・短期で実行が可能。 ・雇用調整が比較的容易であることが多い。	・移転の手間がかかる。 ・許認可を承継できない。 ・税務コストがかかる場合がある。 ・繰越欠損金があっても承継できない。
会社分割	・税務コストが軽減できることが多い。 ・許認可の承継が可能であることがある。 ・資産等の移転が容易であることが多い。	・手続がやや煩雑。労働者保護手続（労働契約承継法）、事前開示及び事後開示手続（会社法782条、794条、803条、811条等）、債権者保護手続（会社法799条、810条）などが必要。 ・雇用調整コストがかかる可能性がある。 ・繰越欠損金を承継できないことが一般的。

（事業譲渡と会社分割の詳しい比較は第3章3参照）

雇用調整の要否、繰越欠損金の有無、許認可承継の要否、スポンサーの要望などを勘案していずれのスキームを選択すべきかを決定する。

(3) 入札手続

（i）手続

時系列	内容
入札条件の決定	入札条件で特に明確にしておくべき事項は(ii)参照

---

67 株式譲渡後に増資を行う場合もある。

Information Package（事業状況の分析、事業計画など）の作成	ある程度広く入札参加者を募る場合には、入札を2段階に分け、まずInformation Packageで入札を検討してもらい、二次選定の段階で本格的なDDを行う。このような方法を取ることにより、参加希望者は時間と費用を節約することが可能となる。また、広く入札参加者を募ることで、より好条件でのスポンサーを確保できる可能性がある。さらに、Information Packageで入札参加者を絞ることで、DDにかかる手間を少なくすることができるメリットもある。
守秘義務契約の締結	守秘義務契約を締結したうえで、Information Packageの開示により入札の意向を確認したうえで、DDの受入れをする[68]。
DD	

(ⅱ) 入札条件において明確にしておくべき事項

入札条件は事案に応じてケースバイケースであるが、以下の点は、スキーム等に関係なくポイントとなる点であり、また応札条件にも影響する点であり、明確にしておくべきと考える。

代金の支払方法	譲渡対価の支払は、譲渡時一括払いとするよう要請することが多いと考えられる。これは、万が一買主が債務不履行をした場合の影響が甚大であるため。入札の際の条件を一括払いとし、また、支払能力も入札者を決定する際の有力な判断要素となることを明示する。
瑕疵担保	瑕疵担保は免責とすべきと考える。これは、譲渡実行後、対象債権者に弁済した後は、瑕疵担保責任を負うことが困難であるため。
表明保証責任	表明保証についても、瑕疵担保と同様、DD時に可能な限り情報を開示することで、表明保証責任は負わないようにするべきと考える。

(4) 基本合意書の締結

再建型私的整理に係る金融機関との合意条件が未確定の状態だと、最終的なスポンサー契約を締結することが困難なため（金融機関との合意条件に応じて、スポンサー契約の内容も変更になるため）、まず基本合意書を締結したうえで、金融機関との交渉を進めるべきケースが多いと考えられる。

基本合意書の拘束力に関する裁判例として以下ものがある（通常のM&Aに関する裁判例）。

最三小決 H16.8.30

民集58巻6号1763頁、判時1872号28頁、判タ1166号131頁、金判1199号6頁、金法1727号78頁

　Y社グループ3社は、Y社グループ内のY1社の事業をX社に譲渡することにつき基本合意書を締結した後に、乙グループに統合を申し入れるともに、X社に基本合意書の解約を通告したため、X社は基本合意書に基づき、乙グループとの協議を行うことなどを差し止める仮処分命令の申立てを行った。本決定は、基本合意書に基づく債務は消滅していないものの、「事後の損害賠償によって償えないほどのものとまではいえない」などとして、保全の必要性がないとした。

東京地判 H18.2.13

判タ1202号212頁、金判1238号12頁、判時1928号3頁

　上記仮処分が却下されたため、XがYらに対して、基本合意書に基づく独占交渉義務及び誠実義務違反などを理由に、債務不履行又は不法行為に基づく損害賠償請求訴訟を提起した。

68　なお、個人情報保護法23条4項2号で事業の承継に伴う個人データの提供は許されているが、「個人情報の保護に関する法律についての経済産業分野を対象とするガイドライン」（経済産業省作成）において「事業の承継のための契約を締結するより前の交渉段階で、相手会社から自社の調査を受け、自社の個人データを相手会社に提供する場合は、当該データの利用目的及び取扱方法、漏えい等が発生した場合の措置、事業承継の交渉が不調となった場合の措置等、相手会社に安全管理措置を遵守させるため必要な契約を締結しなければならない」とされているので留意が必要。

本判決は、基本合意書による独占交渉義務及び誠実協議義務違反があることは認めつつ、いわゆる履行利益はかかる債務不履行と相当因果関係のある損害とは言えないところ、Xが履行利益相当額の損害ないしこれを基準に算出した損害額についてのみ主張し、それ以外の損害について、何ら主張立証もしていないから、損害賠償責任を認めることはできないとしてXの請求を棄却した[69]。

なお、Xが控訴し、控訴審は和解で終了した。

(5) 最終的なスポンサー契約の締結

金融機関との間の条件が確定した時点で、最終的なスポンサー契約の締結を行うことが多いと考えられるが、一定の条件で金融機関の同意が得られることを停止条件として、比較的早期にスポンサー契約を締結することもあろう。

(6) クロージング後の事業譲渡側の責任

契約の内容によっては、クロージング後、事業の譲渡人が一定の責任を負う可能性があるので注意が必要。代表的な例としては、表明保証違反による損害賠償責任が挙げられる。

しかしながら、第二会社方式の場合、債務者は清算してしまうのが一般的なので、責任を負うことは事実上困難であることから、可能な限り表明保証責任を負うべきではない。

また、裁判例を検討すると、①契約において瑕疵担保責任、表明保証責任を負う範囲を限定することに加えて、②DDにおいて売主としての情報提供をしっかりやっていることが、表明保証責任を免れるために重要であることがわかる。したがって、契約で表明責任を免責することに加えて、DDにおいて、可能な限り情報提供を行うことが重要である。また、仮に表明保証条項を入れる場合には、「本契約において譲渡人の表明保証が正確なものでなかったとしても、譲受人がクロージング前にかかる事実を認識し、又は譲渡人から開示を受けた資料よりかかる事実を認識し得る場合は、譲渡人は一切の責めを負わない」といった文言を契約書に入れておくことを検討すべきと考える[70]。

事業譲渡人側の責任が問題となった裁判例は、第1編第15章4(2)参照。

7　DIPファイナンスの検討

運転資金が枯渇している場合、DIPファイナンスを検討する必要がある。法的整理に移行した場合、DIPファイナンスに優先的権利を認めるべきとの考え方もあるが、現時点では、そのような取扱いは必ずしも容易ではない。したがって、DIPファイナンスを得るためには、原則として適切な担保が必要である。

DIPファイナンスを依頼する場合の概要は第1編第5章4参照。

8　株主責任・経営者責任に関する検討

株主責任	債権を減免する事案においては、上場を維持するような例外的なケースを除いて、株主は出資額全額について責任を求められる。 そこで、減資の方法や、その後の出資などについて検討を行う必要がある。

---

[69] かかる判決は、前提となる平成16年8月30日の最高裁決定の「最終的な合意が成立するとの期待が侵害されることによる損害」という表現を信頼利益と解釈して、判断をしたものと推定されるが、この点については強い批判がある（別冊金判「M＆A判例の分析と展開」220頁　中東正文）。

[70] 条文案は商事法務1999号40頁「表明保証と当事者の主観的事情（下）」辰巳郁にて提案されているものを若干修正したものである。

第4章 再建型私的整理の具体的進め方

経営者の責任	多くの場合、退任を求められることが多い。しかしながら、中小企業の場合、経営者を簡単に変更できないことも多いことから、対応を検討する必要がある。
	中小企業の経営者は会社債務を連帯保証をしていることが多いが、そのような場合、金融機関は、会社につき再建型私的整理をするのと同時に当該経営者に対して破産等の法的処理を取ることを求めてくる。したがって、当該連帯保証についても、対応を検討する必要がある[71]。

---

71 近時は経営者保証に関するガイドラインによる方法もある。この点は第1章4参照。

第5章　事業再建計画書・返済計画書等の作成

1　事業再建計画作成に当たって検討すべき主な事項

(1) 全体像

検討事項	主な担当	主な具体的内容
全体スキーム	弁護士 会計士	・不採算部門の整理 ・第二会社方式利用の検討（スポンサーの意向や、繰越欠損金その他の税務負担などを勘案して、第二会社方式を使うか否かを検討する）
事業リストラ策の検討	弁護士 コンサル	・社内改革案の検討（従業員からメンバーを選抜して事業再建委員会を組成し、事業計画のたたき台を作成することも考えられる） ・事業リストラ等（在庫管理の徹底、不要資産の売却など）の検討 ・リストラコストの算定。具体的には次のようなものがある。 　資産売却に係る費用 　雇用調整に係る退職金費用 　賃貸物件の返還に伴う原状回復費用
収益計画	コンサル 弁護士 会計士	・収益計画、財務リストラ計画の作成。例えば、私的整理ガイドラインでは、事業再建計画は概ね以下の要件を満たす必要がある。 ①3年以内の実質債務超過解消 ②3年以内の経常利益の黒字転換 ③3年以内に有利子負債のキャッシュフローに対する比率が10倍以内になること。
財務リストラ策の検討	弁護士 会計士	・財務リストラ策としては、リスケジュールや単なる債権放棄だけでなく、DES、DDS、あるいは種類株式の活用などを検討する。
税務対応	税理士	タックスプランニングの検討（特に債務免除益課税、債権者側の税務上の損金算入の可否について確認）

(2) 事業再建計画書に盛り込むべき内容[72]

(i) 本　文

項　目	具体的な内容・留意点
会社及び事業の概要	
窮境原因及び環境分析	
財産評定及び実態BSの説明	金融支援（債務免除）必要額の根拠となる。
事業計画の骨子	①事業リストラ策の内容（例えば以下の内容） 　・存続事業と撤退事業の切り分け 　・経営体制 　・雇用調整 ②スポンサー選定の状況（選定済であれば選定理由） ③再生スキーム（自主再建か事業譲渡か減増資かなど）の説明 ④上記を踏まえた収益計画（3年～5年）

---

[72] ガイドライン実務159頁以下、私的整理計画策定の実務465頁以下に詳しい。サンプルは私的整理計画策定の実務505頁以下参照。

金融支援の依頼 （弁済計画書）	①各債権者毎の債権残高、担保設定状況、非保全額の状況表の作成 　→ 4参照 ②財務リストラ策及び支援要請の具体的内容 　事業計画に基づいた将来キャッシュフロー表の作成及び、当該キャッシュフローに基づく債権放棄額の妥当性の説明[73] ③清算BS（破産した場合のBS）との比較表の作成 　法的手続よりも回収率が高いことの説明 ④弁済計画[74]
その他	①経営責任 ②株主責任 ③過去の一定期間の弁済状況や担保設定状況の説明（偏頗弁済等が行われていないことの説明資料） ④担保物件の処理ルールの提示（売却するものとしないものに分けて処理ルールを作成）

(ⅱ) 主な添付資料

項目	内容
現状分析	過去（3期分程度）のPL及びBS数値推移表 （財務DDによる修正前のものと、可能であれば修正後のもの）
全体スキーム図	スキーム全体をわかりやすく説明した図
事業リストラ説明書	事業リストラの内容及び費用
財務リストラ説明書	要請すべき財務リストラの内容及び返済スケジュール
損益計画	将来（3年以上が望ましい）の数値計画 （貸借対照表計画は、各勘定科目の推移よりも実質債務超過の解消状況がわかるようにすることが重要）
貸借対照表計画	
キャッシュ・フロー計画	
タックスプラン	

2　窮境原因及び環境分析

　窮境原因及び環境分析は、市場分析や同業他社比較なども含めて行うことが本来は必要である。しかしながら、市場分析を行うためには業界についての詳細な分析が必要であり、また、同業他社比較は同業他社データ[75]の取得が必要であるが、いずれも専門家の関与がないと困難である。

　そこで、以下では、主に債務者の財務諸表を利用した窮境原因や環境分析の基礎的な方法を記載する。もちろん、これだけで窮境原因や環境分析が解明できるわけではない。あくまでも、基礎的な方法の紹介にすぎない。

　なお、前提として、対象会社の事業内容・商流を把握することが重要である。経営形態によって、利益率も利益の源泉も異なってくるため、特殊な業態の場合には、同業他社と比較することが無意味であることもある。

---

[73]　リスケジュールのみの要請であれば、例えば借入金額総額÷（年間の返済可能額－年間の利息支払額）で返済可能期間を計算して、リスケ期間、リスケ金額などの根拠とする。

[74]　事案によっては、弁済額を定めず、将来の収益等に応じて弁済額を定める方法（つまり、将来の収益等から弁済額を算出する一定の算式を決めておく方法）を提案することもあろう。

[75]　同業他社データとしては、個社の有価証券報告書、日経経営指標（日本経済新聞出版社）、中小企業庁が公表している中小企業の財務指標、その他民間の調査会社が公表しているデータなどを利用することも考えられるが、公表データから分析することには限界がある。

(1) 収益性分析

事業再建の場面で役に立つ収益性分析には、以下のようなものがある。

(i) 売上高に対する各種利益等の比率分析

売上高に対する、売上総利益や営業利益等の比率を算出する方法。

損益計算書	対比（分母）	分析の留意点
売上高		
（−）売上原価		
うち材料費	売上高（％）	
売上総利益	売上高（％）	・同業他社比較が有益。 ・時系列比較で下がっている場合には、仕入価格の上昇が売上に反映していない可能性がある。
（−）販売管理費	売上高（％）	・時系列比較が有益。 ・損益分岐点分析 (ii) が有益。
営業利益	売上高（％）	・同業他社比較が有益。 ・時系列比較で下がっている場合には、販売管理費の削減が必要なことが多い。
（＋）営業外収益		
（−）営業外費用		
経常利益	売上高（％）	
（＋）特別利益		
（−）特別損失		
税引前当期利益		
（−）法人税等		
当期純利益	売上高（％）	

(ii) 損益分岐点分析

事業計画を立案する際には、損益分岐点分析が非常に役に立つ。

分析方法	ポイントは、固定費・変動費の区分にある。①勘定科目の属性から判断して変動費・固定費を分ける方法と、②会社の過去の推移から変動費・固定費を推計する方法[76] がある。
分析結果の主な利用方法	固定費を吸収するための最低目標売上高を把握することができる。また、弁済原資を確保するための売上高を把握することもできる。 さらに、固定費が高い場合には、リストラ等を敢行する必要があるのか、あるとすればどの程度行う必要があるのかなどを把握することが可能となる。

(2) 生産性分析

事業再建の場面で役に立つ生産性分析には、以下のようなものがある。

なお、資産は2期ないし3期末の平均値や、月次で資産残高がわかれば月次平均を利用する。

また、資産は時価を使うか、簿価を使うかで内容が異なってくるが、事業再建の場面では時価

---

[76] 過去の売上高と販売管理費の動向から、固定費及び変動費を推定するもの。過去の決算書が正しいことや（粉飾決算がある場合、正確なものにすること）、過去の販売管理費のうち特殊な費用は除くことが必要となる。なお、固定費部分が年度によって変動している可能性もあり、一定の限界はある。

を使うほうが、より正確に分析が可能になるので、可能な範囲で時価を使うべきであろう。さらに、資産の範囲にも留意する必要がある（不稼働資産などは処分することを前提に、除外するなどの調整が必要な場合がある）。

内　容	計算式	分析方法・留意点
使用総資産回転率（回）	$\dfrac{売上高}{資産計}$	回転率が低い場合、在庫が過大であったり、不良資産を抱えている可能性がある。
固定資産回転率（回）	$\dfrac{売上高}{固定資産計}$	固定資産が効率的に利用されているかを分析する。
棚卸資産回転日数（日）	$\dfrac{棚卸資産合計}{売上高 \div 365 日}$	棚卸資産が過剰でないかを確認できる指標

3　収益計画・事業リストラ策の作成

(1)　収益計画作成上の留意点[77]

項　目	留意すべき点
売上高	もっとも重要であるが、正確な見積りをすることは実際には困難なことが多い。
販売管理費・売上原価	売上原価・販売管理費いずれも、変動費・固定費分析をして作成することで、正確なものが作成しやすく、また、後の管理がしやすいことが多い。
設備投資	設備投資が必要な時期や、当該設備投資に係る費用を織り込むことを忘れないようにしなければならない。修繕費も同様。
雇用調整費用	仮に雇用調整をする場合は、退職金の支払など、雇用調整に係るコストを見込む必要がある。
年　金	年金を脱退する場合には、年金脱退に係る費用を見込む必要がある。
資産売却	例えば本社事務所を売却することを見込む場合は、賃料の発生や引っ越し費用なども見込む必要がある。
税　金	債務免除益課税に注意する必要がある。タックスプランニングは重要。

(2)　事業リストラ策の視点

スポンサーが入る場合には、経営改革はスポンサーに任せるのが一般的であるが、自主再建型の場合は、弁護士が一定の範囲で経営改革に関与することが必要な場合がある。その場合、以下の視点が重要と考える（ただし、あくまでも私見）。

仮説をたてること	事業戦略を検討するうえで、仮説を立てることは重要であると考える[78]。仮説を立てて思考錯誤しながら解決策を検討する。
目標の数値化	事業計画を作成したら、それをブレイクダウンして、各現場の目標として設定をする。抽象的な目標でなく、具体的なものであることが必要。各現場での積上げにより会社を再建できるということを、各従業員に肌で感じてもらうためにも、目標の数値化は必須と考える。
管理会計の導入	中小企業の場合、管理会計が導入されていない企業がほとんどである。そこで、管理会計を導入し、数値目標の管理、生産管理、原価管理などを行うようにする。日々の業務の状況を把握することで、事業計画の遂行状態を把握することができる。

77　事業再生と債権管理114号66頁以下「再建型倒産手続における事業計画上の留意点について」（新川大祐）を参考とした。
78　冨山和彦・経営共創基盤著『IGPI流経営分析のリアル・ノウハウ』（PHPビジネス新書）56頁

見える化の重要性	様々な分析は、なるべくわかりやすいグラフや図にすることで、会社全体で共有化することが可能となる。そうすることによって、議論を前に進めることが可能となる。
PLAN DO CHECK ACTION の実行	経営改善方法を目標として定めた場合、常に進捗状況を確認するシステムを構築することが必要。また、マーケットが常に変動している以上、状況に応じて、経営戦略は見直しをすることが必要。
人事制度、営業方法の見直し	抜本的な事業リストラを行うのであれば、人事制度や営業方法の見直しも視野に入れる必要がある。

4 返済計画書の作成(財務リストラ策の検討)

(1) 対象債権者別返済計画書の全体像

返済計画書の内容は概要以下のとおりとなる。

(i) 対象債権者一覧表(対象債権者及び、担保設定状況一覧、非保全額一覧)

項 目	内 容
対象債権者毎の債権額	一時停止通知時などの一定の時点を決めて、元本・利息に分けて一覧表を作成する。
担保対象物の評価額・割付額	担保による保全額については全額を弁済し、非保全額部分をプロラタ(比例按分)で債権放棄を受けることが多い[79]。したがって、担保による保全額は、回収額に直接に影響するため、保全額の算定方法は重要。この点は(2)参照。 なお、評価額の根拠資料も添付するほうがよい。また、複数の担保権者に対する割付額が論点になる場合には、その根拠資料や計算式なども添付するべきであろう。
対象債権者毎の保全額、非保全額	実際の弁済額がわかる内容とする。

(ii) 返済計画書

項 目	内 容
保全部分の弁済方法	担保物件を処分して弁済する場合は、以下の点を明示する。 ・処分時期、処分方法、処分価格から差し引く費用(わかる範囲で) ・計画案における処分見込額と実際の処分額の差異の処理方法(通常は処分連動方式とし、実際の処分額を優先する) 担保物件を処分しない場合には、弁済スケジュールを明示する。
非保全債権の弁済方法	・弁済スケジュール(弁済額、弁済時期) ・追加弁済条項(キャッシュ・フローに余裕がある場合など) ・弁済条件変更手続に関する条項(リスケが必要となった場合の手続条項) ・利息の取扱い ・遅延損害金の取扱い ・DES 等を依頼する場合はその内容
モニタリング方法	再建計画成立後の報告内容及び報告タイミングなどについて定める[80]。

(2) 保全額算定に当たっての注意事項

担保がある場合、担保による保全額の算定方法がポイントになるので、その点の留意点をまとめる。

---

[79] なお、リスケジュールのみの要請の場合は、特に保全額を考慮することなく、債権額プロラタで弁済額を計算することもある。

[80] 1年目は月1回、2年目以降は3か月に1回程度会社の業況報告をすることが多いと考えられる。

第5章 事業再建計画書・返済計画書等の作成

(i) 保全の範囲

保全額を検討するうえで、注意すべき場合として以下のようなものがある。

検討すべきケース	対 応
担保の趣旨で特殊なスキームが組まれている場合	仕組みの評価が問題となる。当該担保権者はもちろん、他の債権者にも説明可能な、合理的な評価方法を検討する。
対抗要件を具備していない(登記留保)担保権がある場合	私的整理では担保権として認める運用が一般的[81]。
対象債権者(銀行)に、債務者が預金を預けている場合	私的整理ガイドラインで、担保の合意が明確になされているような場合を除き、相殺を認めない方針で処理されていることもあり[82]、定期性・拘束性預金を除き、相殺を認めずに非保全額を計算するのが一般的のようである[83]。
信用保証協会付債権がある場合	信用保証協会を手続に取り込んで、信用保証協会に他の対象債権者と同様の負担に応じてもらうように要請するべきと考える[84]。信用保証協会の協力を得られない場合には、信用保証協会付債権は再建型私的整理の対象外として取り扱わざるを得ないと考えられる。
対象債権者(銀行)に取立委任手形を渡している場合	委任の時期を債務者のほうでコントロールできることもあり、取立委任手形を保全対象とすべきかどうかについてはケースバイケースにすべきと考える。
業況悪化以降に担保設定をしたものがある場合	業況悪化時に、偏頗的に担保設定や弁済を行っていれば、他の債権者との平仄から、法的整理になった場合担保設定が否認されることを理由として、担保設定を認めずに非保全額を計算すべき場合もあると考えられる。

(ii) 担保評価方法の原則

概ね以下のとおりと考える。なお、担保評価の時点も問題となり得る(一時停止通知時点とすべきであろう)。また、担保対象物を処分することが予定されている場合には、処分することによって実際に回収された金額を保全額とすべきと考える(いわゆる処分連動方式)。

担保対象物	代表的な評価方法	備 考
預 金	定期性預金額	流動性預金は保全対象外とし、定期性預金についてのみ保全対象とすることが妥当と考える。
不動産	鑑定評価	鑑定評価にも処分価格と継続価値評価などがある。当該資産の特性に合わせて、評価基準を決定する必要がある。
自動車	時 価	複数の業者から見積り取得すべき。
動 産	原則として処分可能価格	時価にも処分価格、販売価格など複数の評価方法があるため、資産特性に合わせて、検討が必要。
上場有価証券	市場価格	上場有価証券は基準日の終値が妥当と考える。
非上場有価証券	第三者の鑑定評価や簿価など	流動性(売却可能性)も含めて評価を行うが、時価の算出が極めて困難な場合は、簿価や純資産価格で評価を行わざるを得ないであろう。

---

81 ガイドライン実務248頁。ただし、客観的な証拠がある場合(より具体的には設定契約書がある場合)に限るべきであろう(私的整理88講107頁)。
82 ガイドライン実務250頁
83 定期性・拘束性預金の取扱いは、事案によって異なるようである。
84 信用保証協会は一般的に債務免除に対してかなり厳格に対応すると考えられていることもあり、信用保証協会が保証している部分については、対象債権者から除外した例もあるようである(ガイドライン実務237頁)。なお、平成17年6月21日に「信用補完制度のあり方に関する検討小委員会とりまとめ」が公表された後、信用保証協会の対応がやや柔軟になったようにも見受けられるところである。

保　証	ケースバイケース	保証を全く勘案しないケースもあるが、保証人の資力がある場合は、一定の評価をして保全額とすることも考えられる。保証人が全くの第三者の場合、再建型私的整理の対象外（つまり全額保護）するということも考えられる。 なお、保証は附従性があるので、保証人に債務免除の効力を及ぼさないようにするためには保証人から附従性の放棄書が必要。

(iii) 担保による保全額の割付

同一担保に複数の担保権者が存する場合、担保評価額を各担保権者に割付をする必要がある。その場合の基準は概ね以下の方法によるのが妥当と考えられる。

同順位の根抵当権者に対する按分	極度額按分説と、被担保債権按分説があるが、元本確定を前提として裁判例は極度額を上限とした被担保債権按分説を取る（**東京地判 H12.9.14**）。配当実務も同様の処理と思われる[85]。よって被担保債権按分によるべきと考える。
同一不動産に共同抵当に係る抵当権と同順位の抵当権が設定されている場合	不動産価格按分説によるべきと考える（**最三小判 H14.10.22**）[86]。

東京地判 H12.9.14　元本が確定した同順位の根抵当権者に対する配当につき、被担保債権の額（ただし極度額が上限）により按分して行うべきであるとした裁判例

金法 1605 号 45 頁

「このように元本の確定した同順位の根抵当権が存在する場合の配当は、同順位の普通抵当権が存在する場合と同様に、被担保債権の額により按分して行うべきである。ただし、根抵当権についての極度額の定めは、配当を受けることのできる第三者に対する優先弁済権の制約としての性質を有するから、被担保債権額が極度額を上回る場合は、極度額を上限とするべきである」

最三小判 H14.10.22　共同抵当の目的となった数個の不動産の代価を同時に配当すべき場合に、1個の不動産上にその共同抵当に係る抵当権と同順位の他の抵当権が存するときの按分方法につき判示した判例

判時 1804 号 34 頁、判タ 1110 号 143 頁、金判 1162 号 3 頁、金法 1665 号 50 頁

「共同抵当の目的となった数個の不動産の代価を同時に配当すべき場合に、1個の不動産上にその共同抵当に係る抵当権と同順位の他の抵当権が存するときは、まず、当該1個の不動産の不動産価額を同順位の各抵当権の被担保債権額の割合に従って案分し、各抵当権により優先弁済求権を主張することのできる不動産の価額（各抵当権者が把握した担保価値）を算定し、次に、民法392条1項に従い、共同抵当権者への案分額及びその余の不動産の価額に準じて共同抵当の被担保債権の負担を分けるべきものである。」

(3) 金融支援策全体像

金融支援の内容としては、以下のものが考えられる。

要請内容	留意点等
金利減免	
リスケジュール	・元本・利息ともに返済猶予を求める場合と、元本についてのみ猶予を求める場合がある。 ・返済時期を調整するだけであり、債務額に変更はない。 ・具体的なリスケジュールの要請としては、非保全額部分のみプロラタでリスケを要請する場合と、残債権全額をプロラタでリスケを要請する場合のいずれもが考えられる。 ・保証協会付債権については、追加保証料が必要となる。

85　私的整理計画策定の実務 271 頁
86　具体例が私的整理計画策定の実務 271 頁に記載されている。

第5章 事業再建計画書・返済計画書等の作成

債権放棄	・担保等による保全額については全額を弁済し、非保全額部分をプロラタ（比例按分）で債権放棄を受けることが一般的。 ・当然のことであるが、金融機関の同意を得られるハードルは、リスケジュールに比べて相当に高くなる。
DES	(4)参照
DDS	(5)参照

(4) DES

債務を株式に転換する方法により、財務状況を改善する方法。多くの再建型私的整理で利用されている。

(i) 具体的方法・検討事項

DESによって対象債権者に交付する株式は、対象債権者と交渉のうえ、以下の点を勘案して決める。

検討すべき事項	検討のポイント
優先配当の有無	対象債権者への弁済を可能にするために、優先配当権を付与することが多い。なお、参加型・非参加型[87]、累積型・非累積型[88]などの区分がある。
取得条項付種類株式等にするか否か	非上場株式は売却が困難なことが多いため、対象債権者の資金回収を確実にするために、取得条項付種類株式（又は取得請求権付種類株式）としておき、一定の条件が充足された場合に会社が種類株式を取得・償却（又は対象債権者が種類株式の取得請求）できるようにすることも多い（会社法108条1項5号、6号、2項5号、6号）。
拒否権の有無	対象債権者がガバナンス強化を主張する場合、拒否権を付与することがある。
議決権の有無	金融機関は原則として5％以上の株式を保有できないため[89]、無議決権株式とするのが一般的。なお、議決権を回復することができるように、普通株式の取得請求権を有する種類株式とすることもある。

---

87 参加型とは、優先株主に対して優先配当後、普通株主に配当する際に優先株主がさらに配当を受けられるものを指し、非参加型は、普通株主に配当する際には優先株主が参加できないものを指す。
88 累積型は、ある年度の優先株式への配当額が優先配当金額に満たない場合、未払配当が翌年度以降に繰り越されるものを指し、非累積型は、繰り越されないものを指す。
89 規制の概要は以下のとおり。なお、平成25年改正により、特定調停、民事再生、会社更生等を経た会社については、一定期間子会社とすることが可能な例外が認められた（銀行法16条の2第1項12号の2、銀行法施行規則17条の2、債務の株式化に係る独占禁止法第11条の規定による認可についての考え方）。

銀行法の規制	原則	議決権の5％を超える保有は不可（銀行法16条の3第1項）
	例外	合理的な経営改善のための計画に基づくDESは、相当期間内に経営状況が改善されることが見込まれる場合は可能。ただし、1年を超えて保有する場合は、速やかに処分する場合に限られ、金融庁長官の承認を得る必要がある。
独占禁止法の規制	原則	議決権の5％を超える保有は不可（独禁法11条1項）
	例外	合理的な経営改善計画に基づくDESで、相当期間内に経営改善が見込まれる場合（独禁法11条1項6号、私的独占の禁止及び公正取引の確保に関する法律第11条第1項第6号に規定する他の国内の会社の事業活動を拘束するおそれがない場合を定める規則）。1年を超えて保有する場合は、公正取引委員会の認可が必要（独禁法11条2項、債務の株式化に係る独占禁止法第11条の規定による認可についての考え方）。

(ⅱ) 対象債権者側の主なメリット・デメリット

メリット	・株主としてのガバナンス強化が可能。 ・キャピタルゲインが期待できる。 ・債務者区分を上位に移すことが可能になる場合がある。
デメリット	・非上場株式の場合、取得しても売却が困難である。 ・債権に比べて劣後するため回収できないリスクが高まる。 ・利息収入が減少する。

(ⅲ) 債務者側の主なデメリット

登記に係るデメリット	登録免許税がかかる。
資本増加によるデメリット	資本金が増加することにより、例えば法人住民税の均等割の負担が発生するなどのデメリットがある。 また、配当負担が増加するデメリットもある。
債務消滅益計上のデメリット	債務消滅益を認識することにより、法人税の課税が発生する可能性がある。

(ⅳ) 手続

会社法に基づくDESの発行手続は、概要以下のとおり（引用条文は全て会社法）[90]。

時系列	内容
発行する株式の内容、募集事項、割当て等の株主総会決議又は取締役会決議[91]（201条1項、204条2項） （前提として、債権者と債務者との間での合意）	種類株式にする場合には、種類株式の内容を決める必要がある。銀行の債権をDESとする場合には、上記のとおり無議決権の優先株式でかつ取得請求権付株式とすることが多い。併せて、債権の現物出資による募集株式発行等の決議を行う。 なお、対象となる債務は実質債務超過を解消するレベルの債務額で、かつ、担保で保全されていない部分に限られるのが通常[92]。
定款変更[93]。株主総会の特別決議（466条、309条2項11号）	DESの対象を種類株式にする場合、種類株式発行の手続の一環として定款変更が必要となる（108条）[94]。
債権者の申込み	会社法203条2項書面による申込みか、総額引受契約の締結（205条）
検査役の調査又は専門家の証明（207条1項、207条9項4号）	弁済期の到来している金銭債権を帳簿価格以下で現物出資する場合は、不要なので、通常は不要（207条9項5号）。
株主への募集事項の通知又は公告（201条3項4項）[95]	払込期日の2週間前までに、通知又は公告しなければならない。
現物出資の履行・株式の発行[96]	208条

90　事案によっては、金融商品取引法により有価証券届出書等の提出が必要なケースもある。ただし、少人数私募に該当し、提出が不要なケースがほとんどである。

91　以下の事項を決議（199条、201条、309条2項5号）
　　①募集株式の種類及び数
　　②1株当たりの払込金額（又はその算定方法）
　　③出資する債権の内容及び価額（発生原因等により債権を特定する）
　　④財産給付の期日（又は期間）
　　⑤増加する資本金及び資本準備金に関する事項
　　　閉鎖会社は株主総会決議（199条1項、399条2項5号）。また、発行価格が特に有利な場合には、株主総会の特別決議が必要となる（会社法199条3項、201条1項、309条2項5号）。

92　DESは事実上の債権放棄であるため、債務超過を超える部分や、担保を超える部分は、通常、債権者の応諾を得られない。

93　定款変更から2週間以内に変更登記を行う（911条3項7号、915条）。

94　さらに、定款で定められている発行可能（種類）株式総数を超えて株式を発行する場合は、やはり定款変更が必要となる。

95　閉鎖会社では不要。また、有価証券届出書を提出している場合は不要（201条5項、会社法規則40条）。

96　払込期日から2週間以内に、変更登記を行う（915条2項）。

(v) DES の留意点[97]

疑似DES	債権者が現金を払い込んで債務者から新株の割当てを受け、一方で債務者は当該現金で当該債権者に対する債務を弁済することでDESと同様の効果を得られる（一般的に「疑似DES」と言われている）[98]。この場合も、ほぼ同様の手続となる。
検査役	債務者に対する弁済期が到来している金銭債権に係る帳簿価格を超えない価格で株式を発行するDESについては、検査役の調査は不要（会社法207条9項5号）。事業再生にからんでDESが行われる場合は、当該要件を満たすことが通常であり、検査役検査は不要となることが多い[99]。
発行価格	発行価格が特に有利な場合には、株主総会の特別決議が必要となる（会社法199条2項、201条1項）ので、発行価格の評価が問題となる。事業再生の局面では、通常債務超過であり、株式は無価値であることから問題となることは少ないが、債務超過であることを検証した資料は残しておくべきであろう。
増加資本の額	かつては、評価額説と券面額説が対立していたが、現時点では券面額説が通説・実務であると解される[100]。

(vi) 税務上の処理

債権者側	転換後の株式は、出資した債権の時価[101]で評価される（法令119条1項2号、法人税基本通達2-3-14）ので、債権放棄が発生する。 債権放棄につき損金算入できるかどうかは、法人税基本通達9-4-2で判断される。
債務者側	DESによって受け入れた資産の時価（＝債権を時価評価した金額）が資本金額とされる（法令8条1項1号）。そして、当該時価評価額と債権額の差額を債務免除益として認識する必要がある[102]。したがって、債務免除益対策が必要となる（第9章参照）[103]。 なお、前述のとおり、資本金の額が増加することにより、税務上、外形標準課税や軽減税率の不適用や、交際費の不適用などのデメリットが発生するので、資本金が増加する場合には税理士等に相談をして、可能な限り税務上のデメリットが発生しないような手当てが必要である。

---

97 事業再生時に行うDESに係る留意点のみを取り上げたものである。
98 この方法は、実際に弁済をしているため、法的整理に移行した場合否認されるリスクがあるので、留意が必要である。なお、この場合DESとは異なり、税務上、債務者に債務免除益が発生しないという見解が有力である。
99 仮に、DES実行時（現物出資時）に、当初約定の履行期が到来していない場合であっても、合意により履行期を変更することにより、対象債権の履行期を到来させることも可能である。
100 商法時代のものであるが、針塚遵「東京地裁商事部における現物出資等検査役選任事件の現状」（商事法務1590号4頁）。
101 債権の時価は、回収可能額を見積もって計算される。詳しくは、国税庁HP「企業再生税制適用場面においてDESが行われた場合の債権等の評価に係る税務上の取扱いについて（照会）」に対する回答参照。http://www.nta.go.jp/shiraberu/zeiho-kaishaku/bunshokaito/hojin/100222/index.htm
102 もっとも、時価評価額の算定方法は必ずしも明確でない。この点、国税庁に対する文書照会において、「事業再生に係るDES（Debt Equity Swap：債務の株式化）研究会報告書」（経済産業省経済産業政策局産業再生課長の私的研究会「事業再生に係るDES研究会」）に記載されている方法で問題ない旨の回答されている（平成22年2月22日）。
103 なお、繰越欠損金については、法人税基本通達12-3-6が以下のように定めている。
　「法第59条第1項第1号又は第2項第1号《会社更生等による債務免除等があった場合の欠損金の損金算入》に規定する「当該債権が債務の免除以外の事由により消滅した場合」とは、次に掲げるような場合がこれに該当する。
　(1) 略　(2) 略
　(3) 法第59条第2項に規定する内国法人が、同項第1号に規定する債権を有する者から当該債権の現物出資を受けることにより、当該債権を有する者に対して募集株式又は募集新株予約権を発行した場合」

(5) DDS

債務を劣後化することにより、財務状況を改善する方法。債務のまま残るので、債権放棄やDESのような劇的な効果はないが、その分、金融機関としても応諾しやすい方法である。債権放棄やDESが必要な状況にまで陥っていない反面、リスケジュールのみでは資金繰りの改善が困難な場合などに利用される。

(i) 金融機関の主なメリット[104]

回収の可能性が残る	債務免除をしないで、再建型私的整理に協力ができる。
債務者区分のランクアップ	金融検査マニュアルの要件を満たしたDDSであれば、金融検査マニュアル上資本として扱うことが可能であり、債務者区分がランクアップする可能性がある[105]。

(ii) 債務者側の主なメリット・デメリット

メリット	元金の返済が止まることにより、資金繰りに余裕ができる。
デメリット	債務のまま残るものであり、抜本的な解決とは言い難い。

(iii) DDSを資本とみなすための要件[106]

資本性借入金として、債務者区分の判断において資本とみなすことのできる劣後ローンの条件について、金融庁が平成23年11月22日付けで公表した「『資本性借入金』の積極的活用について」でその内容が明確化された。また、「金融検査マニュアルに関するよくあるご質問」9-15～34において、その内容が解説をされている[107]。その中から、ポイントだけピックアップすると以下のとおり。（ ）は「金融検査マニュアルに関するよくあるご質問」[108]の質問番号。

項　目	具体的な条件	備　考
償還期間（9-15）	5年以上	一括償還が原則[109]。
金利設定（9-16、17）	原則として配当可能利益に応じた金利設定	赤字の場合の金利は、事務コスト相当額とする。
劣後性（9-18）	法的破綻時の劣後性が必要。	

(vi) 手　続

DDSは、債権の種類を変更するものであるから、当事者の合意に基づく。具体的な手続の概要は以下のとおり。

---

104 メリットはあくまでも、債権放棄と比較した場合のメリットである。債権を劣後化するという意味では、条件変更自体は金融機関にとってデメリットであり、金融機関がDDSに応諾するには、DDSの必要性や、DDSにより債務者の再建可能性が高まることなどが前提となる。

105 なお、資本性借入金について、金融庁が国税庁に確認を行った結果として、一定の要件のもとに貸倒引当金繰入額を条件として、税務上も損金算入できることが確認されている（平成25年2月5日　http://www.fsa.go.jp/news/24/ginkou/20130205-3/01.pdf）。

106 資本性借入金（准資本型）のみを説明している。ほかに、要注意債権（要管理先への債権を含む）以上の場合には、経営改善計画と一体となっていることなどを条件として、資本とみなすことができる資本性借入金（早期経営改善特例型）がある。しかしながら、要注意先のまま再建型私的整理に進むことは稀であると考えられるので、ここでは取り上げない。

107 金融検査マニュアルの変更を受けて、平成24年4月24日付けで中小企業再生支援全国本部より、「中小企業再生支援協議会版『資本性借入金』の取扱いについて」が公表され、金法1979号14頁及び1980号109頁において、契約書のひな形の解説がなされている（加藤寛史、三澤智）。

108 平成25年2月5日現在のもの。

109 返済時期を他の融資より劣後させるのが一般的。ただし、債務超過が解消されれば（再建計画が終了すれば）返済を開始するように設計することもある。さらに、再建計画で予定されているキャッシュフローを超えた場合に償還を行う約定とすることもある。

第5章　事業再建計画書・返済計画書等の作成

時系列	具体的な内容、留意点等
DDSにより劣後化する債権額及び条件[110]の確定	劣後化する金額、金利、劣後条件等を決定。 なお、対象となる債務は実質債務超過を解消するレベルの債務額で、かつ、担保で保全されていない部分に限られるのが通常。
準消費貸借契約又は条件変更契約の締結[111]	既存の債権を劣後化する内容の契約（変更契約ないし準消費貸借契約）を債務者と債権者の間で締結する。
債権者間協定	他の債権者との間で劣後化することを確認する内容の契約

---

[110] 金利について、劣後化することにより信用リスクが高まるため、金利を上げるべきとの指摘がある一方、債務者のキャッシュフローの改善を目的として導入される場合には、金利を軽くすべきとの指摘もある（金判1199号2頁「事業再生から見たデット・デット・スワップ」大槻篤洋）。

[111] DDSに関する契約条項に関する検討を行ったものとして、「デット・デット・スワップの検討（下）商工中金におけるデット・デット・スワップの契約書（参考例）の解説」（金法1702号44頁）、神門隆「全国銀行協会のデット・デット・スワップ契約証書（参考例）の解説」（金法1705号33頁）などがある。

　さらに、金融庁が平成23年11月22日に「『資本性借入金』の積極的活用について」を公表した後に、その内容を踏まえたDDSの契約条項について検討を加えたものとして、「資本性借入金の活用にかかる変更契約書の条項案の検討」（銀行法務21　744号　浅井弘章）などがある。

第6章　対象債権者（金融機関）との交渉

1　メインバンク訪問及び相談

　メインバンクがはっきりしていれば、全金融機関と交渉を開始する前にメインバンクと事前に協議を行うことが一般的。この段階で仮にメインバンクが再建型私的整理案に対して難色を示す場合には、再建型私的整理案の内容を変更するか、民事再生ないし会社更生を申し立てることを検討する必要がある。

2　経営者が連帯保証をしている場合

　経営者が会社債務につき連帯保証をしている場合は、経営者について、どのような手続を取るか検討する必要がある。

3　対象債権者に対する一時支払停止の通知

　まず、対象債権者（主に金融機関）に一時支払停止の通知を行う[112]。第三者機関を利用する場合には、第三者機関と連名で通知することが多い。一時支払停止を通知するに当たって検討すべき事項として、預金の避難、取立委任手形の回避、投資信託の解約などがある。

(1)　預金の避難

　再建型私的整理を開始する際、債務者が金融機関へ一時支払停止の通知をすると、対象債権者たる金融機関は、当該通知が期限の利益喪失事由に当たるとして債務者に対する貸付金と債務者が預けている預金との相殺を主張してくる可能性がある。

　この点、私的整理ガイドライン[113]及び事業再生ADR[114]において、流動性預金については拘束をしない運用にしており、再建型私的整理の手法が一般化したことに伴い、一時支払停止の通知をもって預金との相殺を主張する例は減っているようであるが、一方で、事実上預金が拘束されてしまう例も報告されている[115]。

　そこで、一時支払停止の通知前に、担保としての合意がある定期預金などを除き、流動性預金を移動することを検討すべき事案もあると考える。移動先は、借入れがない金融機関や、場合によっては弁護士の預り金口座とすることも考えられる。

---

[112] 私的整理計画策定の実務455頁に一時停止通知書のサンプルが掲載されている。なお、通知の内容によっては、法的手続に移行した際に「支払停止」に該当すると主張される可能性があるので、内容には留意する必要がある。この点は事業再生と債権管理147号66頁～68頁「パネルディスカッション　中小企業の再生と弁護士の役割」が参考になる。

[113] 私的整理ガイドラインQAのQ26は「一時停止通知を発した段階でいわゆる支払停止になりますか。」という質問に対して「一時停止は、債務者とこのガイドラインによる再建型私的整理の対象債権者だけに適用されるものであり、それ以外の債権者に対するものではありませんから、一時停止通知を発したからといって一般的に支払を停止したことにはなりません。したがって、……期限の利益喪失事由として扱われないものとします。」としている。

[114] ADR実務95頁

[115] 金判1298号8頁（濱田芳貴）。なお、預金拘束が違法性を有するか否かについては、信用不安はあるが期限の利益喪失事由は認められない時点では原則として違法であるが、期限の利益喪失事由があれば期限の利益喪失請求前であっても債権保全を必要とする客観的合理的な事情があれば違法とならないという考え方が提示されている（銀行法務21　756号「預金拘束実務Q&A」久保井聡明、上田純ほか）。もっとも、期限の利益喪失事由に該当するか否かの判断基準は、必ずしも明確でない。

第6章　対象債権者（金融機関）との交渉

　預金の移動の有無にかかわらず、一時停止通知後は、金融債権者と早めに協議を行い、預金を凍結しないように交渉を行い（＝第1回債権者説明会における合意事項とする）、仮に預金を凍結された場合は、預金拘束をする法的根拠が無いことを説明したうえで、解放するように交渉を行う[116]。

　なお、民事再生等の法的処理に移行した場合、申立時点の預金について相殺をされるのが通常であるが、その時点の各銀行（金融債権者）の預金残高は、再建型私的整理において一時支払停止を通知した時点の残高と異なるのが一般的である。とすると、預金残高が変動したことにより、金融機関間で不平等が生じることになり、妥当でない。したがって、民事再生等の申立直前に再建型私的整理において一時支払停止を通知した時点のプロラタの預金残高にするなどの方策を取ることも考えられる。この点、再建型私的整理の開始（一時支払停止の通知）が「支払停止」に該当すれば、その後の入金等で相殺することは許されなくなる（破産法71条1項3号、民事再生法93条1項3号、会社更生法49条1項3号）が、支払停止には当たらないとする考え方が有力（**参考判例：最二小判H24.10.19、東京地決H23.11.24**）。

> **最二小判 H24.10.19**　給与所得者の破産において、代理人弁護士の債務整理開始通知が「支払停止」に当たるとした判例
>
> 判時2169号9頁、判夕1384号130頁、金法1962号60頁、金判1406号26頁
>
> 　須藤正彦裁判官は補足意見として、以下のとおり述べている。
> 　「一定規模以上の企業、特に、多額の債務を負い経営難に陥ったが、有用な経営資源があるなどの理由により、再建計画が策定され窮境の解消が図られるような債務整理の場合において、金融機関等に『一時停止』の通知等がされたりするときは、『支払の停止』の肯定には慎重さが要求されよう。このようなときは、合理的で実現可能性が高く、金融機関等との間で合意に達する蓋然性が高い再建計画が策定、提示されて、これに基づく弁済が予定され、したがって、一般的かつ継続的に債務の支払をすることができないとはいえないことも少なくないからである。たやすく『支払の停止』が認められると、運転資金等の追加融資をした後に随時弁済を受けたことが否定されるおそれがあることになり、追加融資も差し控えられ、結局再建の途が閉ざされることにもなりかねない。反面、再建計画が、合理性あるいは実現可能性が到底認められないような場合には、むしろ、倒産必至であることを表示したものといえ、後日の否認や相殺禁止による公平な処理という見地からしても、一般的かつ継続的に債務の支払をすることができない旨を表示したものとみる余地もあるのではないかと思われる。このように、一定規模以上の企業の私的整理のような場合の『支払の停止』については、一概に決め難い事情がある。」

> **東京地決 H23.11.24（更生）**　事業再生ADRから会社更生へ移行した場合の否認権行使の要件について判示した裁判例
>
> 民集65巻8号3213頁、判時2134号67頁、判夕1361号136頁、金判1380号27頁、金法1935号50頁
>
> 　債務者が事業再生ADR手続の利用を申請し、金融機関に支払猶予の申入れをした後に、当該金融機関が過去の根抵当権設定契約に基づき根抵当権設定仮登記を具備した行為が、「支払停止」該当するかが問題となった事例で、本決定は、「支払の免除又は猶予を求める行為であっても、合理性のある再建方針や再建計画が主要な債権者に示され、これが債権者に受け入れられる蓋然性があると認められる場合には、一般的かつ継続的に債務を弁済できない旨を外部に表示する行為とはいえないから、『支払の停止』ということはできないと解するのが相当である。」とした。

　なお、預金拘束の違法性が争われたものとして以下のような裁判例があるが、いずれも、銀行の責任は否定されている[117]。

---

[116] 私的再建の手引き262頁。また、相殺をした後に、第1回会議で一時停止に合意した場合には、相殺分の回復を求めるか、弁済計画で相殺分を弁済の一部として扱うなどの方法で債権者平等を図るべきと考えられる（争点8頁　中井康之）。

[117] 預金拘束について銀行の損害賠償責任を肯定したものとして広島高岡山支判H22.3.26（金判1393号60頁）があるが、これは銀行が預金拘束をした事実を期限の利益喪失前に連帯保証人に告げたことをもって銀行に責任を認めたものと考えられるため、紹介からは除外している。

東京地判 H3.2.18 （判タ767号174頁）	「担保不足の状況及び従前からの経緯等を併せ考えると、本件預金拘束が直ちに違法であるということはできない。」と不法行為の成立を否定。
仙台高判 H4.9.30 （判タ812号220頁）	「Xのなした債権者集会の通知及びその前後の状況は、XとY銀行間の銀行取引約定書5条2項5号にいう『債権保全を必要とする相当の事由が生じたとき』に該当する」として預金拘束は適法であったとした。
東京高判 H21.4.23 （金判1875号76頁）	「本件払戻拒絶措置は、上記期間内において銀行が取った合理的な措置であるということができ、これを目して違法なものということはできず」と銀行の責任を否定した。
東京高判 H24.4.26 （金判1408号46頁）	「貸付債務の履行ができないことを懸念するに足る合理的な理由がある場合には、前記双務契約の場合と同様に、信義則又は公平の原則から預金の払戻しを拒絶することができると解するのが相当である。」

(2) 取立委任手形、投資信託

取立委任手形を預けている状態で一時支払停止通知を行った場合、当該手形取立資金につき、保全（相殺）を主張してくる可能性があるので、一時支払停止通知を行う時点では、取立手形が無いようにしておくべき。

また、債務者が借入れのある銀行を販売会社として投資信託を保有している場合、銀行との約定内容によっては、当該銀行が投資信託を解約をして、解約金を借入金と相殺する可能性があるので（参考判例：**最一小判 H26.6.5**）、手続を開始する前に解約をして解約金を受け取るなどの手当てを行うことを検討する必要がある[118]。

最一小判 H26.6.5（再生）	投資信託の販売会社が投資信託解約の債権者代位をし相殺することが、相殺禁止として認められないとした判例[119]
民集68巻5号462頁、判時2233号109頁、判タ1406号53頁、金法2005号144頁、金判1444号16頁	
Y銀行は、自己が投資信託販売会社をしていた再生債務者Xの投資信託（MMF）について、Xの支払不能後、解約実行請求権を代位行使し、解約金をXに対する債権と相殺をした。そこで、XがYにMMF解約金の支払を求めて提訴したが、本判決はMMF解約実行請求権の代位行使が適法であることを前提に（最一小判H18.12.14）、YのXに対するMMF解約金返還債務による相殺は93条2項2号の「前に生じた原因」に基づいて発生した債務による相殺とは認められず、相殺は禁止されるとした。	

4 第1回債権者説明会（一時支払停止直後に行う説明会）における、金融機関に対する説明及び要請[120]

説明事項	・対象債権者全社に平等に一時支払停止を依頼[121]。 ・今後のスケジュール及び一時停止期間（通常は第3回債権者説明会まで）

---

[118] 証券投資信託の購入者（受益者）の、受益権の換金方法は、解約実行のほかに、他の口座振替機関への振替請求という方法もある。そこで、債務者の借入のない他の口座振替機関へ振替請求することも検討に値する（金法1936号52頁以下　伊藤尚「破産後に販売会社に入金になった投資信託解約金と販売会社の有する債権との相殺の可否」参照）

[119] かかる判例を受けて、今後銀行は投資信託の約款等を変更する可能性があり、その場合には結論が変わる可能性もあるので留意が必要である。

[120] 私的整理ガイドライン6項参照

[121] 手続に参加しない（＝手続に反対している）金融機関がいる場合、一般的には手続を進めることは困難であるが、当該債権者を除外しても手続を進めることができると判断でき、かつ、そのことを他の対象債権者が了解している場合は、手続を進めることもある。事業再生ADRで、第1回債権者会議に欠席した債権者に対し特定調停の申立を行いつつ、手続を進めた事例が報告されている（倒産と金融353頁）。

要請事項（暫定合意事項）	・一時支払停止通知を期限の利益喪失として扱わないこと。 ・利息は約定利息で支払うこと。 ・貸出残高の維持（預金の相殺を行わないこと） ・強制執行の申立てを行わないこと（既に強制執行が開始されている場合には、手続を停止すること）[122]。 ・担保権の行使を行わないこと[123]。 ・流動性預金の管理方法及び法的処理に移行した場合に相殺をしないこと[124]。

5 対象債権者（金融機関）以外に対する案内状の出状や説明会開催の要否

取引先	原則として不要であるが、情報が洩れた場合、混乱を収めるために、取引先に対して一定の案内状を出すこともある[125]。
従業員	原則として不要であるが、例えば事業譲渡等をする場合には、従業員に対して、混乱を生じない範囲で説明会を開催するべきと考える[126]。
その他[127]	原則として不要であるが、株主責任を求める場合には株主に対する説明会が必要なこともある。なお、上場会社の場合には適時開示が必要。

6 信用保証協会の取扱い

債権放棄を要請する債権に信用保証協会の保証が付いている場合、当該債権を減免の対象とするのであれば、信用保証協会も手続に取り込む必要がある。

信用保証協会による保証には、地方公共団体などが行う施策に伴う保証（制度保証）と、一般金融機関の融資に対する保証（一般保証）があるが、特に前者については地方自治体の議会又は知事の承認等が必要となっており、債務免除等を受けるためのハードルは高いとされている[128]。

一般融資についても、従来は、信用保証協会が債権放棄に応じることは少なかったが、平成17年6月20日の中小企業政策審議会基本政策部会で了承された「信用補完制度のあり方に関するとりまとめ」において、「事業再生のメリットが明確であれば、債権放棄も重要な選択肢となる」「求償権の放棄等をより弾力的に行うことが望まれる」と記載されて以降、ある程度柔軟に対応するようになったようである。ただし、同とりまとめは、柔軟な対応は、「事業の将来性を十分に見極めること」「中小企業再生支援協議会等が策定した再生計画に基づいたものである

---

122 債務者（及び債権者）が民事再生手続開始、会社更生手続開始ないしは破産手続開始の申立てをしないことを合意することもある。
123 登記留保になっている担保について、仮登記ないし本登記を認めるべきかについては、後に法的処理に移行した場合の効果も含めて議論がある。現時点で確立した方法はないが、債権者の公平等を踏まえて「事業再生ADRの事業再生計画の中で登記留保の不動産については本登記することができる旨を定めれば必要にして十分である」とする意見（倒産と金融316頁　腰塚和男）が妥当であると考える。つまり、再建型私的整理手続中は登記留保のまま進め、再建計画の中で登記留保を本登記することを定め、再建計画が全債権者の同意を得て発効した後に、登記をすべきと考える。
124 固定性預金との相殺については、全対象債権者の了解を得たうえで認めることもあるようである。
125 私的整理計画策定の実務458頁にサンプルが掲載されている。
126 従業員が疑心暗鬼となり、間違った情報が流布する可能性があるため。
127 私的整理を行っている旨の情報が洩れて混乱が生じた場合には、記者会見、プレスリリースをすることもあるが例外的である。
128 事業再生と債権管理140号112頁「事業再生ADR手続中の会社分割と信用保証協会の求償権への対応」築留康夫ほか。なお、当該論文では、制度融資への対応として、会社分割で新会社に事業を承継させた後、事業再生ADR手続成立後に特別清算手続を申し立てたうえで、当該特別清算手続において債権放棄を行ってもらう方法を取った事例が報告されている。

こと等の適切な基準を前提」とするとも記載されているので留意が必要である。

なお、信用保証協会が代位弁済する前に信用保証協会に再建型私的整理に参加を要請する場合、事前求償権者たる地位で手続に参加を要請することになるものと考えられる[129]。

7　対象債権者説明会（ないしは個別訪問による説明）

(1)　開催通知の発送

外部の会議室等を利用する場合、情報管理の点から、開催タイトルから内容がわかるようにしないことが必要（例えば「取引先説明会」や「経営懇談会」などとすることが考えられる）。

(2)　説明資料[130]

項　目	具体的内容等
会社概要等	窮境状況に至った経緯等 事業計画作成までの経緯・留意点 再建型私的整理のスケジュール案
決算書（過去3期分程度）	3期の推移がわかる要約版を提出し、要望がある場合は決算書を提出する対応で構わないと考える。
財産評定及び実態BS	財務DDの結果を反映したもの。 財産評定書は必要に応じて添付する。
清算BSと清算配当率	可能であれば民事再生の場合の配当率も算出する。
事業計画書（資金計画書）及び添付資料	第5章参照
対象債権者一覧表（対象債権者及び、担保設定状況一覧、非保全額一覧）	
返済計画書（財務リストラ提案書）	
返済条件変更依頼書（弁済協定書案）	返済計画書に基づき、各金融機関宛に提出する依頼書
経営責任に関する検討状況	経営者が会社債務に対して連帯保証をしている場合、当該連帯保証の処理と併せて検討状況を説明する。
株主責任に関する検討状況	減資、株式併合など

(3)　一部の対象債権者が手続に参加しない場合

一般的には手続を進めることは困難であるが、当該債権者を除外しても手続を進めることができると判断でき、かつ、そのことを他の対象債権者が了解している場合は、手続を進めることもある[131]。

なお、一部の債権者が途中で手続から離脱した場合は、手続は打ち切られるのが一般的であるが、当該債権者を除いて他の債権者だけと手続を進める例もあるようである。その場合は、離脱した債権者に対して特定調停の申立てをし、個別に和解することを目指すことになろう。

129　事業再生と債権管理140号112頁「事業再生ADR手続中の会社分割と信用保証協会の求償権への対応」築留康夫ほか参照。
130　私的整理計画策定の実務505頁にサンプルが掲載されている。
131　事業再生ADRで、第1回債権者会議に欠席した債権者に対し特定調停の申立てを行いつつ、手続を進めた事例が報告されている（倒産と金融353頁）。

8　対象債権者（金融機関）との交渉のポイント

ポイント	具体的内容
情報提供／信頼関係の構築	金融機関との信頼関係の構築は、事業再建計画案に賛成を得るための最低条件であるが、そのためにはできるだけまめに情報提供を行うことが効果的である。そこで、月次報告を行うなど、なるべくまめに情報提供を行って、金融機関との信頼関係構築に努める。また、言うまでもないが、詐害行為、否認行為などは論外であり、かかる行為を行わないように徹底する。
公平性の維持	特定の金融機関のみに弁済や担保設定をするようなことは避ける。全金融機関を平等に扱う。
経済合理性・競争原理の重視	対象債権者（金融機関）の担当者が事業再建計画案に賛成の稟議を上げる場合、経済合理性が最も重要なファクターとなる。そのためには、諸資料の作成に注意を払うとともに、その根拠資料もきちんと準備をして説明を行う必要がある。また、スポンサーの募集を入札方式で行うなど、可能な範囲で競争原理を働かせて、再建策がベストの方法であることを根拠づけるようにすることも重要。
銀行の社会的責任の強調	銀行の社会的責任を強調することも有効。事業の維持、雇用の維持のために銀行の協力が必要であることを強調して説得を行う。
わかりやすい内容とする	対象債権者（金融機関）担当者は、事業再建計画案の内容を理解したうえで、賛成する稟議を書き、審査役に上げ決裁を得る（場合によっては経営会議等、より上部の幹部を説得する必要がある）。 このような手続をスムーズに進めるためには、説得のための資料であることを肝に銘じて、わかりやすい内容とする必要がある。また、担当者が決裁者を説得しやすいように、可能な限り客観的な根拠資料を添付することも重要。

9　債権者間協定の締結[132]

全対象債権者との間で協議がまとまった場合には、債権者間協定を締結する。

(1) 協定当事者

全対象債権者、債務者に加えて、連帯保証人、物上保証人及びスポンサーなども当事者に加わることがある。なお、当然のことながら、黙示の同意等が認められない限り、協定に加わらなかった債権者を協定が拘束することはない（参考判例：**東京地判 S49.5.31**）。

東京地判 S49.5.31　全員一致での合意ではなかったものの、整理案は、債権者集会に参加した債権者を拘束するとした裁判例
判タ312号233頁
債権者Xは、債務者Yの債権者集会に出席して、特に反対の意見は示していなかったが、その後、Yに対して、整理案による債務免除は法的拘束力が無いとして、自己の債権の支払を求めて提訴した。 　本判決は、全債権者が出席して全員一致により決定された事項でない限り、当然には全債権者を法的に拘束するものではないが、本件事案においては、その集会に出席して、決定に同意した個々の債権者を拘束し、<u>Yとその債権者との個別的な私法上の一種の和解契約成立としての性質を有する</u>と判示し、Xの請求を棄却した。

(2) 内　容

債権者間協定は、概ね以下の内容が含まれる。

各対象債権者の債権額、担保による保全額、非保全額等の確認（処分連動方式による場合は、その詳細）
金融支援の内容

132　私的整理計画策定の実務561頁以下に詳しく記載されている。サンプルも掲載されている。

保全部分の返済方法（売却方法、弁済から控除される費用、弁済時期、リファイナンスする場合はその詳細など）
非保全部分の返済方法（弁済時期、金額、追加弁済の有無など）
債務者の誓約事項（定期報告など）
協定の変更、追加借入れの実施等の方法

第7章 再建型私的整理に関するその他の事項

1 雇用調整

再建型私的整理と同時に、雇用条件の変更や雇用調整を行うべき事案は多い。雇用条件の変更や雇用調整については付属編「雇用調整」参照のこと。

2 種類株式の活用（条文は全て会社法の条文番号）

スポンサーの出資ないしは、既存債権者の債権を DES により株式に変換する際に、種類株式が利用されることがある。そこで、種類株式の活用方法に関する留意点をまとめる。

(1) 種類株式の種類（108条）

種類株式は以下のものがある。

種類	内容	留意点
剰余金の配当につき異なる種類の株式	剰余金の配当につき普通株式に優先する又は劣後する株式。参加的・非参加的、累積的・非累積的などにより、優先性を変化させることが可能。	剰余金の配当も残余財産の分配を受ける権利も無い株式は発行できない（105条2項）。逆に、いずれか一方について権利を有しない株式は発行可能と考えられている。
残余財産の分配につき異なる種類の株式	残余財産の分配につき、普通株に優先ないし劣後する株式	
議決権制限株式	無議決権ないしは一定の事項についてのみ議決権を有する株式	公開会社については議決権制限株式は2分の1以下とする必要がある（115条）。
譲渡制限株式	株式譲渡につき取締役会又は株主総会の承認に係らしめる株式	全株式を対象とすることも可能（107条1項）。
取得請求権株式	株主が会社に対してその株式の取得を請求することができる株式	全株式を対象とすることも可能（107条1項）。
取得条項付株式	一定の事由が生じたことを条件として会社が強制的に取得することができる株式	
全部取得条項付種類株式	株主総会の特別決議によりその種類の株式の全部を取得することができる株式	2種類以上の株式を発行する株式会社であることが必要[133]。
拒否権付株式（通称：黄金株）	株主総会、取締役会、清算人会において決議すべき事項につき、そららの決議に加えて、当該種類の種類株主総会の決議を必要とする株式	
取締役等選任権付種類株式	その種類の株式の種類株主総会において取締役・監査役を選任することができる株式	株式譲渡制限会社に限られる（108条1項本文）。

(2) 種類株式の具体的な利用

(i) 発行手続（通常の新株発行に追加すべき点）

種類株式を発行する場合には、108条2項に法定されている事項を定款で定める必要がある[134]。

---

[133] 定款で、2以上の種類の株式を発行する定めがあれば、実際に発行している必要はない（2条13号）。

[134] なお、一定の事項は、定款で要綱を定めておくことにより、当該種類株式発行前に株主総会又は取締役会の決議によって定めることも可能（108条3項、会社法規則20条1項）。

定款変更は、株主総会の特別決議による（466条、309条2項11号）。

なお、定款変更から2週間以内に変更登記を行う（911条3項7号、915条）。

(ii) 具体的な利用例

無議決権取得請求権付株式[135]	金融機関にDESに応じるように要請しても、取得した株式の流動性が低いことから、応じてもらうことには困難を伴う。この点、取得請求権を付すことにより、予定どおり再生ができた場合に、取得請求に応じる形で、弁済をすることが可能となるため、金融機関側が応じやすいというメリットがある。また、あくまでも資本であることから、DESに応じていない債権に関する債務者区分をアップできることも期待できる。
全部取得条項付種類株式の発行による100％減資	株主責任をより明確にするために100％減資が必要なことも多い。しかしながら、少数株主がいる場合、少数株主の了解を得られないことがある。そのような場合には、全部取得条項付種類株式を利用することがある。
その他	DESにより発行した株式につき無議決権としたうえで、優先配当、取得請求、普通株式への転換予約権などが付されるなどの方法が利用される[136]。

3　再建型私的整理と保証人の責任

(1) 考え方

会社の債務につき連帯保証している保証人は、保証債務を履行することを求められる。保証人の対応としては、破産や民事再生などの法的手続を取る方法、経営者保証に関するガイドラインを利用する方法、私財提供をしてその余の保証債務につき免除を受ける方法（任意整理）などが考えられる。

なお、保証債務の付従性により、主債務について債務が免除された場合には保証債務についても主債務の限度額まで免除される（**東京地判H8.6.21**、**札幌高判S57.9.22**）。したがって、再建型私的整理の交渉過程で、債権者側から主債務を免除する条件として保証債務の付従性を否定することが提示されるようなことがなければ、主債務と同様に扱うものとして淡々と処理をすることも考えられるところではある。ただし、後から債権者から錯誤無効が主張され、それが認められた事例もあり（**東京高判H7.10.18**）、対応には慎重を要する。

東京地判H8.6.21 （判タ955号177頁）	「保証債務の付従性が民法の原則であること（民法448条参照）はいうまでもなく、主たる債務の目的につきその内容を軽減する変更は保証人にも効力を及ぼすと解するのが相当であって、これに対する例外は、当事者間の合意又は明文の法規によって初めて認められるというべきである。いわゆる任意整理の場合に当然に右の例外を認めるべき法的根拠は見出し難い。」
札幌高判S57.9.22 （判タ487号166頁）	「整理計画の内容たる権利変更が、その態様において整理会社の債務の全部又は一部を免除することにある場合等において、債権者が、右整理会社の連帯保証人の保証債務についてはこれを主たる債務の免除部分につき付従性を有しない債務とする旨の異議

135　詳細は、金法1757号11頁、1758号21頁「償還条件付デット・エクイティ・スワップの検討（上）（下）」（中村廉平、藤原総一郎）参照。
136　藤原総一郎著『DES・DDSの実務』[改訂版]（金融財政事情研究会）100頁以下に以下の例が紹介されている。

信販会社の例	既存株式について株式併合等を行う一方、DESを実施。DESにより発行した株式は無議決権、優先配当で、取得請求権、取得条項が付された。
ゼンコンの例	既存株式については株式併合等を行う一方で、DESを実施。DESにより発行した株式は無議決権で、普通株式への転換予約権、強制転換条項が付された。
メーカーの例	DESにより発行した株式は無議決権、優先配当で、普通株式への転換予約権が付された。

奥総一郎著『事例に学ぶ再生exitの勘所』（金融財政事情研究会）にもいくつか事例が紹介されている。

	を留めるなど、特段の意思を表示することなく右整理計画案に同意したときは、民法の一般原則に従い、保証人の債務もその付従性に基づき、右主たる債務の免除の限度まで減免されるものと解すべきものである」
東京高判 H7.10.18（金判 1002 号 3 頁）	債権者が、倒産会社の資産からの回収を断念し、保証債権に影響しないと誤解して行った債権放棄の意思表示について、要素の錯誤があり、かつ、債権者に重過失も無いとして無効とした。

(2) 任意整理で私財提供を行ってその余につき免除を受ける場合の手続

経営者保証に関するガイドラインが利用できない場合で、かつ、保証人について法的手続を取らない場合には、任意整理として私財提供を行ってその余につき免除を受けることになる。その場合の手続は概要以下のとおり。

時系列	備　考
保証人の資産目録、債務目録の作成	私財提供額が妥当であることの疎明資料。事案によっては破産配当率も算出する。
私財提供額の交渉	
金融機関との合意書締結	保証人は主債務者に対して求償権を有しているが、求償権は放棄するのが通常。

なお、連帯保証人が存する場合、債権者が主債務者に対する債権について貸倒損失を税務上損金算入するためには、その連帯保証人についても債権放棄の要件を満たすことが必要となる。この点、明確な基準はなく、また、実務上確立した方法もないため、事案に応じて、債権者、当局とも適宜相談のうえ、対応を検討することになる[137]。

4　金融機関の自己査定における債務者区分及び引当て

金融機関と交渉するに当たり、債務者区分及び引当てに関する銀行の処理方法を把握しておくことは有益である。そこで、金融機関の自己査定のルールの概要を確認する。

(1) 債務者区分

概要は以下のとおり[138]。銀行側の意思決定においては、ランクアップ基準を満たすか否かが重要となる。その点は(2)で述べる。

---

[137] 対応例としては、以下のような方法が考えられる。
　①法人税基本通達 11-2-7(5)ロの基準に準じて、保証人の年収の 20 倍以上の債務であるとして、保証人からの回収可能性が無いものとして処理をする方法。
　②保証人に弁済能力が無いことがわかる詳細な資料を準備する方法
[138] 金融検査マニュアル別表。なお、金融検査マニュアルは、「中小・零細企業等については、当該企業の財務状況のみならず、当該企業の技術力、販売力や成長性、代表者等の役員に対する報酬の支払状況、代表者等の収入状況や資産内容、保証状況と保証能力等を総合的に勘案し、当該企業の経営実態を踏まえて判断する」として、別途「金融検査マニュアル別冊〔中小企業融資編〕」が作成されている。

債務者区分		内容	引当
正常先		業況が良好であり、かつ、財務内容にも特段の問題がないと認められる債務者	原則とし一般貸倒引当金 (債権区分毎の予想損失率を見積計上)[139]
要注意先	要管理先以外	要注意先とは以下の理由により今後の管理に注意を要する債務者をいう。 ・金利減免・棚上げなど貸出条件に問題のある債務者 ・元本返済若しくは利息支払が事実延滞しているなど履行状況に問題がある債務者 ・業績が低調ないし不安定な債務者 ・財務内容に問題がある債務者	
	要管理先	要管理先とは要注意先のうち、以下の債権を含む債務者 ・3か月以上延滞債権 ・貸出条件緩和債権(金利減免、金利支払猶予、一部債権放棄など)	
破綻懸念先		現状経営破綻の状況にはないが、経営難の状況にあり、経営改善計画等の進捗状況が芳しくなく、今後経営破綻に陥る可能性が大きい債務者	原則として個別貸倒引当金
実質破綻先		法的・形式的な経営破綻の事実は発生していないものの、深刻な経営難の状態にあり、再建の見通しがない状況にあるなど実質的に経営破綻に陥っていると認められる債務者	
破綻先		法的・形式的な経営破綻の事実(破産、清算、会社整理、会社更生、民事再生、手形交換所の取引停止処分など)が発生している債務者	

(注) なお、銀行の不良債権の開示は、概要以下のとおり。

根拠法	概要
銀行法(銀行法21条、同施行規則19条の2~4)に基づく開示	開示の根拠法によって、開示の対象は若干異なる。大まかにいえば、いずれも、要注意先のうち要管理債権以外の債権については不良債権としての開示対象から外れている。 そこで、要管理債権以外の要注意先にステップアップすることが重要となる。
金融再生法(金融機能の再生のための緊急措置に関する法律7条、同施行規則4条~6条)に基づく開示	

(2) ランクアップ条件

(i) 破綻懸念先から要注意先へのランクアップ

金融検査マニュアルに「金融機関等の支援を前提として経営改善計画等が策定されている債務者については、以下の全ての要件を充たしている場合には、経営改善計画等が合理的であり、その実現可能性が高いものと判断し、当該債務者は要注意先と判断して差し支えないものとする。」として、概要以下の条件が記載されている(金融検査マニュアル別表1(自己査定)「破綻懸念先」欄より抜粋)。

イ. 経営改善計画等の計画期間が原則として概ね5年以内であり、かつ、計画の実現可能性が高いこと。
ロ. 計画期間終了後の当該債務者の債務者区分が原則として正常先となる計画であること。
ハ. 全ての取引金融機関等(被検査金融機関を含む)において、経営改善計画等に基づく支援を行うことについて、正式な内部手続を経て合意されていることが文書その他により確認できること。
ニ. 金融機関等の支援の内容が、金利減免、融資残高維持等に止まり、債権放棄、現金贈与などの債務者に対する資金提供を伴うものではないこと。ただし、経営改善計画等の開始後、既に債権放棄、現金贈与などの債務者に対する資金提供を行い、今後はこれを行わないことが見込まれる場合、及び経営改善計画等に基づき今後債権放棄、現金贈与などの債務者に対する資金提供を計画的に行う必要があるが、既に支援による

---

139 ただし、要管理先の大口債権者は、DCF法等を用いて予想損失率を算定するとしている。

第7章 再建型私的整理に関するその他の事項

> 損失見込額を全額引当金として計上済で、今後は損失の発生が見込まれない場合を含む。

(ⅱ) 要管理先からその他の要注意先へのランクアップ（開示対象からの卒業基準）

主要行等向けの総合的な監督指針Ⅲ－3－2－4－3、中小・地域金融期間向けの総合的な監督指針Ⅲ－4－9－4－3において、以下の場合には貸出条件緩和債権（要管理債権）に該当しないものと判断して差し支えないとしている。

場合分け	貸出条件緩和債権に該当しない範囲
実現可能性の高い[140]抜本的な[141]経営再建計画に沿った金融支援の実施により経営再建が開始されている場合	・当該経営再建計画に基づく貸出金[142]
債務者が実現可能性の高い抜本的な経営再建計画を策定していない場合であっても、債務者が中小企業であって、かつ、貸出条件の変更を行った日から最長1年以内に当該経営再建計画を策定する見込みがあるとき[143]。	・当該債務者に対する貸出金 ・当該貸出条件の変更を行った日から最長1年間

---

140 「実現可能性の高い」とは、以下の要件を全て満たす計画であることをいうとされている。
・計画の実現に必要な関係者との同意が得られていること。
・計画における債権放棄などの支援の額が確定しており、当該計画を超える追加的支援が必要と見込まれる状況でないこと。
・計画における売上高、費用及び利益の予測等の想定が十分に厳しいものとなっていること。
141 「抜本的な」とは、概ね3年（債務者企業の規模又は事業の特質を考慮した合理的な期間の延長を排除しない）後の当該債務者の債務者区分が正常先となることをいうとされている。
142 ただし、当該計画に基づく貸出金に対して基準金利が適用される場合と実質的に同等の利回りが確保されていないと見込まれるようになった場合には、当該計画に基づく貸出金は貸出条件緩和債権に該当することとなるとされている。
143 「当該経営再建計画を策定する見込みがあるとき」とは、銀行と債務者との間で合意には至っていないが、債務者の経営再建のための資源等（例えば、売却可能な資産、削減可能な経費、新商品の開発計画、販路拡大の見込み）が存在することを確認でき、かつ、債務者に経営再建計画を策定する意思がある場合をいうとされている。

第8章 再建型私的整理が不成立の場合

対象債権者全員の同意が得られない場合は以下の対応が考えられる。

1 特定調停

多数の対象債権者が同意している場合には、特定調停を申し立てて、裁判所に民事調停法17条に基づく決定を求めることが考えられる。17条決定に対して、相手方が異議の申立てをしないと、裁判上の和解と同一の効力を生じる（民事調停法18条、特調法22条）。債務額約1000億円を対象とした第三セクター（北海道住宅供給公社）を債務者とした特定調停において、調停案に反対していた債権者がいたため、裁判所が17条決定をしたところ、相手方が異議を述べなかったことにより調停案が成立した例が報告されている[144]。

特定調停の詳細は第3章9を参照のこと。

2 第二会社方式による特別清算の協定成立による方法

第二会社に会社分割ないし事業譲渡を行った後、残った会社を特別清算を行う場合、当該特別清算の協定は、議決権者の過半数、議決権の3分の2で成立するので（会社法567条1項）、当該議決権の賛成をあらかじめ得ておくことで、第二会社方式で進めることが考えられる[145]。

ただし、反対した債権者が、会社分割ないし事業譲渡が詐害行為であると主張してくる可能性もあるので、対価及び手続が適正なものであることなどについて説明できるようにしておく必要がある。

3 会社更生手続・民事再生手続の申立て

上記の方法が取り得ない場合は、会社更生手続ないしは民事再生手続を検討することになろう。その場合、以下の点に留意が必要である[146]。

項　目	留意すべき点
預金の取扱い	再建型私的整理開始（一時支払停止通知）では期限の利益を喪失しないとする取扱いが一般であるため[147]、法的整理開始（ないし申立て）時の預金は相殺を主張される可能性が高い[148]。銀行預金は、借入れの無い金融機関へ移動すべきであろう[149]。

144　金法1732号34頁
145　このような方法で、成功した事例が、事業再生と債権管理132号28頁で紹介されている。具体的には、金融機関19行中17行から同意書を取得して会社分割により事業をスポンサーに移転した後、特別清算の協定案を99.5%の同意で成立させて処理ができた事例が紹介されている。
146　なお、対象債権者の大部分が計画案に賛成している場合で取引債権者の数が多くない場合は、簡易再生（民事再生法211条）により、手続の期間を短くすることを検討することも考えられる。
147　一時支払停止通知が「支払停止」に該当すると、会社更生法、民事再生法の相殺禁止の条項により一時支払停止通知後の入金の相殺は許されない（民事再生法93条1項3号、会社更生法49条1項3号）。しかし、一時支払停止は「支払停止」でないと解されているし（私的整ガイドラインQA　Q26）、林原グループの事件（事業再生ADR→会社更生）の否認請求で、事業再生ADR申請を前提とする支払猶予や、事業再生ADR申請後の一時停止通知が「支払停止」に該当するかが争われたが、裁判所は「支払停止」に当たらないと判断した（**東京地決 H23.11.24**）。
148　この点、権利濫用等を理由に、再建型私的整理手続開始後の入金に対する相殺は許されないとする見解もある（私的整理QA289頁）。可能であれば、再建型私的整理開始時に、特に預金が集中するメインバンクとの間で相殺権放棄の合意をしておくことが望ましいが、現実的には難しい。
149　ガイドライン実務368頁参照。ただし、金融機関側の弁護士から「債務者は、一時停止を要請する以上、

第8章 再建型私的整理が不成立の場合

一時支払停止通知と「支払停止」	再建型私的整理における一時支払停止通知が「支払停止」に該当すれば、会社更生手続ないし民事再生手続上は、その後の入金等で相殺することは許されなくなる（民事再生法93条1項3号、会社更生法49条1項3号）。また、否認の対象が広がることになる。この点、原則として、支払停止には当たらないとする考え方が有力である（第6章3参照。参考裁判例：**最二小判 H24.10.19、東京地決 H23.11.24**）[150]。
再建型私的整理における一時停止と遅延損害金	再建型私的整理において一時停止の通知をして、その後約定弁済期が到来した後に法的整理に移行した場合、遅延損害金がどこから計算されるかが問題となる。考え方としては、当初の約定弁済期、再建型私的整理終了時、法的手続の開始日などが考えられるが、取扱いは定まっていない。 具体的な事例として、事業再生ADRから会社更生手続に移行した例で、一時支払停止は、事業再生ADRが中途で終了することを解除条件として事業再生計画案成立まで期限の利益を付与したものと解するのが合理的であるとして、当初の約定日の経過をもって遅延損害金の発生を認めたことが報告されている[151]が、一方で、一時停止期間中は履行遅滞に陥らないとして、民事再生申立後の遅延損害金のみ認めた事例も報告されている[152]。
再建型私的整理手続中に発生した債権	再建型私的整理開始後、法的手続開始前のDIPファイナンスや商取引債権は、原則として再生債権ないしは更生債権と取り扱われると考えられる。しかしながら、再建型私的整理においてもDIPファイナンスの必要性は否定できず、また、上場会社の場合、再建型私的整理を行っている事実を公表することになるため、かかる事実が公表されている状態で発生した商取引債権者を保護できないと、商取引に応じてもらうことができず、結局再建型私的整理ができないなどの不都合がある。 この点、私的整理ガイドラインの不成立により民事再生手続に移行した案件において、ガイドライン手続中に行ったDIPファイナンスにつき、民事再生手続開始後にもDIPファイナンスを行うことを条件として、共益債権として保護した事案もあるということである[153]。また、事業再生ADRでは、DIPファイナンスについて一定の保護規定が置かれている（産強法59条、60条）[154]。さらに、例えば、再建型私的整理手続中に発生した商取引債権は保全処分の例外として申立直後に支払ったり、少額債権として保護するなどの手当も検討の余地があろう[155]。
登記留保	私的整理ガイドラインや、事業再生ADRでは、登記留保は保護の対象とする（登記があるのと同様に取り扱われる）ことが多いが、法的手続に移行した場合、登記留保は保護されないのが一般的。 そこで、登記留保の状態で再建型私的整理が開始され、再建型私的整理の手続中に登記を求めてくる（あるいは、預けていた登記書類に基づき登記を行う）債権者の対応が問題となる

合理的な理由なしにその時点の預金残高を大幅に減らすような資金移動・預金引出しを求めることは信義則に照らして許され」ないとする主張がなされており（倒産と金融282頁　井上聡発言）、未だ決着していないところである。なお、仮に預金を残すのであれば、法的手続開始（又は申立）時の預金残高と、一時支払停止を通知した時点の預金残高が異なることにより生じる金融機関の不平等を解消するため、法的手続申立ての直前に再建型私的整理において一時支払停止を通知した時点のプロラタの預金残高にするなどのことも検討が必要と考える。

150　事業再生と債権管理147号60頁〜68頁「パネルディスカッション　中小企業の再生と弁護士の役割」において、識者による様々な見解が紹介されている。
151　NBL953号19頁「事業再生ADRから会社更生への手続移行に際しての問題点と課題(1)」腰塚和男ほか
152　倒産と金融366頁
153　ガイドライン実務366頁
154　もっとも、産強法59条、60条の規定は必ずしも明確ではない。
　　なお、JAL等の事案において、日本政策銀行が事業再生ADR中に産活法52条（現産強法58条）の確認を得て行ったDIPファイナンスについて、会社更生手続開始後、会社更生法72条2項6号に基づき、これを共益債権として支払う旨の和解を締結することの許可を得た事例が報告されている（NBL954号62頁「事業再生ADRから会社更生への手続移行に際しての問題点と課題(2)」腰塚和男ほか）。
155　「私的整理ガイドライン等から会社更生への移行」への提案（金法1842号78頁以下　多比羅誠ほか）では、和解許可に基づく弁済、少額債権の弁済許可による弁済を検討すべきとしてる。もっとも、かかる取扱いは、従来の取引条件（支払サイトなど）が維持されることを条件とすべきであろう。

	が、債権者平等の観点及び、法的手続に移行した場合に否認の対象となり得ることなどを考えると、登記に応じるべきではないと考える[156]。ただし、この点は、未だ決着がついていない（参考判例として**東京地決 H23.11.24** がある）。なお、仮に応じた場合であっても、それが法的手続に移行した後に否認の対象になるか否かは別問題である。
否認リスク	再建型私的整理開始後の資産処分等は、法的手続に移行した場合、否認される可能性がある（**大阪地判 H15.3.20**、**大阪地判 H22.3.15**、**最一小判 S47.5.1**）。 そこで、少なくとも適正価格での譲渡であることを書面で残すなどして、否認され無いように書類を整えておくべきである[157]。
再建型私的整理手続中の協定違反	再建型私的整理手続中の暫定的協定で、対象債権者の承認なく法的手続の申立を行わないことが合意されることがあり、かかる合意に反して承認を得ずに法的手続を申立をした場合の効力及び対象債権者に対する債務不履行責任の有無が問題となる。 この点の議論は未だ深化していないが、申立ての効力については有効、債務不履行責任は発生しないとする考え方が有力のようである[158]。

東京地決 H23.11.24（更生） 事業再生 ADR から会社更生へ移行した場合の否認権行使の要件について判示した裁判例

金法 1940 号 148 頁

債務者が事業再生 ADR 手続の利用を申請し、金融機関に支払猶予の申入れをした後に、当該金融機関が過去の根抵当権設定契約に基づき根抵当権設定仮登記を具備した行為が、「支払停止」を知って登記を具備したと言えるかが問題となった事例で、本決定は、「支払の免除又は猶予を求める行為であっても、合理性のある再建方針や再建計画が主要な債権者に示され、これが債権者に受け入れられる蓋然性があると認められる場合には、一般的かつ継続的に債務を弁済できない旨を外部に表示する行為とはいえないから、『支払の停止』ということはできないと解するのが相当である。」として否認を認めなかった。

大阪地判 H15.3.20（再生） 再建型私的整理に応じる条件として求めた追加担保が、法的手続後に否認された事例

判タ 1141 号 284 頁

甲社は、金融債権者を対象とした私的再建のスキームとして支払猶予等の申入れをして、了解を得るに当たり、銀行Yから、手形を譲渡担保として差し入れることを要求され、甲社はこれに応じたが、結局甲社は民事再生手続となった。そこで、甲社の監督委員であったXが、銀行Yに対し、当該譲渡担保の設定行為に対し否認権を行使したところ「民事再生法 127 条 1 項 1 号所定の『再生債権者を害する』行為であると評価されるものである」として、否認が認められた。

大阪地判 H22.3.15（再生） 再建型私的整理中の追加担保が、法的手続後に否認された事例

判時 2090 号 69 頁、判タ 1327 号 266 頁、金判 1355 号 48 頁

甲社（再生債務者）は、平成 20 年 1 月頃、任意整理を開始し債権者説明会を数回開催したが、その間、銀行Yの要請を受けて、手形に譲渡担保を設定するとともに、銀行Yにある甲社名義の口座に金員を預け入れた。その後、甲社は民事再生手続の開始決定を受けて、Xが管財人に選任された。

Xは、譲渡担保の設定につき否認権を行使し、否認請求をしたところ、再生裁判所はXの請求を認めた。Yが異議の訴えを提起したところ、本判決は、任意整理が開始されていることを甲社がYに説明していたことをもって「支払不能」であり、かつ、Yが「悪意」であるとして、Xの否認権の行使を認めた。

---

156 NBL955 号 68 頁以下「事業再生 ADR から会社更生への手続移行に際しての問題点と課題(3)」腰塚和男ほか。
157 再建型私的整理手続中の非対象債権の弁済等が否認に該当しないかという論点もあるが、「一時停止通知」が支払停止に該当しないと考えられることや、相手方が再建型私的整理手続が開始したことについて善意であることが一般であることから、原則として否認には該当しないと解されている（私的整理 QA287 頁）。
158 倒産と金融 356 頁〜 358 頁参照。

第8章　再建型私的整理が不成立の場合

最一小判 S47.5.1（破産）　債権者委員会の同意を得て受けた弁済が破産後に否認された事例

金法 651 号 24 頁

　Y社は、甲社の債権者委員会の同意を得て弁済を受けたが、甲社の破産後、管財人Xが、当該弁済を否認した。控訴審は、債権者委員会の同意を得た弁済であっても、全債権者の同意を得て弁済を受領したわけではないなどとして、Xの請求を認容し、最高裁も上告棄却した。

大阪高決 H23.12.27（更生）　事業再生 ADR が進行中であることが会社更生手続開始の障害となることはないとした裁判例

金法 1942 号 97 頁

　Xは、事業再生 ADR の利用申請をし、仮受理されたのに対し、Yが、Xに対し求償金債権を有する債権者であるとして、更生手続開始の申立て・保全管理命令の発令を求めた。原審が保全管理人による管理を命じたため、Xが取消しを求めて即時抗告したが、本決定は、以下のように判示し、抗告を棄却した。

　「事業再生 ADR の手続が進められることを前提として、暫定的に債権回収に及んでいない状況にあるにすぎず、これをもって、更生手続開始の原因となる事実が存在しないということはできない。……現時点において、事業再生 ADR により、早期かつ弁済率の高い再生計画案の策定と確実な再建ができ、債権者一般の利益に適合することになるとの評価をするには足りず、更生手続開始の阻害事由となるものとはいえない。」

第9章　再建型私的整理の債務者側の税務

1　法人税

(1)　債務免除、DES等の債務消滅益の認識

債務免除	債務免除を受けた時点で、債務消滅益を認識する必要がある。
DES	新株発行において増加する資本金の額は、受け入れた資産の時価とされている（法法2条16号、法令8条1項）[159]。そして、債権額と受け入れた資本金の額の差額について債務消滅益を認識する必要がある（なお、擬似DESについては、一般的に債務消滅益を認識しなくてもよいという意見が強い）。
DDS	債務消滅益発生の認識は行わない。

(2)　ポイント

　再建型私的整理の債務者側税務のポイントは、債務免除益課税を回避できるかにある。この点、再建型私的整理の方法は大きく分けると、法人格を維持する方法と、第二会社方式を利用して従前の会社については事業譲渡ないし会社分割後に特別清算等で処理をする方法があるので、分けて検討をする。

場合分け	概要（ポイント）
法人格を維持する場合→2	一定の場合に、別表添付方式による資産の評価損益の計上及び期限切欠損金の活用が認められる（法令24条の2第1項、68条の2第1項）。 また、一定の要件を満たせば実在性のない資産の償却損の計上を行うことが可能とされている。
第二会社方式による場合→3参照	清算所得課税は廃止されたが、解散した場合、期限切欠損金の活用（法法59条2項）や、実在性のない資産の償却損の計上を行うことが可能。

---

[159] もっとも、時価評価額の算定方法は必ずしも明確でない。この点、国税庁に対する文書照会において、「事業再生に係るDES（Debt Equity Swap：債務の株式化）研究会報告書」（経済産業省経済産業政策局産業再生課長の私的研究会「事業再生に係るDES研究会」）に記載されている方法で問題ない旨が回答されている（平成22年2月22日）。

2 法人格を維持する場合

(1) 財産評定損益（法法25条3項、33条4項、法令24条の2、68条の2、法規8条の6）及び期限切れ欠損金[160]の利用

主な要件	一般に公表された債務処理を行うための手続についての準則に従った処理が行われること[161][162]。
	それぞれの手続において定められた方法による資産評定が行われること[163]。
	債務免除をする金額が定められていること。
	原則として、2以上の金融機関等が債務免除すること。
	政府関係金融機関、地域経済活性化支援機構又は協定銀行が有する債権その他財務省令で定める債権につき債務免除等をすることが定められていること。
財産評定損計上の対象	少額の減価償却資産の取得原価の損金算入（法令133条）、又は一括償却資産の損金算入（法令133条の2第1項）の規定を受けた減価償却資産並びに、これに類する減価償却資産以外の資産等
期限切れ損金を利用できる場合	資産の評価損益を認識することができる場合には、原則として期限切れ欠損金を利用できる（法法59条、法令117条の2）。 なお、制度化された再建型私的整理以外については、基本通達12-3-1(3)の解釈によることになるが[164]、必ずしも明確でないことから、適用を検討する場合は事前に所轄税務署又は国税局に相談することも必要であろう。

(2) 実在性のない資産等が存する場合

一定の準則に基づき第三者が関与して行われる再建型私的整理において、実在性の無い資産がある場合、それが更正の対象期間（5年間）内に生じたものでなかった場合や、発生時期が不明

---

160 国税庁に対する照会の回答（いずれも国税庁に対する照会の回答。内容は国税庁HPで確認ができる）

	評価損益計上の可否（根拠）	期限切れ欠損金
私的整理ガイドライン	平成17年5月11日回答により可能	期限切れ欠損金を利用することができることについて、それぞれ、左記回答で確認
中小企業支援協議会	平成24年3月28日、平成26年6月20日回答により可能	
RCC企業再生	平成23年9月29日回答等により可能	
事業再生ADR	平成21年7月9日回答等により可能	
地域経済活性化支援機構	平成25年6月25日、平成26年6月26日回答により可能	

ただし、資産の評価損益を認識することができる場合にもかかわらず別表添付方式によらず資産の評価損益を認識しない場合（評価益しかないような場合や、結果として資産の評価損益を認識できなかった場合を指す）には期限切れ欠損金を青色繰越欠損金より先に使用することはできない（法人税基本通達12-3-5）ので注意が必要。

161 一般に公表された債務処理を行うための手続についての準則に、制度化された再建型私的整理による方法が含まれることは国税庁に対する照会によって確認が取れている。一方、それ以外の再建型私的整理においては、個別に照会のうえ確認をする必要がある。

162 原則として3人以上の専門家の関与が必要とされている。

163 例えば、中小企業支援協議会で、このような税務上の特例が認められるためには、「中小企業再生支援協議会の支援による再生計画の策定手順（再生計画検討委員会が再生計画案の調査・報告を行う場合）」に従う必要がある（基本要領QA Q7）。

164 法人税基本通達12-3-1(3)は以下のとおり記載されている。
(1)及び(2)以外の資産の整理で、例えば、親子会社間において親会社が子会社に対して有する債権を単に免除するというようなものでなく、債務の免除等が多数の債権者によって協議の上決められる等その決定について恣意性がなく、かつ、その内容に合理性があると認められる資産の整理があったこと。

の場合であっても、税務上の剰余金（欠損金）の期首繰越金額を直接修正する方法で損失処理が可能とされている[165]。

(3) 繰越欠損金の不適用（法57条の2）

以下の場合、繰越欠損金を利用することはできなくなる（法57条の2、法60条の3）。これは、欠損金のある会社の悪用を防止する趣旨の規定である[166]。

・買収会社が被買収会社の株式だけでなく、債権を取得した場合において、被買収会社が買収前の事業の5倍を超えるような資金の借入れ、増資等を行う場合
・買収の結果、被買収会社の社長等が退任し、かつ、被買収会社の従業員の20％が退職するような場合において、被買収会社の旧従業員以外の者が従事する事業規模が買収前の事業規模の5倍を超えることになること。

(4) 過去に粉飾があった場合

過去に粉飾決算を行うことによって過大に税金を納めている場合には、税金の還付を請求することを検討する必要がある。方法としては、次のものがある。

更正の請求	従来、繰戻還付を受ける前提となる更正の請求期間が1年だったので、それ以前の粉飾決算については、いわゆる更正の嘆願を行っていた。 しかしながら、平成23年税制改正で、更正の請求期間が1年から5年に延長されたので、過去5年の粉飾に係る税金の還付は、原則として更正の請求によって行う。
事業再生特例還付	更正決定に伴う法人税の還付は、更正の日の属する事業年度開始日から5年以内に開始する各事業年度の所得に対する法人税額の額から控除され、控除しきれない場合に5年後に一括還付されるので、即効性はない。 しかし、一定の事由が生じた場合には、控除を受けていない税額について直ちに還付を請求できる（法法135条4項、法令175条2項[167]、法規60条の2[168]）。

(5) その他の注意点

同族会社（資本金の額が1億円以下の場合を除く）の場合、留保金課税の適用があるので注意が必要。

また、平成23年の税制改正により、一定の規模の会社については、欠損金（青色申告を提出した事業年度の欠損金の繰越控除制度）について、控除限度額を事業年度の繰越控除前の所得の80％とする制度が導入されたので、タックスプランニングをする際には注意が必要[169]。

---

165 平成22年度税制改正に係る法人税質疑応答事例　問11
　　http://www.nta.go.jp/shiraberu/zeiho-kaishaku/joho-zeikaishaku/hojin/101006/pdf/11.pdf 参照
166 ただし、法人税法施行令113条の2第5項において、一定の場合、適用がないとされている。
167 平成23年4月1日より前に合理的な再建型私的整理（事業再生ADR等）が開始されている場合には、7年間の猶予措置がある（法令175条2項）。
168 法人税法施行規則第60条の2
　　令第175条第2項第3号（仮装経理に基づく過大申告の場合の更正に伴う還付特例対象法人税額等の範囲）に規定する財務省令で定めるものは、次に掲げるものとする。
　一　債権者集会の協議決定で合理的な基準により債務者の負債整理を定めているもの
　二　行政機関、金融機関その他第三者のあっせんによる当事者間の協議による前号に準ずる内容の契約の締結
169 期限切れ欠損金との関係については、青色繰越欠損金の控除されない20％部分について期限切れ欠損金を損金算入できることから、実質的には影響はないと解されているようである（週刊税務通信 No.3212　24頁参照）。

3　事業譲渡、会社分割を行った場合

基本的な考え方	いずれの場合も、時価で譲渡し、譲渡損益を法人税法上の所得として認識することになる[170]。なお、譲渡対価（分割対価）が不適切であった場合、寄付金課税等の問題が発生することが多いので留意が必要である（もっとも、第三者間取引であれば、問題となることは少ない）。
会社を解散する場合の注意点	清算所得課税は無くなったが、解散の日の翌日以降の事業年度において残余財産がないと見込まれる場合には、法法59条3項、法令118条において、清算中に終了する事業年度前の各事業年度において生じた期限切れ欠損金を損金の額に算入することが認められている。したがって、債務免除益や事業譲渡益は、可能な限り、解散日後に認識をすべき。
繰越欠損金の繰戻還付	解散、事業の全部譲渡、事業の重要部分の譲渡を行った場合には、繰戻還付を適用することが認められている（法法80条4項、法令154条の3）。なお、繰越欠損金の繰戻還付を適用するためには、事業譲渡後1年以内に還付請求を行う必要があるので注意が必要。

---

[170]　会社分割は適格分割に該当しないことが前提である。事業再生の局面では適格分割の要件を満たすことは無いと考えられるため、適格分割については触れない。

第10章 再建型私的整理の債権者側の税務（法人税）

対象債権者において適用を検討すべき条文、基本通達について簡単に整理すると以下のとおり。

なお、税法基準があいまいな部分もあり、代表的な場合のみを掲載しており、異なる考え方も成り立ち得るのでご留意いただきたい。

1 償却・貸倒引当てに関する全体像（法的整理を含む）[171][172]

分類	通達等	適用場面
法的処理及びそれに準じる場合の償却基準(法法22条)	法人税基本通達9-6-1	債権の全部又は一部が法的手続等により切り捨てられた場合（法律上の貸倒れ）
	法人税基本通達9-6-2	債権が、債務者の状況から回収不能と考えられる場合（事実上の貸倒れ）
貸倒引当金（法法52条）	法令96条1項1号	法的整理・再建型私的整理で5年経過後に支払われることとなる金額（基本通達9-6-1で償却対象とならなかった部分につき間接償却をする規定）
	法令96条1項2号	債務超過等の理由により、金銭債権の一部の金額につき回収不能と見込まれる金額
	法令96条1項3号	法的整理の申立て、手形交換所による取引停止処分における金銭債権の50%
貸出先支援の償却基準(法法37条7項)	法人税基本通達9-4-2	「合理的な再建計画」（再建型私的整理）に基づく債権放棄であれば、損金処理が可能。特定調停、DESなども、当該基準で判断されると解される。

このうち、実際に再建型私的整理において適用が問題となるのは、基本通達9-4-2なので、以下、それについて簡単に内容を紹介する[173]。

---

171 なお、再建型私的整理の事業再建計画承認前も含めた適用関係をまとめると以下のとおり。

主な適用場面		根拠	内容
債権減額交渉時	元本部分	法令92条1項2号	債務超過等の理由により、金銭債権の一部の金額につき回収不能と見込まれる金額
	未収利息不計上ないし償却	法人税基本通達9-4-2 法人税基本通達11-2-8	
事業再建計画の承認があった場合	計画に沿った償却	法人税基本通達9-4-2	「合理的な再建計画」に基づく債権放棄であれば、損金処理が可能
	計画案でDESが行われた場合	法人税基本通達2-3-14（債権放棄の可否は法人税基本通達9-4-2）	株式の取得価格は時価によって行う。つまり、交換の対象となる債権を時価評価して、当該時価を株式の簿価とする。

172 基本通達9-6-3については、売掛金、未収請負金その他これらに準ずる債権のみを対象とした基準であり、貸付金その他これに準ずる債権を含まないため、入れていない。また、基本通達9-4-1は整理する場合の基準であり再建を前提としないものであるため、入れていない。

173 なお、基本通達9-6-1は法的処理ないしは取引債権者も含めた全債権者を取り込んだ私的整理を前提とする点で、基本通達9-6-2は弁済原資がないことを要件としており取引債権者に弁済をしている状態では要件に該当しない点で、いずれも再建型私的整理においては利用できる場面は、ほとんどない。

2　法人税基本通達9-4-2の内容

内　容	法人がその子会社等に対して金銭の無償若しくは通常よりも低い利率での貸付け又は債権放棄等（以下9-4-2において「無利息貸付け等」という。）をした場合において、その無利息貸付け等が例えば業績不振の子会社等の倒産を防止するためにやむを得ず行われるもので合理的な再建計画に基づくものである等その無利息貸付け等をしたことについて相当な理由があると認められるときは、その無利息貸付け等により供与する経済的利益の額は、寄附金の額に該当しないものとする。
「子会社等」の範囲	「子会社等」には、当該法人と取引関係、人的関係、資金関係において事業関連性を有するものを含むとされている（基本通達9-4-1の(注)）。よって、再建型私的整理を行う債務者も含まれる。
「合理的な再建計画」の範囲	「合理的な再建計画かどうかについては、支援額の合理性、支援者による再建管理の有無、支援者の範囲の相当性及び支援割合の合理性等について、個々の事例に応じ、総合的に判断するのであるが、例えば、利害の対立する複数の支援者の合意により策定されたものと認められる再建計画は、原則として、合理的なものと取り扱う。」（基本通達9-4-1の(注)）としている。

3　9-4-2の適用範囲

(1)　制度化された再建型私的整理

　以下の手続については、国税庁に対する文書照会に対して、合理的な再建計画に基づく債権放棄に該当する旨の回答がなされている。

種　類	国税庁回答日
私的整理に関するガイドライン	平成17年5月11日
中小企業再生支援協議会	平成24年3月28日、平成26年6月20日
RCC企業再生スキーム	平成23年9月29日
事業再生ADR	平成21年7月9日
地域経済活性化支援機構	平成25年6月25日、平成26年6月26日
特定調停(注)	平成26年6月27日

(注)　特定調停については、日本弁護士連合会等が中心になって作成した「金融円滑化法終了への対応策としての特定調停スキーム利用の手引き」を前提としたものであり、特定調停一般について回答されたわけではないので注意が必要。一般的には特定調停も9-4-2が適用されると解されるが、国税庁HPの質疑応答集によると、「特定調停法における『経済的合理性』と、税務上の取扱いにおける『相当な理由』とは大部分が一致するとは考えられますが、一致しない場合もあり得ると考えられます」とあるので、常に適用があるわけではない。

(2)　上記以外の再建型私的整理

　基本通達9-4-2により「合理的な再建計画」に基づく債権放棄とされれば、損金処理が可能である。
　国税庁の質疑応答集で、「子会社等を整理又は再建する場合の損失負担等が経済合理性を有しているか否かはどのように検討するのですか（合理的な整理計画又は再建計画とはどのようなものをいうのですか。）」に対して、以下のように回答されており、さらに、国税庁HPでより細かいＱＡが公表されている。もっとも、抽象的な記載しかないため、個別具体的な事案では、事前に各国税局の審理課に相談に行くべきであろう[174]。

174　国税庁質疑応答が参考になる http://www.nta.go.jp/taxanswer/hojin/5280_qa.htm
　　この質疑応答集Q1-1で「再建支援等事案に係る事前相談の意義はどのようなものですか」という質問に対

> 　子会社等を整理又は再建する場合の損失負担等が経済合理性を有しているか否かは、次のような点について、総合的に検討することになります。
> ①損失負担等を受ける者は、「子会社等」に該当するか。
> ②子会社等は経営危機に陥っているか（倒産の危機にあるか）。
> ③損失負担等を行うことは相当か（支援者にとって相当な理由はあるか）。
> ④損失負担等の額（支援額）は合理的であるか（過剰支援になっていないか）。
> ⑤整理・再建管理はなされているか（その後の子会社等の立ち直り状況に応じて支援額を見直すこととされているか）。
> ⑥損失負担等をする支援者の範囲は相当であるか（特定の債権者等が意図的に加わっていないなどの恣意性がないか）。
> ⑦損失負担等の額の割合は合理的であるか（特定の債権者だけが不当に負担を重くし又は免れていないか）。
> （注）　子会社等を整理する場合の損失負担等（法人税基本通達9-4-1）の経済合理性の判断の留意点
> 　　　上記②については、倒産の危機に至らないまでも経営成績が悪いなど、放置した場合には今後より大きな損失を蒙ることが社会通念上明らかであるかどうかを検討することになります。
> 　　　上記⑤については、子会社等の整理の場合には、一般的にその必要はありませんが、整理に長期間を要するときは、その整理計画の実施状況の管理を行うこととしているかを検討することになります。

4　連帯保証（補足）

　連帯保証人がいる場合、当該保証人に対する債権についても放棄等がされないと、税務上、貸倒損失の計上は困難であることが多い。この点、連帯保証人が法的手続をしない場合、従前は、税務上の取扱いが必ずしも明確でなかった。しかしながら、経営者保証に関するガイドラインが公表され、運用が開始されているところ、同ガイドランに沿った手続については、税務上、保証人及び対象債権者ともに課税関係は生じないことが確認されており（GLQA 7-32）、今後は、同ガイドラインに基づき処理が進められるケースが増えてくるものと考えられる。

し「再建支援等事案の損失負担等の税務上の取扱いについては、事前相談に応じているところです。相談窓口は、各国税局の審理課（審理官）・沖縄国税事務所の法人課税課又は調査課であり、特定調停に関する事前相談は地方裁判所の所在地を管轄する税務署でも受け付けています。」との回答がされている。

付属編　雇用調整

本付属編では、雇用調整（いわゆるリストラ）だけでなく、人件費の削減に関連する事項について概要を説明する。

1　はじめに

最初に、雇用関係をめぐる法律を整理する。

(1)　雇用関係をめぐる法律（まとめ）

雇用関係は、労働者保護の観点や、集団的規律を及ぼす必要などから、個別の労働契約以外に、就業規則、労働協約などが労働条件を画している。さらに、労働契約は、労働者保護の観点から、労働基準法などで契約自由の原則に制限がかけられている。

雇用関係をとりまく主な法規範は次のとおり。

分類	内容（定義）	主な効力
主な法律	労働基準法	労働条件の最低基準等を定める（同法1条）。
	労働契約法	労働契約に関する基本事項を定める（同法1条）。
労働協約	労働組合と使用者（企業）との間で、労働条件その他に関し協定したもの（労組法14条）	就業規則に優越する効力が認められる（労基法92条）。
		労働協約に定める労働条件その他の労働者の待遇に関する基準に違反する労働契約は無効（労組法16条）。
		一の工場事業場に常時使用される同種の労働者の4分の3以上の数の労働者が一の労働協約の適用を受けるに至ったときは、当該工場事業場に使用される他の同種の労働者に関しても、当該労働協約が適用される（労組法17条）。
就業規則	職場規律や労働条件などに関する規則集（労基法89条参照）	使用者が、合理的な労働条件が定められている就業規則を労働者に周知させている場合には、労働契約の内容は、その就業規則で定める労働条件による（労働契約に異なる定めがある部分を除く）（労契法7条）。
		就業規則で定める基準に達しない労働条件を定める労働契約は、その部分については、無効となり、無効となった部分は、就業規則で定める基準による（労契法12条）。
雇用契約	従業員と使用者との個々の合意によって成立する契約（民法623条、労契法6条）	当事者（労働者及び雇用主）双方の同意が無ければ変更はできない（労契法8条）。
		解雇は、客観的に合理的な理由を欠き、社会通念上相当であると認められない場合は、その権利を濫用したものとして、無効となる（労契法16条）。

(2)　不当労働行為（労組法7条）

以下のことは不当労働行為となり、解雇等の効力に影響を与える可能性があるので注意が必要[1]。

不利益取扱	労働者が組合員であることや組合に加入、組合を結成しようとしたことを理由に、当該労働者を解雇するなど不利益に取り扱うこと。
団体交渉拒否	正当な理由なく、使用者が団体交渉を拒否すること。

1　不当労働行為があった場合、労働組合は独立行政委員会である労働委員会に救済を求めることができる。労働委員会の救済命令に使用者が従わない場合には、過料等が課せられる。

支配介入	労働組合の結成や運営を支配し介入すること。組合員に脱退を働きかけたり、経営者が組合抑圧的な発言をすること。

(3) 会社継続のための人件費削減の概要（本編の構成）

人件費削減の方法としては、以下のようなものが考えられる。本付属編は、概要以下の内容で記載している。

	方　法	本書の記載箇所又は、具体的内容や留意点
雇用調整前の方法 ↓ 多くが労働条件の不利益変更を伴う （「2　労働条件の不利益変更」参照）	採用の抑制・停止	性別にかかわりなく均等な機会を与えなければならない（男女雇用機会均等法5条）。
	時間外労働の削減	1日あるいは1か月の上限を設ける、時間外労働を許可制とするなど。
	給与・賞与の削減	「3　賞与の削減・賃金調整・退職金の減額」
	退職金調整	「3　賞与の削減・賃金調整・退職金の減額」
正社員の退職を伴わない雇用調整	パートタイマー・契約社員・派遣社員の削減	「4　パートタイマー・契約社員・派遣社員の削減」
	在籍出向	「5　出向（転籍）」
	一時休業（一時帰休）	「6　一時休業」
正社員の退職を伴う雇用調整	希望退職（退職勧奨）	「7　希望退職」
	整理解雇	「8　整理解雇」
	内定取消し	「9　内定取消し」

2　労働条件の不利益変更

(1) 労働条件の不利益変更

労働条件を不利益変更する場合の要件は、概要次のとおり。

法令による限界	労働基準法等を下回る条件とすることは許されない。
労働協約の変更に必要な要件	労働組合の同意 （3）参照
就業規則の変更に必要な要件	労契法10条 （2）参照
労働契約の変更に必要な要件	労働者の同意 ただし、就業規則の変更内容が合理的なものである場合には個別の同意は不要とされる（労契法10条、**最大判 S43.12.25**）。もっとも、就業規則の変更によっても当該労働契約は変更されない旨の特約が労働契約にある場合には、その労働契約には就業規則変更の効力は及ばず、個別の同意が必要。

最大判 S43.12.25　就業規則の効力に関する最高裁判例

民集22巻13号3459頁、判時542号14頁、判タ230号122頁

「新たな就業規則の作成又は変更によつて、既得の権利を奪い、労働者に不利益な労働条件を一方的に課することは、原則として、許されないと解すべきであるが、労働条件の集合的処理、特にその統一的かつ画一的な決定を建前とする就業規則の性質からいつて、当該規則条項が合理的なものであるかぎり、個々の労働者において、これに同意しないことを理由として、その適用を拒否することは許されないと解すべきであり、これに

対する不服は、団体交渉等の正当な手続による改善にまつほかはない。」

(2) 就業規則の不利益変更の基準

(i) 労働契約法上の定め

就業規則の変更に関して、労働契約法は以下の定めを置いている。

労契法9条	使用者は、労働者と合意することなく、就業規則を変更することにより、労働者の不利益に労働契約の内容である労働条件を変更することはできない。ただし、次条の場合は、この限りでない。
労契法10条	変更後の就業規則を労働者に周知させ、かつ、就業規則の変更が、以下の各要素に照らして合理的なものであるときには、不利益変更が有効となるとする（ただし、労働契約において、就業規則の変更によっては変更されない労働条件として合意していた部分は労働者の承諾が必要）。 ・労働者の受ける不利益の程度 ・労働条件の変更の必要性 ・変更後の就業規則の内容の相当性 ・労働組合等との交渉の状況 ・その他の就業規則の変更に係る事情

最三小判 S63.2.16 就業規則変更の合理性の判断基準を示した判例

民集42巻2号60頁、労判512号7頁、判時1278号147頁、判タ668号74頁、金判794号30頁

「当該規則条項が合理的なものであるとは、当該就業規則の作成又は変更が、その必要性及び内容の両面からみて、それによつて労働者が被ることになる不利益の程度を考慮しても、なお当該労使関係における当該条項の法的規範性を是認できるだけの合理性を有するものであることをいうと解される。特に、賃金、退職金など労働者にとつて重要な権利、労働条件に関し実質的な不利益を及ぼす就業規則の作成又は変更については、当該条項が、そのような不利益を労働者に法的に受忍させることを許容できるだけの高度の必要性に基づいた合理的な内容のものである場合において、その効力を生ずるものというべきである。」

(ii) 判 例

判例は、不利益変更の有効性は以下の点で判断するとしている（最二小判H9.2.28[2]）。ただし、賃金が減少する労働者が特定の職種又は年齢層に集中し、かつ、大幅な労働条件の低下をもたらす場合、多数組合との合意があったとしても、かかる労働者について代償措置・激変緩和措置が無ければ合理性がないとした判例（**最一小判 H12.9.7**）もあるので注意が必要である。

・就業規則の変更によって労働者が被る不利益の程度
・使用者側の変更の必要性の内容・程度
・変更後の就業規則の内容自体の相当性
・代償措置その他関連する他の労働条件の改善状況
・労働組合等との交渉の経緯
・労働組合又は他の従業員の対応
・同種事項に関する我が国社会における一般的状況

最一小判 H12.9.7

民集54巻7号2075頁、労判787号6頁、判時1733号17頁、判タ1051号109頁

「本件就業規則等変更は、多数の行員について労働条件の改善を図る一方で、一部の行員について賃金を削減するものであって、従来は右肩上がりのものであった行員の賃金の経年的推移の曲線を変更しようとするものである。もとより、このような変更も、前述した経営上の必要性に照らし、企業ないし従業員全体の立場から巨視的、長期的にみれば、企業体質を強化改善するものとして、その相当性を肯定することができる場合があ

---

2 民集51巻2号705頁、労判710号12頁、判時1597号7頁、判タ936号128頁

> るものと考えられる。しかしながら、本件における賃金体系の変更は、短期的にみれば、特定の層の行員にのみ賃金コスト抑制の負担を負わせているものといわざるを得ず、その負担の程度も前示のように大幅な不利益を生じさせるものであり、それらの者は中堅層の労働条件の改善などといった利益を受けないまま退職の時期を迎えることとなるのである。就業規則の変更によってこのような制度の改正を行う場合には、一方的に不利益を受ける労働者について不利益性を緩和するなどの経過措置を設けることによる適切な救済を併せ図るべきであり、それがないままに右労働者に大きな不利益のみを受忍させることには、相当性がないものというほかはない。」

(iii) まとめ

労契法 10 条の文言や判例の基準は必ずしも明確なものとは言い難いが、実務的には労契法 10 条の各判断要素を満たすように変更手続を慎重に進めるということになろう。上記のとおり、有効に変更された場合には、反対する従業員にも適用がある（労契法 10 条、**最大判 S43.12.25**）。

比較的最近の裁判例で、不利益変更の効力が否定されたものとしては、以下のようなものがある。不利益の程度、労働組合等との交渉状況、従業員に対する説明の状況、代償措置・緩和措置などが大きな考慮要素のようである。

大阪高判 H24.4.12　周知・説明及び協議が不十分であることを理由に、不利益変更の効力が否定された事例

労判 1050 号 5 頁

「変更後の本件給与規程 2 の内容の労働者への周知や本件組合への説明、協議をある程度時間をかけて丁寧に行う必要があったというべきである。……従業員や本件組合に対する周知・説明及び協議を、時間をかけて丁寧に行ったと評価することはできない。むしろ、甲の従来運用を絶対視し、本件給与規程 1 の是正を急ぐあまり、従業員や本件組合に対する対応を蔑ろにしたと評価されてもやむをえないものである……以上によれば、本件給与規程変更 2 は無効であると認められる。」

千葉地判 H20.5.21　手続的要件は満たすものの、変更内容に合理性がないとした裁判例

労判 967 号 19 頁

「給与決定方法を可能とするような平成 14 年規定及び平成 16 年規定は、その内容において相当なものと評価することはできない。……また、本件における X のように、成果主義型の賃金制度の導入により、その受領する賃金が大幅に下がり、あるいは実質的に降格となる労働者が生じる場合には、その者に対する影響を軽減・緩和するため、一定の経過措置や代償措置がとられることが通例であるが、平成 14 年規定及び平成 16 年規定には、そのような規定は一切なく、Y らにおいて別途これらの措置を定めたことを示す証拠も一切ない」

福岡地判 H16.11.4　経過措置が無いこと、説明が不十分であることなど理由に不利益変更に合理性が無いとした裁判例

裁判所ウェブサイト

「X らの不利益としては、……不利益の程度は決して小さいものではない。……従業員に多大な不利益を課すものとなる上に、退職時期が同月の前であるか後であるかで相当な違いをもたらすものであって合理性に欠ける面がある。……さらに、上記退職金規定の改定については、経過措置が設けられず、……従業員らの意見を事前に聴取することもなく、上記改定がされ、さらに、……従業員からは同改定の理由の開示が求められたにもかかわらず、これに対して、Y は、変更内容を会社の方針として告げるのみで、意見や質問を受け付けないばかりか、その必要性の基礎となる経営状況等すらも具体的に説明していない。」

東京高判 H13.12.11　不利益の程度が重大であり、かつ、代償措置や経過措置が無いことを理由に不利益変更に合理性が無いとした裁判例

労判 821 号 9 頁

「賃金の減少の程度及び内容は、極めて重大なものであると認めざるを得ない。……制度しての就業規則等変更の必要性と、特定の層の個々の労働者が被る不利益との調整は、上記の代償措置及び経過措置によって、その調和を図ることも可能であったのであるから、これらの措置を全く講じていない本件にあっては、その必要性の肯定される本件就業規則等も、未だ、その不利益を労働者に法的に受忍させることを許容することができ

るだけの法的規範性を是認することはできず、結局のところ、本件就業規則等変更が高度の必要性に基づいた合理的な内容のものであるということはできない」

(iv) 変更の手続

項目（時系列）	備考
変更内容の確定	
組合・従業員への説明資料の作成	必要性、相当性がわかる資料を作成する。
労働組合ないし従業員代表者[3]に対する説明[4]	労働者の過半数で組織する労働組合がないときは、労働者の過半数を代表する者の意見を聴取する義務がある（労基法90条）。
従業員説明会の開催	
可能な範囲での従業員から同意書の取得	例えば給与の減額などであれば、できるだけ従業員から個別の同意を取得することが望ましい。
就業規則の改訂	
労基署への届出	労基法89条
従業員への周知（労契法10条[5]、**最二小判 H15.10.10**）	変更後の就業規則を見やすい場所に掲示したり、全従業員へ配付するなどの対応を取る（労基法106条1項、労基則52条の2）。

最二小判 H15.10.10 就業規則が拘束力を生ずるためには、労働者に周知させる手続が取られていることを要するとした判例
労判861号5頁、判時1840号144頁、判タ1138号71頁
XがYめているY社は、平成6年4月に労働者代表の同意を得たうえで就業規則を変更したが、当該就業規則はXの勤務場所には備えられていなかった。本判決は、「使用者が労働者を懲戒するには、あらかじめ就業規則において懲戒の種別及び事由を定めておくことを要する……。そして、就業規則が法的規範としての性質を有する……ものとして、拘束力を生ずるためには、その内容を適用を受ける事業場の労働者に周知させる手続が採られていることを要するものというべきである。原審は、……労働者に周知させる手続が採られていることを認定しないまま、旧就業規則に法的規範としての効力を肯定し、本件懲戒解雇が有効であると判断している。」として、差し戻した。

(3) 労働協約の変更

　就業規則よりも労働協約の定めが優先される（労基法92条）ので、就業規則の変更内容が労働協約に抵触する場合には、労働協約の変更も必要。

　労働協約を変更するためには、労働組合と合意する必要がある。なお、複数の組合がある場合には、全ての労働協約を変更する必要があると解する（**東京地判 H7.10.4**）[6]。なお、労働組合未加入者については、労組法17条が、一の工場事業場に常時使用される同種の労働者の4分の3以上の数の労働者が労働協約の適用を受けるに至ったときは、非組合員にも、当該労働協約が適用されると定めている。ただし、適用することが著しく不合理である場合には、適用が否定されることがあるので注意が必要である（**最三小判 H8.3.26**）。

　また、特定の組合員を殊更に不利益に取り扱うことを目的として締結されるような特殊な事案

3　管理監督者でないこと、選出方法が民主的なものであることが必要。
4　なお、前述のとおり、賃金が減少する労働者が特定の職種又は年齢層に集中し、かつ、大幅な労働条件の低下をもたらす場合、多数組合との合意があったとしても、かかる労働者について代償措置・激変緩和措置が無ければ合理性がないとした判例がある（**最一小判 H12.9.7**）。
5　労契法10条は、変更内容が合理的なものであることだけでなく、従業員へ周知することも就業規則の不利益変更の有効要件としているので、周知することが必須。
6　多数組合の労働協約が少数組合の組合員にも適用されるとする説もある。

で無い限り、労働組合との合意により変更する労働協約は、当該組合に属する組合員に対して効力を有するが（**最一小判 H9.3.27**）、組合内部の意思集約につき、民主的な手続を欠いている場合には、労働協約の変更が無効とされる可能性があるので、念のため注意が必要である（**東京高判 H12.7.26、広島高判 H16.4.15**）。

東京地判 H7.10.4

労判 680 号 34 頁

　Yが、従業員Xらの加入する少数甲労働組合との間に締結していた賃金協定とは別に、多数派の乙労働組合との間に新たに賃金協定を締結し、これをXらにも適用したところ、XらがYに対し、賃金を切り下げられたとして、差額金の支払を求めて提訴した。本判決は「Xらに対し、旧賃金協定所定の労働条件と異なる内容を有する賃金協定の一般的拘束力を及ぼすことは、Xら加入労組が独自にYと団体交渉を行い、労働条件の維持改善を図る努力をすることを無意味ならしめる結果となることから、労働組合の有する団結権・団体交渉権を保障する観点からみて、許されないと解するのが相当である」とした。

最三小判 H8.3.26

民集 50 巻 4 号 1008 頁、労判 691 号 16 頁、判時 1572 号 133 頁、判タ 914 号 82 頁

　労働協約が未組織労働者にも適用があることを前提に、「未組織労働者は、労働組合の意思決定に関与する立場になく、また逆に、労働組合は、未組織労働者の労働条件を改善し、その他の利益を擁護するために活動する立場にないことからすると、労働協約によって特定の未組織労働者にもたらされる不利益の程度・内容、労働協約が締結されるに至った経緯、当該労働者が労働組合の組合員資格を認められているかどうか等に照らし、当該労働協約を特定の未組織労働者に適用することが著しく不合理であると認められる特段の事情があるときは、労働協約の規範的効力を当該労働者に及ぼすことはできないと解するのが相当である。」とした。

最一小判 H9.3.27　労働協約の不利益変更は、これに同意しない組合員にもその効力は及ぶとした判例

労判 713 号 27 頁、判時 1607 号 131 頁、判タ 944 号 100 頁

　「本件労働協約は、Xの定年及び退職金算定方法を不利益に変更するものであり、昭和53年度から昭和61年度までの間に昇格があることを考慮しても、これによりXが受ける不利益は決して小さいものではないが、同協約が締結されるに至った以上の経緯、当時のYの経営状態、同協約に定められた基準の全体としての合理性に照らせば、同協約が特定の又は一部の組合員を殊更不利益に取り扱うことを目的として締結されたなど労働組合の目的を逸脱して締結されたものとはいえず、その規範的効力を否定すべき理由はない。」とした。

東京高判 H12.7.26[7]　労働組合の意思決定が民主的な手続を欠いているため、労働協約の内容が無効とされた裁判例

労判 789 号 6 頁

　「労働協約の締結は組合大会の付議事項とされているところ、本件労働協約締結にあたって組合大会で決議されたことはないから（争いのない事実）、本件労働協約は、労働組合の協約締結権限に瑕疵があり無効といわざるを得ない。」から、かかる協約に基づく給与の減額もその効力を認めることはできないとした。

広島高判 H16.4.15[8]　労働組合内部の意思決定が民主的な手続を欠いているため、労働協約の内容に規範性が認められないとされた裁判例

労判 879 号 82 頁

　「労働協約の締結は組合大会の決議事項とされているにもかかわらず、本件協約締結に当たって組合大会で決議されたことはないし、また、不利益を受ける立場にある者の意見を十分に汲み上げる真摯な努力をしているとも認められないから、本件協約は、労働組合の協約締結権限に瑕疵があるといわざるを得ない。」とした。

7　最三小決 H12.11.28 上告棄却・不受理
8　最二小決 H17.10.28 上告棄却・不受理

3　賞与の削減・賃金調整・退職金の減額

(1) 賞与、賃金、退職金の減額に必要な手続

賞与、賃金、退職金の減額に必要な手続は概要以下のとおり。就業規則の不利益変更については前記2参照。

賞与の削減・不支給	通常、法的には特別な手続は不要。稀に賞与について労働契約や就業規則等で定めている場合があるので、その場合は労働契約又は就業規則等の不利益変更が必要になる。
賃金調整	多くの場合、賃金規定の変更が必要なので、就業規則の不利益変更をする必要がある。
退職金の減額	多くの場合、退職金規定の変更が必要なので、就業規則の不利益変更をする必要がある。

(2) 賃金調整の具体的な方法及び留意点

賃金調整には、いわゆる本給を減額する以外に、以下の方法が考えられる[9]。

方　法	留意点
昇給の抑制・停止	具体的昇給基準等の定めがない限り、定期昇給請求権は認められないと考えられる（**東京高判 H17.3.30**）。
ベースアップの抑制・停止	
諸手当の減額・不支給	就業規則等に規定のある諸手当を変更する場合は、就業規則の変更が必要。
時間外・休日労働手当の割増率の引下げ	労基法に反しない範囲でのみ可能。また、通常は給与規定の変更が必要。
欠勤・遅刻・早退について給与控除を行う	給与規定への明示がなければ、明示を行うべきであろう。

東京高判 H17.3.30

労判 911 号 76 頁

Yは、給与規定に「昇給は年1度、3月21日定期とする。」と定めていたが、その具体的昇給額については給与規定上の定めがなかったところ、Yが業績の悪化を理由に定期昇給を実施しなかった。そこで、従業員Xらが違法であると主張して、債務不履行又は不法行為に基づき損害賠償を求めて提訴とした。本判決は、「給与規定において定期昇給の定めがあったからといって、具体的昇給基準の定めがないから、これを根拠に定期昇給……の実施義務があると認めることはできず、また、……35年間にわたり定期昇給……が実施されてきたものの、これは各年ごとの団体交渉で妥結した結果によるものであり、定期昇給……が団体交渉によるまでもなく労使慣行として成立し、これが法的拘束力を有するに至ったとまで認めることはできない」としてXらの請求を認めなかった。

(3) 年俸制の変更

(ⅰ) 年度途中の変更（減額）

年俸制の年度途中の変更（減額）は、原則として許されないと解される（**東京地判 H12.2.8**）。

東京地判 H12.2.8　年俸制の年度途中の変更は許されないとした裁判例

労判 787 号 58 頁

「このような年俸額及び賃金月額についての合意が存在している以上、Y社が賃金規則を変更したとして合意

---

[9] 就業規則に明示的に記載されていない場合、就業規則の変更に該当するか否か微妙な事案も考えられる。その場合は、労働契約の変更に該当するとして個別労働者の同意を得るか、就業規則に明示することを前提に就業規則変更手続を行うことなどが考えられよう（ただし、私見）。

された賃金月額を契約期間の途中で一方的に引き下げることは、改定内容の合理性の有無にかかわらず許されないものといわざるを得ない。」

(ii) 年度が異なる場合の減額、更新拒絶等

契約期間を1年とするもの	契約満了での終了、年俸の減額も有効と解される（参考判例：**東京地判H16.3.31**、**東京地決H9.1.24**）。
契約期間の定めはないが、賃金のみ年俸で定めるもの	1年での契約終了はもちろん、一方的な減額は無効と解される（**東京地決H9.1.24**、**東京高判H20.4.9**）。
東京地判H16.3.31（労判872号16頁）	Y社の非常勤嘱託契約の契約期間は1年ごとに自動更新される内容であったところ、Yは、「事業の都合上やむを得ないと認められたとき」には、本件非常勤嘱託契約の更新を拒絶することができるとして、契約更新を拒絶したため、Xらが、Yに対し、契約更新拒絶の成否を争ったが、更新拒絶は有効とされた。
東京地決H9.1.24（判時1592号137頁）	年俸制の性質に準じて検討する見解を述べた裁判例 「固有の意味での年俸は、契約期間を1年とする雇用契約における賃金であって、その金額に関する契約上の拘束力も契約期間である1年間に限定される。……固有の年俸制による労働契約にあっては、各契約年度の賃金債権は、使用者と労働者との間の合意によってのみ形成されることになるから、労働者の前年度における勤務実績や当年度における職務内容等の諸要素によって、事実上、前年度よりも年俸額が減少する結果となることもあり得ることであり、それが当事者間の合意に基づくものである限り、年俸額の減少は、適法・有効である。しかしながら、前記のとおり、本件雇用契約は、期間の定めのない労働契約であり、右のような意味での固有の年俸制による労働契約ではないのであるから、この意味においても、本件において、使用者たる債務者から労働者たる債権者に対してした一方的な賃金の減額措置は、無効である。」
東京高判H20.4.9（労判959号6頁）	「期間の定めのない雇用契約における年俸制において、使用者と労働者との間で、新年度の賃金額についての合意が成立しない場合は、年俸額決定のための成果・業績評価基準、年俸額決定手続、減額の限界の有無、不服申立手続等が制度化されて就業規則等に明示され、かつ、その内容が公正な場合に限り、使用者に評価決定権があるというべきである。上記要件が満たされていない場合は、労働基準法15条、89条の趣旨に照らし、特別の事情が認められない限り、使用者に一方的な評価決定権はないと解するのが相当である。」

(4) 裁判例紹介

(i) 賃金の凍結ないし減額等

東京地判H20.1.25（労判961号56頁）	手続に不備があるとして、賃金の減額が認められなかった事例 希望退職募集に応募しYを退職したXらが、退職前の賃金支払の凍結措置等が無効であるとして、未払賃金等を求めて提訴した。本判決は、「当事者間において、賃金減額についての合意は成立していないものというべきである。」「Yの本件賃金カットに際して取った措置が就業規則の改定あるいはそれと同視できるものということは到底できない。」などとして、Xの請求を概ね認めた。

(ii) 退職金

(ア) 変更を肯定した判例

最三小判S63.2.16（民集42巻2号60頁）	退職金規定の不利益変更が有効であるとされた判例 「右のような新規程への変更によって被上告人らが被つた不利益の程度、変更の必要性の高さ、その内容、及び関連するその他の労働条件の改善状況に照らすと、本件における新規程への変更は、それによって被上告人らが被つた不利益を考慮しても、なお上告組合の労使関係においてその法的規範性を是認できるだけの合理性を有するものといわなければならない。」とした。

仙台地判 H2.10.15 （更生） （裁判所ウェブサイト）	会社更生の事案で、退職金規定等の変更が合理的なものであるとされた事例 「当時の更生会社には、退職手当金規定を労働者の不利益に変更する合理的な必要性が存したものということができる。」「本件における退職手当金規定変更の内容は、……必要やむをえない相当な範囲内のものであると認めることができる。」「右認定したところによれば、本件退職手当金規定及び労働協約の変更は合理性を有するものと認めることができ」るとした。
東京高判 H16.12.16 （更生） （労経速 1894 号 50 頁）	会社更生の事案で、退職金規定等の変更が合理的なものであるとされた事例 「本件就業規則改定に合理性があるというためには、本件就業規則改定の高度の必要性として、〈1〉旧退職手当規程を改定しないまま更生手続を進行させた場合、破産手続に移行することが不可避であると認められ、かつ、〈2〉破産手続に移行した場合に、原告ら新潟鐵工所の従業員に重大な不利益が生ずると認められることが必要であり、さらに、〈3〉上記〈1〉、〈2〉を前提として、従業員に生ずる不利益を回避するための合理的な内容の改定であると認められることが必要である。」としたうえで全てに当てはまるとした。
東京高判 H20.2.13 （労判 956 号 85 頁）	債務超過会社の退職金 50％減額変更が合理的なものであるとされた事例 「退職金規程の……改定は、退職金の 50 パーセント削減という不利益性の強いものではあるが、Y の倒産回避という切迫した事情のもとにされたもので、これが行われずに倒産に至った場合には、X らをはじめとする Y 従業員は、破産による清算でより少額の配当を受けるにとどまったばかりか、職を失うおそれがあったこと、そして、そのもととなる再建計画は、……合理性を有するものと解されること、乙労組、丙組合の 2 労働組合をはじめ、他の従業員は、改定に積極的に反対するものとは認められないことなどをはじめとする諸般の事情を考慮すれば、……法規範性を是認し得るに足りる合理性を有するものであるというべきである」

(イ) 変更を否定した判例

最三小判 H8.3.26 （民集 50 巻 4 号 1008 頁）	退職金に係る労働協約の変更が、未組織労働者に適用されないとされた事例 「未組織労働者は、労働組合の意思決定に関与する立場になく、また逆に、労働組合は、未組織労働者の労働条件を改善し、その他の利益を擁護するために活動する立場にないことからすると、労働協約によって特定の未組織労働者にもたらされる不利益の程度・内容、労働協約が締結されるに至った経緯、当該労働者が労働組合の組合員資格を認められているかどうか等に照らし、当該労働協約を特定の未組織労働者に適用することが著しく不合理であると認められる特段の事情があるときは、労働協約の規範的効力を当該労働者に及ぼすことはできないと解するのが相当である。」
札幌地判 H14.2.15 （労判 837 号 66 頁）	退職規定の変更が無効であるとされた事例 「退職金支給額の圧縮が収益の改善のために必要不可欠の措置といえると証拠上認めることはできない。また、……本件改訂に係る退職金規定の変更により、従業員が被った不利益は甚大であるというべきであるばかりか、安定した労使関係を確保するという見地からみても、合理性ないし社会的妥当性に疑問がある。加えて、……本件改訂は、その変更手続それ自体の正当性にも疑義があるといわざるを得ない（労働基準法 90 条参照）。以上によれば、本件改訂は、これによる不利益を労働者に法的に受忍させることを許容できるだけの高度の必要性に基づいた合理的な内容のものであるとはいい難く、これに同意しない X に対してその効力を認めることはできず、したがって、本件改訂に係る退職金規定第 8 条に基づく、X に退職金を支給しない旨の Y 取締役会の決定もまた無効である」とした。

4 パートタイマー・契約社員（＝期間のある雇用契約に基づく雇用）・派遣社員の削減について

(1) 雇止め（契約更新拒絶）

(i) まとめ（労契法 19 条）

場合分け	雇止めの要件
通常の場合（下記に至らない場合）[10]	期間満了により終了させることが可能[11]。
19 条 1 号 有期労働契約が過去に反復して更新されたことがあるものであって、その契約期間の満了時に当該有期労働契約を更新しないことにより当該有期労働契約を終了させることが、期間の定めのない労働契約を締結している労働者に解雇の意思表示をすることにより当該期間の定めのない労働契約を終了させることと社会通念上同視できると認められる場合 19 条 2 号 労働者において当該有期労働契約の契約期間の満了時に当該有期労働契約が更新されるものと期待することについて合理的な理由があるものであると認められる場合	契約期間が満了する日までの間に労働者が当該有期労働契約の更新の申込みをしない場合又は当該契約期間の満了後遅滞なく有期労働契約の締結の申込みをした場合、使用者が当該申込みを拒絶することが、客観的に合理的な理由があり、社会通念上相当であると認められることが必要[12]。 ⇒(ii)裁判例参照

(ii) 裁判例

平成 24 年に労契法が改正され、期間の定めのない労働契約に対する雇止めの可否に関する判例法理が明文化された。より具体的には、労契法 19 条 1 項は**最一小判 S49.7.22** を、同条 2 項は**最一小判 S61.12.4** を明文化したとされる。ただし、判例は労働者の「申込み」には触れていないので、労働者の「申込み」を要件としたことで、これまでの判例理論が変更になる可能性もある。

労契法 19 条 1 号又は 2 号の要件は抽象的なものであるため、必ずしも予測可能性が高いとは言えず、当該雇用の臨時性・常用性、更新の回数、雇用の通算期間、契約期間管理の状況、雇用継続の期待を持たせる使用者の言動の有無などを総合考慮して、個々の事案ごとに判断されると解される[13]。労契法 19 条が判例法理を明文化したものとされていることから、以下、参考となる裁判例を紹介する。

---

10 労契法平成 24 年の改正で、一定の要件を満たした場合、有期労働契約が期間の定めのない労働契約へ転換される旨が定められた（労契法 18 条）。したがって、かかる要件を満たす場合には、期間の定めのない労働契約と同様の考え方となる。なお、当該条文が適用されるのは、平成 25 年 4 月 1 日以降に開始する有期労働契約の契約期間に限られ、実際に転換が発生するのは平成 30 年頃からとなる（労働契約の契約期間によって発生時期は異なる）。

11 この場合、期間満了で終了する旨を通知すれば足りるが、以下の点に留意が必要。

30 日前予告が必要な場合がある	雇用契約を 3 回以上更新している場合、又は継続して 1 年を超えて雇用している場合で、あらかじめ契約更新しない旨明示されていない場合には、契約期間満了の 30 日前までに予告しなければならない（平成 15 年 10 月 22 日厚生労働省告示 357 号「有期労働契約の締結、更新及び雇止めに関する基準」2 条）。
雇止めの理由の明示	更新しない理由につき、開示請求があった場合には、遅滞なく証明書を交付しなければならない（平成 15 年 10 月 22 日厚生労働省告示「有期労働契約の締結、更新及び雇止めに関する基準」3 条）。

12 法文上は「使用者は、従前の有期労働契約の内容である労働条件と同一の労働条件で当該申込みを承諾したものとみなす。」と規定されている。

13 以上につき、厚生労働省労働基準局長平成 24 年 8 月 10 日付け「労働契約法の施行について」30 頁～31 頁。

最一小判 S49.7.22 （民集28巻5号927頁）	期間の定めのない労働契約と実質的に同視できる場合は、「従来の取扱いを変更して右条項を発動してもやむをえないと認められる特段の事情の存しないかぎり、期間満了を理由として傭止めをすることは、信義則上からも許されない」という考え方を示した判例（結論は、雇止め無効）
最一小判 S61.12.4 （労判486号6頁）	雇用継続に対して従業員が期待しており、かかる期待を保護する必要がある場合は、解雇権濫用法理を類推適用するという考え方を示した判例（結論は、雇止め有効） 「その雇用関係はある程度の継続が期待されていたものであり、上告人との間においても5回にわたり契約が更新されているのであるから、このような労働者を契約期間満了によって雇止めにするに当たっては、解雇に関する法理が類推され、解雇であれば解雇権の濫用、信義則違反又は不当労働行為などに該当して解雇無効とされるような事実関係の下に使用者が新契約を締結しなかつたとするならば、期間満了後における使用者と労働者間の法律関係は従前の労働契約が更新されたのと同様の法律関係となるものと解せられる。」
大阪地判 H3.10.22 （労判595号9頁）	雇止めを無効とした裁判例 「定勤社員を雇止めするについては、いわゆる終身雇用の期待の下に期間の定めのない労働契約を締結している正社員を解雇する場合とはおのずから合理的な差異があることは否定できないものの、解雇に関する法理が類推され、右の趣旨の特段の事情のある場合に限って雇止めができるものというべきである。」
最三小判 H2.6.5 （民集44巻4号668頁）	試用期間付雇用契約で、本採用しなかったことにつき、合理的な理由が必要であり、かつ、合理的な理由があるか疑問であるとされた判例 「試用期間付雇用契約の法的性質については、……これを解約権留保付雇用契約であると解するのが相当である。そして、解約権留保付雇用契約における解約権の行使は、解約権留保の趣旨・目的に照らして、客観的に合理的な理由があり社会通念上相当として是認される場合に許されるものであって、通常の雇用契約における解雇の場合よりもより広い範囲における解雇の自由が認められてしかるべきであるが、試用期間付雇用契約が試用期間の満了により終了するためには、本採用の拒否すなわち留保解約権の行使が許される場合でなければならない。」

　なお、労働省が公表した「有期労働契約の反復更新に関する調査研究会報告」（平成12年9月11日）は、裁判例を以下のように分析している（表作成及び下線は筆者によるもの）。

1　原則どおり契約期間の満了によって当然に契約関係が終了するタイプ（[純粋有期契約タイプ]）
　事案の特徴：・業務内容の臨時性が認められるものがあるほか、契約上の地位が臨時的なものが多い。
　　　　　　　・契約当事者が有期契約であることを明確に認識しているものが多い。
　　　　　　　・更新の手続が厳格に行われているものが多い。
　　　　　　　・同様の地位にある労働者について過去に雇止めの例があるものが多い。
　雇止めの可否：雇止めはその事実を確認的に通知するものにすぎない。
2　契約関係の終了に制約を加えているタイプ
　1に該当しない事案については、期間の定めのない契約の解雇に関する法理の類推適用等により、雇止めの可否を判断している（ただし、解雇に関する法理の類推適用等の際の具体的な判断基準について、解雇の場合とは一定の差異があることは裁判所も容認）。本タイプは、当該契約関係の状況につき裁判所が判断している記述により次の3タイプに細分でき、それぞれに次のような傾向が概ね認められる。

分類	事案の特徴	雇止めの可否
期間の定めのない契約と実質的に異ならない状態に至っている契約であると認められたもの [実質無期契約タイプ]	業務内容が恒常的、更新手続が形式的であるものが多い。雇用継続を期待させる使用者の言動が見られるもの、同様の地位にある労働者に雇止めの例がほとんどないものが多い。	ほとんどの事案で雇止めは認められていない。
雇用継続への合理的な期待は認められる契約であるとされ、その理由として相当程度の反復更新の実態が挙げられているもの [期待保護 (反復更新) タイプ]	更新回数は多いが、業務内容が正社員と同一でないものも多く、同種の労働者に対する雇止めの例があることもある。	経済的事情による雇止めについて、正社員の整理解雇とは判断基準が異なるとの理由で、当該雇止めを認めた事案がかなり見られる。
雇用継続への合理的な期待が、当初の契約締結時等から生じていると認められる契約であるとされたもの [期待保護 (継続特約) タイプ]	更新回数は概して少なく、契約締結の経緯等が特殊な事案が多い。	当該契約に特殊な事情等の存在を理由として雇止めを認めない事案が多い。

(2) 期間の定めのある雇用契約の注意点

上記の要件等を前提にすると、期間の定めのある雇用契約を締結する場合には、以下のとおり対応すべきものと考えられる。

（ⅰ）契約期間ごとに契約書を作成し、契約期間の満了の1か月前までに更新の有無についての話合いを行う（参考裁判例：**大阪地決 H22.1.20**）。

→(1)のとおり、期間の定めのない雇用契約と実質的に異ならない状態になった場合や、労働者が期間満了後の継続を期待することにつき合理性が認められる場合には、概ね通常の解雇と同様の厳しい要件が課せられる。かかる状況にならないように、契約期間ごとに契約書を作成し、契約期間の満了の1か月前までに更新の有無についての話合いを行うべき。

大阪地決 H22.1.20 面談が無いことによって、従業員に自動更新への期待があったとした裁判例
労判 1002 号 54 頁
「XらとYらとの間の雇用関係については、毎年3月ころ、Yの担当者がXらに対する継続雇用の意思確認等を目的とする面接を実施していたものの、毎年10月1日時点における契約更新について、Xらは、特に、面談等を受け、契約更新の意思確認等が実施されることはなく、単に契約書への署名押印を求められるだけであった。……毎年10月1日の更新手続は、形式的なものといわざるを得ず、Xらとしては、毎年10月1日の契約更新については、雇用契約書記載の特段の事情のない限り、自動的に更新されるものであると考えていたと認めるのが相当である。」

（ⅱ）契約更新の有無及び、更新する場合・更新しない場合の判断基準を契約書に明記する[14]（参考判例：**最二小判 H21.12.18**）。

最二小判 H21.12.18
民集 63 巻 10 号 2754 頁、判タ 1316 号 121 頁、判時 2067 号 152 頁、労判 993 号 5 頁
更新拒絶の意図が雇用契約から明らかであることなどを一要因として雇止めが認められた事例

---

[14] 厚生労働省「有期労働契約の締結、更新及び雇止めに関する基準」（平成 15 年厚生労働省告示 357 号、20 年告示 12 号で一部改正）で、有期労働契約締結時にもかかる事項の明示が求められている。

(iii) 更新回数の上限、勤続年数の上限を明示する（**東京地判 H22.3.26**、**東京地判 H20.12.25**）。

東京地判 H22.3.26　更新の限度が契約に明記されていたことをもって、解雇法理が適用されないとされた事例

労経速 2079 号 10 頁

「本件契約においては、契約更新の限度は本件期間満了日までと明示されていたこと、Yは、Xに対し、本件期間満了日に先立つ直近の更新時において、本件期間満了日以降本件契約を更新しない旨明示していたことなどからすると、Xが本件契約による雇用継続の期待を有することが合理的であったものとは認められない。したがって、本件契約は、本件期間満了日の経過をもって、本件雇止めによる期間満了によって終了したものと認めるのが相当である。」

東京地判 H20.12.25

労判 981 号 63 頁

更新契約書に勤続年数の上限がなく、また、判断基準が形式的なものであったことから、解雇法理の類推適用が認められた事例

なお、雇用契約において更新回数の上限等が明記されていない場合も多く、そのような場合、更新に当たって次回の更新時には更新しない旨の特約を入れたり、期間中に期間満了時に更新をしない旨の特約を入れることがある（一般に、不更新特約と呼ぶ）。不更新特約に関する裁判例として、以下のものがある（いずれもYがXに対して雇止めをした事例）[15]。これらの裁判例からすると、単にかかる特約を入れるだけでなく、丁寧な対応が必要と考えられる。

大阪地判 H17.1.13[16] （労判 893 号 150 頁）	「〈1〉Yは……Xらに対し、説明会を実施して、……以後の継続雇用はしないので、残りの有給休暇を全部使ってほしい、……不更新条項を入れると説明した上で、平成14年度の契約更新の希望を確認したこと、〈2〉Yは、平成13年12月、Xらに対し、平成14年度の雇用契約に関する本件各契約書を交付したが、同契約書には、不更新条項の記載がある……ところ、Xらは、これに署名押印した上、確認印も押印していること、〈3〉同契約書については、Xらは1通を自ら保管していたが、Yに対して、異議を述べることはなかったこと」などから、「YとXらとの間においては、平成14年12月末日をもって本件各雇用契約を終了させる旨の合意が成立していたというべき」とした。
東京高判 H24.9.20[17] （労経速 2162 号 3 頁）	Xが雇止めの無効を争ってYに対し提訴したところ、第1審が請求を棄却したためXが控訴した。本判決は、Yが説明会で丁寧に説明したことをもって「Xは、本件雇用契約は、従前と異なって更新されないことを真に理解して契約を締結したことが認められる。」などとして控訴を棄却した。
横浜地判 H25.4.25 （労判 1075 号 14 頁）	「本件労働契約書の『今回をもって最終契約とする』との記載は、いわゆる雇止めの予告をしたものであると解するのが相当であり」と不更新条項の効力は認めなかったものの、「手続的に著しく相当性を欠いているとはいえないことが認められ、これらの事情を総合するならば、本件雇止めが客観的に合理的な理由を欠き、社会通念上相当として是認することができないものであるということはできない」として、雇止めは有効とした。

15　不更新条項に合意しなければ有期雇用契約が締結できない立場に置かれる一方、契約を締結した場合には、次回以降の更新がされない立場に置かれるという、いわば二者択一の立場に置かれることから、半ば強制的に自由な意思に基づかずに有期雇用契約を締結するとされないかが問題となる。
16　大阪高判 H17.11.27 控訴棄却、最二小決 H18.4.21 上告不受理
17　平成 25 年 4 月 9 日上告棄却、上告不受理（労経速 2182 号 34 頁）

(iv) 有期労働契約の無期化について（労契法18条）

平成24年改正により、労契法18条に、有期労働契約の無期化の条文が新設された。概要は以下のとおり[18]。当該条文が適用されるのは、平成25年4月1日以降に開始する有期労働契約の契約期間に限られ、実際に転換が発生するのは平成30年頃からとなる（労働契約の契約期間によって発生時期は異なる）が、留意が必要。

無期化の要件	①同一の使用者との間で締結された2回以上の有期労働契約の契約期間を通算した期間が5年を超える労働者であること[19]。なお、空白期間が6か月以上存する場合にはリセットされる[20]。 ②使用者に対し、有期労働契約の契約期間が満了する日までの間に、当該満了する日の翌日から労務が提供される期間の定めのない労働契約の締結の申込みをすること。
効　果	使用者は当該申込みを承諾したものとみなされる。
労働条件	契約期間を除き、現に締結している有期労働契約の内容である労働条件と同一。ただし、契約期間を除き当該労働条件について別段の定め[21]がある場合は、別段の定めに従う。
解雇に当たっての留意点	①行使により効力が発生するので、行使された後であれば、期限の定めのない労働契約のある従業員を解雇するのと同様の要件が必要となる。 ②有期労働契約期間中の解雇であれば、労契法17条が適用されると解される（(3)参照）。

(3) 期間途中での解雇

期間途中での解雇は、「やむを得ない」理由が必要（労契法17条、参考裁判例：**福岡地判H16.5.11**、**宇都宮地栃木支決H21.4.28**）。また、解雇予告手当の支払も必要（労基法20条）。

福岡地判H16.5.11

労判879号71頁

「期間の定めのある労働契約は、やむを得ない事由がある場合に限って期間内解除（ただし、労働基準法20条、21条による予告が必要）が許されるのであるから（民法628条）、……本件整理解雇が3か月の雇用期間の中途でされなければならないほどのやむを得ない事由のあることが必要というべきである。」

宇都宮地栃木支決H21.4.28

労判988号53頁

「期間の定めのある労働契約であることは、当事者間に争いがないところ、期間の定めのある労働契約は、『やむを得ない事由』がある場合に限り、期間内の解雇（解除）が許される（労働契約法17条1項、民法628条）。……期間内解雇（解除）の有効性の要件は、期間の定めのない労働契約の解雇が権利の濫用として無効となる要件である『客観的に合理的な理由を欠き、社会通念上相当であると認められない場合』（労働契約法16条）よりも厳格なものであり、……本件解雇の有効性について、解雇権濫用法理として、整理解雇の4要件（考慮要素）として挙げられている、〈1〉人員削減の必要性、〈2〉解雇回避の努力、〈3〉被解雇者選択の合理性、〈4〉解雇手続の相当性の要件（考慮要素）のうち、本件に顕れた事情を総合して判断することとする。」

(4) 派遣社員

派遣労働者の労働派遣契約を解消する場合には、「派遣先が講ずべき措置に関する指針」（労働省告示）に留意する必要がある。

18　厚生労働省労働基準局長平成24年8月10日付け「労働契約法の施行について」を参考に作成。
19　契約期間が5年を超える有期労働契約で一度も更新がない場合には適用はない。また、更新毎に新たに権利が発生すると考えられているので、一度放棄等をしても更新によって権利が復活する。
20　労契法18条2項
21　例えば、労契法18条に基づき無期化した従業員に対して適用がある就業規則を定めていた場合は、当該就業規則が適用となる。

なお、派遣労働者と派遣先との間で雇用契約締結の意思表示が合致したと認められる特段の事情が存在する場合や、派遣元と派遣先との間に法人格否認の法理が適用ないしは準用される場合を除いては、派遣労働者と派遣先との間には、黙示的にも労働契約が成立する余地はないと解される（**高松高判 H18.5.18**）。

> **高松高判 H18.5.18**[22]
> 労判 921 号 33 頁
>
> 「派遣元と派遣労働者との間で雇用契約が存在する以上は、派遣労働者と派遣先との間で雇用契約締結の意思表示が合致したと認められる特段の事情が存在する場合や、派遣元と派遣先との間に法人格否認の法理が適用ないしは準用される場合を除いては、派遣労働者と派遣先との間には、黙示的にも労働契約が成立する余地はないのである。」

5　出向（転籍）

(1)　出向命令の根拠

就業規則に「経営上の必要に応じて出向を命令することがある」と明記してあれば、原則として、転籍を伴わない出向については、本人の同意は不要（**最二小判 H15.4.18**、転籍は本人の同意が必要）。

ただし、事案によっては、権利の濫用として許されない場合（**大阪地決 H60.8.29**、労契法 14 条[23]）や、就業規則や労働協約に出向の定義や出向期間、出向中の社員の地位、賃金等について詳細な決まりがされていることが必要とされる場合もあるので留意が必要（**最二小判 H15.4.18**）。また、転勤を伴う場合には、要介護者がいたり、共稼ぎで乳児がいるような場合には配慮が必要（育児・介護休業法 26 条[24]、労契法 3 条 3 項[25]）。

また、就業規則に、上記のような記載がない場合、出向には本人の同意が必要となる。

> **最二小判 H15.4.18**　本人の個別の同意のない出向命令が有効であるとした判例
> 労判 847 号 14 頁、判時 1826 号 158 頁、判タ 1127 号 93 頁
>
> Y社がXに甲社への在籍出向を命じたところ、XがYに対し、甲社に対する労務提供義務がないことの確認などを求めて提訴した。本判決は、「Xらの入社時及び本件各出向命令発令時のY社の就業規則には、『会社は従業員に対し業務上の必要によって社外勤務をさせることがある。』という規定があること、……労働協約である社外勤務協定において、社外勤務の定義、出向期間、出向中の社員の地位、賃金、退職金、各種の出向手当、昇格・昇給等の査定その他処遇等に関して出向労働者の利益に配慮した詳細な規定が設けられている……以上のような事情の下においては、Y社は、Xらに対し、その個別的同意なしに、Y社の従業員としての地位を維持しながら出向先である甲社においてその指揮監督の下に労務を提供することを命ずる本件各出向命令を発令することができるというべきである。」とした。

22　最二小決 H21.3.27 労判 991 号 14 頁で上告棄却、不受理
23　労契法 14 条
　　使用者が労働者に出向を命ずることができる場合において、当該出向の命令が、その必要性、対象労働者の選定に係る事情その他の事情に照らして、その権利を濫用したものと認められる場合には、当該命令は、無効とする。
24　育児・介護休業法 26 条
　　事業主は、その雇用する労働者の配置の変更で就業の場所の変更を伴うものをしようとする場合において、その就業の場所の変更により就業しつつその子の養育又は家族の介護を行うことが困難となることとなる労働者がいるときは、当該労働者の子の養育又は家族の介護の状況に配慮しなければならない。
25　労契法 3 条 3 項
　　労働契約は、労働者及び使用者が仕事と生活の調和にも配慮しつつ締結し、又は変更すべきものとする。

> **大阪地決 S60.8.29** 出向命令権が権利の濫用に当たるとした事例
>
> 労判 459 号 53 頁
>
> 　Y社がXに甲社に出向するように命じたのに対し、Xが甲社へ出向する義務のないこと等を仮に定める旨の仮処分申請をした。
> 　本決定は「YはXに対し就業規則に基づき出向命令権を有するということが相当である。」を前提として、「Xに対する甲社への本件出向命令については、その業務上の必要性、合理性を具備するとは言い難く、かえって、定年まで残り少ないXをYから放逐することを専らの目的として、Yの従属的な下請業者たる甲社への出向に藉口したことが窺われないでもない。したがって、Xに対する本件出向命令は合理性を欠如し、出向命令権の濫用に亘る無効なものといわざるをえない。」とした。

> **東京地判 H25.11.12** 出向命令が権利の濫用に当たるとされた事例
>
> 判時 2210 号 113 頁、労判 1085 号 19 頁
>
> 　Y社がXに甲社に出向するように命じたのに対し、Xが甲社へ出向する義務のないことの確認等を求めて提訴した。本判決は「本件出向命令は、退職勧奨を断ったXらが翻意し、自主退職に踏み切ることを期待して行われたものであって、事業内製化はいわば結果にすぎないとみるのが相当である。……以上に鑑みれば、本件出向命令は、事業内製化による固定費の削減を目的とするものとはいい難く、人選の合理性（対象人数、人選基準、人選目的等）を認めることもできない。したがって、Xらの人選基準の一つとされた人事評価の是非を検討するまでもなく、本件出向命令は、人事権の濫用として無効というほかない」とした。

(2) 転　籍

　転籍は、出向前の労働契約関係を終了させ、出向先との間で新たな労働契約関係を生ぜしめるものであるため、会社側の一方的な意思表示でなすことはできず、労働者の同意がなければ有効とはならない（**東京地決 H4.1.31**）。

> **東京地決 H4.1.31** 就業規則の包括的規定による転籍命令権を否定した裁判例
>
> 判時 1416 号 130 頁
>
> 　「法的に両会社間の転籍出向と一方の会社内部の配転とを同一のものとみることは相当でなく、転籍出向を配転と同じように使用者の包括的人事権に基づき一方的に行ない得る根拠とすることはできないというべきである。また、……労働者にとってはどちらの会社との間に労働契約を締結するかということは転籍出向時点でも非常に重要な問題であり、そういう問題の生じない配転とは同一に扱うことはできない。」

> **千葉地判 S56.5.25** 入社面接の際に、異議のない旨応答したことをもって、関係会社転属命令につきあらかじめ包括的な同意を与えていたと認めた裁判例
>
> 労判 372 号 49 頁、判時 1015 号 131 頁
>
> 　Y社がXに甲社（Y社が25％出資）への転属命令を発令したのに対し、Xが転属命令は無効であるとして、地位保全等の仮処分を申し立てた。本決定は「現に在籍する会社との雇用契約を終了させて新たに他の会社である甲社との間に雇用契約を締結することを意味する本件転属の場合には転属者であるXの同意を要すると解さざるを得ない。」としたうえで、「XはYに入社するに際して将来甲社に転属することにつき予め包括的な同意を会社に与えたものということができる。」とした。

6　一時休業（一時帰休）

(1) 実施手順

時系列	留意点
対象部門及び対象者の検討及び決定	
休業の方法の検討及び決定	一定の日数を連続して休業とするか、毎週一定の曜日を休業にするか、あるいは交代で休業にするかなどを決定する。

休業手当の額の決定[26]	平均賃金の60％以上で定める（労基法26条[27]）。
給与控除の額を定める	1日当たり、賃金の1日分を控除するなど。
労働組合への通知等	労働協約で、一時休業の場合には組合に通知・協議するなどの措置を取るように定められていることがある場合は、当該措置を取る必要がある。なお、組合から、一時休業の内容について協定の締結を求められることがある。
社員への通知	休業手当は、賃金支払日に支払えばよい（厚生労働省昭和63年3月14日基発第150号通達）。
一時休業規定を定める場合もある	

(2) 雇用調整助成金制度

　景気の変動、産業構造の変化その他の経済上の理由により、事業活動の縮小を余儀なくされた事業主が、その雇用する労働者を一時的に休業、教育訓練又は出向をさせた場合に、休業、教育訓練又は出向に係る手当若しくは賃金等の一部を助成する制度[28]。

7　希望退職

(1) 希望退職の実施手順

時系列	留意点等
募集要項の確定	(2)参照。
労働組合等との協議	労働協約で、希望退職募集の場合には組合に通知・協議するなどの措置を取るように定められていることがある場合は、当該措置を取る必要がある。労働協約にかかる定めがない場合であっても労働組合に説明を行い、可能な限り納得を得るべきであろう。 また、労働組合が無い場合は、従業員代表者との協議をすることもある。
再就職援助計画のハローワークへの提出・認定	事業規模の縮小等により1か月以内に一つの事業所において30名以上の退職者が見込まれる場合には、最初の離職が発生するまでに再就職援助計画を作成して、管轄のハローワークに提出し認定を受けなければならない。
社員への発表 希望退職要領等を配布する。	・募集に当たって「ただし、会社が特に必要と認めた者は除く」と留保を付ける。 ・申込先を明示し、混乱が無いようにする（人事部か、担当所属長にするか）。 ・社員説明会を開催して周知することが多い。
必要に応じて退職勧奨	個別に面談をして、退職勧奨を行う。ただし、過剰な退職勧奨はトラブルになるので避けなければならない。⇒(4)参照。
退職手続	(5)参照。

(2) 募集条件の確定

　まず、希望退職に当たっての条件等を決める必要がある。決めておくべき事項は概ね以下のとおり。

26　勤続年数、年齢、扶養家族の有無で合理的な差を設けることは可能と解されるが（勤続年数の長い者を70％、短い者を60％にするなど）、男女で差を設けることは不可（労基法第4条）。
27　労基法26条は「使用者の責に帰すべき事由による休業の場合においては、使用者は、休業期間中当該労働者に、その平均賃金の100分の60以上の手当てを支払わなければならない。」と定める。
28　厚生労働省のHPより抜粋

項　目	具体的検討事項、留意点など
募集人数	
対象者	年齢制限などの検討
募集期間	1か月程度が多いと考えられる。
退職日	業務の引継ぎ等に支障の無い範囲で、募集期間終了後できるだけ早い時期に退職日を設定するのがよい。
退職金の額	退職金規定等に定める会社都合退職の退職金に加えて、割増退職金を支払うことが多い。
退職金支払日	通常、退職金規定に支払期日が明記されているのでそれに従う。明記されていない場合は、支払方法や支払日を提示する。なお、すぐに退職金が用意できない場合には、支払方法を工夫（分割）する必要がある。
有給休暇の取扱い	退職に伴って無効となる有給休暇を会社が買い取るか否かを定める。希望退職の場合、買い取ることが多い。
社宅の退去	退去期間に猶予を与えるか否かを定める。一定期間の猶予を与えることが多い。
再就職支援	希望退職をスムーズに進めるために、再就職支援ができないかを検討し、可能であれば行う。
募集期間の途中で募集人数に達した場合の対応	その時点で打ち切るか、引き続き最終日まで申出を受け付け、申し出た全員を退職とするかなどを決めておく。

　なお、整理解雇を念頭に置いて希望退職を行う場合、希望退職の募集に応じるように、退職勧奨を行うことが多い。退職勧奨を行う場合には、対象者を決め、また、対象者選定理由を検討しておく必要がある。選定理由は客観的なものとし、さらに、かかる選定理由を説明する資料を準備しておく[29]。

(3) 辞められると困る社員への対応

(i) 除外事項を設ける

　希望退職実施通知に「業務上特に必要と認められる者は除く」と明確に記載する（かかる申入れは有効と解される。参考裁判例：**東京地判H7.3.31**、**大阪地判H12.5.12**、**最一小決H19.1.18**）。

東京地判H7.3.31 （労経速1564号23頁）	「本件内規による退職割増金支払制度（早期退職優遇制度）は、その制定趣旨からすれば、それが本来の退職金の額等に照らして実質的に就業規則の内容をなす退職金そのものである等の特段の事情のない限り、内規を定めたからといって、それが当然に雇用契約の内容になるものではないと解すべき」とした。
大阪地判H12.5.12 （労判785号31頁）	「Y銀行にとって有為な人材は確保しておきたい等の理由から、制度の利用を申し出てきた者を選抜する必要があり、このため承諾という要件が加えられたという本制度、制定の経緯に鑑みれば、本制度の通達は申し込みの誘因（ママ）にすぎず、Xの申し出をもって承諾とするXの主張は認められない。」とし、また、「前記認定のとおり、本制度の利用についてY銀行の諾諾を要件とした趣旨が、退職によりY銀行の業務の円滑な遂行に支障がでるような人材の流出という事態を回避しようというものであって、それ自体不合理な目的とはいえない。そして、承諾が要件となっても、行員に著しい不利益を課すものとはいえない。したがって、本制度について承諾という要件を課すことが公序良俗に反するものとはいえない。」とした。
最一小決H19.1.18 （労判931号5頁）	会社（Y）の承認を必要とする選択定年制におけるYの不承認について「従業員がした本件選択定年制による退職の申出に対してYが承認をしなければ、割増退職金債権の発生を伴う退職の効果が生ずる余地はない。」とした。

29　選定理由は業務内容、勤務態度や年齢などとされることが多く、準備する資料としては、勤務の状況がわかるタイムカード、過去の勤務評定などが考えられる。なお、女性であることを選定理由とすることは、男女雇用機会均等法で禁止されている。

(ii) 説　得

該当者が退職を申し込んできた場合には、希望退職の対象外であることを伝えたうえで、「退職しないで、会社再建に協力してもらいたい」旨を強く説得する。

再建検討委員会を立ち上げて、そこに有能な社員を入れることで、会社再建に必要な人材であることを明確にすることや、あえて全員と面接をするようにして、当該面接の中で説得をするなどの方法も考えられる。

(iii) 自己都合退職扱いとする

どうしても退職する場合には、通常の自己都合退職として処理し、退職金等の優遇措置は講じないことになる。

(4) 退職勧奨の限界

希望退職を募集する場合、最終的に整理解雇に至らないように、可能な限り退職勧奨を行うのが通常である。ただし、行き過ぎた退職勧奨は退職の意思表示に瑕疵があるなどとして解雇無効と判断される可能性があり、また、不法行為として損害賠償責任を負う可能性もある。労働者の意思決定を不当に害していないか否か、より具体的には、主に以下の要素に留意すべきである[30]。

留意すべき要素	具体的な対応（参考）
勧奨の回数・頻度・1回当たりの時間	1回30分程度、週1～2回で、数回行って退職に応じないのであれば打ち切るべきであろう。
面接時の言動	強迫に及ぶ表現はもちろん、人格を否定するような発言や名誉毀損になるような発言は避けなければならない。
面接の場所・時間帯	社内で就業時間中に行うべきであろう。
面談者数	2名程度が妥当と解される。
説明の内容	
対象者の退職拒否の意思表示の有無・内容・程度	対象者の退職拒否の意思が明確である場合、退職勧奨を継続するべきでないと考える。
優遇措置の有無	

参考となる裁判例としては、以下のようなものがある。

(i) 会社側の責任が認められなかった事例

東京地判 H14.4.9（労判829号56頁）	「懲戒解雇に相当する事由が存在しないにもかかわらず、懲戒解雇があり得ることを告げることは、労働者を畏怖させるに足りる違法な害悪の告知であるから、このような害悪の告知の結果なされた退職の意思表示は、強迫によるものとして、取り消しうるものと解される。」としつつ、本件では「原告の退職の意思表示に瑕疵があるとは認められない。」とした。
東京高判 H24.10.31（労経速2172号3頁）	「退職勧奨の態様が、退職に関する労働者の自由な意思形成を促す行為として許容される限度を逸脱し、労働者の退職についての自由な意思決定を困難にするものであったと認められるような場合には、当該退職勧奨は、労働者の退職に関する自己決定権を侵害するものとして違法性を有し、使用者は、当該退職勧奨を受けた労働者に対し、不法行為に基づく損害賠償義務を負うものというべきである。」としたうえで、本件では違法性はないとした。

30　月刊ビジネスガイド1月臨時増刊号72頁「事例から見た退職勧奨実施時の留意点」山田亨、労政時報3865号59頁「退職勧奨－紛争に陥らないための適切な対応」近藤圭介、相澤恵美を参考とさせていただいた。

(ii) 会社側の責任が認められた事例

横浜地裁川崎支判 H16.5.28 （労判 878 号 40 頁）	「Xが本件退職合意承諾の意思表示をした時点で、Xには解雇事由は存在せず、したがってXがYから解雇処分を受けるべき理由がなかったのに、Xは甲の本件退職勧奨等により、YがXを解雇処分に及ぶことが確実であり、これを避けるためには自己都合退職をする以外に方法がなく、退職願を提出しなければ解雇処分にされると誤信した結果、本件退職合意承諾の意思表示をしたと認めるのが相当であるから、本件退職合意承諾の意思表示にはその動機に錯誤があったものというべきである。……Xがした本件退職合意承諾の意思表示の動機すなわち解雇処分を受けることを避けるとの動機は黙示のうちに表示されていたと認めるのが相当である。さらに、Xは、解雇事由が存在しないことを知っていれば、本件退職合意の意思表示をしなかったであろうし、この理は一般人がXの立場に立った場合も同様であると認められるから、Xの本件退職合意承諾の意思表示には法律行為の要素に錯誤があった」として退職合意を無効とした。
仙台地判 H21.4.23 （労判 988 号 53 頁）	「Xには諭旨解雇処分を行うに足りる合理的な理由があった」としながら、「本件処分は懲戒処分の一種であるから、これをXに対して行う際には、懲戒処分であることを明示した上で、その根拠規定と処分事由を告知すること、及び諭旨解雇事由のあることについて労働基準監督署長の認定を受けた場合のほかは、少なくとも 30 日前に予告をするか、又は平均賃金の 30 日以上の予告手当をXに支払うことが必要があったというべきである（労働基準法 20 条、規則 27 条 2 項）。本件処分においてはYの過失によって上記手続がとられていないことが認められるから、本件処分はその手続において違法」として、Xの請求を一部認めた。

なお、退職勧奨により退職をしなかった対象者を出向させたことについて、自主退社を目的とした出向であり権利の濫用に当たるとされた裁判例がある（**大阪地決 S60.8.29**、**東京地判 H25.11.12**）ので、留意が必要である。

(5) 退職希望者への対応

退職合意書の締結		参考裁判例：**大阪高決 H16.3.30**　なお、必要に応じて、退職辞令の交付も行う。
その他	引継ぎ	後任者との間で業務の引継ぎ
	私物の整理	会社から貸与している物品の返却、私物の整理など。 社宅の明渡しが発生することもある。
	退職金等の支払	会社からの貸付金等があれば精算が発生する。この場合、賃金全額払いの原則（労基法 24 条 1 項）との関係が問題となるが、労働者が任意に応じた場合には退職金等との相殺も可能と解される（**最二小判 H2.11.26**）。もっとも任意での相殺合意である旨をきちんと証拠として残しておくべき。
退職に伴う諸手続き（主なもの）	健康保険・厚生年金保険	資格喪失届を年金事務所へ提出（健保規則 29 条、厚生年金規 22 条）。 従業員は、転職先が決まっていない場合、社会保険を任意継続することも可能。
	雇用保険	離職証明書等を公共職業安定所に届け出たうえで離職票を退職者に交付（雇用保険規則 16 条、17 条）。
	住民税	特別徴収中止手続

大阪高決 H16.3.30　希望退職募集に対して応じたことの撤回が認められた裁判例

労判 872 号 24 頁

Yの特別優遇措置による退職者募集に対して、Xは退職申出書を提出したが、その後撤回した旨主張して雇用契約上の権利を有する地位にあることの確認等を求めて提訴した。本決定は、「募集要項に『所属長と業務引

継ぎ等を考慮して①最終就業日、②退職日の確定を行った後に「合意書」を作成して受付完了とする。』旨記載されていること、……『合意書』が作成されるまでは、退職の受付は完了せず、ＸとＹとの間の退職の合意は、成立しないものと解するのが相当である。」として、撤回を認めた。

最二小判 H2.11.26

民集 44 巻 8 号 1085 頁

「労働者がその自由な意思に基づき右相殺に同意した場合においては、右同意が労働者の自由な意思に基づいてされたものであると認めるに足りる合理的な理由が客観的に存在するときは、右同意を得てした相殺は右規定に違反するものとはいえないものと解するのが相当である……。もっとも、右全額払の原則の趣旨にかんがみると、右同意が労働者の自由な意思に基づくものであるとの認定判断は、厳格かつ慎重に行われなければならないことはいうまでもないところである。」

8 整理解雇

解雇とは、個別の雇用契約を使用者が一方的に解約することをいう[31]。いわゆる整理解雇は、一般的に解雇をある程度まとめて行うことを指すが、結局のところは、個別の雇用契約の解約である。以下、最終的な雇用調整の手段とも言える整理解雇について概要を解説をする。なお、事業再建に係る解雇のみを取り扱うことから、労働者側の事情による解雇（規律違反等に基づく解雇等）については、ここでは触れない。

(1) 整理解雇をする際の注意点

・会社再建という必要性があるからといって、容易に整理解雇が認められるわけではない。手続の適切性や対象者の選定の合理性など、細心の注意を払って整理解雇の要件を満たすように進めなければならない。
・整理解雇を何度も行うことは避けるべき[32]。
・経営者（陣）が一定の責任（辞任、減給など）を果たすことにより、従業員の間に雇用調整に対する納得感を醸し出す必要がある。
・雇用調整の対象者には、できるだけ割増退職金を払うなどの方策を取るようにして、労使紛争が発生しない工夫をする。

(2) 整理解雇が許されるための要件

(ⅰ) まとめ

学説及び下級審裁判例（東京高判 S54.10.29）で確立されてきた、整理解雇が認められるための 4 要件は以下のとおり。明示的に 4 要件を認めた最高裁判例は無いものの、下級審裁判例の多くは、整理解雇の有効性を検討する際には、以下の要件を満たすか否かで判断すべきとしている[33]。

4要件	ポイント
経営上の必要性	会社が危機的状況、破綻状態にある場合は、問題となることはあまり多くない。また、裁判例は、経営上の必要性については、使用者側の裁量を広く認める傾向にある。

---

31 法律学小辞典（有斐閣）
32 残った従業員も動揺し、職場の雰囲気も悪くなるため。
33 倒産時における整理解雇の問題点については、概説倒産と労働 56 頁以下のパネルディスカッションで、以下のような問題点が指摘されている。現時点では、これらの問題点に対する明確な指針はなく、倒産処理時においても、各労働者につき、整理解雇の要件をできるだけ満たすべく手続を進めるしかないものと解される。

解雇回避努力義務	経費の削減、残業の削減、遊休資産の処分、新規採用の中止、役員報酬のカット、配置転換・出向などの可能性の検討、一時帰休、希望退職の募集、賃下げなどが具体的な対応となる。特に、希望退職の募集はほぼ必須と考えられる[34]。
人選の合理性	客観的な基準を設けて、対象者を選別する必要がある[35]。 特に、労働組合員であることを解雇理由にすることは労組法7条に、女性であることを理由とする解雇は男女雇用機会均等法6条に反する。一方で、非組合員を優先的に解雇対象者として選定することは合理性を否定される可能性がある（**東京地判 H13.12.19**）。
手続の妥当性	従業員説明会を行う。また、労働組合がある場合には労働組合にも説明を行う。なお、いずれも議事録を残しておくべき。

東京地判 H13.12.19　人員の選定に合理性がないとされた事例

労判 817 号 5 頁

　外国航空会社Yが、経営悪化により行った解雇の有効性が問題となった事案につき、「Yは、まず非組合員を対象に、一部の者を除外して、順次退職勧奨・整理解雇を行ったともいえるのであり、他方、組合員に対しては、勤務成績不良を理由に解雇対象となった6名を除き、本件解雇の翌年もベースアップを実施し、また平成6年度春闘で53歳昇給停止の解除を約束するなど優遇する対応を取っているのであって、この処遇格差は、非組合員が日本支社の幹部職員であることのみをもっては合理的と評価することはできず、以上のような本件の事実関係の下では、Yの退職勧奨・整理解雇の対象の人選は全体として著しく不合理であるといわざるを得ない。」などとして、解雇権の濫用であるとした。

　なお、近時の裁判例では、人員削減の必要性は経営判断の問題であり、使用者の経営判断を尊重するという見解が強いようであり[36]、労働者の利益との調整に用いられてきたのは、整理解雇の必要性の要件よりも、解雇回避努力義務が中心と解されている[37]。

　また、バブル崩壊後の長期かつ深刻な日本経済の長期停滞を反映して、4要件を整理解雇の有効性を判断する4つのポイント（要素）と理解し、4要件を厳密に満たさない場合であっても、それら要素に関する諸事情の総合判断により整理解雇は有効とする裁判例が増加している[38]。この点は(iv)で裁判例を紹介する。

　(ii)　会社の解散に伴う解雇に関する裁判例

　会社の解散に伴う解雇の場合、裁判例は、特に整理解雇の法理を適用せず、有効とするものが多い（**大阪高判 H15.11.13**、**静岡地沼津支決 H16.8.4**、**東京高判 H17.4.27**）。ただし、例外もあるので（**大阪地決 H10.7.7**）、留意が必要。

- 整理解雇は、通常希望退職を募ったうえで、残った数名（事案によっては1名）に対して行われることが多いが、その場合、当該労働者につき整理解雇の要件が備わっているかの判定をする際に、希望退職に応じた労働者との「公平」を勘案しなくていいのか
- 整理解雇は業績回復のために行われるものであるが、業績回復後に、整理解雇が裁判で争われた場合、解雇の有効性（特に必要性）の判断に業績回復が影響を与えないか
- 倒産時においては、解雇回避努力義務について十分な対応が困難であり、整理解雇の要件を緩和すべきでないか

34　希望退職の期間については、「緊急の程度が大きければ、10日～14日程度の希望退職募集期間であっても認められる余地があるが、少なくとも1か月程度は、希望退職募集期間を設定するのが望ましいと思われる」（五三智仁・中村克己・町田悠生子編著『労働契約の終了をめぐる判例考察』三協法規出版、163頁）とされている。

35　具体的には、年齢、勤続年数、会社貢献や勤務成績、転職に対するハードルなどが基準として挙げられる（岡芹健夫著『雇用と解雇の法律実務』弘文堂、198頁）。なお、複数の要素を考慮する場合には、その考慮の順序や比重なども明瞭にしておくべきであると指摘されている（同200頁）。

36　『雇用と解雇の法律実務』191頁以下

37　概説倒産と労働 199頁（池田悠）

38　菅野労働法 569頁

裁判例	判示内容
大阪高判 H15.11.13 （労判 886 号 75 頁）	会社解散に伴う従業員の解雇は原則として有効となるとした裁判例 「会社の解散に伴う従業員の解雇は、客観的に合理的な理由を有するものとして、原則として有効であるというべきである。」
静岡地沼津支決 H16.8.4 （労経速 1882 号 22 頁）	「企業主即ち株主にはその経営する企業を廃止するか継続するかを決する自由があるので、社会経済上は別であるが、労働組合のために企業を存続させなければならない法律上の義務はないのである。……会社の事業廃止に伴う解散の場合には、従業員は解雇されて従業員たる身分を失うのであり、会社の経営改善の一貫としてなされる一般の整理解雇の場合とは異なるから、Xらが主張する、いわゆる整理解雇の法理は適用されないと解する。したがって、Xらの不当労働行為の主張は失当である。」
東京高判 H17.4.27 （労判 896 号 19 頁）	子会社を解散し他の子会社に事業譲渡したことに伴う解雇につき、整理解雇の法理が適用されないとした裁判例 「本件は、Y1の会社解散、営業譲渡に伴う従業員全員解雇であって、いわゆる整理解雇とは事案を異にする」、「Xらは、本件は経営主体の変更を伴わない営業譲渡であり、このような場合、解雇権の濫用等によって解雇が無効とされるならば、譲渡先に労働契約の承継を認めるべきである、と主張する。しかしながら、本件では、前記のとおり、本件解雇が解雇権濫用などによって無効となることはないから、このXらの主張はその点においてすでに失当である。」
大阪地決 H10.7.7 （労判 747 号 50 頁）	企業解散の場合も、整理解雇手続の相当性・合理性の要件を満たす必要があるとした裁判例 解散、事業閉鎖したYが従業員Xらを全員解雇したのに対し、Xらが労働契約上の権利を有する地位を仮に定める仮処分などを求めた。 本決定は「解散に伴う全員解雇が整理解雇と全く同列に論じられないことは言うまでもないが、……4要件のうち、人員整理の必要性は、会社が解散される以上、原則としてその必要性は肯定される……また解雇回避努力についても、それをせねばならない理由は原則としてないものと考える。しかし、<u>整理基準及び適用の合理性</u>とか、整理解雇手続の相当性・合理性の要件については、<u>企業廃止に伴う全員解雇の場合においては、解雇条件の内容の公正さ又は適用の平等、解雇手続の適正さとして、考慮されるべき判断基準となるものと解される。</u>」としたうえで、解雇権の濫用があり、かつ、保全の必要性も認め、Xらの申立てを概ね認めた。

(iii) 事業再編（特に、特定の事業部門の閉鎖）に関する裁判例

事業再編、特に、特定の事業部門の閉鎖の事案では、整理解雇の必要性は認めるものの、解雇回避努力義務（他部門への配置転換など）に欠けるとして解雇無効とする裁判例が多いので注意が必要（**福岡地判 H19.2.28**、**名古屋高判 H18.1.17**）。

福岡地判 H19.2.28 経営上の必要性は認めたものの、解雇は無効とした事例

労判 938 号 27 頁

特別養護老人ホームを経営していたYが、調理部門を外注することとし、希望退職を募ったうえで、調理部門のXらを解雇したのに対し、Xらが解雇は無効であるとして争った。

本判決は「<u>およそ法人がその特定部門の廃止を決定することは、本来法人の経営判断に属する事項であって、これを自由に行い得るものというべきである。しかしながら、このことは法人が上記決定の実施に伴い、使用者として当該部門の従業員に対する解雇を自由に行い得ることを当然意味するものではない。</u>……本件解雇が、実質的には整理解雇と同様のものであることに照らして、……4要件の存否及びその程度を総合して判断すべきである。」などとして、解雇回避努力義務等に欠けるとして、解雇を無効とした。

名古屋高判 H18.1.17　山田紡績事件　民事再生手続中の雇用調整が整理解雇の要件を満たさないとされた事例

労判 909 号 5 頁

　紡績業と不動産業を営んでいたＹが、再生手続開始を申し立てた後、紡績業部門を廃業するとして、同部門に従事していた従業員であるＸらを解雇したのに対し、Ｘらが解雇が無効であると争った。本判決は、「……紡績業部門のほぼ全員について直ちにこれを解雇する必要性があったとまでたやすく認めることはできない。……Ｙは、本件解雇をするに際し、紡績業部門全体の従業員全員を解雇する必要性について誠実に検討していないといえる。……Ｙは、前記のとおり、平成 10 年に人員整理をした以降、本件解雇に至るまで希望退職の募集はしていないし、不動産部門や関連会社への配置転換の可能性について検討すらしていないのであるから、Ｙは解雇回避努力義務を怠ったといわざるを得ない。」などとして、整理解雇の要件を満たさないとした。

神戸地判 H25.2.27　1 工場を無期限休止し、当該工場に勤務する者を整理解雇した事案で、解雇回避努力義務を満たさないとされた裁判例

労判 1072 号 20 頁

　Ｙ社の甲工場の無期限休止に伴い、甲工場に勤めるＸらを解雇したことが争われた事案で「Ｙは、一定の解雇回避努力をしたことが認められる。しかしながら、Ｙは、……などにつき、求人活動を行っていると認められるが、Ｙにとって、これらの勤務場所についてＸらに提示することは必ずしも困難ではなかったと考えられるところ、……Ｙがこれらについてｘらに提示した形跡は認められない。……整理解雇が、当該労働者には帰責事由がないのに、使用者側の一方的都合により実施されるものであることにかんがみると、解雇回避努力は、可能な限り試みられるべきであるが、前号認定の事実及び事情からすると、Ｙがその回避努力を真摯に尽くしたとは言い難いというべきである。」

(ⅳ)　4 要素ないし、それ以外の規範により判断した裁判例

　前記のとおり、4 要件を厳密に満たさない場合であっても、4 要件を中心した諸事情の総合判断により整理解雇を有効とする裁判例が増加している。総じて裁判例は、市場競争の激化や企業再編等の新たな動向を踏まえて整理解雇法理を適宜修正しつつ、使用者の恣意的な解雇をチェックする姿勢を堅持していると解説されている[39]。

大阪地判 H12.12.1　4 要素を検討し、解雇を無効とした裁判例

労判 782 号 23 頁

　Ｙが、パートタイマーであるＸを解雇したところ、解雇が無効であるとして、Ｘが従業員地位確認等を求めて提訴した。
　本判決は「解雇に整理解雇という特殊な要件を必要とする解雇の類型があるわけではなく、整理解雇に当たるか否かという議論は無意味であるが、Ｙの主張する解雇の事由は、余剰人員となったことを理由とするものであって、余剰人員となったというだけで解雇が可能なわけではなく、これが解雇権の行使として、社会通念に沿う合理的なものであるかどうかの判断を要し、その判断のためには、人員整理の必要性、人選の合理性、解雇回避努力の履践、説明義務の履践などは考慮要素として重要なものというべきである。」としたうえで、「Ｙは、Ｘに対し、配置転換の提示をしていないし、退職勧奨も行っていないのであって、Ｘが営業不振の中にあって、いわゆるリストラを実施中であることを考慮しても、解雇回避の努力を尽くしたとはいい難いものである。……解雇権の濫用として無効なものである。」などとしてＸの請求を概ね認めた。

東京地決 H12.1.21　事業再構築に伴う解雇につき、整理解雇の 4 要件によらず判断し、解雇を有効とした事例

労判 782 号 23 頁

　外資系Ｙ銀行がＸを解雇した事案において、「Ｘは、本件解雇が解雇権の濫用に当たるかどうかについては、いわゆる整理解雇の 4 要件を充足するかどうかを検討して判断すべきである旨主張するが、いわゆる整理解雇の 4 要件は、整理解雇の範疇に属すると考えられる解雇について解雇権の濫用に当たるかどうかを判断する際の考慮要素を類型化したものであって、各々の要件が存在しなければ法律効果が発生しないという意味での法

39　菅野労働法 570 頁

律要件ではなく、解雇権濫用の判断は、本来事案ごとの個別具体的な事情を総合考慮して行うほかないものであるから、X主張の方法論は採用しない。」としたうえで、「Xとの雇用契約を解消することには合理的な理由があり、Yは、Xの当面の生活維持及び再就職の便宜のために相応の配慮を行い、かつ雇用契約を解消せざるを得ない理由についてもXに繰り返し説明をするなど、誠意をもった対応をしていること、その他、先に認定した諸事情を併せ総合考慮すれば、未だ本件解雇をもって解雇権の濫用であるとはいえ」ないとした。

東京高判 H18.12.26　4要件でなく、整理解雇の判断するうえでの4要素であると明示したうえで、解雇を有効とした裁判例

労判931号30頁

外資系Y証券会社が、業績悪化によりXを解雇した事案において、「Xが整理解雇の4要件……は、整理解雇の効力（権利濫用の有無）を総合的に判断する上での重要な要素を類型化したものとして意味を持つにすぎないものであって、整理解雇を有効と認めるについての厳格な意味での『要件』ではないと解すべきである。……4つの要素についての上記の検討結果を総合的に判断すると、本件解雇は、……社会通念上相当なものとして是認することができ、客観的に合理的な理由を欠き社会通念上相当であるとは認められない場合に該当しないものであって、したがって、Yが解雇権を濫用したものとは認められず、本件解雇は整理解雇として有効である」とした。

東京高判 H26.6.5（更生）　会社更生の事案で、4要素を検討のうえ、運航乗務員の整理解雇が有効だとした裁判例

労経速2223号3頁

航空事業を行っている更生会社Yが、運航乗務員（パイロット）Xらを整理解雇したのに対し、XらがY（正確には、管財人甲が当初の被告であったが、更生手続終結によりYが承継）に対し当該整理解雇は無効であると主張して訴えを提起したところ、本判決は「解雇権濫用法理の適用に当たっては、権利濫用との評価を根拠付ける又は障害する考慮要素として、人員削減の必要性の有無及び程度、解雇回避努力の有無及び程度、解雇対象者の選定の合理性の有無及び程度、解雇手続の相当性等の当該整理解雇が信義則上許されない事情の有無及び程度というかたちで類型化された4つの要素を総合考慮して、解雇権濫用の有無を判断するのが相当である。」としたうえで、4要素を検討のうえ整理解雇を有効とした。

東京高判 H26.6.3（更生）　会社更生の事案で、4要素を検討のうえ、客室乗務員の整理解雇が有効だとした裁判例

労経速2221号3頁

航空事業を行っている更生会社Yが、客室乗務員Xらを整理解雇したのに対し、XらがY（正確には、管財人甲が当初の被告であったが、更生手続終結によりYが承継）に対し当該整理解雇は無効であると主張して訴えを提起したところ、本判決は「会社更生手続下でされた整理解雇については、労働契約法16条（解雇権濫用法理）の派生法理と位置付けるべき整理解雇法理の適用があると解するのが相当である。もっとも、整理解雇法理適用の要件を検討するに当たっては、解雇の必要性の判断において使用者である更生会社の破綻の事実が、重要な要素として考慮されると解すべきである。」としたうえで、4要素を検討のうえ整理解雇を有効とした。

⑤　変更解約告知

整理解雇とやや異なる類型として、新契約ないしは労働条件の変更の申込みとともに解雇通知がなされる場合がある。新契約ないしは労働条件の変更に応じなければ解雇となってしまうものであり、講学上「変更解約告知」と言われている。変更解約告知については、整理解雇と同要件で判断すべきか、別の要件で判断すべきかについては、事案によっても異なるところであり、はっきりしない。

主要な裁判例としては以下のものがある。

東京地決 H7.4.13　変更解約告知を有効とした裁判例

労判 675 号 13 頁、判時 1526 号 35 頁、判タ 874 号 94 頁

　外資系航空会社Yの日本支社が経営の悪化を理由に、全員を一度解雇したうえで、新条件で再雇用する旨の提案をしたが、応じなかったXらを解雇した事案につき、変更解約告知であると認定したうえで、「労働者の職務、勤務場所、賃金及び労働時間等の労働条件の変更が会社業務の運営にとって必要不可欠であり、その必要性が労働条件の変更によって労働者が受ける不利益を上回っていて、労働条件の変更をともなう新契約締結の申込みがそれに応じない場合の解雇を正当化するに足るやむを得ないものと認められ、かつ、解雇を回避するための努力が十分に尽くされているときは、会社は新契約締結の申込みに応じない労働者を解雇することができるものと解するのが相当である。」としたうえで、本件はかかる要件を満たすとした。

大阪地判 H10.8.31　整理解雇として判断すべきとしたうえで、解雇を無効とした裁判例

労判 751 号 38 頁、判タ 1000 号 281 頁

　YがXに対して、労働条件の変更を申し出たが、Xが応じなかったため解雇した事案につき、「変更解約告知なるものを認めるとすれば、使用者は新たな労働条件変更の手段を得ることになるが、一方、労働者は、新しい労働条件に応じない限り、解雇を余儀なくされ、厳しい選択を迫られることになるのであって、しかも、再雇用の申出が伴うということで解雇の要件が緩やかに判断されることになれば、解雇という手段に相当性を必要とするとしても、労働者は非常に不利な立場に置かれることになる。してみれば、ドイツ法と異なって明文のない我国においては、労働条件の変更ないし解雇に変更解約告知という独立の類型を設けることは相当でないというべきである。そして、本件解雇の意思表示が使用者の経済的必要性を主とするものである以上、その実質は整理解雇にほかならないのであるから、整理解雇と同様の厳格な要件が必要であると解される。」として、本件は整理解雇の要件を満たさないとした。

大阪高判 H19.5.17　変更解約告知について、整理解雇と同様の要件で判断すべきとした裁判例

労判 943 号 5 頁

　Y社は、経営悪化を受けて、従業員に労働条件の変更に応じなければ解雇する旨を通知し（ただし、新規雇用に応じても採用されない可能性があると記載されていた）、変更に応じなかったXらを解雇した事案において、「本件変更解約告知は、その実態は、これに応じない者のうち6名に対しては、解雇することを予定しているものであるから、本件の変更解約告知を整理解雇と別個独立のものであるとするY社の主張は採用できない。……労働条件の変更のみならず人員の削減を目的として行われ、一定の人員については再雇用しないことが予定されている場合には、整理解雇と同様の機能を有することとなるから、整理解雇の場合と同様に、その変更解約告知において再雇用されないことが予定された人員に見合った人員整理の必要性が存在することが必要となると考えられる。」とし、必要性に欠け、さらに手続の相当性にも欠けるとして解雇を無効とした。

(3)　整理解雇の手順（全体像）

時系列	備考（留意点等）
事前準備 → (4)	4要件のうち、特に解雇回避努力義務の履行、人選の合理性、手続の適正性の要件に欠けることのないように、事前の準備を行う。
解雇回避努力義務の実施 → (5)	希望退職の募集、配転・出向の検討が主なもの。
整理解雇の実施 → (6)	再就職援助計画のハローワークへの提出・認定
	会社の現状についての社員説明会・労働組合との協議
	解雇通知の交付

(4) 整理解雇の事前準備

項　目	具体的な内容、留意点
解雇人員の検討・決定	
解雇回避努力義務の履行方法の検討	出向、希望退職の募集など、解雇回避努力義務の方法、手順等を検討する。
対象者の検討・決定	業務内容、能力、年齢、勤続年数、扶養家族の有無などを基準に決定。 人選の合理性は4要件の一つであり、選定理由の合理性を説明できないと、解雇が無効とされる可能性がある。したがって、選定理由をきちんと準備しておく必要がある[40]。
解雇条件の決定	解雇日
	割増退職金の有無や支払方法
	残有給休暇の買取りの有無や条件
再就職支援	再就職支援ができないかを検討し、可能であれば行う。

福岡地判 H4.11.25　年齢による選定が合理的なものであるとされた裁判例

労判 621 号 33 頁

　52歳以上の者を対象とされて行われた整理解雇の事案で、「年齢による整理解雇基準の設定は客観的基準であり主観的要素が入り込まないこと、高齢者から解雇していく場合は、その再就職が困難である等の問題点も多いことは確かに否定できないが、退職金等によりその経済的打撃を調整できること、炭鉱経営者が高齢者の体力面や機械化への適応性に不安をもつのも一概に理由がないとはいえないことが認められる。」として、解雇基準は合理的であり、その他の整理解雇の要件も満たすとされた。

大阪地判 H11.3.31（和議）　人員削減の必要性を認めつつ、他の要件を満たさないとした裁判例

労判 765 号 57 頁

　Yの和議申立前に解雇されたXが地位確認等を求めて提訴したところ、「人員削減の必要性が大きいことは明らかで、この点は、当事者間にも争いはない」としたが、「Yの本件解雇については、解雇回避努力、解雇手続における説明義務の履践等に信義に従った手続きがされていないし、既に和議申立段階で再雇用者、したがってまた、被解雇者の人選を終えているが、その人選については多分に恣意的になされた疑いがあり、かつ、現実の人選も疑問なしとしないもので、客観的で合理的な基準に基づいて被解雇者の人選を行ったとは到底認められず、第一解雇は権利の濫用に該当し、無効というべきである。」とした。

(5) 解雇回避努力の実施

　具体的な解雇回避努力義務としては、経費の削減、残業の削減、遊休資産の処分、新規採用の中止、役員報酬のカット、配置転換・出向などの可能性の検討、一時帰休、希望退職の募集、賃下げなどがある。このうち、希望退職の募集が特に重要であるが、希望退職の実施については前記7参照。

40　なお、以下の理由による解雇（＝対象者の選定）は認められないので注意が必要。

女性労働者の婚姻、妊娠、産前産後の休業期間取得を理由とした解雇（男女雇用機会均等法9条）
国籍・信条・社会的身分を理由とする解雇（労基法3条）
労働基準監督署に申告をしたことを理由とする解雇（労基法104条）
性別を理由とする解雇（男女雇用機会均等法6条）
労働組合を結成したり、組合活動を行ったことを理由とする解雇（労組法7条）

配転・出向について留意すべき点として、勤務地・職務限定採用の社員についても、一応、配転・出向の打診をすべきことが挙げられる。全く配転可能性が無ければ、不要(**大阪地判H12.6.23**)とも考えられるが、労働者が事前に配転に応じない態度を示していたことを理由に配転命令せずに解雇したことが無効とされた事例もあるので(**浦和地判H3.1.25**)注意が必要である。

大阪地判H12.6.23 全く配転可能性が無ければ、配転・出向の打診をしなくても解雇回避努力義務に反しないとした裁判例
労判786号16頁
外国銀行Yは、大阪支店閉鎖に伴いXらを解雇したところ、Yが、東京支店への転勤や、東京支店での希望退職の募集はしていないことが解雇回避努力義務に反するかが問題となった。本判決は「……これらの不都合を考慮すれば、Yが東京支店において希望退職の募集をしなかったことをもって、不当ということはできない。……東京支店に欠員がない以上、Xらを東京支店へ転勤させるには、東京支店の従業員を解雇するよりほかない。しかし、Xらを東京支店で勤務させるには、転勤に伴う費用負担が生じるばかりでなく、東京支店でその業務に習熟した従業員を辞めさせたうえで、業務内容によっては習熟していないXらを担当させることになるのであって合理性がない。……これらを総合考慮すれば、Yが解雇回避努力を欠いたということはできないし、転勤ができないのであれば、大阪支店の従業員が解雇の対象となることはやむを得ないところである。」とした。

浦和地判H3.1.25 従業員に配転に応じるか否かの意思確認を行わずに解雇したことが無効とされた事例
労判581号27頁
Y社が、甲工場閉鎖に伴いXらを解雇したことが争われた事案で、「Yは甲工場移転計画の実施に当たり、従業員に対し、右移転に賛成・協力し、指示に同意する限り解雇しない(逆に同意しなければ整理対象とする)との方針を明示せず、転勤に同意するとの意思表明の最終期限が昭和61年9月であることも何ら説明することなく、Xらに対しては右最終期限の1年以上前に行った意思確認を最後に一切意思確認を行わず、かつ異動の業務命令も出していないのであって、Xらが本件解雇の時点では転勤に同意する意思表明をしていたことを考え合わせるならば、Yは、解雇権の発動を回避するための努力を怠ったものと評価せざるを得ない。」などとして解雇は無効とした。

　なお、事業譲渡に伴い余剰人員が生じた場合、譲渡会社において整理解雇をせざるを得ない。譲渡会社においては、できるだけ事業譲渡先に雇用継続をさせる努力をなすべきであり、かかる努力を怠ると、解雇回避努力義務を尽くしていないと評価される可能性があるので注意が必要(**東京地判H15.12.22**)。

東京地判H15.12.22(再生) 事業譲渡を伴う雇用調整において、解雇無効が認められた事例
労判870号28頁
Yが、民事再生手続中に行った甲事業の譲渡及びリストラについて、解雇されたXがYに対し雇用契約上の地位確認などを求めて提訴した。 　本判決は「Yの甲事業はA社に営業譲渡されYとしては部門閉鎖となるが、営業譲渡先において何らかの形で雇用を継続させるか、それができないのであればYの他部門で雇用を継続できないかの検討をすべきことは当然である。……YがXについて……B社で勤務させるべく働きかけをするなど雇用継続を試みた形跡はない。」ことも一つの理由としてXの請求を概ね認めた。

(6) 整理解雇の実施

(i) 解雇回避手続実施後、整理解雇までの手順

時系列	具体的内容
再就職援助計画のハローワークへの提出・認定	事業規模の縮小等により1か月以内に30名以上の退職者が見込まれる場合には、最初の離職が発生するまでに再就職援助計画を作成して、管轄のハローワークに提出し認定を受けなければならない。

会社の現状、整理解雇の内容等についての社員説明会・労働組合との協議	4要件の一つであり、説明会、協議会は慎重に行う必要がある。また、できれば1回でなく複数回行い、周知するように配慮する。また、事後に紛争になった場合に備えて、議事録は残す。 なお、労働協約がある場合、労働協約に定められた手続（労働組合との事前協議義務など）を踏む必要がある[41]。
解雇通知の交付	面接をして、説明をしたうえで、解雇通知を交付。

大阪地決 S62.10.21 解雇回避努力義務、従業員に対する説明義務に欠け、解雇が無効であるとした裁判例

労判506号41頁

　Yを整理解雇されたXが、従業員であることの地位保全の仮処分を申し立てた事案で、解雇回避努力義務について「Yは……一時帰休制、希望退職募集等の方策は一切採用しないまま整理解雇の手段のみを選択してきたこと、……しかもXに対しては任意退職の勧誘さえもなされなかったことは前認定のとおりであり、Yにおいては出向先はなく、会社の規模の点からして配置転換には限界があることを考慮しても、Yが解雇回避努力をなさなかったことは明白であるといわなければならない。」とし、また、説明義務について「使用者は、整理解雇の対象者に対し、整理解雇の必要性、規模、時期等につき納得の得られるよう説明を行い誠意をもって協議すべき信義則上の義務があると解すべきところ、Yは、Xに対し、業績不振と人員削減の必要性について概括的な説明を行ったのみでその場で解雇通告を行ったこと前認定のとおりであり、これによるとYの本件解雇手続は右義務に反するものとして、妥当性を欠くものであるといわなければならない。」とした。

最一小判 S58.10.27 従業員に対する説明が欠けるため解雇は無効であるとした判例

労判427号63頁

　保育園を運営しているYが、保母Xについて解雇日6日前に解雇通知をして整理解雇した事案で、「事前に、Xを含むYの職員に対し、人員整理がやむをえない事情などを説明して協力を求める努力を一切せず、かつ、希望退職者募集の措置を採ることもなく、解雇日の6日前になって突如通告した本件解雇は、労使間の信義則に反し、解雇権の濫用として無効である、とした原審の判断は、是認することができないものではなく」とした。

東京地決 S24.11.1 労働協約で解雇に組合の承諾が必要とされている場合であっても、解雇が真に必要な場合には協約を盾に拒否することは許されないとしつつ、本件は協約違反があるとした裁判例

判タ1号54頁

　労働協約に「会社ハ組合ノ承諾無クシテ従業員ノ解雇ハ一切之ヲ行ハザル」との規定があるにもかかわらず、会社Yが甲労働組合の承諾を得ることなくXの解雇を行った事案につき、「企業の存続のため経営の合理化を必至とし、これがため従業員の解雇も已むなしとせらるる場合には、従業員も亦これを忍受すべきものであって、協約事項を楯にこれを拒否することは許されない。」としたが、「本件の場合Yは甲労働組合を黙殺して一方的に解雇案を作り、同組合の承認を求めることなく、その従業員に対し一方的に解雇の通告を為したことが疎明せられるから、Yは企業経営者としての責任を尽したものとは到底いい得ず従つて本件解雇は前記労働協約第6条に違反し無効といわねばならない。」とした。

(ii) 解雇予告手当（労基法20条）

　労働者を解雇しようとする場合は、30日前にその予告をしなければならず、30日前に予告をしない使用者は、30日分以上の平均賃金を支払わなければならない。

9　内定取消し

(1) 内定取消しの要件

　内定取消しは、客観的に合理的な理由が存在し、社会通念上相当であると認められる場合にの

---

[41] 労働組合が協議を拒否した場合には、十分な協議ができなくても協定違反にならないものと解される（最一小判 S29.1.21 民集8巻1号123頁）。

み許されると解されている（**最二小判 S54.7.20**）。

> **最二小判 S54.7.20**　内定の法的性質、内定取消しの可能な場合について判示した判例
>
> 民集 33 巻 5 号 582 頁、判時 938 号 3 頁、判タ 399 号 32 頁、金判 586 号 43 頁
>
> 　　X は Y 社から採用内容通知を受け X は誓約書を出したにもかかわらず、大学 4 年卒業間際の 2 月 12 日に内定取消しの通知を受け、結局、他の企業への就職活動ができないまま卒業をした。
> 　　そこで、X が Y に対して、従業員の地位確認を求めて提訴したところ、本判決は、X が Y に出した誓約書記載の項目の採用内定取消事由に基づく解約権を留保した労働契約が成立し、かつ、留保解約権の行使は、解約権留保の趣旨、目的に照らして、客観的に合理的な理由が存在し社会通念上相当として是認することができる場合にのみ許されるところ、本件は是認することはできないとして、X の請求を認めた。

> **東京地決 H9.10.31**　内定取消しが無効とされた裁判例
>
> 労判 726 号 37 頁、判時 1629 号 145 頁、判タ 964 号 150 頁
>
> 　　甲に勤めていた X が Y からのヘッド・ハンティングに応じて採用内定に至り、甲に退職届を提出した後に、Y が突如として経営危機を理由に内定取消しをした事案で、「本件採用内定は、就労開始の始期の定めのある解約留保権付労働契約であると解するのが相当である。」としたうえで「採用内定者は、現実には就労していないものの、当該労働契約に拘束され、他に就職することができない地位に置かれているのであるから、企業が経営の悪化等を理由に留保解約権の行使（採用内定取消）をする場合には、いわゆる整理解雇の……4 要素を総合考慮のうえ、解約留保権の趣旨、目的に照らして客観的に合理的と認められ、社会通念上相当と是認することができるかどうかを判断すべきである」とし内定取消しを無効とした。

(2)　内定取消しの主な留意点

ハローワークと学校長への通知	内定取消しを行うときは、職業安定局長が定める様式により、一定の事項をハローワーク及び学校長に通知しなければならない（職業安定法施行規則 35 条 2 項）。
企業名等が公表される可能性がある	厚生労働大臣は、一定の場合、内定取消しの内容を公表できる（職業安定法施行規則 17 条の 4 第 1 項）[42]。
補償要求への対応	内々定の取消しに対して慰謝料 50 万円が認められた裁判例（福岡高判 H23.3.10 労判 1020 号 82 頁）があり、補償等の要求には誠意をもって対応すべきであろう。

---

[42]　破産手続開始、民事再生手続開始により新規学卒者に係る翌年度の募集又は採用が行われないことが確実な場合は除かれている。

事項別索引

〈英数〉

- DD……271
- DDS……287、305
- DES……146、231、284、297、305
- DIPファイナンス……5、190、275、302
- 0号不渡り……27、177
- 125条報告……35、38
- 84条報告……189

〈あ行〉

- 安全配慮義務違反に基づく損害賠償請求権……44、193
- 異議の撤回……65、214
- 一時休業……329
- 一時支払停止……248、289
- 一般優先債権……57
- 違約金条項……99
- 請負契約……104
- 営業利益……252
- 閲覧制限……36、187
- エンジニアリング・レポート……79
- お台場アプローチ……6

〈か行〉

- 解雇予告手当……341
- 開始決定……30、178
- 開始後債権……48、195、199
- 開始時現存額主義……59、199
- 会社更生手続の終結……242
- 会社更生手続の廃止……242
- 会社分割……3、136、139、146、222、223、231、253、258、273、308
- 会社分割の否認……123
- 解除条件付債権……49、110、196
- 価格決定手続……216
- 可決要件……152、236
- 学校法人……14、51
- 株主責任……4、253、275
- 株主代表訴訟……130、132、220
- 仮登記……69
- 簡易再生……15
- 管轄……13
- 関係人説明会……177、223
- 監査委員……26、35、36、170、176
- 監査委員に対する説明義務……8
- 管財人……181、185
- 管財人代理……184
- 監査命令……26、171
- 監督命令……157、175、176

- 還付税金……38
- 管理命令……32、39、157
- 期限付債権……110
- 擬似DES……305
- 希望退職……329
- 給料……2、44、192
- 共益債権……56、197
- 共益債権化……26、28、29、103、177、178
- 記録の閲覧・謄写……36、186
- 金融機関……256
- 経営者責任……4、253、275
- 経営者の連帯保証……4
- 経営者保証に関するガイドライン……9、249、254、297、311
- 計画案の変更……152、236
- 計画外事業譲渡……138、222、237
- 継続的給付を目的とする双務契約……96
- 決議の組分け……237
- 月次報告……37、187
- 原状回復費用……101
- 減増資……3、136、138、146、222、231、253、273
- 現場保全……19、28、177
- 権利変更……142、225
- 権利保護条項……239
- 牽連破産……157、242
- 更生計画案……224
- 更生計画案の修正……234
- 更生計画案の提出期限の伸長……234
- 更生計画の確定……241
- 更生計画の変更……241
- 更生債権……195、227
- 更生債権者委員会……189
- 更生担保権……195、203、229
- 更生手続開始後の利息請求権……196
- 公平誠実義務……6、8、16、72、144、251、270
- 固定化……90、207
- 雇用調整助成金制度……329
- ゴルフ場……14

〈さ行〉

- 債権査定手続……65
- 債権者委員会……40
- 債権者一覧……18
- 債権者間協定……294
- 債権者説明会……19、28、35、138、151、247、291、293
- 債権者代位訴訟……132、133
- 債権調査……61、209
- 債権届出……61、209
- 債権届出期間……61、63、109、110

343

債権届出の追完	61、211
債権認否	63、213
債権認否書	35、185
財産評定	20、35、37、185、187、271
再生計画案	142
再生計画案の修正	149
再生計画案の提出期限の伸長	149
再生計画の確定	155
再生計画の変更	156
再生債権	48
再生手続開始後の利息請求権	49
財団法人	14
債務者代位訴訟	220
詐害行為取消訴訟	132、133、220
仕入条件	41
敷金	99、111
敷金返還請求権	143、228
事業計画	144、230
事業再建計画書	277
事業再生ADR	264
事業譲渡	3、96、123、136、138、146、169、231、253、258、273、308、340
事業譲渡契約	140
資金繰り	2、3、5、253、254
資金繰り表	18、41、190
自己査定	298
施設利用権	51
執行行為の否認	128
私的整理ガイドライン	261
自認債権	63、65、214
支払サイト	20
支払停止	111、113、121、301
支払不能	111、113、124
支払稟議	27、41、176
借地権付建物	102
社債	3、228
社債権者	236、253、256
社債債権	53
社内預金	44、193
収益性分析	279
従業員説明会	19、22、27、46、176、317、334
従業員マニュアル	22、27、176
就業規則の不利益変更	46、315
集合債権譲渡担保	207
集合動産譲渡担保	89、207
従来の取締役	183
受継	64、118、132、214、220
出向	327
種類株式	296
少額債権	19、25、54、143、197、225、227
証券化	208
上場維持型の民事再生	146
上場会社	23
商事留置権	83、206
商事留置権の消滅請求	174
譲渡担保	88、206
処分連動方式	229、237
所有権留保	86、98、206
人件費削減策	45
信託契約	67
信託受託者	107
信託の設定	233
信用保証協会	256、269、282、292
スポンサー	5、20、135、221、272
スポンサー契約	140
清算型計画案	147、226、233、237
清算価値保証原則	37、145、225
生産性分析	279
整理解雇	47、333
説明義務	17
戦略的異議	63、130
相殺	109
相殺禁止	111
相殺権濫用論	115
双方未履行の双務契約	94
続行期日の申立て	154、239
損益分岐点分析	279

〈た行〉

代位弁済	58、63、64、151、199、214
対抗要件	68、70、182、282
対抗要件否認	127
対象債権者	256
退職勧奨	331
退職金	44、58、158、192、319
第二会社方式	1、252、257、277、301、305
滞納処分	2、22、27、57、81、158、169、173、177、200
代理委員	189
担保価値保存義務	71、203
担保権実行禁止の解除	204
担保権実行手続の中止命令	22、71、73、89、92
担保権消滅許可	157
担保権消滅許可の申立て	71、76
担保権消滅請求	76、204、205
担保変換合意	204、206
中止命令	22、26、56、57、173、198
中止命令申立書	21、173
中小企業再生支援協議会	262
中小企業者への弁済	54
中断	132、220
調査委員	25、33、169、170、176
賃貸借契約	98
停止条件付債権	49、63、110、196
デリバティブ契約	108

事項別索引

問屋	107
同意再生	15
同意事項	26、41
登記留保	282、302
倒産解除条項	95
動産売買先取特権	69、85、98、125、206
投資信託	12、112、291
特定価格	38、78、244
特定調停	266、293、301
特別調査期日	62
取消命令	56、57、173、198
取戻権	32、98、107、180

〈な行〉

内定取消し	341
任意売却	73、79、204
年金	58、139、193、201
ノンバンク	256

〈は行〉

売買契約	98
罰金等の請求権	152、200、214
反対株主の株式買取請求	258
非金銭債権	49、110、196
非典型担保	67、77、88、203
否認	117
否認権の保全処分	22、174
否認権付与申立て	117
否認リスク	249、303
付議決定	35、151、235
不動産鑑定評価	38、188
不当労働行為	313
プレー権	51
プレスリリース	19、22、28、174、177
プレパッケージ型民事再生	5
粉飾決算	1、307
別除権	67
別除権協定	71、86、88、89、90、92、93
別除権予定不足額	62、69、70
弁済禁止の保全処分	25、171、176
返済計画書	277
偏頗行為否認	124
包括的禁止命令	22、26、158、173、177
法人税基本通達9-4-2	310
法律顧問	184
ホームページ	19、28、177
簿外債務	3、253
保全管理人	174、175
保全処分	25、57、58、175、176、179
保全処分申立書	21

〈ま行〉

前受金	105
民事再生手続の終結	157
民事再生手続の廃止	157
「民事再生法に係る不動産の鑑定評価上の留意事項について」	78
民事留置権	82、206
無償行為否認	124
名義変更	63、64、211、214
メインバンク	4、254、261

〈や行〉

役員財産保全	130
役員査定申立てに係る保全処分	22
役員等の財産に対する保全処分	174
役員に対する損害賠償請求権の査定制度	130
約定劣後債権	49、199
雇止め	322
有価証券報告書等の虚偽記載に基づく株主の損害賠償請求権	52、197
優先的更生債権	198、201
預金	11、20、248、282、289、301
予納金	15、19、117、172、176
予納郵便切手	15
予備的再生債権の届出	56、198

〈ら行〉

ライセンス契約	108
ランクアップ条件	299
濫用的会社分割	259
リース	25、92、208、229、256
略式・簡易事業譲渡	258
略式・簡易分割	258
留意点	170
留置権	19、177、206
留置権者	20、28
連帯保証	9、11、17、20、41、249、254、271、311
労働協約	18、24、46、313、314、317
労働組合	18、24、45、46、193、313、314
労働債権	44、49、57、169、192、198、210、214、226
労働者性	49
労働者保護手続	258

判例年月日別索引

〈昭和 24 年〉
東京地決 S24.11.1 判タ 1 号 54 頁 ··· *341*

〈昭和 29 年〉
最一小判 S29.1.21 民集 8 巻 1 号 123 頁 ·· *341*

〈昭和 33 年〉
東京高決 S33.7.5 金法 182 号 3 頁 ··· *30*

〈昭和 36 年〉
東京地判 S36.9.19 判時 276 号 24 頁 ·· *182*

〈昭和 37 年〉
東京地判 S37.6.18（特別清算）判時 303 号 33 頁 ·· *113*
最二小判 S37.7.6 民集 16 巻 7 号 1469 頁 ·· *83*

〈昭和 39 年〉
東京高判 S39.1.23 金法 369 号 3 頁 ·· *182*

〈昭和 40 年〉
最三小判 S40.3.9（破産）民集 19 巻 2 号 352 頁 ··· *128*
最一小判 S40.4.22 判タ 176 号 107 頁 ·· *116*
最三小判 S40.11.2（破産）民集 19 巻 8 号 1927 頁 ·· *115*

〈昭和 41 年〉
最一小判 S41.4.14（破産）民集 20 巻 4 号 611 頁 ·· *118*、*125*
最一小判 S41.4.28（更生）民集 20 巻 4 号 900 頁 ··· *88*

〈昭和 42 年〉
最二小判 S42.3.10 民集 21 巻 2 号 295 頁 ·· *83*
最一小判 S42.6.22（破産）判時 495 号 51 頁 ··· *118*

〈昭和 43 年〉
最一小判 S43.6.13（破産）民集 22 巻 6 号 1149 頁 ·· *99*
東京高判 S43.6.19 判タ 227 号 221 頁 ·· *131*
最一小判 S43.7.11（破産）民集 22 巻 7 号 1462 頁 ·· *108*
最大判 S43.12.25 民集 22 巻 13 号 3459 頁 ··· *314*

〈昭和 44 年〉
最一小判 S44.7.17 民集 23 巻 8 号 1610 頁 ··· *103*
最三小判 S44.9.2 民集 23 巻 9 号 1641 頁 ·· *192*

〈昭和 45 年〉
最一小判 S45.6.18 民集 24 巻 6 号 527 頁 ·· *110*
最一小判 S45.8.20（破産）民集 24 巻 9 号 1339 頁 ·· *128*
最二小判 S45.10.30 民集 24 巻 11 号 1667 頁 ··· *182*

〈昭和 46 年〉

最三小判 S46.2.23（破産）判時 622 号 102 頁 ……………………………………………… *183*
最二小判 S46.3.5 判時 628 号 48 頁 ……………………………………………………… *105*
最一小判 S46.10.21（破産）民集 25 巻 7 号 969 頁 ……………………………………… *57*

〈昭和 47 年〉

最一小判 S47.5.1（破産）金法 651 号 24 頁 ……………………………………………… *304*
最一小判 S47.7.13（会社整理）民集 26 巻 6 号 1151 頁 ………………………………… *110*

〈昭和 48 年〉

最二小判 S48.2.16（破産）金法 678 号 21 頁 …………………………………………… *182*
最一小判 S48.4.20 民集 27 巻 3 号 550 頁 ………………………………………………… *108*
最一小判 S48.7.19 民集 27 巻 7 号 823 頁 ………………………………………………… *118*
最二小判 S48.10.5 判時 726 号 92 頁 ……………………………………………………… *83*
最二小判 S48.12.21（破産）判時 733 号 52 頁 …………………………………………… *129*

〈昭和 49 年〉

東京地判 S49.5.31 判タ 312 号 233 頁 ……………………………………………………… *294*
最一小判 S49.7.22 民集 28 巻 5 号 927 頁 ………………………………………………… *323*
最一小判 S49.7.22（更生）民集 28 巻 5 号 1008 頁 ……………………………………… *201*

〈昭和 52 年〉

東京高判 S52.7.19（更生）判時 865 号 52 頁 …………………………………………… *87*
最三小判 S52.12.6（破産）民集 31 巻 7 号 961 頁 ……………………………………… *111*

〈昭和 53 年〉

最三小判 S53.5.2（破産）判時 892 号 58 頁 ……………………………………………… *116*

〈昭和 54 年〉

最一小判 S54.2.15 民集 33 巻 1 号 51 頁 ………………………………………………… *89*
最二小判 S54.7.20 民集 33 巻 5 号 582 頁 ………………………………………………… *341*
東京高判 S54.10.29 労判 330 号 71 頁 …………………………………………………… *333*
大阪地判 S54.10.30（更生）判時 957 号 103 頁 ………………………………………… *87*

〈昭和 55 年〉

大阪高判 S55.2.21（更生）判タ 427 号 179 頁 …………………………………………… *66*
大阪高判 S55.6.25（更生）判時 1031 号 165 頁 ………………………………………… *66*

〈昭和 56 年〉

最三小判 S56.2.17 裁判集民 132 号 129 頁 ……………………………………………… *105*
東京地判 S56.4.27（私的整理）判時 1020 号 122 頁 …………………………………… *16*
千葉地判 S56.5.25 労判 372 号 49 頁 ……………………………………………………… *328*
東京高決 S56.9.7 判時 1021 号 110 頁 …………………………………………………… *30*
東京地判 S56.9.14（更生）判時 1015 号 20 頁 …………………………………………… *209*
東京高決 S56.12.11 判時 1032 号 124 頁 ………………………………………………… *239*
福岡高決 S56.12.21（更生）判時 1046 号 127 頁 ……………………………………… *149*
大阪高判 S56.12.25（更生）判時 1048 号 150 頁 ………………………………………… *66*

〈昭和 57 年〉

最三小判 S57.3.30（更生）民集 36 巻 3 号 484 頁 ……………………………………… *25、96*
京都地判 S57.6.24 判時 1059 号 143 頁 …………………………………………………… *127*
札幌高判 S57.9.22 判タ 487 号 166 頁 …………………………………………………… *297*

東京高決 S57.11.30（破産）判時 1063 号 184 頁	24
名古屋高判 S57.12.22（破産）判時 1073 号 91 頁	113、115

〈昭和 58 年〉

最三小判 S58.3.22（破産）判時 1134 号 75 頁	182
名古屋高判 S58.3.31（破産）判タ 497 号 125 頁	113
京都地判 S58.5.27 判時 1096 号 139 頁	127
京都地判 S58.7.18 判時 1096 号 142 頁	126
最一小判 S58.10.27 労判 427 号 63 頁	341

〈昭和 59 年〉

最一小判 S59.2.2（破産）民集 38 巻 3 号 431 頁	86
名古屋高決 S59.9.1（更生）判時 1142 号 141 頁	149

〈昭和 60 年〉

最一小判 S60.2.14（破産）判時 1149 号 159 頁	121
最三小判 S60.2.26（破産）金法 1094 号 38 頁	112
大阪高判 S60.3.15（破産）判タ 560 号 144 頁	114
大阪地決 S60.8.29 労判 459 号 53 頁	328

〈昭和 61 年〉

札幌高決 S61.3.26（破産）判タ 601 号 74 頁	87
名古屋高金沢支判 S61.7.28（破産）判タ 620 号 207 頁	50
東京地判 S61.11.18 判タ 650 号 185 頁	249
最一小判 S61.12.4 労判 486 号 6 頁	323

〈昭和 62 年〉

大阪地判 S62.4.30（破産）労判 497 号 48 頁	183
最二小判 S62.7.3（破産）民集 41 巻 5 号 1068 頁	123
大阪地決 S62.10.21 労判 506 号 41 頁	341
最一小判 S62.11.26（破産）民集 41 巻 8 号 1585 頁	105

〈昭和 63 年〉

最三小判 S63.2.16 民集 42 巻 2 号 60 頁	315、320
東京地判 S63.3.29 判時 1306 号 121 頁	68
最三小判 S63.10.18 民集 42 巻 8 号 575 頁	83

〈平成元年〉

大阪地判 H 元.9.14（破産）判時 1348 号 100 頁	115
東京高判 H 元.10.19 金法 1246 号 32 頁	30
大阪高判 H 元.10.26 判タ 711 号 253 頁	131

〈平成 2 年〉

最三小判 H2.6.5 民集 44 巻 4 号 668 頁	323
最一小判 H2.7.19（破産）民集 44 巻 5 号 837 頁	121
仙台地判 H2.10.15（更生）裁判所ウェブサイト	321
最二小判 H2.11.26 民集 44 巻 8 号 1085 頁	333

〈平成 3 年〉

浦和地判 H3.1.25 労判 581 号 27 頁	340
東京地判 H3.2.13 判時 1407 号 83 頁	181
東京地判 H3.2.18 判タ 767 号 174 頁	291

大阪地判 H3.10.22 労判 595 号 9 頁·················323
東京地判 H3.12.17 労判 602 号 22 頁·················50

〈平成 4 年〉

東京地決 H4.1.31 判時 1416 号 130 頁·················328
仙台高判 H4.9.30 判タ 812 号 220 頁·················291
福岡地判 H4.11.25 労判 621 号 33 頁·················339

〈平成 5 年〉

最二小判 H5.1.25（破産）民集 47 巻 1 号 344 頁·················125
浦和地判 H5.8.16（破産）判時 1482 号 159 頁·················45
最三小判 H5.10.19 民集 47 巻 8 号 5061 頁·················105

〈平成 6 年〉

東京高決 H6.2.7 判タ 875 号 281 頁·················84
大阪地判 H6.10.25（破産）判時 1529 号 95 頁·················115
東京高決 H6.12.19 判タ 890 号 254 頁·················84
大阪高決 H6.12.26 判時 1535 号 90 頁·················31

〈平成 7 年〉

東京地判 H7.3.31 労経速 1564 号 23 頁·················330
東京地決 H7.4.13 労判 675 号 13 頁·················338
最二小判 H7.4.14（更生）民集 49 巻 4 号 1063 頁·················92
最三小判 H7.9.5 民集 49 巻 8 号 2733 頁·················14
東京地判 H7.10.4 労判 680 号 34 頁·················318
東京高判 H7.10.18 金判 1002 号 3 頁·················298

〈平成 8 年〉

最二小判 H8.3.22（破産）金法 1480 号 55 頁·················124
最三小判 H8.3.26 民集 50 巻 4 号 1008 頁·················318、321
東京高判 H8.5.28 判時 1570 号 118 頁·················84
東京地判 H8.6.21 判タ 955 号 177 頁·················297
東京地判 H8.9.30 判タ 933 号 168 頁·················181
最一小判 H8.10.17（破産）民集 50 巻 9 号 2454 頁·················128
最一小判 H8.11.28 労判 714 号 14 頁·················50

〈平成 9 年〉

東京地決 H9.1.24 判時 1592 号 137 頁·················320
最一小判 H9.3.27 労判 713 号 27 頁·················318
東京高判 H9.5.29 判タ 981 号 164 頁·················182
福岡地判 H9.6.11（破産）判時 1632 号 127 頁·················84
東京地判 H9.10.28 判時 1650 号 96 頁·················182
東京地決 H9.10.31 労判 726 号 37 頁·················342
最一小判 H9.12.18（破産）民集 51 巻 10 号 4210 頁·················125

〈平成 10 年〉

広島地判 H10.3.6（破産）判時 1660 号 112 頁·················64
東京地判 H10.4.14（更生）判時 1662 号 115 頁·················26
大阪高判 H10.4.28 金判 1052 号 25 頁·················84
東京高決 H10.6.12 金法 1540 号 61 頁·················84
大阪地決 H10.7.7 労判 747 号 50 頁·················335
大阪地判 H10.8.31 労判 751 号 38 頁·················338

東京地判 H10.10.29 判時 1686 号 59 頁 ………………………………………………………………… *249*
東京高決 H10.11.27（破産）判時 1666 号 143 頁 …………………………………………………… *84*
東京高決 H10.12.11 判時 1666 号 141 頁 ……………………………………………………………… *84*
札幌高判 H10.12.17（破産）判時 1682 号 130 頁 …………………………………………………… *45*

〈平成 11 年〉

東京地判 H11.2.26（破産）金判 1076 号 33 頁 ……………………………………………………… *86*
大阪地判 H11.3.31（和議）労判 765 号 57 頁 ……………………………………………………… *339*
最二小決 H11.4.16 民集 53 巻 4 号 740 頁 …………………………………………………………… *31*
最二小決 H11.5.17（破産）民集 53 巻 5 号 863 頁 ………………………………………………… *88*
名古屋高判 H11.7.22 金判 1078 号 23 頁 …………………………………………………………… *208*
東京高判 H11.8.31 高民 52 巻 1 号 36 頁 ……………………………………………………………… *68*

〈平成 12 年〉

東京地決 H12.1.21 労判 782 号 23 頁 ………………………………………………………………… *336*
東京地判 H12.2.8 労判 787 号 58 頁 ………………………………………………………………… *319*
最三小判 H12.2.29（破産）民集 54 巻 2 号 553 頁 ………………………………………………… *95*
名古屋高判 H12.4.27（破産）判時 1748 号 134 頁 ………………………………………………… *101*
大阪地判 H12.5.12 労判 785 号 31 頁 ………………………………………………………………… *330*
東京高決 H12.5.17 金判 1094 号 42 頁 ………………………………………………………………… *31*
大阪地判 H12.6.23 労判 786 号 16 頁 ………………………………………………………………… *340*
東京高判 H12.7.26 労判 789 号 6 頁 ………………………………………………………………… *318*
最一小判 H12.9.7 民集 54 巻 7 号 2075 頁 ……………………………………………………… *46、315*
東京地判 H12.9.14 金法 1605 号 45 頁 ……………………………………………………………… *283*
大阪地判 H12.12.1 労判 782 号 23 頁 ………………………………………………………………… *336*
東京高判 H12.12.14 判時 1755 号 65 頁 ……………………………………………………………… *68*
東京高判 H12.12.26（破産）判時 1750 号 112 頁 …………………………………………………… *124*

〈平成 13 年〉

東京高決 H13.3.8 判タ 1089 号 295 頁 ……………………………………………………………… *31*
最二小決 H13.3.23（破産）判時 1748 号 117 頁 …………………………………………………… *34*
京都地決 H13.5.28（再生）判タ 1067 号 274 頁 …………………………………………………… *74*
大阪地決 H13.6.20（再生）判時 1777 号 92 頁 ………………………………………………… *8、17*
大阪地判 H13.6.29（更生）判タ 1095 号 284 頁 …………………………………………………… *104*
大阪地決 H13.7.19（再生）判時 1762 号 148 頁 …………………………………………………… *77*
東京高決 H13.9.3（再生）金判 1131 号 24 頁 ………………………………………………… *51、148*
東京高決 H13.12.5（再生）金判 1138 号 45 頁 ……………………………………………………… *65*
東京高判 H13.12.11 労判 821 号 9 頁 ………………………………………………………………… *316*
東京地判 H13.12.19 労判 817 号 5 頁 ………………………………………………………………… *334*
東京地判 H13.12.20 判タ 1133 号 161 頁 …………………………………………………………… *52*

〈平成 14 年〉

最一小判 H14.1.17（破産）民集 56 巻 1 号 20 頁 …………………………………………………… *68*
札幌地判 H14.2.15 労判 837 号 66 頁 ………………………………………………………………… *321*
東京高決 H14.3.15（再生）金法 1679 号 34 頁 ……………………………………………………… *69*
東京地判 H14.4.9 労判 829 号 56 頁 ………………………………………………………………… *331*
東京高決 H14.5.30（更生）判時 1797 号 157 頁 …………………………………………………… *13*
東京地判 H14.8.26（再生）金法 1689 号 49 頁 ……………………………………………………… *89*
東京高決 H14.9.6（再生）判時 1826 号 72 頁 ……………………………………………………… *148*
最三小判 H14.10.22 判時 1804 号 34 頁 …………………………………………………………… *283*
東京地判 H14.12.5（更生）金判 1170 号 52 頁 ……………………………………………………… *103*
名古屋地決 H14.12.24（再生）判時 1811 号 152 頁 ……………………………………………… *133*

351

〈平成15年〉

福島地いわき支判 H15.2.5 金判 1170 号 34 頁	200
大阪地判 H15.3.20 (再生) 判タ 1141 号 284 頁	303
東京地判 H15.3.28 (再生) 裁判所ウェブサイト	7
最二小判 H15.4.18 労判 847 号 14 頁	327
最一小判 H15.6.12 民集 57 巻 6 号 563 頁	11、248
東京高決 H15.7.25 (再生) 金法 1688 号 37 頁	146
札幌高決 H15.8.12 判タ 1146 号 300 頁	31
最二小判 H15.10.10 労判 861 号 5 頁	317
大阪高判 H15.11.13 労判 886 号 75 頁	335
東京高判 H15.12.4 (再生) 金法 1710 号 52 頁	134
東京地判 H15.12.5 (再生) 金法 1711 号 43 頁	96
東京地判 H15.12.22 (再生) 判タ 1141 号 279 頁	93
東京地判 H15.12.22 (再生) 労判 870 号 28 頁	340

〈平成16年〉

東京地判 H16.2.27 (再生) 判時 1855 号 121 頁	79
大阪高決 H16.3.30 労判 872 号 24 頁	333
東京地判 H16.3.31 労判 872 号 16 頁	320
広島高判 H16.4.15 労判 879 号 82 頁	318
福岡地判 H16.5.11 労判 879 号 71 頁	326
東京地判 H16.5.13 (再生) 判時 1861 号 126 頁	131
横浜地川崎支判 H16.5.28 労判 878 号 40 頁	332
東京高決 H16.6.17 (再生) 金判 1195 号 10 頁	139
最二小判 H16.7.16 (破産) 民集 58 巻 5 号 1744 頁	91、125
東京高決 H16.7.23 (再生) 金判 1198 号 11 頁	51
静岡地沼津支決 H16.8.4 労経速 1882 号 22 頁	335
名古屋高決 H16.8.10 (再生) 判時 1884 号 49 頁	76
最三小決 H16.8.30 民集 58 巻 6 号 1763 頁	137、274
札幌高決 H16.9.28 (再生) 金法 1757 号 42 頁	77
東京地判 H16.9.28 (再生) 判時 1886 号 111 頁	131
東京地決 H16.10.25 判時 1884 号 144 頁	268
福岡地判 H16.11.4 裁判所ウェブサイト	316
大阪高判 H16.11.30 (再生) 金法 1743 号 44 頁	65、133
大阪高決 H16.12.10 (再生) 金判 1220 号 35 頁	74
東京高判 H16.12.16 (更生) 労経速 1894 号 50 頁	321
仙台高判 H16.12.28 (再生) 判タ 1245 号 232 頁	66

〈平成17年〉

東京高決 H17.1.13 判タ 1200 号 291 頁	31
大阪地判 H17.1.13 労判 893 号 150 頁	325
大阪地判 H17.1.26 (再生) 判時 1913 号 106 頁	106
大阪高決 H17.3.30 (再生) 判例集未登載	78
東京高判 H17.3.30 労判 911 号 76 頁	319
東京地判 H17.4.15 (再生) 判時 1912 号 70 頁	58
東京高判 H17.4.27 労判 896 号 19 頁	335
東京地判 H17.6.10 (再生) 判タ 1212 号 127 頁	82
東京高判 H17.6.30 (破産) 金判 1220 号 2 頁	58
東京地判 H17.8.29 (再生) 判時 1916 号 51 頁	95
東京高決 H17.9.14 判タ 1208 号 311 頁	216
東京高決 H17.10.5 (再生) 判タ 1226 号 342 頁	114
高松高決 H17.10.25 金判 1249 号 37 頁	31

最三小判 H17.11.8（更生）民集 59 巻 9 号 2333 頁 ·· *119*

〈平成 18 年〉

名古屋高判 H18.1.17 労判 909 号 5 頁 ··· *336*
東京地判 H18.1.17 判時 1920 号 136 頁 ·· *140*
東京地判 H18.1.30（再生）判タ 1225 号 312 頁 ·· *67*
福岡高決 H18.2.13（再生）判時 1220 号 262 頁 ·· *74*
東京地判 H18.2.13 判タ 1202 号 212 頁 ·· *137、274*
東京地判 H18.2.15（更生）金法 1801 号 61 頁 ·· *229*
福岡高決 H18.3.28（再生）判タ 1222 号 310 頁 ·· *76*
東京地判 H18.3.28（再生）判タ 1230 号 342 頁 ·· *87*
大阪高決 H18.4.26 判時 1930 号 100 頁 ··· *33*
高松高判 H18.5.18 労判 921 号 33 頁 ··· *327*
東京地判 H18.5.23（破産）判時 1937 号 102 頁 ··· *183*
東京地判 H18.6.26（再生）判タ 1243 号 320 頁 ·· *94*
最一小判 H18.7.20（再生）民集 60 巻 6 号 2499 頁 ·· *90*
東京高判 H18.8.30（再生）金判 1277 号 21 頁 ··· *75*
最一小判 H18.12.21（破産）判時 1961 号 62 頁 ··· *182、203*
東京高判 H18.12.26 労判 931 号 30 頁 ··· *337*

〈平成 19 年〉

最一小決 H19.1.18 労判 931 号 5 頁 ·· *331*
東京地決 H19.1.24（再生）判タ 1247 号 259 頁 ·· *8*
福岡地判 H19.2.28 労判 938 号 27 頁 ··· *335*
東京高判 H19.3.15（再生）判例集未登載 ·· *58*
東京地判 H19.3.26（再生）判時 1967 号 105 頁 ··· *134*
東京地判 H19.3.29（破産）金法 1819 号 40 頁 ·· *124、126*
大阪高判 H19.5.17 労判 943 号 5 頁 ·· *338*
最一小判 H19.6.28 労判 940 号 11 頁 ·· *51*
東京高決 H19.7.9 判タ 1263 号 347 頁 ·· *32*
東京地判 H19.7.26 判タ 1268 号 192 頁 ·· *141*
東京高決 H19.9.21 判タ 1268 号 326 頁 ··· *31*
東京地判 H19.9.27 判時 1987 号 134 頁 ·· *141*
大阪高決 H19.11.30（再生）判例集未登載 ·· *78*

〈平成 20 年〉

東京地判 H20.1.25 労判 961 号 56 頁 ··· *320*
東京高判 H20.2.13 労判 956 号 85 頁 ··· *321*
大阪高判 H20.2.28（再生）判時 2030 号 20 頁 ·· *32*
最一小決 H20.3.13（再生）民集 62 巻 3 号 860 頁 ·· *149*
東京高判 H20.4.9 労判 959 号 6 頁 ·· *320*
大阪地判 H20.4.18（再生）判時 2007 号 104 頁 ··· *183*
東京地決 H20.5.15（再生）判時 2007 号 96 頁 ·· *7、33*
千葉地判 H20.5.21 労判 967 号 19 頁 ··· *316*
最三小判 H20.6.10 判時 2014 号 150 頁 ·· *259*
東京地決 H20.6.10 判タ 1272 号 305 頁 ··· *34*
東京地判 H20.8.18（破産）判時 2024 号 37 頁 ·· *101*
札幌高判 H20.8.29 労判 972 号 19 頁 ··· *193*
東京高判 H20.9.11（破産）金法 1877 号 37 頁 ·· *203*
東京地判 H20.10.30（再生終結後、破産申立て）判時 2045 号 127 頁 ·· *160*
最三小判 H20.12.16（再生）民集 62 巻 10 号 2561 頁 ·· *93、96*
東京地判 H20.12.25 労判 981 号 63 頁 ··· *325*

〈平成 21 年〉

東京地判 H21.1.26（破産）金法 1892 号 55 頁 ……………………………………………… 100
大阪地判 H21.1.29（再生）判時 2037 号 74 頁 ……………………………………………… 101
福岡高判 H21.4.10 判時 2075 号 43 頁 ………………………………………………………… 68
大阪地判 H21.4.16（更生）判時 2062 号 92 頁 ……………………………………………… 122
東京高判 H21.4.23 金法 1875 号 76 頁 ……………………………………………………… 291
仙台地判 H21.4.23 労判 988 号 53 頁 ………………………………………………………… 332
宇都宮地栃木支決 H21.4.28 労判 988 号 53 頁 ……………………………………………… 326
大阪高判 H21.5.29（再生）判例集未登載 ……………………………………………………… 69
大阪高決 H21.6.3（再生）金判 1321 号 30 頁 ………………………………………………… 75
東京高判 H21.6.25（再生→破産）判タ 1391 号 358 頁 ……………………………… 99、101
東京高決 H21.7.7（再生）判時 2054 号 3 頁 ………………………………………………… 76
名古屋高金沢支判 H21.7.22（破産）判時 2058 号 65 頁 …………………………………… 68
福岡高那覇支決 H21.9.7（再生）判タ 1321 号 278 頁 ……………………………………… 75
東京地判 H21.10.30（再生）判時 2075 号 48 頁 ……………………………………………… 56
福岡地判 H21.11.27（破産）金法 1911 号 84 頁 ……………………………………… 123、259
最二小判 H21.12.4（更生）判時 2077 号 40 頁 ………………………………………… 211、241
最二小判 H21.12.18 民集 63 巻 10 号 2754 頁 ……………………………………………… 324

〈平成 22 年〉

大阪地決 H22.1.20 労判 1002 号 54 頁 ……………………………………………………… 324
大阪高判 H22.2.18（破産）判時 2109 号 88 頁 ……………………………………………… 123
大阪地判 H22.3.15（再生）判時 2090 号 69 頁 ………………………………………… 124、303
最三小判 H22.3.16（破産）民集 64 巻 2 号 523 頁 …………………………………………… 59
広島高岡山支判 H22.3.26 金判 1393 号 60 頁 ……………………………………………… 290
東京地判 H22.3.26 労経速 2079 号 10 頁 …………………………………………………… 325
大阪高判 H22.4.23（再生→破産）判時 2180 号 54 頁 ………………………………………… 33
最二小判 H22.6.4（再生）民集 64 巻 4 号 1107 頁 …………………………………… 69、87
東京地判 H22.7.8（破産）判時 2094 号 69 頁 ……………………………………………… 124
東京地判 H22.7.9 判時 2086 号 144 頁 ……………………………………………………… 259
東京高決 H22.7.26 金法 1906 号 75 頁 ………………………………………………………… 84
東京高決 H22.8.17（再生）判タ 1343 号 240 頁 ……………………………………… 11、249
東京地判 H22.9.8（再生）判タ 1350 号 246 頁 ………………………………………… 69、87
高松高判 H22.9.28（破産）金判 1941 号 158 頁 …………………………………………… 121
福岡地判 H22.9.30（破産）判タ 1341 号 200 頁 ……………………………………… 123、259
東京高判 H22.10.27（再生）金判 1360 号 53 頁 ……………………………………… 108、259
東京高決 H22.11.10（更生）金判 1358 号 22 頁 …………………………………………… 193
東京高決 H22.11.11（更生）金判 1358 号 28 頁 …………………………………………… 193
東京地判 H22.11.12（破産）判時 2109 号 70 頁 ………………………………………… 91、125
東京地決 H22.11.30（破産）金判 1368 号 54 頁 …………………………………………… 123
神戸地伊丹支決 H22.12.15（破産）判時 2107 号 129 頁 ………………………………… 126

〈平成 23 年〉

大阪地判 H23.1.28（再生）金法 1923 号 108 頁 …………………………………………… 110
福岡地判 H23.2.17 判タ 1349 号 177 頁 …………………………………………………… 260
最三小判 H23.3.1（再生）裁判集民 236 号 199 頁 ………………………………………… 143
福岡高判 H23.3.10 労判 1020 号 82 頁 ……………………………………………………… 342
東京地判 H23.4.12（再生）判タ 1352 号 245 頁 …………………………………………… 126
東京地判 H23.4.19 金判 1372 号 57 頁 ……………………………………………………… 141
大阪高決 H23.6.7 金判 1377 号 43 頁 ………………………………………………………… 85
東京高判 H23.6.7 金判 1398 号 14 頁 ………………………………………………………… 87
東京高決 H23.7.4（再生）判タ 1372 号 233 頁 …………………………………………… 149

名古屋地判 H23.7.22 金判 1375 号 48 頁	*259*
大阪地判 H23.7.25 判タ 1367 号 170 頁	*141*
東京地判 H23.7.27（破産）判時 2144 号 99 頁	*100*
東京地判 H23.8.15（更生）判タ 1382 号 349 頁	*248*
東京地判 H23.9.12（破産）金法 1942 号 136 頁	*119*
最三小判 H23.9.13 金判 1376 号 33 頁	*52*
東京地判 H23.9.29（破産）金法 1934 号 110 頁	*62、213*
東京地判 H23.10.21（再生）判時 2141 号 45 頁	*156*
福岡高判 H23.10.27 金判 1384 号 49 頁	*260*
最三小判 H23.11.22（破産）民集 65 巻 8 号 3165 頁	*58*
最一小判 H23.11.24（再生）民集 65 巻 8 号 3213 頁	*58*
東京地決 H23.11.24（更生）金法 1940 号 148 頁	*122、127、303*
東京地決 H23.11.24（更生）民集 65 巻 8 号 3213 頁	*290*
千葉地決 H23.12.14（再生）判時 2136 号 91 頁	*60*
最一小判 H23.12.15（再生）民集 65 巻 9 号 3511 頁	*12、83*
大阪高決 H23.12.27（更生）金法 1942 号 97 頁	*304*

〈平成 24 年〉

東京地判 H24.1.26（破産）金法 1945 号 120 頁	*123、260*
東京地判 H24.1.27 判時 2156 号 71 頁	*141*
札幌高判 H24.2.17 金判 1395 号 28 頁	*182*
東京地判 H24.2.27（再生）金法 1957 号 150 頁	*134*
東京高決 H24.3.9 判時 2151 号 9 頁	*31*
最三小判 H24.3.13 民集 66 巻 5 号 1957 頁	*53*
東京地判 H24.3.23（破産）判タ 1386 号 372 頁	*106*
大阪高判 H24.4.12 労判 1050 号 5 頁	*316*
東京高判 H24.4.26 金判 1408 号 46 頁	*291*
最二小判 H24.5.28（破産）民集 66 巻 7 号 3123 頁	*114*
広島高判 H24.5.30（更生）判タ 1385 号 303 頁	*212*
東京高判 H24.6.20 判タ 1369 号 231 頁	*123*
東京高判 H24.6.20 金法 1960 号 143 頁	*260*
東京地判 H24.7.23 金判 1414 号 45 頁	*260*
東京高決 H24.9.7 金判 1410 号 57 頁	*31*
東京高判 H24.9.20 労経速 2162 号 3 頁	*325*
最二小判 H24.10.12 金判 1402 号 16 頁	*259*
最二小判 H24.10.19（破産）判時 2169 号 9 頁	*122、290*
東京高判 H24.10.31 労経速 2172 号 3 頁	*332*
東京地決 H24.11.28（破産）判タ 1392 号 359 頁	*36、186*
東京高判 H24.12.13（再生→破産）判タ 1392 号 353 頁	*100*
最二小判 H24.12.21（再生）判時 2177 号 51 頁	*53*
最二小判 H24.12.21 金判 1413 号 33 頁	*52*

〈平成 25 年〉

仙台高判 H25.2.13（特別清算）判タ 1391 号 211 頁	*104*
東京地判 H25.2.14 判タ 1392 号 343 頁	*124*
神戸地判 H25.2.27 労判 1072 号 20 頁	*336*
最三小判 H25.4.16 金判 1418 号 8 頁	*251*
東京高判 H25.4.17（再生）判タ 1391 号 354 頁	*156*
横浜地判 H25.4.25 労判 1075 号 14 頁	*325*
最二小決 H25.4.26（更生）民集 67 巻 4 号 1150 頁	*48、133、195、209*
東京高判 H25.5.17（更生）判時 2204 号 8 頁	*212*
東京高判 H25.7.18（再生→破産）金判 1424 号 24 頁	*124*

札幌高判 H25.8.22（破産）金法 1981 号 82 頁 ……………………………………………………… *106*
東京地判 H25.11.12 判時 2210 号 113 頁 ………………………………………………………… *328*
最二小決 H25.11.13（更生）民集 67 巻 8 号 1483 頁 ……………………………… *48*、*195*、*220*
最一小判 H25.11.21（再生）金判 1431 号 32 頁 …………………………………………………… *56*

〈平成 26 年〉

東京高判 H26.1.29（再生）金判 1437 号 42 頁 …………………………………………………… *111*
福岡高判 H26.3.27（破産）判時 2227 号 51 頁 …………………………………………………… *128*
東京高決 H26.4.24 判例集未登載 …………………………………………………………………… *31*
東京高判 H26.6.3（更生）労経速 2221 号 3 頁 …………………………………………………… *337*
最一小判 H26.6.5（再生）民集 68 巻 5 号 462 頁 …………………………………… *12*、*112*、*291*
最一小判 H26.6.5（再生終結後、破産申立て）民集 68 巻 5 号 403 頁 ………………… *72*、*159*
東京高判 H26.6.5（更生）労経速 2223 号 3 頁 …………………………………………………… *337*
最三小判 H26.10.28（破産）金判 1454 号 16 頁 ………………………………………………… *183*

監修者・著者紹介

【監修者】

松田　耕治（まつだ・こうじ）
弁護士（東京弁護士会）
【略　歴】
早稲田大学法学部卒業
昭和56年　　弁護士登録（第33期）
昭和62年　　伊藤・松田法律事務所設立
平成 5 年　　東京シティ法律税務事務所に改称
平成15年　　シティユーワ法律事務所（事務所合併に伴う改称）パートナー
【主な取扱分野】
・倒産関連処理
・不動産関連紛争解決
・その他一般企業法務

澤野　正明（さわの・まさあき）
弁護士（第一東京弁護士会）
【略　歴】
早稲田大学法学部卒業、コロンビア大学LL.M.修了
昭和60年　　弁護士登録（第37期）
平成 2 年　　伊藤・松田法律事務所に参画
平成 4 年　　国際商業会議所国際仲裁裁判所（在フランス　パリ市）にて研修
平成 5 年　　東京シティ法律税務事務所に改称
平成15年　　シティユーワ法律事務所（事務所合併に伴う改称）パートナー
【主な取扱分野】
・倒産関連処理
・M&A
・渉外案件（クロスボーダー契約、海外進出・国内投資支援など）
・その他一般企業法務（コーポレートガバナンス、会社関連紛争解決など）

佐々木伸悟（ささき・しんご）
公認会計士・税理士
【略　歴】
横浜市立大学商学部卒業
昭和60年　　監査法人サンワ事務所（現有限責任監査法人トーマツ）入所
平成 4 年　　公認会計士登録
平成 9 年　　税理士登録
平成15年　　佐々木公認会計士事務所開設

【主な取扱分野】
・事業再生の局面における各種会計調査・税務申告
・会社更生法における管財人補助
・民事再生手続における監査委員補助
・相続税等の資産税に係る申告・相談
・法人・個人の各種税務申告・相談

【著　者】
古川　和典（ふるかわ・かずのり）
弁護士（東京弁護士会）・公認会計士
【略　歴】
慶應義塾大学経済学部卒業
平成 元 年
　　〜15年　　大手信託銀行勤務
平成16年　　公認会計士登録
　　　　　　　弁護士登録（第57期）
　　　　　　　シティユーワ法律事務所入所
【主な取扱分野】
・倒産関連処理
・会社法関連
・信託及び不動産関連法
・相続及び事業承継
・その他一般企業法務

再建型倒産手続実務ハンドブック
―民事再生・会社更生・私的整理―

平成 27 年 5 月 20 日　第 1 刷発行

　　　　監修者　松田　耕治
　　　　　　　　澤野　正明
　　　　　　　　佐々木伸悟
　　　　著　者　古川　和典
　　　　発行所　株式会社 ぎょうせい
　　　　　　　　〒136-8575　東京都江東区新木場 1-18-11
　　　　　　　　　　　　電話番号　編集 03-6892-6508
　　　　　　　　　　　　　　　　　営業 03-6892-6666
　　　　　　　　　　　　フリーコール　0120-953-431
〈検印省略〉　　　　　　URL　http://gyosei.jp

印刷／ぎょうせいデジタル株式会社

※乱丁・落丁本は、送料小社負担にてお取り替えいたします。
© 2015　Printed in Japan.　禁無断転載・複製
ISBN978-4-324-09972-8　(5108144-00-000)　〔略号：再建型手続〕

要件事実の「辞書」最新改訂版!

要件事実マニュアル 第4版

岡口 基一／著

A5判・各巻定価（本体5,000円＋税）送料340円

本書の特色

■民事・人事・家事事件の要件事実をほぼ網羅した第3版に、商事非訟など新たな内容を加え、最新の法制度、判例、文献に対応!

■訴訟類型ごとに要件事実をコンパクトにまとめ、基礎知識、論点、注意点等とともに解説。請求の趣旨、主文、訴状、判決書等、記載例も充実!

■項目ごとに重要度順で紹介される「参考文献」で、更に詳細な文献へも効率的にアクセス!

シリーズ全5巻

要件事実マニュアル 第4版
第1巻 総論・民法1
A5判・定価（本体5,000円＋税）
ISBN 978-4-324-09656-7 コード 3100520-01001

要件事実マニュアル 第4版
第2巻 民法2
A5判・定価（本体5,000円＋税）
ISBN 978-4-324-09657-4 コード 3100520-01002

要件事実マニュアル 第4版
第3巻 商事・手形・執行・破産・保険・金融・知的財産
A5判・定価（本体5,000円＋税）
ISBN 978-4-324-09658-1 コード 3100520-01003

要件事実マニュアル 第4版
第4巻 過払金・消費者保護・行政・労働
A5判・定価（本体5,000円＋税）
ISBN 978-4-324-09659-8 コード 3100520-01004

要件事実マニュアル 第4版
第5巻 家事事件・人事訴訟・DV
A5判・定価（本体5,000円＋税）
ISBN 978-4-324-09660-4 コード 3100520-01005

ご注文・お問合せ・資料請求は右記まで

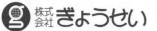
株式会社 ぎょうせい

〒136-8575　東京都江東区新木場1-18-11
URL：http://gyosei.jp
フリーコール：0120-953-431　フリーFAX：0120-953-495

契約書作成のためのノウハウを詳細に解説した
実務家必携の書、実に6年ぶりの改訂版！

［第2版］
契約書式実務全書
全3巻

大村多聞・佐瀬正俊・良永和隆／編

B5判・セット定価（本体30,000円＋税）各巻定価（本体10,000円＋税）

本書の特色

■旧版発刊以降の法改正に対応して解説、関連・参照法令等を見直し

■近年事例の増えている約30もの書式例を新たに登載（国際取引、外国人労働者の雇用、インターネット、高齢者関係など）。一層充実のシリーズ全3巻約700に上る書式例であらゆるケースを余さず網羅！

■各契約書の意義、実務上の注意点を記した親切丁寧な【解説】／必要な特約、法的根拠や要件を示した豊富な【注】も健在

旧版に引き続き、インターネットとの連動サービスも充実！
★契約書式の文例をWebからダウンロードし、自由に加工してお使いになれます。

ご注文・お問合せ・資料請求は右記まで

株式会社 ぎょうせい

〒136-8575　東京都江東区新木場1-18-11
URL：http://gyosei.jp
フリーコール：0120-953-431　フリーFAX：0120-953-495

本書の執筆陣による実務支援ツール第1弾

破産手続実務ハンドブック

松田耕治・澤野正明・佐々木伸悟／監修　古川和典／著

電子書籍・定価（本体 4,400 円＋税）

"清算型"の前書も備え、倒産手続対策の両輪を回すべし！

http://shop.gyosei.jp/（ぎょうせいオンライン）トップ画面の「図書検索」において、**破産手続実務**とご入力ください。

■目次（抄）

第1編　法人自己破産申立て

第2編　法人破産管財

第3編　特別清算手続

第4編　裁判例紹介（破産、特別清算）

付属編1　担　保

付属編2　事業譲渡

付属編3　役員の責任

付属編4　裁判例紹介（担保、事業譲渡、役員の責任）

　事項別索引

　判例年月日別索引

※紙の書籍は品切絶版です。